普通高等教育“十三五”金融学专业系列教材

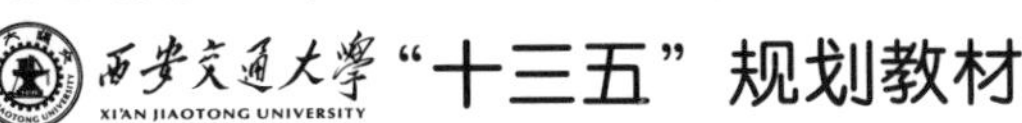
西安交通大学“十三五”规划教材

# 金融法教程

谷慎 编

西安交通大学出版社
XI'AN JIAOTONG UNIVERSITY PRESS
国家一级出版社
全国百佳图书出版单位

## 内容提要

本书共包括15章内容，分别介绍了金融法的基础知识、银行法、货币法、金融业务法和涉外金融法。基础知识部分主要介绍了金融法的调整对象、金融法律关系和金融法律责任；银行法部分主要介绍了中央银行法、商业银行法和银行业监督管理法；货币法部分主要介绍了人民币和外汇管理法律制度、金银管理法律制度以及反洗钱法律制度；金融业务法部分主要介绍了存贷款管理法、支付结算管理法、票据法、信托法、证券法、证券投资基金法、期货法和保险法；涉外金融法部分主要介绍了涉外金融机构管理法以及涉外融资与外债管理法。

本书具有如下特点：一是系统、全面介绍了我国的金融法律制度，旨在为读者展现我国金融法律制度的全貌；二是对涉及的包括法律、法规、规章等在内的所有规则均逐条注明出处且加注原文，节省了读者查阅相关法律、法规的时间；三是本书编写于我国民法典颁布，证券法、证券投资基金法、保险法和诸多法律、法规、金融行政规章修订(修正)，以及我国组建银保监会、金融监管体制发生重大改革和我国金融业对外开放全面扩大以后，吸收了最新的内容，从而使读者能够了解到最新的金融法律规范。

本书可供财经类大学和综合性大学金融、法律及其他相关专业的学生使用，也可供金融机构和其他企事业单位的管理人员和工作人员使用。

---

**图书在版编目(CIP)数据**

金融法教程 / 谷慎编. — 西安 ：西安交通大学出版社，2020. 8

普通高等教育“十三五”金融学专业系列教材　西安交通大学“十三五”规划教材

ISBN 978-7-5693-1721-3

Ⅰ. ①金…　Ⅱ. ①谷…　Ⅲ. ①金融法-中国-高等学校-教材　Ⅳ. ①D922.28

中国版本图书馆CIP数据核字(2020)第067102号

---

**书　　名**　金融法教程
**编　　者**　谷　慎
**责任编辑**　魏照民

---

**出版发行**　西安交通大学出版社
(西安市兴庆南路1号　邮政编码710048)
**网　　址**　http://www.xjtupress.com
**电　　话**　(029)82668357　82667874(发行中心)
(029)82668315(总编办)
**传　　真**　(029)82668280
**印　　刷**　陕西博文印务有限责任公司

---

**开　　本**　787mm×1092mm　1/16　**印张** 23　**字数** 515千字
**版次印次**　2020年8月第1版　2020年8月第1次印刷
**书　　号**　ISBN 978-7-5693-1721-3
**定　　价**　59.80元

---

如发现印装质量问题，请与本社发行中心联系、调换。
订购热线：(029)82665248　(029)82665249
投稿热线：(029)82668133
读者信箱：xj_rwjg@126.com

# 前　言

制度是人际交往的规则，其核心功能在于降低交易费用并帮助人们在交易中形成合理预期。人际交往要有秩序，就需要制度发挥功能。制度发挥功能的途径是确定规则并对违规行为实施惩罚。社会经济制度有内在制度和外在制度、正式制度和非正式制度之分。法律制度是最为重要的外在正式制度。所以我们有理由认为，在一个国家，社会和经济生活的有序运转离不开完善的法律制度安排。

其实，在当今社会，各类法律制度已经渗透到了社会和经济生活的各个方面。在金融领域，金融机构、金融交易、金融监管、金融市场和金融产品等的一切金融活动，都离不开法律制度的调整与规范。因此金融活动的开展既是资金融通行为，又是法律行为。由此，对金融法的学习和研究就构成了学习与研究金融的另一个特殊的领域。

本教材是作者在长期教学实践的基础上结合讲义编写完成的。编写过程中充分借鉴了国内金融法教材的相关内容。因为教材主要针对金融学专业的学生，所以在内容设计上立足于金融学专业的特点，以现行金融法律、法规和金融行政规章为主要内容，结合民法、经济法和刑法的相关内容，将金融实务与金融法律规范相结合，重点介绍规范金融机构、金融市场以及金融业务与金融监管的基本原则与法律规则。

本教材的特点与目的：一是系统、全面。即教材全方位地介绍了我国的金融法律制度，旨在为读者展现我国金融法律制度的全貌。二是便于高效阅读。即教材对涉及的法律、法规、规章等在内的所有规则均逐条注明出处且加注原文，目的在于便于读者阅读，节省查阅相关法律、法规的时间。三是内容新。即教材编写于我国民法典颁布以及证券法、证券投资基金法、保险法和诸多法律、法规、金融行政规章修订（修正），以及我国组建银保监会、金融监管体制发生重大改革和我国金融业对外开放全面扩大以后，吸收了最新的内容，从而使读者能够了解到最新的金融法律规范。

本教材为西安交通大学“十三五”本科规划立项教材。出版过程中西安交通大学出版社魏照民编辑在内容、体例等方面给予了很大帮助，在此表示感谢。由于作者水平有限，书中错误在所难免，恳请大家不吝赐教，以便于以后不断改进和完善。

谷　慎

2020 年 6 月 30 日

# 目　录

# 第一章　金融法概述

## 章前提要

本章主要介绍金融法的概念与内容、功能与特点和金融法的渊源及金融法律体系；中外金融法的发展与立法趋势；金融法律关系的构成、运行与保护；金融法律责任的确认依据与责任形式。

## 第一节　金融法的概念与原则

### 一、金融法的概念与内容

#### （一）金融法的概念

金融法，是由国家指定或认可的，用以确定金融机构的性质、地位和职责权限，并调整在金融活动中所形成的金融关系的法律规范的总称，是国家对金融监管和金融交易的一种外在的正式制度安排。金融关系则是指在金融活动中发生的社会关系，是商业性金融机构和政府金融机构（金融调控、监管机构）在从事商业性金融活动和政府金融活动（金融调控与监管活动）中同其他金融主体之间发生的与信用和货币流通相关联的各种经济关系。

金融法自产生以来，就逐渐成为金融活动参与者从事金融活动的基本行为规范，是国家领导、组织和监督管理金融事业，保障金融秩序的依据。金融法有狭义和广义之分：狭义的金融法仅指国家立法机关制定的金融法律；广义的金融法除了金融法律之外，还包括各级政府及其职能部门制定的金融法规和金融规章。本教材所介绍的金融法为广义的金融法。

#### （二）金融法的调整对象

金融法的调整对象，是在金融活动中产生的金融关系。金融活动包括商业金融活动与政府金融活动。其中商业金融活动既包括传统的直接金融活动、间接金融活动、金融中介活动，又包括具有创新意义的衍生金融活动；政府金融活动则包括金融调控与金融监管活动。由此，金融法调整的对象即为在商业金融活动中形成的金融交易关系和在政府金融活动中形成的金融调控与金融监管关系。另外，不论是商业金融活动还是政府金融活动，金融机构都是重要参与者，金融机构的组织体系、内部管理等对商业金融活动与政府金融活动均会产生影响，所以金融机构的内部关系也是金融法调整对象的重要组成部分。

1. 金融交易关系

金融交易关系，指金融机构在从事商业性金融活动中与其他金融主体之间形成的平等主体之间的经济关系，包括：①间接金融关系，指金融机构因开展间接融资活动而与其他存、贷款主体之间的资金融通关系，包括存款关系、储蓄关系、借贷关系和同业拆借关系等。②直接融资关系，指金融机构因开展直接融资活动而与其他投、融资主体之间的关系，包括证券发行关系、证券交易关系、产权交易关系等。③金融中介服务关系，指金融机构因开展金融中介服务而与其他非金融机构的法人、非法人组织和自然人之间的金融中介关系，包括货币市场上的中介服务关系，例如结算、汇兑、咨询、信托、租赁、代理、担保等关系；资本市场上的中介关系，例如证券的承销与登记、托管与清算、证券投资咨询及财务审计、资产评估等关系。④衍生金融关系，指金融机构因开展衍生金融交易活动而与其他主体之间的关系，包括远期合约关系、互换业务关系、掉期交易关系、期货期权交易关系等。

2. 金融调控与监管关系

金融调控与监管关系，指金融主管机构在从事政府金融活动中与其他金融机构、非金融机构和自然人之间产生的非平等主体之间的关系，具体包括：①金融调控关系，指国家及其授权的金融主管机关，为实现其货币政策目标而对货币供应量和市场利率实施调控，从而与其他主体之间产生的关系；②金融监管关系，指国家及其授权的金融监管机构对金融机构、金融业务、金融市场实施监管而与其他主体之间产生的关系。

3. 金融机构的内部关系

金融机构的内部关系，指金融机构总部与分支机构的责权关系以及金融机构的内部控制、管理关系等。

**（三）金融法的内容**

金融法是国家制定用以规范金融行为、调整金融关系的法律规范的具体规则。通常，调整某一社会关系的法律部门，其主要的功能，就是规定参加社会关系的主体资格、条件以及具备了这些资格和条件的主体进行社会活动的行为规则。金融法也不例外，因此，金融法的内容包括金融主体法和金融行为法两个部分。

1. 金融主体法

金融主体法，也称金融组织法，或金融业法，是关于各类金融关系的参加者（主要是金融机构）的性质、地位、组织形式、组织机构及其设立、变更和终止的规则。由于金融机构对金融关系起主导作用，且其行为所产生的后果对社会有较大影响，所以对其资格的取得、市场准入和退出就要比金融关系中一般主体有更严格的要求。因此各国均以金融特别法的形式规定金融机构的各项组织规则，其中既有金融主体自主设立的私法行为，也有国家审批监管的公法行为。概括讲，金融主体法，就是金融主体及其市场准入和市场退出的规则体系。

2. 金融行为法

金融行为法，也称金融业务法或金融活动法，是关于各类金融关系的参加者（主要是金融机构）开展金融业务、进行资金融通活动的基本规则。由于金融活动以货币为交易对象，具有特殊性，所以国家需要制定有别于以一般商品与服务为交易对象的普通商业活动的特殊行为规则——金融行为规则，如存款规则、贷款规则、结算规则、证券发行规则等。由于存款、贷款、结算、发行等活动主要通过金融机构的业务活动进行，故又称金融业务法。概括地讲，金融业务法，就是金融机构依法存续期间开展业务活动的规则体系，因此金融业务法也被称为金融运行法。

## 二、金融法的地位、特点及功能

### （一）金融法的地位

金融法的地位，指金融法在整个法律体系中的位置，即金融法在法律体系中是否属于一个独立的法律部门，以及属于哪一层次的法律部门。

任何一个国家的现行法律规范都是一个由多层次的若干法律部门所组成的有机统一体。法律部门，是对一国现行法律规范按其调整的社会关系之不同所作的基本分类。凡调整同一种类社会关系的法律规范的总和就构成一个独立的法律部门。同时，由于社会关系的复杂性和多样性，即便同一类社会关系又可以分为不同的层次和范围，因而法律部门也就有了层次性。在一个国家的法律体系中，宪法是国家的根本大法，为第一层次的法律部门。根据宪法制定的民商法、行政法、经济法、刑法、诉讼法等基本法属于第二层次的法律部门。根据基本法制定的规范性文件属于第三层次的法律部门，例如民法之下有物权法、债权法、知识产权法等；商法之下有公司法、合伙法、破产法、票据法、保险法、海商法等；经济法之下有企业法、财税法、金融法、竞争法、技术监督法、劳动法等。依次类推还可以划分为第四层次、第五层次甚至更多层的法律部门。各层次法律部门虽然都有自己特定的调整对象，但它们又都建立在同一经济基础上，有着相同的宗旨和原则，因而形成了互相联系、彼此协调的统一整体。

由于金融法调整的金融关系广泛而复杂，传统的民法、商法和行政法无法统一调整，所以金融关系就成为金融法特有的调整对象，金融法也就成为一个独立的法律部门。但是由于各国的经济、政策、文化和历史背景不同，各国法律体系的组成也不尽相同，所以金融法在各国法律体系中的地位也有所不同：在不承认经济法以及民商法分立的国家，金融法中的银行法、票据法、信托法、保险法、证券法属于商法范畴；在民商法不分的国家，金融法则属于民法范畴。在我国，金融法是经济法的重要组成部分，是经济法的一个子法律部门，属于第三层次的法律部门，其在我国整个法律体系中有着举足轻重的地位和重要作用。

### （二）金融法的特点

金融法作为经济法的一个子部门具有如下特点：

（1）金融法是实体法与程序法的统一。

因为一方面金融法既规定了作为实体法调整对象的金融主体的职责、权利和义务，另一方面又规定了实现这些权利、义务的程序、步骤、方法等，因而是实体法和程序法的统一。

（2）金融法是以社会为本位的社会法，是公法和私法的融合。

金融法调整的对象，既有有关金融主体利益的金融业务关系，又有有关金融全局的金融调控与金融监管关系，而这两种关系在现代市场经济条件下，相互影响，相互渗透，相互交织。因为金融业务要在适度的金融监管下才能有序进行，金融调控与监管又要在尊重金融个体利益的前提下才能有效实施，所以金融法就既不能如公法，一切以国家意志为主体，也不能如私法，完全以个人意志为中心，而必须以社会为主体，融合公法和私法的调整方式，成为社会法。所谓社会法，是指“以社会为主体、为出发点、为归宿，规范国家干预（包括管理、调控、指导、服务、监督等）个体的法律，是联通公法与私法的桥梁”①。

（3）金融法具有强行性和准则性，法律规范多为义务性和禁止性规范。

金融业的公共性和高风险性决定了金融机构的组织及其活动的开展对整个社会的一切商业活动和人民群众的生活具有重大影响，需要由国家法律强行规定并予以强制实施。因此，金融法主体的组成、职责、权利、义务往往要由国家法律直接作出强行规定，不能由当事人随意更改。同时，金融活动的开展也必须规范，并要有非常严格的程序性和准则性要求。

（4）金融法调整的范围越来越广，法律内容日益增多。

随着金融的不断创新与发展，新的金融机构、金融产品、融资手段不断涌现，金融已经渗透到了社会生产、生活的各个层面，成为现代经济的核心。伴随着金融业的不断发展，金融法的调整范围越来越广，内容也日益增多。

**（三）金融法的功能**

金融法的功能，是指金融法通过确认金融机构的法律地位，规范金融主体的行为，从而对整个社会金融生活产生的调节规范作用。具体讲，主要包括以下三大功能：

（1）确认金融机构的法律地位，建立、健全金融机构组织体系。

简单讲，金融就是资金融通。一个社会资金融通活动正常、有序进行的前提是提供资金融通服务的金融机构本身必须健全。所以金融法的首要功能，就是要通过立法对各类金融机构的性质、职责权限、业务范围等加以界定，对各类金融机构的组织、管理结构、运行机制、设立、变更及终止等加以明确规定，进而为金融活动的健康开展创造前提条件。

（2）培育和完善金融市场体系，规范金融市场行为，确保金融市场参与者的合法权益。

金融市场包括货币市场、资本市场、外汇市场、金银市场、期货期权市场等，一个完善的金融市场必须具备交易主体、交易对象（客体）、交易价格三大要素。要使各类金融市场能够健康有序运行，并使市场交易各方的合法权益得到有效保护，就必须通过立法的形式对各类要素加以规范，并依法对各类市场进行监管。所以金融法的第二大功能，就是要培育和完善金融市场体系，规范金融市场行为，协调和确保金融市场各参与者的合法权益，提高资金的运营效益。

（3）确保金融宏观调控目标，规范金融调控、监管行为，完善金融调控、监管体系。

在现代社会，金融业一方面已经成为影响经济全局和千家万户的公共行业，另一方面又是一个充满着不确定性的高风险行业，任何一家金融机构的活动都会对社会产生一定

① 朱大旗．金融法[M]．北京：中国人民大学出版社，2016：7.

程度的影响，因此对金融业实施宏观调控和监管就成为确保金融业稳健经营与发展的必要保证，这是金融法的又一个重要功能，即国家通过金融立法的形式，明确其货币政策目标，确定金融监管机构的地位及职权，规范金融调控和监管方式、方法，规定金融违法行为的惩处、制裁措施等，从而使金融业实现有序竞争与稳健经营。

## 三、金融法的基本原则

金融法的基本原则是金融立法的指导思想，是调整整个金融关系必须遵循的行为准则（即金融立法、执法和司法所应遵循的行为准则），是金融法本质和内容的最集中表现，对金融法的各个法律制度具有普遍的指导作用。

金融法的基本原则不是一成不变的，在不同的国家或同一国家的不同发展时期，由于经济主体、货币政策目标等不尽相同，金融法的基本原则也有所不同，我国现阶段金融法坚持如下基本原则。

### （一）在稳定币值的前提下，促进经济增长

金融是国民经济的重要调节手段之一，它不仅可以实现总量调整，也可以实现结构调整。因此建立和完善以中央银行为中心的金融宏观调控体系非常重要。我国目前仍属发展中国家，发展经济是第一要务，但发展经济需要有良好的货币金融环境，需要货币币值稳定，这也是我国中央银行法把“保持货币币值的稳定，并以此促进经济增长”①作为我国货币政策目标的原因所在。由此，在稳定币值的前提下，促进经济增长也就自然而然地成为我国金融法必须遵循的首要原则。

### （二）分业经营，分业管理

广义的金融涵盖了银行、信托、保险、证券等诸多领域。虽然混业经营有利于金融发展和提高金融运行效率，且目前也已成为国际潮流，但混业经营风险大，不利于风险隔离与风险控制。而分业经营和分业管理不仅有利于保障金融机构稳健经营，更有利于加强风险控制与风险监管，防范系统性金融风险的爆发，所以目前我国金融监管层虽然在逐步放宽限制，适度允许不同金融机构之间有业务交叉，但分业经营与分业管理依然是金融法遵循的基本原则。

### （三）保护债权人、投资者的合法权益

金融活动的基础是信用，而信用则是以偿还和支付利息为条件的资金运动，因此偿还性和有偿性就成为信用最基本的特征。也因此，金融法的制定和实施就必须遵守信用的基本要求，充分维护存款人和投资人的利益，只有这样，才能确保金融实现有序、可持续发展。

### （四）保障公平竞争，促进金融业有序发展

金融的公共性与风险性表明金融市场秩序关乎国家金融、经济的稳定和人民群众的福祉。促进金融业公平竞争、维护金融市场秩序、降低金融风险、保障金融业有序发展和人民群众的金融财产安全是金融法义不容辞的责任，因此保障公平竞争，促进金融业有序发展一直是我国金融法遵循的基本原则。

---

① 参见《中国人民银行法》第三条。

**(五)立足国情,并与国际惯例接轨**

随着对外开放的深入,特别是加入世贸组织以后,外资金融机构大量涌入我国。与此同时,我国的金融业也越来越多地参与到了国际金融活动中,为此,我国的金融立法就须借鉴发达市场经济国家金融法的通行做法,采用国际金融立法的通例,这样才能在全球金融一体化的大背景下,使我国的金融业能够适应国际环境,并不断发展。但是,我国也有自己的基本国情,所以在金融立法、执法和司法中还必须立足我国的基本国情,维护国家主权。

## 四、金融法的渊源

法的渊源,就是法的表现形式。金融法的渊源,就是金融法律规范的表现形式。各国金融法都由各种金融方面的规范性文件表现出来,我国亦然。目前我国金融法的渊源主要包括国内渊源和国际渊源两大类。

**(一)国内渊源**

金融法的国内渊源,是指国家有关机关制定并发布的有关金融组织及其活动的规范性法律文件。

1. 宪法

宪法是我国的根本大法,是国家的总章程,是我国金融法律规范的最高法源。如宪法中关于加强国家宏观经济调控、维护社会经济秩序的规定,是我国金融法律的最高表现形式,是我国金融立法的基础。

2. 金融法律

金融法律,是指由全国人大及其常委会制定的,有关金融组织及其活动的规范性法律文件。它包括专门的金融法律和其他法律中涉及金融活动的有关规定。前者如《中华人民共和国银行业监督管理法》(以下简称《银监法》)、《中华人民共和国中国人民银行法》(以下简称《中国人民银行法》)、《中华人民共和国商业银行法》(以下简称《商业银行法》)、《中华人民共和国证券法》(以下简称《证券法》)、《中华人民共和国证券投资基金法》(以下简称《证券投资基金法》)、《中华人民共和国保险法》(以下简称《保险法》)、《中华人民共和国票据法》(以下简称《票据法》)、《中华人民共和国信托法》(以下简称《信托法》)等;后者如《中华人民共和国民法典》(以下简称《民法典》)"第二编物权"中关于担保物权的规定,"第三编合同"中关于借款合同、保证合同、融资租赁合同、保理合同等的规定,《中华人民共和国民公司法》(以下简称《公司法》)中关于公司组织的规定,《中华人民共和国刑法》(以下简称《刑法》)中关于金融犯罪的规定等。

3. 金融行政法规

金融行政法规,是指国务院制定的有关金融组织及其活动的规范性法律文件。如《中国人民银行货币政策委员会条例》《中华人民共和国外汇管理条例》《企业债券管理条例》《储蓄管理条例》《金融资产管理公司条例》《中华人民共和国外资金融机构管理条例》《金融机构撤销条例》《金融违法行为处罚办法》《非法金融机构和非法金融业务活动取缔办法》等。金融行政法规不得与宪法、金融法律抵触。

4. 金融行政规章

金融行政规章，是指国家金融监管部门（或机构）根据金融法律、行政法规的规定或授权制定的有关金融活动的规范性法律文件。如中国人民银行制定的《贷款通则》《境外金融机构管理办法》《金融机构反洗钱规定》《人民币银行结算账户管理办法》《信托投资公司管理办法》等；原银监会①制定的《流动资金贷款管理暂行办法》《个人贷款管理暂行办法》《农户贷款管理办法》《固定资产贷款管理暂行办法》《项目融资业务指引》《汽车金融公司管理办法》《境外金融机构投资入股中资金融机构管理办法》等；国家外汇管理局制定的《保税区外汇管理办法》《边境贸易外汇管理暂行办法》等；证监会制定的《证券登记结算管理办法》《证券公司融资融券业务管理办法》《外商投资证券公司管理办法》等；原保监会制定的《保险公司管理规定》《再保险业务管理规定》《保险资金运用管理办法》等。

5. 地方性法规

地方性法规，是指省、自治区、直辖市和计划单列市的人民代表大会及其常委会制定的有关金融活动的规范性法律文件。这些地方性法规是因地制宜，对金融法律、行政法规的具体化，但它们不得与金融法律、行政法规抵触。

6. 金融司法解释

金融司法解释，是国家最高司法机关（最高人民法院、最高人民检察院）经立法机关授权，就金融司法实践过程中的法律适用等法律问题所作出的具有约束力的解释和说明。金融司法解释能起到弥补法律漏洞的作用，因此也构成金融法的渊源。

7. 自律性规章

自律性规章，是指由金融行业协会或金融机构制定的有关行业和自身金融活动的行为规范，这些规范经过立法或监管部门的授权、批准或备案以后具有准法律效力。如中国证券业协会的《中国证券业协会章程》、深圳证券交易所的《深圳证券交易所股票上市规则》、中国银行业协会的《文明服务公约》等。

**（二）国际渊源**

我国金融法的国际渊源，是指我国缔结或参加的有关国际条约、协会以及一些具有广泛影响、为国际社会接受并认可的国际惯例。

1. 国际条约

国际条约，是指我国参加国际金融活动，签订和加入的双边或多边条约。这些条约虽不是我国有关机关制定的，但一经参加或签字就表明得到了我国政府的承认，对我国具有约束力，而且在一般情况下，有优先适用的效力。如我国参加缔结的《国际货币基金组织协定》《国际复兴开发银行协定》《国际金融公司协定》，以及我国加入世贸组织签订的《服务贸易总协定》《金融服务附件》《金融服务第二附件》《金融服务协议》等。

2. 国际惯例

国际惯例，是指在国际经济交往中形成的为国际社会广泛接受并予承认的、一经双方确认就具有法律约束力的习惯性规范。如国际商会的《商业单据托收统一规则》《商业跟

---

① 银监会于2018年4月8日与原保监会合并成立中国银行保险监督管理委员会，简称银保监会。

单信用证统一惯例》，世界银行的《贷款协定和担保协定通则》及《合同担保统一规则》，巴塞尔委员会的《巴塞尔协议》《有效银行监管核心原则》等。

## 五、金融法体系

金融法体系可以从不同方面加以划分，例如金融法的理论体系、金融法的立法体系以及金融法的学理体系等。本书主要从金融法的立法体系进行介绍。

金融法的立法体系，是指一国调整不同领域金融关系的法律规范所组成的有机联系的统一体。它本身又有不同的部门与层次。

综合各国的金融立法情况，金融法主要由以下法律部门组成。

### （一）银行法

银行法，是调整银行和非银行金融机构的主要组织和业务行为的法律规范的总称。由于货币流通与信用活动主要通过银行和非银行金融机构的各项业务活动实现，所以银行法又是金融法的基本法。

银行法按不同标准，可以划分成不同类别：按银行类型不同，银行法可以分为中央银行法、普通银行法和非银行金融机构法；按银行运作情况，银行法可分为银行组织法和银行活动法。银行组织法是关于银行及非银行金融机构性质、地位、设立、变更及终止等组织方面的法律规范的总称。银行活动法，也称银行行为法，是关于银行等金融机构开展业务活动的法律规范的总称。

### （二）货币法

货币法，是关于货币的种类、地位、发行、流通及其管理的法律规范的总称。货币法从不同角度可以有不同分类：从静态角度，根据货币种类及其流通范围和效力不同，可以分为通货法、外汇管理法和金银管理法。通货法的主要内容，包括通货的名称、单位、法律地位、发行权、发行机关、发行程序、货币的流通及非现金管理等方面的规定；外汇管理法是国家关于外汇收支管理规定的总称；金银管理法是国家关于金银加工、铸造、流通管理的法律规范的总称。从动态角度，根据货币运动的层次和顺序，可以分为货币发行法和货币流通法。货币发行法，是关于货币发行的法律规范的总称，其主要内容包括货币的种类、名称、单位、法律地位、发行权、发行机关、发行程序等方面的规定；货币流通法，是关于货币流转融通的法律规范的总称，主要内容是规定各种类型货币的使用范围、流通效力以及保护等，这里主要指对现金的收支、使用管理，对转账货币的管理以及对妨害货币的制裁等规定。

### （三）证券法

证券法，是调整证券发行和流通中发生的资金融通关系的法律规范的总称。证券法从不同的角度亦有不同的分类。静态上，按证券的种类可以分为债券法和股票法。债券法是调整债券发行和交易的法律规范的总称；股票法是调整股票发行与交易的法律规范的总称。动态上，即从证券融资的运作过程，可以分为证券发行法和证券交易法。

### （四）票据法

票据法，是规定票据的种类、形式和内容，明确票据当事人之间权利义务，调整因票据而发生的各种社会关系的法律规范的总称。大陆法系通常将票据法划分为汇票、本票法与支票法两种。汇票、本票法的内容,主要包括汇票及其种类,汇票的发票、背书、承兑,参加承兑、保证和参加保证、付款、追索权及其行使等方面的规定,以及本票及其种类,本票的发票、背书、付款等方面的规定;支票法的内容,主要包括支票及其种类、发票、转让、付款、保证与追索的规定。

### (五)保险法

保险法,是调整保险关系的法律规范的总称。保险法通常由保险业法、保险合同法、保险特别法、保险企业投资法、社会保险法五部分组成。保险业法又称保险事业法、保险组织法或保险事业监督法,是国家对保险业进行监督管理的法律规范的总称,用以调整政府与保险企业、保险中介人的关系;保险合同法又称保险契约法,是调整保险合同双方当事人关系的法律规范的总称;保险特别法,是专门规范特定保险种类的保险关系的法律规范的总称;保险企业投资法,是规范保险企业投资(保险资金运用)领域、投资产品、投资比例等的法律规范的总称;社会保险法是国家就社会保障所颁布的法规的总称。

### (六)信托法

信托法,是调整信托业务关系、信托组织管理关系的法律规范的总称。信托法包括信托业务法与信托业法。信托业务法也称信托行为法,是专门调整信托业务关系的基本法;信托业法也称信托管理法,不仅调整信托业务的种类、范围,还调整信托机构的设立、变更、终止以及对信托业的监管。

### (七)投资基金法

投资基金法,是调整投资基金关系的法律规范的总称,内容主要包括规定投资基金的种类、设立、交易和终止,基金管理人、托管人和受益人各自的权利和义务,投资基金的投资限制及违反基金法的法律责任等。

### (八)期货交易法

期货交易法,是调整期货交易关系的法律规范的总称,包括期货交易所法和期货业法。

### (九)金融租赁法

金融租赁法,是调整融资租赁关系的法律规范的总称,主要内容包括规定融资租赁公司成立的条件、法律地位、融资租赁合同的内容等。

# 第二节　金融法的产生与发展

## 一、金融法之滥觞

任何法律部门都是基于调整一定社会关系的需要而产生和发展起来的,金融法也不例外。商品货币的出现和货币信用活动的发展是金融法产生和发展的社会基础。

人类社会发展史上,货币与信用的出现均早于国家的产生。在国家产生以前,与货币、信用共生的货币兑换和借贷规则源于人们的习惯,且具有任意性而不统一。如果说,货币交换与信用活动还只是在一个很小的范围内偶然进行的话,这种由习惯而来的契约,还能满足调整人们的行为需求,但是随着交易范围、交易半径的扩大和食利者阶层的出现，人们越来越要求这种契约具有权威性、强制性和统一性，国家出现以后便担当起了这一使命。在奴隶制国家建立起来以后，国家开始逐步将形成于原始社会后期的货币交换习惯与规则和信用习惯与规则通过一定的程序予以认可并以国家强制力保障其实施，这些由习惯而形成的契约与规则便是现代金融法之滥觞。当然，这些规范在当时还不可能以金融法的名义出现，通常它们包含在奴隶制国家和封建国家的统一法典中。例如公元前 221 年秦统一六国后颁布的《秦率·金币率》。在这部法典中，秦国不但规定将通行于其他六国的布币与刀币统一在秦的"半两"钱之下，而且还进一步规定，金为上币，半两钱为下币，龟、贝、珠、玉不为币，并通过立法的形式，在全国范围内建立起了统一的货币制度，这可以算是世界上最早的货币立法。除此，公元 1287 年，元朝政府为整顿中统钞的流通，改革纸币制度，颁布了《至元宝钞通行条划》(共 14 条)，不但确立了宝钞的发行准备及其法偿性质，规定了宝钞的票面单位、种类、与中统钞的兑换比价，还明确了宝钞的发行方法及防止伪造和舞弊等事宜。此可谓中国，乃至世界上最早的纸币条例。

现代意义的金融法是人类社会演进到资本主义市场经济阶段，随着金融活动日益扩大并渗透到社会各个领域，银行等金融机构大量出现并形成金融业时产生和发展起来的。16 世纪，西欧开始进入资本主义，1580 年，意大利威尼斯出现了世界上第一家以"银行"命名的金融机构——威尼斯银行。1694 年经英国王室同意，英国出现了世界上第一家股份制银行——英格兰银行。1844 年英国国会通过了《英格兰银行条例》(即著名的《皮尔条例》)，这不但是世界上第一部银行法，还是第一部专门性的金融法律规范。此后，法国、德国、美国、日本等市场经济国家，先后制定了有关银行的法律规范，包括普通银行法和中央银行法。银行的出现大大促进了金融发展与进一步深化，19 世纪以后，由于股份公司的大量建立和国债制度的发展，信托公司、证券交易所、投资银行等金融机构纷纷建立，存款、贷款、汇兑、信托、租赁、票据、证券、保险、外汇等业务蓬勃兴起，商业信用、银行信用、国家信用、民间信用、国际信用同时并举，大大加速了货币流通和社会资金周转。同时由于各种融资关系日益复杂，客观上要求有统一的、权威的行为规范来调整，因此市场经济国家先后制定和颁布了票据法、信贷法、证券法、保险法、信托法等各种专门调整金融关系的金融法律法规，从而形成了系统的金融法律体系。

## 二、发达国家的金融立法及发展趋势

### (一)发达国家的金融立法

发达国家的金融立法多表现为民法、商法之外的特别法，如银行法、证券法、票据法、保险法等。自 19 世纪末 20 世纪初以来，世界各国均加强金融立法，不断完善金融立法体系。

1. 银行立法

银行法属于金融法的基本法。世界各国银行立法有两种形式：混合立法和分别立法。前者指中央银行与普通银行同立一法，统称银行法；后者指单独制定中央银行法和普通银行法。目前，绝大多数国家采用后一种方式，我国亦为分别立法。

(1)中央银行法。现在公认的世界上第一部中央银行法是 1844 年英国政府颁布的《皮尔条例》。该条例明确规定英格兰银行作为发行银行，享有垄断发行银行券的特权；作为银行的银行，统一保管其他银行的准备金，承担其他银行的票据清算业务，并在其他银行资金周转困难时向其融通资金。同时还规定英格兰银行须为政府提供服务，经理国库，并为政府融通资金。《皮尔条例》对以后各国中央银行的建立及其职能的确定，以及各国中央银行法的制定产生了重大影响。1914 年 8 月，英国政府又颁布了《通货与钞票法案》，1946 年 2 月颁布了《英格兰银行国有化法案》，1971 年 9 月再次颁布了《竞争与信用控制法》。一系列法案的颁布，使英国的中央银行立法最终走向完善。

继英国之后，包括美国在内的西方各发达国家先后设立中央银行，并制定和颁布了银行法。第二次世界大战以后，各发展中国家也相继建立中央银行，颁布了中央银行法。当前西方各主要发达国家所制定的中央银行法有《美国联邦储备法案》《德意志联邦储备法》《法兰西银行法》《日本银行法》《瑞典银行法》《瑞士联邦银行法》《澳大利亚联邦储备法》等。

(2)普通银行法。普通银行主要指商业银行和主要经营存贷款业务的金融机构。普通银行是各国金融体系的主体，所以各国对普通银行的监管非常重视，对其性质、地位、设立、变更、终止、业务范围、组织机构、经营管理、人事、财务以及法律责任均专门立法予以规范。由于普通银行主要指商业银行，所以大多数国家将普通银行法称为商业银行法或直接叫银行法。目前主要发达国家所制定的普通银行法主要有:《英国银行法》，美国的《国民银行法》《银行吞并法》，《日本普通银行法》，《德国银行法》，《法国银行法》，《加拿大银行法》，等等。

2. 货币立法

货币法是各国金融法最早的内容。由于货币发行及流通管理一般由中央银行统一负责，因此大多数国家的货币法内容均统一在中央银行法中，再制定一些单行货币法规作为补充。单独进行货币立法的国家较少。

3. 证券立法

世界上最早进行证券立法的国家是美国。1933 年 5 月美国国会通过了证券法，通常称《1933 年证券法》。1934 年美国又制定颁布了《1934 年证券法》。此两部法律奠定了美国证券法的基础，也为后来各国制定证券法提供了范本。此后美国又相继颁布了一系列证券法规，调整证券融资关系。主要有 1935 年的《公用事业控股公司法》、1939 年的《信托契约法》、1940 年的《投资公司法》和《投资咨询法》、1956 年的《统一证券法》、1970 年的《证券投资者保护法》和 1984 年的《内幕交易制裁法》、2002 年的《公众公司会计改革与公司责任法》(即《萨班斯法案》)、2010 年的《多德-弗兰克华尔街改革和消费者保护法》(即《多德-弗兰克法案》)等。

英国没有统一的证券法，国家对证券关系调整的主要规范分别包含在 1939 年颁布的《防止欺诈(投资)法》、1948 年颁布的《公司法》、1973 年颁布的《公平交易法》、1984 年颁布的《内幕人士交易法》以及 1986 年颁布的《金融服务法》等法律中。

日本于 1947 年制定《证券交易法》(1948 年 5 月正式颁布实施)；新加坡 1986 年制定并颁布《新加坡证券业法》；韩国 1962 年 11 月颁布并实施《韩国证券和交易法》；法国和德国等西欧国家没有制订专门的证券法，有关内容包含在各自的公司法和投资法中。

4. 票据立法

票据立法最早源于法国。1973 年法国路易十四时期的《陆上商事条例》中就有了关于票据的规定。1807 年的《法国商法典》第一编第 8 章规定有汇票和本票。1956 年法国又制定了支票法。德国统一前各邦均有自己的票据法。1871 年 4 月将《普鲁士票据条例》稍加修改后公布，在全德国统一实施；1908 年又制定了《票据法》(仅规范汇票与本票)和《支票法》，现行的是 1933 年制定并颁布的《票据法》和《支票法》。日本最初在 1882 年制定了《汇票本票条例》，现行的是 1932 年颁布的《票据法》和 1933 年颁布的《支票法》。英国于 1882 年制定并颁布了《汇票法》，规范了汇票、本票和支票，1959 年又制定了《支票法》，对支票作了一些补充规定。美国于 1896 年制定了《统一流通证券法》，1952 年制定颁布了《统一商法典》，其中第三编《商业证券》规定了汇票、本票、支票，取代了《统一流通证券法》，1962 年又做了修订。法国、德国、英国票据立法各有特点，并形成近代世界三大票据法系。

1930 年和 1931 年，国际联盟在瑞士的日内瓦分别召开票据法统一会议和支票法统一会议，通过了关于票据法、统一支票法的公约及附件——《统一汇票本票法》和《统一支票法》。由于英美两国未参加日内瓦公约，故其票据法未能于大陆法系国家统一。

5. 信托立法

随着金融活动的不断发展和创新，信托业在世界各国迅速发展。各国纷纷制定有关法规对信托业加以规范和调整，其中尤以英国和日本的信托法最为系统和完善。

英国 1893 年制定《信托者条例》，规定了个人受托者的权利和义务，其后又于 1896 年、1906 年和 1925 年分别颁布了《司法受托人法》《公共受托人法》和《受托人法》。日本于 1922 年制定了《信托法》和《信托业法》，1957 年颁布了《证券投资信托法》，1952 年颁布了《贷款信托法》。

6. 保险立法

日本最早于 1901 年颁布实施《保险业法》，1940 年予以修订。新加坡于 1963 年公布、1986 年修订了《保险业法》。美国于 1974 年颁布了《保险公司法》，各州虽均制定有保险法规，但纽约州 1939 年颁布的《纽约州保险法》最为完善，它是一部综合性的保险法。

**(二)发达国家金融立法的发展趋势**

20 世纪 80 年代以来，由于现代科学技术在金融领域的广泛应用和各国政府对金融业放松管制，金融业出现了崭新的发展态势。其主要表现为金融商品不断增加、服务范围日益扩大、新型机构不断涌现以及各类机构逐步朝着全能化方向发展。与此同时，随着各国金融市场不断开放，国际化程度越来越高，直接融资正在成为主要的融资方式，融资证券化逐渐成为一种趋势。上述新的发展趋势在给金融业带来新机遇的同时也使金融风险日益增强，破坏力越来越大。这在客观上要求各国对金融立法政策作出重大调整。事实上各国的金融立法也的确出现了鼓励有序竞争、加强调控与监管、保障金融安全的新趋势。

1. 鼓励有序竞争

发达国家在 1930 年代初期的“大危机”以后逐步形成的严格的金融管制，在经历了几十年的发展以后开始严重制约金融发展。随着金融自由化浪潮的冲击和金融不断创新，金融业强烈要求放松管制，鼓励竞争。为了适应金融业的发展要求，各国政府开始逐步放松金融管制。以美国为例，为了促进竞争，1978年公布实施了《国际银行法》，规定外国银行和美国银行在注册登记、业务经营等方面均处于平等地位，享有同等的权利和义务；1980年公布实施《存款机构放松管制法和货币控制法》，规定从1980年3月31日起，在6年内逐步取消对定期存款和储蓄存款利率的最高限制，即取消“Q条例”，并准许储蓄机构和商业银行业务交叉；1994年9月生效的《跨州银行法》又允许国民银行跨州开设分支机构；1999年11月通过的《金融服务现代化法案》全面放开了自1930年代以来的金融混业禁令，为美国金融机构在国内外竞争中，尤其是在国际竞争中创设了一个良好的法律制度基础。除此，日本、英国的金融立法也在鼓励金融业竞争方面有着积极表现。日本1981年5月颁布了新的银行法，新法明显扩大了银行的业务范围，并允许银行经营证券业务，从而加强了银行与证券机构的竞争。英国为刺激和鼓励金融机构之间竞争，1971年公布《竞争与信用控制法》，规定放开利率和允许金融机构业务交叉。上述国家的做法无不说明，放松管制、鼓励竞争已经成为发达国家金融立法的一大趋势。

2.加强调控与监管

自凯恩斯主义兴起，由国家利用货币政策和财政政策对经济实施宏观调控，一直是西方发达国家干预经济的一个重要手段。1970年代后期，随着后凯恩斯主义各流派的崛起，各国政府更加重视货币政策在宏观调控中的作用，这也可从其立法中窥见一斑。例如，美国《1980年银行法》在货币控制条款中规定，美联储对所有存款机构规定统一的准备金率，有权在0～9%或8%～14%之间浮动，并要求所有存款机构须向美联储提交资产负债表，从而大大加强了美联储对货币信用乃至宏观经济的调控能力；再如2010年的《多德-弗兰克法案》被认为是自20世纪30年代以来美国最全面的一项金融监管改革法案和最严厉的监管法案，该法案不仅扩大了监管机构的权力，设立了新的消费者金融保护局，并赋予其超越监管机构的权力以全面保护消费者合法权益，还采纳“沃克尔规则”，限制大金融机构的投机性交易（尤其是加强对金融衍生品的监管）以防范金融风险。英国《1980年货币控制》绿皮书，也建议用“货币基数控制法”等方法，加强货币当局对货币供应量的控制；《2010年金融服务法》赋予监管当局更大的权力，例如保护消费者权利、监管公司高管薪酬分配政策权利以及限制和终止卖空交易的权利等。以上说明，加强调控与监管是世界各国金融立法的又一大趋势。

3.保障金融安全

自20世纪80年代以来，全球范围内金融风险跌宕，危机此起彼伏，每一次金融危机都会使全球经济遭受重创。以2008年美国次贷危机为例，时至今日，多国经济依然没有完全走出美国次贷危机的阴霾，足见金融危机对一国乃至世界经济的破坏性。因此各国在金融立法过程中，均在鼓励积极竞争的同时，更加注重防范系统性风险的爆发与促进金融机构安全经营，其表现就是严格加强对金融机构准入的审查、提高资本充足率要求、强化信息披露、严格执行存款准备金制度和建立存款保险制度等。例如，美国《1980年银行法》在第二部分设立货币控制条款的目的，就在于确立新的存款准备金制度，保证整个金融业的安全经营；再如新《巴塞尔协议》（《巴塞尔协议Ⅱ》《巴塞尔协议Ⅲ》）《有效银行监管核心原则》等，其主要目的也是要求成员国金融管理部门加强对本国金融机构监管，以防范系统性风险爆发，保障金融系统安全，所以保障金融安全也是世界各国金融立法的一大趋势。

## 三、中国的金融立法及其发展趋势

### （一）新中国的金融立法

对于新中国的金融立法，我们可以从金融法律、金融行政法规与金融规章、金融司法解释三个方面总结。

1. 金融法律

新中国建立前30年，由于我们实行“大一统”的金融体制，对金融的规范和管理以行政手段为主，所以也就无所谓金融立法。改革开放以后，随着金融改革的发展和深化，我国法制化进程不断提速，同时也加快了金融立法的步伐，制定了大量的金融法规和规章，其中以1986年1月7日颁布的《中华人民共和国银行管理暂行条例》为代表。1994年我国确立了建立社会主义市场经济体制的目标，金融立法亦进入一个全新时期。1995年可谓是我国的“金融立法年”，这一年我们制定并颁布了五部金融基本法律，即《中国人民银行法》（1995年3月18日）、《商业银行法》（1995年5月10日）、《票据法》（1995年5月10日）、《保险法》（1995年6月30日）和《全国人大常委会关于惩治破坏金融秩序犯罪的决定》。以后又陆续颁布了《证券法》（1998年12月29日）、《信托法》（2001年4月28日）、《证券投资基金法》（2003年10月28日）、《银监法》（2003年12月27日）、《反洗钱法》（2006年10月31）。这几部金融基本法律的颁布，奠定了我国金融法的基本框架，使我国的金融事业真正走上了法制化轨道。

2. 金融行政法规与金融规章

金融行政法规与金融规章，主要是国务院和金融监管部门在国家制定的金融法律的基础上制定的部门法规与规章，是对金融法律的补充。包括：①银行业管理行政法规与规章，例如《金融机构管理规定》《非法金融机构和非法金融业务活动取缔办法》等；②货币管理行政法规和规章，例如《储蓄管理条例》《外汇管理条例》《现金管理暂行条例》《金融机构反洗钱规定》等；③票据与支付结算管理行政法规与规章，例如《票据管理实施办法》《支付结算办法》等；④证券业行政法规与规章，例如《企业债券管理条例》《证券交易所管理办法》等；⑤信托业行政法规与规章，例如《信托公司管理办法》《信托公司集合资金信托计划管理办法》等；⑥保险业行政法规与规章，例如《保险公司管理规定》《保险经纪机构监管规定》《保险专业代理机构监管规定》《保险公估机构监管规定》等①。

3. 金融司法解释

金融司法解释，指司法机关对金融法律、法规和规章的运用所做的解释和说明，例如《最高人民法院关于人民法院审理借贷案件的若干意见》《最高人民法院关于审理票据纠纷案件若干问题的规定》《最高人民法院关于审理存单纠纷案件的若干规定》等，限于篇幅不一一列举。

---

① 限于篇幅，本书仅简单列举了我国的金融行政法规与金融规章，其余参见人民银行、银保监会、证监会网站政策法规栏。

### (二)中国金融立法的发展趋势

加入世贸组织以后，随着我国与国际经济交往的日益密切，以及我国市场经济建设的不断完善，我国金融立法呈现如下发展趋势。

1. 国内金融立法与国际金融立法逐步接轨

加入世贸组织以前，我国金融立法在很大程度上还保留着转轨时期的许多特征，金融法律制度的许多原则和内容与国际金融立法相脱节，不符合 WTO 规则的要求。但是加入世贸组织以后，我国相继对《中国人民银行法》《商业银行法》《证券法》《保险法》《证券投资基金法》进行了修订，金融监管部门也逐一对金融规章进行了修订。通过对金融法规的不断修订，我国金融立法已与国际金融立法逐步接轨。

2. 金融法律制度更加完善

相当长的时间内，由于我国对金融的规范和管理以行政手段为主，所以我国的金融法制建设起步较晚，金融立法相对滞后，金融法律体系不够健全和完善。但是，随着我国社会主义市场经济体系的不断完善和我国法制化建设进程的不断加快，我国相继出台了一系列金融法律、法规。伴随着这些金融法律、法规的不断出台，我国金融法律制度将更趋完善。

3. 金融法律规范的操作性更强

自 1995 年以后，我国虽出台了一系列金融法律，但这些法律更重视原则性，而操作性不强。随着我国法制化建设的不断推进，我国开始注重金融法的可操作性，逐步出台了一系列更具操作性的配套规程，例如在《商业银行法》之外，银行业监督管理机关颁布了《固定资产贷款管理暂行办法》《流动资金贷款管理暂行办法》《个人贷款管理暂行办法》《农户贷款管理办法》以及《项目融资业务指引》等。随着这些更具操作性的办法、指引的出台，我国金融法律制度将更具操作性。

# 第三节　金融法律关系

## 一、金融法律关系的概念及种类和特征

### (一)金融法律关系的概念

金融法律关系，是指由金融法律规范调整的，在金融调控监管活动和金融业务活动过程中形成的，具有权利义务内容的社会关系。

当国家、金融机构、企事业单位、社会组织和个人在进行金融调控、监管活动和金融业务活动时，必然会形成各种各样的金融关系，当这些金融关系受到相应的金融法律规范调整时，就会在金融主体之间产生相应的权利义务，即形成金融法律关系。因此，金融法律关系的形成和存在有两个条件：一是要有金融法律规范存在；二是要有某种具体的金融调控与监管活动或金融业务活动存在。所以进一步讲，金融法律关系是以现行金融法律规范为前提的社会关系，是在金融业务中形成的，且一方主体为金融机构的复合主体之间的关系，是由国家强制力保护的，以金融法上的权利和义务为内容的社会关系。

### （二）金融法律关系的种类和特征

金融法律关系根据不同的标准，可做不同的分类：以调整金融关系的法律不同为标准，金融法律关系可分为银行法律关系、保险法律关系、证券法律关系、信托法律关系、票据法律关系等；以市场经济条件下金融体制的组成部分为标准，金融法律关系可分为宏观金融调控与监管法律关系、金融机构组织法律关系、金融市场法律关系等；以金融主体的地位及金融法律所调整的社会关系不同为标准，金融法律关系可分为金融调控与监管法律关系和金融业务与经营法律关系。本书仅就最后一种分类予以阐述。

1. 金融调控与监管法律关系

金融调控与监管法律关系，是指金融调控与金融监管机关以及其他监管部门与金融机构、法人、公民之间依法产生的权利、义务关系。目前我国的金融调控与监管机关包括中国人民银行、中国银行保险监督管理委员会、中国证券监督管理委员会以及各地金融监管局[①]；其他监管部门主要是指有权对金融机构进行监管的机关，如审计署及各地方审计机关。金融机构、法人和公民都必须依法接受有权机关的监督和管理。

金融调控与监管法律关系的特点主要表现为：

（1）主体的地位具有不平等性。金融调控与监管主体是国家法律的授权机关，对金融业的监管是其法定职责，它们在金融活动中处于调控者和监管者地位；而金融机构、法人、公民则处于被监管者地位，它们有义务依法接受金融调控与监管机关的调控、监督与管理。

（2）权利和义务具有法定性。金融调控与监管法律关系主体的权利和义务由国家法律规定，不能由当事人双方协商确定，当事人也无权变更其权利和义务的内容。

（3）权利和义务不存在财产对偿性。由于金融调控与监管具有行政管理性质，调控与监管者与被监管者之间的权利和义务不存在对偿性。如银行保险监督管理委员会对金融机构的设立、变更、终止的审批权力与金融机构接受审批的义务，银行保险监督管理委员会对金融机构的现场与非现场检查、监督与金融机构接受上述检查与监督的义务，就不具有财产内容，因而也没有对偿性。

（4）权利与义务具有相对性。金融调控与监管主体的权利实质上是对国家的义务，如果它不行使或不很好行使这些权利就会构成渎职。同样，被监管主体接受监管既是一种义务，同时也是一种权利。例如向监管机构申请设立金融机构，申请设立既是申请者的义务，同时也是申请者的权利。正因为金融监管法律关系中权利与义务的相对性，所以法律不允许主体任意抛弃和转让权利。

（5）权利和义务实现具有强制性。金融调控与监管法律关系主体的权利和义务以行政和法律的强制措施为后盾。由于金融调控与监管关系的形成并非当事人自愿协商的结果，而是基于法律的直接规定产生，所以权利与义务的实现并非都能在自觉的基础上进行。因此，一方面，法律赋予调控与金融监管部门行政处罚权；另一方面，对金融调控与监管部门玩忽职守，亦规定要承担相应的法律责任。法律正是从这两个方面来强制金融调

---

① 地方金融监管局前身为地方政府金融工作办公室（即地方政府金融办）。

控与监管关系主体权利和义务的实现。

2.金融业务与经营法律关系

金融业务与经营法律关系，是指金融机构之间、金融机构与其他平等主体之间依法形成的权利和义务关系，包括在拆借、贴现、结算、存贷款、汇兑、信托、租赁、证券、基金、外汇、保险等业务开展中所形成的权利和义务关系。这些关系可以概括为资金供求关系和金融服务关系。

金融业务与经营法律关系的特点主要表现为：

(1)主体地位独立、平等。金融业务经营法律关系，实际上是平等主体之间发生的权利、义务关系。主体地位平等、独立，互不隶属，双方权利义务关系的产生，要经双方协商，意思表示一致，法律关系的形成具有自愿性。

(2)双方权利义务具有对偿性和对等性。金融业务与经营法律关系是具有经济内容的权利义务关系。享有权利的一方，也必须承担相应的义务；承担义务的一方，也享有相应的权利。一方的权利，也就是另一方的义务。

(3)主要通过带有经济性的强制措施保证权利义务的实现。金融业务与经营法律关系一般是在自愿基础上产生，当事人在成立法律行为时就能预见到义务不履行的法律后果，所以一般能自觉地履行自己的义务。但在现实生活中，由于主客观方面的原因，也有不愿意履行或不能全面履行的情况发生。由于金融业务与经营法律关系的权利义务关系具有对偿性，其权利义务的实现，就在于保障主体预期经济利益实现，故一般是通过带有经济性的强制措施来保证，如责令支付票据金额，偿还贷款本金利息以及违约金和赔偿金等，以促使当事人履行义务。

## 二、金融法律关系的构成

金融法律关系由金融法律关系的主体、客体和内容三个要素共同构成。

### (一)金融法律关系的主体

金融法律关系的主体，指参加金融法律关系，依法享有权利、承担义务的当事人。金融机构是金融法律关系的当然主体，国家机关、企事业单位、社会组织和个人可以通过依法参加金融活动成为金融法律关系的主体。

金融法律关系的主体，主要包括特殊主体、各类银行和非银行金融机构、各经济组织、事业单位、社会团体、自然人、国家。特殊主体主要是指中央银行、政府授权的其他金融监管机构，在我国主要包括银保监会、证监会以及各地金融监管局。各类银行和非银行金融机构主要指商业银行、各类专业银行(包括政府专业银行即政策性银行)，以及其他非银行金融机构，包括保险公司、证券公司、基金管理公司、期货公司、资产管理公司、信托公司、财务公司、融资租赁公司、信用合作社等。各经济组织、事业单位、社会团体，可以是法人组织，也可以是非法人的合伙组织和联营组织。自然人，主要指本国公民、外国公民和无国籍者，他们依法参与金融活动就成了金融法律关系的主体(法律一般要求自然人必须具有权利能力和行为能力才能成为金融法律关系的主体，但在特殊情况下，无行为能力的人或限制行为能力的人也能成为金融法律关系的主体)。国家通常只在特定情况下以主体的资格参加金融活动，成为金融法律关系的主体，例如发行货币、公债，缔结国际条约时，国家就是以金融主体的身份出现的。

**(二)金融法律关系的客体**

金融法律关系的客体,指金融法律关系主体的权利义务所共同指向的对象。没有金融法律关系的客体,金融法律关系不可能产生,权利和义务更无从附着。金融法律关系的客体主要包括货币、金银、证券、票据、保单、合约、指数、期权等。

**(三)金融法律关系的内容**

金融法律关系的内容,指金融法律关系主体依法所享有的权利和承担的义务。权利指主体有权依据金融法律、法规的规定为一定行为、不为一定行为和要求他人为一定行为、不为一定行为的可能性。义务指主体依据金融法律、法规的规定必须为一定行为或不为一定行为的必要性。在不同的金融法律关系中,金融法主体享有不同的权利,同时承担不同的义务。

### 三、金融法律关系的运行与保护

**(一)金融法律关系的运行**

金融法律关系的运行,指金融法律关系产生、变更和终止的过程。

金融法律关系的产生,指由于一定的法律事实的存在或变化,使金融法律关系主体之间形成一定的权利义务关系。法律事实的存在或变化,是金融法律关系产生的前提。法律事实,指符合金融法律规范规定的,能够引起金融法律关系产生、变更和终止的事实,包括事件和行为。事件是指不以人的主观意志为转移的客观现象,如不可抗力造成的自然灾害或战争等社会现象。行为是指由金融法律规范规定的,受人主观意志支配的,能够引起金融法律关系产生、变更和终止的行为,包括合法行为和不合法行为。合法行为指与法律规范的要求相一致的行为,其中大多为以产生某种法律后果为目的的行为,如依法签订贷款合同、保险合同、信托合同等都会引起金融关系的发生或变化,并产生行为人预期的目的。不合法行为是指与法律规范不一致的行为。此种行为不能产生行为人预期的法律后果,即不符合主体预期的法律关系,但能引起保护性法律关系的产生。

金融法律关系的变更,指由于一定的法律事实的出现或变化,使业已存在的金融法律关系的某些要素发生改变,从而引起金融法律关系的改变,包括主体变更、客体变更和内容变更三种情况。

金融法律关系的终止,指由于一定的法律事实出现,使金融法律关系主体间的权利与义务关系归于消灭。

**(二)金融法律关系的保护**

金融法律关系的保护,指通过一定的保护机构,采取一定的保护方法,确保金融法律关系参加者正确行使权利和切实履行义务,以维护当事人的合法权益和保障金融秩序正常、有序的过程。

1.金融法律关系的保护机构

金融法律关系的保护机构主要有金融监管机构、仲裁机构和司法机构。

金融监管机构是进行金融法律关系保护的最基本机构。金融监管机构通过对金融机构的市场准入、市场退出和金融业务活动全过程的日常监管，对金融违法行为进行行政查处，从而对金融法律关系主体的权利和义务进行最基本的保障。

仲裁机构，在我国是指设在人民政府所在地的市(或其他设区的市)的仲裁委员会依法组成的仲裁庭。仲裁机构以第三人的身份对金融法律关系主体之间发生的金融合同纠纷进行调解或仲裁，可以有效解决主体之间的金融纠纷，从而实现对金融法律关系的保护。

司法机构，在我国主要指人民检察院和人民法院。人民检察院对金融犯罪案件依法行使检察权，并以国家公诉人的身份向人民法院提起公诉，对人民法院的审判活动是否合法实施监督。人民法院依法行使审判权，对当事人提起诉讼的金融纠纷案件和人民检察院提起公诉的金融犯罪案件，依法进行审判。

2.金融法律关系的保护方法

金融法律关系的保护方法：广义上，指国家通过金融立法、金融执法和金融司法活动，保护金融法律关系当事人权利、义务的实现；狭义上，指对破坏金融法律关系的行为依法追究法律责任的方法。通常所讲的保护方法是指狭义的方法，即通过追究法律责任，实现对金融法律关系的保护。金融法律关系的保护方法主要有行政保护法、经济保护法和司法保护法。

行政保护法，指由法律规定的金融监管机构，对违反金融法律、法规的行为人，依照行政程序加以处理，以保护金融法律关系主体的权利、义务得以实现的方法。其主要体现为金融监管机构对有违法行为的金融机构或其责任人员采取行政上的处理或纠正措施，如警告、记过、记大过、降级、开除、取消业务资格等。

经济保护法，指对违反金融法律、法规的行为人，依照法律规定给予的经济处罚或责令补偿损失的措施。其具体包括赔偿损失、罚款、冻结资金、停止支付、提高或加收利息、没收财产等。

司法保护方法，包括两个方面：一是人民法院依照诉讼程序以审判方式解决金融纠纷，并对拒不履行法院判决、裁定或仲裁机构仲裁的行为予以强制执行；二是对严重违反金融法律、法规，触犯刑律的犯罪分子，由人民法院依法作出判决，追究刑事责任。

## 第四节　金融法律责任

### 一、金融法律责任概述

#### (一)金融法律责任的概念

金融法律责任是法律责任的一种。“责任”一词在不同的地方有不同的含义。例如，每个公民都有遵守金融法律的责任，此处的“责任”相当于义务。企事业单位实行的岗位责任制，此处，“责任”含义为职责。本书在此所讲的法律责任则是指违法者对自己的违法行为依法承担的否定性的法律后果。

金融法律责任的含义是，金融法律关系主体由于违反金融法律义务而依法应承担的法律责任。它是国家对违反金融法定义务、超越金融法定权利界限或滥用权利的违法行为所做出的否定性评价，是国家强制违法者做出一定行为或禁止其做出一定行为，使违法者受到惩戒，使受到侵害的合法权益得到补救，使被破坏的社会关系和法律秩序得到恢复的措施。

金融法律责任具有如下特点：第一，金融法律责任与金融违法事实有不可分割的联系，没有违法事实就不承担法律责任；第二，金融法律责任体现的是金融违法者与国家之间的关系；第三，金融法律责任对于责任承担者来说是一种否定性评价，是一种体现社会谴责和国家惩罚性的法律责任；第四，金融法律责任是一定国家机关代表国家对违反金融法律、法规者实行法律制裁的根据。

**（二）确认金融法律责任的依据**

我国确定金融法律责任的依据主要包括：

1. 有违反金融法律义务的违法行为

金融法律义务既包括金融法直接规定的义务，也包括当事人不违反法律前提下的约定义务。违反金融法律义务的违法行为具有一定的社会危害性，它不但侵害金融法律关系主体的权利，而且还给社会带来不良影响。

2. 金融违法主体须具有责任能力

责任能力指行为人对其违法行为承担法律责任的能力。违法行为虽然是承担金融法律责任的前提，但违法行为人并不一定承担法律责任。违法者是否要承担法律责任，还要看他是否具有责任能力。责任能力确认的依据是认知能力。一般认为能理解法律要求，辨认自己行为的目的、性质及其后果，具有能够支配、控制自己行为的人为有认知能力，即有责任能力；反之，则无认知能力，也无责任能力。通常对责任能力的规定，一般以年龄作为划分标准，不同法律的责任能力的年龄规定不尽相同。

3. 违法行为人主观上有过错

过错包括故意和过失。故意是明知自己的行为会发生危害社会的结果，并希望或放任这种结果发生；过失是应当预见自己的行为可能发生危害社会的结果，却因疏忽而没有预见，或已经预见而轻信能够避免。一般在法律没有特别规定时，违法行为人只有主观上有过错，才承担法律责任。

4. 违法行为与损害结果之间有因果关系

损害是指对法律所保护的客体造成的损害，包括财产损失、人身伤害、精神损害和社会关系的破坏等。只有当违法者的行为与发生的损害结果之间存在内在的必然联系时，该主体才对其行为负法律上的责任。

**（三）确认金融法律责任的原则**

确认金融法律责任的原则，指在确认金融法律责任时应遵循的指导思想。它直接关系到追究金融法律责任的准确性、及时性和合法性。我国确认金融法律责任的原则包括：

1. 责任法定原则

责任法定原则指当违反金融法律规定的行为发生后，应当按照法律事先规定的性质、范围、程度、期限和方式追究违法者的责任。

2.公正原则

公正，即公平、正义。公正原则的基本要求是：首先，对违法行为应当承担法律责任的，必须予以追究；其次，责任与违法程度相适应，即法律责任的种类、强度必须与违法行为的社会危害性、行为人的主观恶意程度和责任能力相一致；第三，法律面前人人平等。

3.必要程序保障原则

程序保障，既是实体权力实现的充要条件，也是实体法上责任得到准确认定和追究的保证。程序保障的具体内容是法律责任的追究要履行一定的法定程序，赋予当事人以必要的程序参与权。提交司法机关追究法律责任的，要遵循民事诉讼法或刑事诉讼法的规定；由行政机关追究行政责任的，要遵循行政处罚程序、行政复议程序和行政处分程序；对多数行政机关追究行政法律责任的裁决，当事人不服的可以依一定程序请求司法裁决。

**(四)金融法律责任的免除**

金融法律责任在一定条件下可以免除。免责条件包括时效免责、不诉免责、补救免责和协议免责。

时效免责，是指违法者在其违法行为发生一定期限后不再承担强制性法律责任。我国刑法规定了追诉期间，民法通则规定了诉讼时效期间。通常，如果法律没有特别规定，过了时效期间，对金融违法行为不再追究法律责任。

不诉免责，是指某些违法行为，只有受害当事人或有关人告诉才处理，如不告，国家就不会追究违法者的法律责任。但要强调的是，在金融法律关系中，不诉免责仅适用于金融业务往来中的民事违法行为。

补救免责，是指实施违法行为的人虽对社会或他人造成了一定的损害，但在国家机关追究其责任前，及时采取了补救措施，恢复了被其侵害的社会关系，国家机关可依法对其免除部分或全部责任。

协议免责，是指双方当事人在法律允许的范围内经过协商，同意免责。此种情况只适用于某些金融民事违法行为。

**(五)金融法律责任的种类**

金融法律责任是综合性的法律责任。根据违法行为人在金融活动中违反的具体法律、规范性质的不同，所侵害的社会关系的不同，可将金融法律责任分为行政责任、民事责任和刑事责任。它们分别适用于特别的社会关系领域，并共同构成完整的金融法律责任体系。

## 二、金融行政责任

金融行政责任是指金融行政法律关系的主体由于违反金融行政法律义务而应当依法承担的否定性法律后果。

金融行政法律义务包括：金融行政管理机关依法履行的义务；公务员、行员遵守金融行政法律的义务；公民、法人等金融行政行为相对人遵守金融行政法的义务。

金融行政责任由国家授权的金融主管机关，包括中国人民银行、银行保险监督管理委员会、证券监督管理委员会以及其他有权机关(例如国家审计机关)行使。

**(一)责任的种类**

金融行政责任根据承担责任的主体不同,可分为金融行政机关的行政责任、金融机构工作人员的行政责任和金融行政行为相对人的行政责任;根据金融行政违法行为所违反的行政法律义务的性质不同,可分为外部行政责任和内部行政责任;根据责任承担方式的直接效果不同,可分为惩戒性行政责任和补救性行政责任,前者为行政处罚、行政处分责任,后者为行政损害赔偿责任。

**(二)责任的承担方式**

1.金融行政处罚责任的承担方式

金融行政处罚责任,是指享有金融行政处罚权的主体依法对违反金融行政法律规范但尚不够金融刑事处罚的个人或组织所实施的惩罚措施。金融行政处罚责任的承担方式主要有:警告,没收非法所得和没收非法财物,罚款,停业整顿、吊销经营许可证、依法取缔,拘留。

(1)警告。即由做出决定的机关以书面形式做出的一种普遍的精神处罚方式,一般适用于违法较轻的行政违法人。

(2)没收非法所得和没收非法财物。即由行政职权机关将金融行政违法行为实施人的违法所得和非法财物收归国有的处罚方式。没收违法所得和非法财物,可以使违法者的花费无以补偿,使其失去继续或扩大违法行为的物质条件,金融法较多地采用了此种方式。

(3)罚款。即由行政职权机关责令违法相对人缴纳一定金额货币的经济上的处罚。我国金融法律在罚款数额的确定上通常是规定一个最高额或最低额,或者规定一个上下限。

(4)停业整顿、吊销经营许可证、依法取缔。其中:停业整顿,是对金融组织权利能力和行为能力的中止(通常违法行为人如在停业整顿期间能够纠正其违法行为,主管部门会依法恢复其权利能力和行为能力,恢复其业务经营活动,否则将依法终止其业务活动);吊销经营许可证,实质就是剥夺了金融组织的权利能力和行为能力;依法取缔则是强制取消违法金融组织的存在。由此可见,吊销经营许可证和依法取缔是对金融组织最严厉的行政处罚。

(5)拘留。即公安机关对违反某些法定行政义务的相对人适用的一种在比较短的时间内限制其人身自由,以促使其反省认错的处罚方式。行政拘留在金融领域内一般适用于明知故犯、屡教不改、非法行为较为严重的相对人。

2.金融行政处分责任的承担方式

金融行政处分责任,是指公务员或银行行员因违反行政法上的义务而应承担的行政法上的内部行政责任。目前,我国规定的行政处分形式有警告、记过、记大过、降级、降职、撤职、开除留用察看和开除八种。其中:警告、记过、记大过属精神处分;降级属薪水处分;降职、撤职、留用察看和开除属职务处分。

## 三、金融民事责任

金融民事责任,指民事主体在金融活动中违反民事法律义务应承担的法律后果。

金融民事法律义务既包括法律直接规定的义务,也包括当事人不违背法律规定的约定义务。金融民事关系是具有财产内容的社会关系,因此金融民事责任主要是财产责任,产生民事责任的金融违法行为不能超出民法规定的违法限度和范围。

**(一)责任种类**

根据不同的标准,可将金融民事责任作不同的分类:

1.以民事责任发生的根据为标准分类

以民事责任发生的根据为标准可分为合同责任、侵权责任和缔约过失责任。

合同责任,也称违约责任,是指因违反合同义务依法应当承担的责任。具有如下特点:第一,它由违反合同义务所引起,而合同义务又以存在有效的合同为前提;第二,合同责任为仅发生在特定当事人之间的责任;第三,合同的责任方式和范围具有一定的任意性,当事人可就违约金的多少和赔偿额的计算在合同中约定;第四,合同责任是一种财产责任,其存在的主要价值在于补救权利人因对方违约而造成的经济损失,或给违约行为人的经济制裁;第五,合同责任以过错为原则,在实践中较普遍的适用推定过错,即只要当事人有违反合同义务的行为事实,且无合法根据,又不能证明自己无过错,就推定其主观上有过错。借款、储蓄、结算、保险、信托、租赁等合同的当事人违反合同义务都要依法承担违约责任。

侵权责任,是指由民事法律规范规定的侵权行为人对其不法行为造成他人财产或人身权利损害所应承担的法律责任。具有如下特点:第一,它由违反民事法律规范对权利保护的不法行为所引起;第二,与违约责任相比,具有鲜明的强制性与制裁性;第三,其责任承担方式既可适用财产责任方式,也可适用非财产责任方式;第四,侵权民事责任在特殊情况下,承担责任者可以不是违法行为人本人。任何单位和个人都不能侵犯金融机构及其相对人的民事权利,否则,要承担相应的侵权民事责任。

缔约过失责任,是指订立合同的当事人,违反应当遵循的民事法律责任原则,导致合同不成立或无效,而对受损害方所承担的财产赔偿责任。缔约过失责任与合同责任(违约责任)不同,合同责任是基于合同而产生,其根据是双方依法订立的合同条款和法律关于违约责任的规定,合同关系发生在前,违约行为发生在后,违约人侵犯的是合同双方约定的相对权利,承担责任的方式既有弥补性的方式,亦有制裁性的方式。而缔约过失责任产生的根据主要是订立合同所需要遵守的法律原则——诚信原则,未形成合同关系的无效民事行为在先,债权债务关系发生在后,侵犯的是财产中的绝对权,其责任承担方式是赔偿因合同磋商及无效合同中的过错给他方造成的财产损失和返回因无效合同而非法占有的他方财产,责任承担方式被限定在弥补性方式范围内。缔约过失责任不等于合同无效的法律后果,它只是合同无效的法律后果之一。缔约过失责任的上述特点表明,它也不同于侵权责任,因为侵权责任的法律依据是民法中关于侵权民事责任和其他法律中关于侵权行为的规定,侵权行为发生在前,债权债务关系发生在后,侵犯的是财产权、人身权等绝对权,责任的承担方式主要限定在弥补性及制止性两类方式的范围之内。

2.以是否为双方过错为标准分类

以是否为双方过错为标准可以分为单方民事责任和双方民事责任。单方民事责任指违法行为基于一方的过错原因而发生,由一方承担的民事责任;双方民事责任指违法行为基于各方过错的原因而发生,应由各方依其过错的程度承担相应的民事责任。

3. 以责任人之多寡及其关系为标准分类

以责任人之多寡及其关系为标准可分为单独责任和共同责任。单独责任是指由公民或法人一人独立承担责任的民事责任;共同责任是指由共同违法行为产生的民事责任,这些行为包括共同侵权行为和违反共同债务或其他共同义务的行为。共同责任以其分担责任的形式不同又可分为按份责任和连带责任,按份责任是指按照法律规定或合同约定,对同一责任由多数人按事先确定的份额各自分别承担的民事责任;连带责任是指违反连带债务或有共同侵权行为时所应承担的民事责任,每个责任人都有义务根据权利人的请求,全部或部分承担赔偿责任。

4. 以承担责任的财产范围不同为标准分类

以承担责任的财产范围的不同为标准可分为有限责任和无限责任。有限责任是指债务人仅以其一定限额的财产清偿债务的财产责任;无限责任是指债务人以其全部财产清偿债务的财产责任。

**(二)责任的承担方式**

根据《中华人民共和国民法通则》(以下简称《民法通则》)的规定,民事责任的承担方式有:停止侵害;排除妨碍;清除危险;返还财产;恢复原状;修理、重作、更换;赔偿损失;支付违约金;消除影响、恢复名誉;赔礼道歉十种。其中前三种为制止性方式,支付违约金为处罚性方式,其余均为弥补性方式。

在金融民事责任里,最常见的承担责任的形式是支付赔偿金、支付违约金、返还财产和加收违约利息等。

1. 支付赔偿金

支付赔偿金,即赔偿损失,是既可适用于侵权责任,也可适用于合同责任和缔约过失责任的最普通的责任形式。赔偿金额相当于违法行为方给对方造成的实际损失,包括直接损失和期待利益损失。期待利益损失的计算原则为:①必须是当事人在行为时已经预见或者能够预见的利益;②必须是可以期待并能够收到的利益;③必须是直接因违法行为所丢失的利益。

2. 支付违约金

支付违约金,是指当事人违反合同,依法律规定或约定给对方支付一定数额金钱的责任形式。违约金包括法定违约金和约定违约金。在违约责任中,违约金责任同赔偿损失责任既有区别又有联系。联系表现为违约金具有预定的赔偿性,在约定违约金的数额内,可以把违反合同可能造成的损失估计在内,如果违约金不足以弥补对方的损失,违约方还须支付赔偿金。区别主要表现在以下三个方面:①违约金是事先规定或约定的,只要违约行为人有过错,即须支付违约金,而赔偿损失则是违约后才确定的,须有损失才能支付;②违约金具有两重性,在一定条件下,可起惩罚或补偿作用,而赔偿金只有补偿作用;③违约金的数额与损失无必然联系,只要不违背法律,可由当事人协商约定,而赔偿损失的金额,则以实际损失金额为准。

3. 返还财产

返还财产,是指财产的非法占有人将非法占有的财产归还财产所有人或合法占有人,其中也包括银行返还被其非法扣划的存款。在返还财产时，原物的孳息也必须同时返还。

除上述三种形式外，加收利息以及提前收回贷款、停止支付借款人尚未使用的贷款，也是违反借款合同义务的借款人应承担的责任形式。

**(三)民事制裁**

在金融法律关系中，当民事主体在从事金融活动中发生了侵权行为，在民事责任尚不足以制裁其侵权行为时，人民法院还要依法对其实行民事制裁。

民事制裁，是指人民法院对违反民事法律应负民事责任的行为人采取的处罚措施，包括训诫、责令具结悔过、收缴进行非法活动的财物和非法所得、罚款和拘留等。民事制裁的对象主要是那些承担民事责任尚不足以惩戒其不法行为的严重的违法行为人。它是国家对民事活动实施干预的形式，是配合民事责任发挥作用的措施。

## 四、金融刑事责任

金融刑事责任，是指严重违反金融法并触犯刑法的犯罪者应承担刑罚制裁的否定性法律后果。金融刑事责任除具有一般刑事责任的特点外，它的另一个特点是，它是金融犯罪行为人承担的一种刑事责任。

**(一)金融犯罪的种类**

通常对金融犯罪进行分类的主要标准是犯罪客体或犯罪对象。根据《刑法》的规定，金融犯罪划分为破坏金融管理秩序罪和金融诈骗罪。由此，也可将金融刑事责任划分为破坏金融管理秩序罪的刑事责任和金融诈骗罪的刑事责任。

1. 破坏金融管理秩序罪

破坏金融管理秩序罪，是指违反国家法律法规及有关规定，侵犯金融管理关系，扰乱金融市场秩序，依照刑法应受刑罚处罚的行为。

(1)破坏金融管理秩序罪的特点。

破坏金融管理秩序罪有如下特点：①主体方面，犯罪主体既可以是自然人，也可以是单位，既包括一般主体，也包括特殊主体；②客体方面，无论是何种破坏金融管理秩序罪，其犯罪客体都是共同的，即犯罪行为必然侵犯特定的金融管理关系，这是破坏金融管理秩序罪最本质的法律特征；③主观方面，犯罪行为人在主观上绝大多数属故意，且一般是直接故意；④客观方面，犯罪行为形式绝大多数是作为，个别罪名不作为也可构成。

(2)破坏金融管理秩序罪的种类。

根据《中华人民共和国刑法修正案(十)》第三章第四节的规定，破坏金融管理秩序罪主要包括：伪造货币罪；出售、购买、运输假币罪；金融工作人员购买假币、以假币换取货币罪；持有、使用假币罪；变造货币罪；擅自设立金融机构罪；伪造、变造、转让金融机构经营许可证、批准文件罪；高利转贷罪；骗取贷款、票据承兑、金融票证罪；非法吸收公众存款罪；伪造、变造金融票证罪；妨害信用卡管理罪；窃取、收买、非法提供信用卡信息罪；伪造、变造国家有价证券罪；伪造、变造股票、公司、企业债券罪；擅自发行股票、公司、企业债券罪；内幕交易、泄露内幕信息罪；利用未公开信息交易罪；编造并传播证券、期货交易虚假信息罪；诱骗投资者买卖证券、期货合约罪；操纵证券、期货市场罪；职务侵占罪；贪污罪；非国家工作人员受贿罪；受贿罪；挪用资金罪；挪用公款罪；背信运用受托财产罪；违法运用资金罪；违法发放贷款罪；吸收客户资金不入账罪；违规出具金融票证罪；对违法票据承兑、付款、保证罪；逃汇罪；洗钱罪。

2. 金融诈骗罪

金融诈骗罪，是指违反国家法律法规及有关规定，采用诈骗手段，侵犯国家、集体及个人货币资金所有关系，依照刑法应受刑罚处罚的行为。

(1)金融诈骗罪的特征。

金融诈骗罪除具有一般诈骗罪的主要特征，即以非法获取并占有为目的，使用虚构事实或隐瞒真相的方法，骗取他人财物之外，还具有如下特征：①主体方面，犯罪主体既可以是自然人，也可以是单位，既包括一般主体，也包括特殊主体；②客体方面，犯罪客体为复杂客体，即犯罪行为既侵犯特定的金融管理关系，同时还侵犯特定的货币资金关系，这也是金融诈骗罪最本质的特征；③主观方面，犯罪行为人主观上均为故意，均有非法获取并占有他人财产的目的；④客观方面，犯罪行为均为作为，不作为不构成本罪的客观要件。

(2)金融诈骗罪的种类。

根据《中华人民共和国刑法修正案(十)》第三章第五节的规定，金融诈骗罪主要包括：集资诈骗罪；贷款诈骗罪；票据诈骗罪；金融凭证诈骗罪；信用证诈骗罪；信用卡诈骗罪；盗窃罪；有价证券诈骗罪；保险诈骗罪。

**(二)金融刑事责任的承担方式**

根据《刑法》对破坏金融管理秩序罪和金融诈骗罪的规定，金融刑事责任的承担方式主要有拘役、有期徒刑、无期徒刑、死刑，附加刑有罚金和没收财产。

1. 拘役

拘役，是短期剥夺犯罪分子的人身自由，就近强制进行劳动改造的刑罚方法。它适用于罪行情节较轻、不需长期关押改造的犯罪分子。在金融犯罪中，拘役通常与罚金一并使用。

2. 有期徒刑

有期徒刑，是剥夺犯罪分子一定期限的人身自由，并实行强迫劳动改造的刑罚方法。就剥夺自由而言，与拘役相似，但两者在期限、执行场所、执行期间的待遇和法律后果上有所不同。

3. 无期徒刑

无期徒刑，是剥夺犯罪分子终身自由，并实行强迫劳动改造的刑罚方法。它是仅次于死刑的严厉刑罚，故只适用于严重的犯罪。

4. 死刑

死刑，是剥夺犯罪分子生命的刑罚方法。它只适用于罪行极其严重的犯罪分子，例如对伪造货币集团的首要分子通常处以死刑。

5. 罚金

罚金，是审判机关判处犯罪分子向国家缴纳一定数额金钱的刑罚方法。它与行政罚款的区别为：行政罚款的对象为违反行政管理法规，但还没有达到犯罪程度的违法分子，是由行政机关做出的处罚；罚金是对犯罪分子的一种刑罚方法，由审判机关判处。在刑罚改革中，罚金刑虽在世界各国的地位不断上升，甚至升为主刑，如德国、法国、日本等，但在我国目前还只是作为一种附加刑而广泛采用。在金融犯罪的刑罚中，除少数条款未有罚金的规定外，大多数条文都有并处罚金的规定。

6. 没收财产

没收财产，是将犯罪分子个人所有财产的部分或全部强制无偿收归国有的刑罚方法。它与罚金不同的是，罚金是剥夺犯罪分子一定数额的金钱，而没收财产则是剥夺犯罪分子个人的财产。所以，没收财产是重于罚金的刑罚方法。另外，没收财产与没收非法所得也不同：没收非法所得是使用行政强制手段使公私财产恢复原状，没收财产前文已述。

## 思考练习题

1. 金融法的本质和特点是什么？
2. 如何理解金融法律关系的含义？
3. 简述金融法的功能，并论述各功能之间的关系。
4. 如何理解我国现阶段金融法遵循的原则？
5. 我国确定金融法律责任的依据是什么？

# 第二章　中央银行法律制度

**章前提要**

本章主要介绍中央银行法的概念、性质；中国人民银行法的立法目的与基本框架；中国人民银行的法律地位、基本职能与主要职责；中国人民银行的组织机构、货币政策与金融监管；违反中国人民银行法的法律责任。

## 第一节　中央银行法概述

### 一、中央银行法的概念和性质

#### （一）中央银行的概念

中央银行是依法制定和执行国家货币金融政策、实施宏观金融调控和宏观金融监管的金融机构，也是国家唯一的货币发行机构。中央银行在一国的金融体系中居于主导地位，是发行银行、银行的银行、政府的银行，是整个金融系统的最后贷款人。中央银行不以盈利为目的，而以维护金融稳定、促进经济发展、促进充分就业和维护国际收支平衡为己任。

#### （二）中央银行法的概念

中央银行法是确立中央银行的性质、地位和职能，规范中央银行组织体系及其职责权限等方面的法律规范的总称。

《中国人民银行法》1995 年 3 月 18 日第八届全国人民代表大会第三次会议通过（公布之日起实施），2003 年 12 月 27 日第十届全国人民代表大会常务委员会第六次会议通过修正。

#### （三）中央银行法的性质

中央银行法既是金融调控法和金融监管法，又是金融服务法，所以中央银行法兼有公法和私法的特点，性质上属于社会法，是经济法的二级子部门法。

中央银行法的性质由中央银行的性质和职能决定。首先，中央银行是国家的宏观金融调控和宏观金融监管机构，中央银行在履行宏观金融调控和宏观金融监管职能时，以国家公共利益——维护金融稳定、促进经济发展——为目标；其次，作为政府银行、发行银行和银行的银行，中央银行为政府和其他金融机构提供服务，服务中要兼顾和尊重各方利益。中央银行无论是作为调控、监管机构还是服务机构，在履行职能时都要接受中央银行法的规范,所以中央银行法兼有公法和私法特点,性质上属于社会法。

## 二、中国中央银行法的立法目的与基本原则

### (一)中国中央银行法的立法目的

1949年新中国成立直至1983年12月,在计划经济的大背景下,我国没有现代意义上的中央银行。十一届三中全会以后,伴随着一系列改革,我国的金融体制也由中国人民银行"一统天下"的"大一统"银行体制向中央银行与商业银行并存的二级银行体制过渡。1979年中国农业银行、中国银行和中国建设银行分别从中国人民银行分立以后,1983年9月国务院颁布了《关于中国人民银行专门行使中央银行职能的决定》,1984年1月1日成立中国工商银行并全面承接中国人民银行对企业及个人的业务,至此新中国有了真正意义上的中央银行。为了强化中国人民银行作为中央银行的权威性,需要以法明确中国人民银行的法律地位,1995年3月18日第八届全国人民代表大会第三次会议通过了《中国人民银行法》,至此中国人民银行开始真正走上依法行使中央银行职能的道路。《中国人民银行法》第一条明确规定中国人民银行法的立法目的为:①确立中国人民银行的地位,明确其职责;②保证国家货币政策的正确制定和执行;③建立和完善中央银行宏观调控体系,维护金融稳定。

### (二)中国中央银行法的基本原则

中国中央银行法的基本原则,体现了中国中央银行法的本质和根本价值,是中国中央银行法的灵魂。中国中央银行法的基本原则为:

#### 1.维护金融稳定原则

中国中央银行法的立法宗旨之一是建立和完善中央银行宏观调控体系,维护金融稳定。因为金融稳定不仅关乎经济稳定,更关乎政治稳定和国家安全。所以中国中央银行法要强化宏观调控,并以维护金融稳定为原则。

#### 2.保证货币政策独立性原则

中国中央银行法立法的又一个宗旨是要保证国家货币政策的正确制定和执行。而要保证国家货币政策能够正确执行,就需要货币政策在执行的过程中不受地方政府、各级政府部门、社会团体和个人干涉,具有独立性。所以中国中央银行法要以保证货币政策正确制定并维护中国人民银行在国务院领导下独立执行货币政策为原则。

#### 3.强化金融调控与监管的原则

加强金融调控与金融监管是防范金融风险、维护金融稳定的重要手段。中央银行的特殊地位决定了其在防范系统性金融风险中具有不可替代的作用。所以为了防范系统性金融风险爆发,维护金融稳定,确保金融安全,中国中央银行法要以强化金融调控与监管为原则。

## 三、中国中央银行法的基本框架

1995年3月18日颁布的《中国人民银行法》共计8章50条。8章依次为:总则、组织机构、人民币、业务、金融监督管理、财务会计、法律责任、附则。

1997年东南亚金融危机爆发并很快席卷整个亚洲地区,为了防范金融风险,加强金

融监管，我国进一步强化了分业监管模式。在证监会和保监会之外，2003 年 4 月 25 日成立了中华人民共和国银行业监督委员会（简称银监会）[①]，承接由中国人民银行承担的对商业银行和其他存款类金融机构的准入、退出以及日常业务经营的监管，中国人民银行的职能和工作重心转移到了制定和执行金融政策、维护金融稳定和提供金融服务三个方面。为了与此次改革相适应，并从法律上分清中国人民银行与银监会的职责，为这两个机构依法行政提供法律依据，2003 年 12 月 27 日第十届全国人民代表大会常务委员会第六次会议通过了《中国人民银行法》修正案，并通过了《中华人民共和国银行业监督管理法》（以下简称《银行业监督管理法》）。

新修正的《中国人民银行法》共分 8 章 53 条，8 章依次为：总则、组织机构、人民币、业务、金融监督管理、财务会计、法律责任、附则。修正后的《中国人民银行法》在内容上集中体现了“一个强化、一个转变和两个增加”。“一个强化”，就是强化中国人民银行制定和执行货币政策的职责，其具体体现在人民银行法的第十二条和第二十三条上；“一个转变”，就是将人民银行的职能由过去的以监管为主转变为以防范和化解系统性风险为主，相关内容具体体现在对第一条、第二条、第三十一条、第三十四条的修正；“两个增加”，就是增加了反洗钱和管理金融征信业两项内容，具体体现在第四条。

## 第二节　中国人民银行的地位与职责

### 一、中国人民银行的性质与法律地位

#### （一）中国人民银行的性质

《中国人民银行法》第二条规定，中国人民银行是中华人民共和国的中央银行。中国人民银行在国务院领导下，制定和执行货币政策，防范和化解金融风险，维护金融稳定。《中国人民银行法》第八条规定，中国人民银行的全部资本由国家出资，属于国家所有。《中国人民银行主要职责内设机构和人员编制规定》（2008 年 7 月 10 日国务院发布）规定，中国人民银行为国务院组成部门。由此，中国人民银行的性质可以概括为：中国人民银行是中国的中央银行，是国务院的组成部门，是隶属国家的国有特殊金融机构。

#### （二）中国人民银行的法律地位

中国人民银行既是一个独立的法人组织，又是独立制定和实施货币政策并对金融业实施监管的国家机关。

1. 中国人民银行是独立的法人组织

《中国人民银行法》第八条规定，中国人民银行的全部资本由国家出资，属于国家所有。第二十三条规定，中国人民银行可以为在中国人民银行开立账户的银行业金融机构

---

① 此前已分别于 1992 年 10 月 26 日和 1998 年 11 月 18 日成立了证监会和保监会。2018 年 3 月，第十三届全国人民代表大会第一次会议表决通过了关于国务院机构改革方案的决定，合并银监会与保监会，设立中国银行保险监督管理委员会，2018 年 4 月 8 日中国银行保险监督管理委员会正式挂牌。

办理再贴现；向商业银行提供贷款；在公开市场上买卖国债、其他政府债券和金融债券及外汇。第四十一条规定，中国人民银行应当于每一会计年度结束后的 3 个月内，编制资产负债表、损益表和相关的财务会计报表，并编制年度报告，按照国家有关规定予以公布。中国人民银行的会计年度自公历 1 月 1 日起至 12 月 31 日止。第三十九条规定，中国人民银行每 1 会计年度的收入减除该年度的支出，并按照国务院财政部门核定的比例提取总准备金后的净利润，全部上缴中央财政。通过以上可以看出，中国人民银行不仅有资本金、有业务①，还要编制并公布财务会计报告，上缴利润，这些都说明中国人民银行具有独立的法人资格，是一个独立的法人组织。

2.中国人民银行是独立制定和实施货币政策并对金融业实施监管的国家机关

《中国人民银行主要职责内设机构和人员编制规定》明确规定："根据第十一届全国人民代表大会第一次会议批准的国务院机构改革方案和《国务院关于机构设置的通知》(国发〔2008〕11 号)，设立中国人民银行，为国务院组成部门。"《中国人民银行法》第六条规定，中国人民银行应当向全国人民代表大会常务委员会提出有关货币政策情况和金融业运行情况的工作报告。第七条规定，中国人民银行在国务院领导下依法独立执行货币政策，履行职责，开展业务，不受地方政府、各级政府部门、社会团体和个人的干涉。第三十一条规定，中国人民银行依法监控金融市场的运行情况，对金融市场实施宏观调控，促进其协调发展。第三十四条规定，为了维护金融稳定，中国人民银行经国务院批准，有权对银行业金融机构进行检查监督。以上说明，中国人民银行除了是一个独立的法人组织，还是一个独立执行货币政策，对金融市场实施宏观调控，并有权对银行业金融机构进行检查监督，向全国人民代表大会负责，不受各级政府部门、社会团体和个人干涉的独立的国家机关。

## 二、中国人民银行的职能与主要职责

### (一)中国人民银行的职能

根据《中国人民银行法》的规定②，中国人民银行主要有如下三项职能：

(1)政策与调控职能。即发行人民币，管理人民币流通，制定和执行货币政策。

(2)监管与稳定职能。即对包括银行间同业拆借市场和银行间债券市场、银行间外汇市场、黄金市场、反洗钱在内的货币以及与货币政策有关的业务实施监管；维护支付、清算系统的正常运行；防范和化解金融风险，维护金融稳定。

(3)服务职能。即作为政府的银行、银行的银行，经理国库，从事有关的国际金融活动，为其他金融机构提供清算、再贴现和再贷款等金融服务。

### (二)中国人民银行的主要职责

中国人民银行的职责由其性质和职能决定。《中国人民银行法》第四条规定中国人民银行履行如下 13 项职责：①发布与履行其职责有关的命令和规章；②依法制定和执行货

---

① 中国人民银行的这些业务行为都受合同约束，与交易方(其他金融机构)形成民事法律关系。

② 参见《中国人民银行法》第二、四、二十三条。

币政策；③发行人民币，管理人民币流通；④监督管理银行间同业拆借市场和银行间债券市场；⑤实施外汇管理，监督管理银行间外汇市场；⑥监督管理黄金市场；⑦持有、管理、经营国家外汇储备、黄金储备；⑧经理国库；⑨维护支付、清算系统的正常运行；⑩指导、部署金融业反洗钱工作，负责反洗钱的资金监控；⑪负责金融业的统计、调查、分析和预测；⑫作为国家的中央银行，从事有关的国际金融活动；⑬国务院规定的其他职责。

2007 年金融危机后，为了加强与金融监管部门的统筹协调，防范和化解金融风险，维护国家金融安全，2008 年 7 月 10 日国务院颁布了《中国人民银行主要职责内设机构和人员编制规定》，对中国人民银行的主要职责进行了调整和完善。根据《中国人民银行主要职责内设机构和人员编制规定》，中国人民银行主要有如下 18 项职责：①拟订金融业改革和发展战略规划，承担综合研究并协调解决金融运行中的重大问题，促进金融业协调健康发展的责任，参与评估重大金融并购活动对国家金融安全的影响并提出政策建议，促进金融业有序开放；②起草有关法律和行政法规草案，完善有关金融机构运行规则，发布与履行职责有关的命令和规章；③依法制定和执行货币政策，制定和实施宏观信贷指导政策；④完善金融宏观调控体系，负责防范、化解系统性金融风险，维护国家金融稳定与安全；⑤负责制定和实施人民币汇率政策，不断完善汇率形成机制，维护国际收支平衡，实施外汇管理，负责对国际金融市场的跟踪监测和风险预警，监测和管理跨境资本流动，持有、管理和经营国家外汇储备和黄金储备；⑥监督管理银行间同业拆借市场、银行间债券市场、银行间票据市场、银行间外汇市场和黄金市场及上述市场的有关衍生产品交易；⑦负责会同金融监管部门制定金融控股公司的监管规则和交叉性金融业务的标准、规范，负责金融控股公司和交叉性金融工具的监测；⑧承担最后贷款人的责任，负责对因化解金融风险而使用中央银行资金机构的行为进行检查监督；⑨制定和组织实施金融业综合统计制度，负责数据汇总和宏观经济分析与预测，统一编制全国金融统计数据、报表，并按国家有关规定予以公布；⑩组织制定金融业信息化发展规划，负责金融标准化的组织管理协调工作，指导金融业信息安全工作；⑪发行人民币，管理人民币流通；⑫制定全国支付体系发展规划，统筹协调全国支付体系建设，会同有关部门制定支付结算规则，负责全国支付、清算系统的正常运行；⑬经理国库；⑭承担全国反洗钱工作的组织协调和监督管理的责任，负责涉嫌洗钱及恐怖活动的资金监测；⑮管理征信业，推动建立社会信用体系；⑯从事与中国人民银行业务有关的国际金融活动；⑰按照有关规定从事金融业务活动；⑱承办国务院交办的其他事项。

上述 18 项职责中，第②③⑪项职责体现了中国人民银行的政策与调控职能；第④⑥⑦⑧⑩⑭⑮项职责体现了监管与稳定职能；第⑨⑫⑬⑯⑰⑱项职责体现了作为银行的银行和国家的银行的服务职能；第①⑤两项职责兼有政策与调控以及监管与稳定双重职能。

# 第三节　中国人民银行的组织机构

## 一、中国人民银行行长

中国人民银行的组织机构由领导机构、咨询机构、内部职能机构与外部分支机构 3 个层次构成。

中国人民银行的领导机构既是决策机构，又是执行机构，由行长与副行长构成，其中行长 1 人、副行长若干人。中国人民银行实行行长负责制，行长领导人民银行的工作，副行长协助行长工作。行长人选根据国务院总理提名，由全国人民代表大会决定；全国人代会闭会期间，由全国人大常务委员会决定，由国家主席任免。副行长由国务院总理任免。

## 二、中国人民银行货币政策委员会

货币政策委员会是中国人民银行的咨询议事机构。《中国人民银行法》第十二条规定，货币政策委员会应当在国家宏观调控、货币政策制定和调整中发挥重大作用。

### (一)货币政策委员会的职责

1997 年 4 月 15 日国务院颁布的《中国人民银行货币政策委员会条例》第三条规定，货币政策委员会的职责是，在综合分析宏观经济形势的基础上，依据国家的宏观经济调控目标，讨论下列货币政策事项，并提出建议：①货币政策的制定、调整；②一定时期内的货币政策控制目标；③货币政策工具的运用；④有关货币政策的重要措施；⑤货币政策与其他宏观经济政策的协调。

### (二)货币政策委员会的组成

《中国人民银行货币政策委员会条例》规定[①]，货币政策委员会由下列单位的人员组成：中国人民银行行长 1 人；中国人民银行副行长 2 人，国家计划委员会副主任 1 人，国家经济贸易委员会副主任 1 人，财政部副部长 1 人，国家外汇管理局局长 1 人，中国证券监督管理委员会主席 1 人，国有独资商业银行行长 2 人，金融专家 1 人，共计 11 人。货币政策委员会组成单位的调整，由国务院决定；中国人民银行行长、国家外汇管理局局长、中国证券监督管理委员会主席为货币政策委员会的当然委员，货币政策委员会其他委员人选，由中国人民银行提名或者中国人民银行协商有关部门提名，报请国务院任命；货币政策委员会设主席 1 人，副主席 1 人，主席由中国人民银行行长担任，副主席由主席指定。

随着金融监管体制的不断改革和国务院机构的调整，货币政策委员会的组成单位也在不断调整。2010 年 3 月起，货币政策委员会的组成单位和人员构成调整为：中国人民银行行长 1 人、副行长 2 人；国务院分管金融业务工作的秘书长 1 人；国家发改委副主任 1 人；财政部副部长 1 人；国家统计局局长 1 人；国家外汇管理局局长 1 人；中国银监会主席 1 人；证监会主席 1 人；保监会主席 1 人；中国银行业协会会长 1 人；金融专家 3 人，共计 15 人。

---

①　参见《中国人民银行货币政策委员会条例》第三、六、七条。

## 三、中国人民银行的分支机构

《中国人民银行法》第十三条规定，中国人民银行根据履行职责的需要设立分支机构，作为中国人民银行的派出机构。中国人民银行对分支机构实行统一领导和管理。中国人民银行的分支机构根据中国人民银行的授权，维护本辖区的金融稳定，承办有关业务。由此，中国人民银行实行总、分行制，总行依照历史沿革设在北京，2005年8月10日在上海增设上海总部①。

中国人民银行在1999年以前按行政区划设立分支机构。1998年12月，为了强化中国人民银行的政策职能和监管职能，免受地方政府干扰，国务院对中国人民银行分支机构的设置进行了改革，内容主要包括：①撤销原按行政区划设立的省级分行，根据地域关联性、经济金融总量以及金融监管的要求，在天津、沈阳、上海、南京、济南、武汉、广州、成都、西安9个直辖市或省会城市设立了9个跨省（自治区、直辖市）分行②，并在北京、重庆设立了两个营业管理部；②在不设分行的省（自治区、直辖市）人民政府所在地城市设置20个金融监管办事处；③在不设分行的省会城市（直辖市）及深圳设21个中心支行。中心支行与当地金融监管办事处同为分行的派出机构，相互之间不是领导与被领导关系。新的分支机构于1999年1月1日开始履行职能。2003年中国人民银行对金融业的微观监管职能剥离后，又对其分支机构的设置进行了进一步改革。

目前中国人民银行共有天津、沈阳、上海、南京、济南、武汉、广州、成都、西安9个分行，北京和重庆2个营业管理部，20个省会（首府）城市中心支行，5个副省级城市中心支行，305个地（市）中心支行，1778个县（市）支行。这些分支机构作为中国人民银行的派出机构，无独立地位，根据总行的授权，依法维护辖内金融稳定，承办相关业务。

为了适应金融对外开放的需要，中国人民银行还分别设有如下驻外机构：中国人民银行驻北美洲代表处、中国人民银行驻欧洲（伦敦）代表处、中国人民银行驻法兰克福代表处、中国人民银行驻加勒比开发银行联络处、中国人民银行驻非洲联络处、中国人民银行驻东京代表处、中国人民银行驻南太平洋代表处。

## 四、中国人民银行的内设机构

根据2008年7月10日国务院颁布的《中国人民银行主要职责内设机构和人员编制

---

① 上海总部为总行的有机组成部分，在总行的授权下开展工作。上海总部的主要职责包括：①根据总行提出的操作目标，组织实施中央银行公开市场操作；②承办在沪商业银行及票据专营机构再贴现业务；③管理银行间市场，跟踪金融市场发展，研究并引导金融产品的创新；④负责对区域性金融稳定和涉外金融安全的评估；⑤负责有关金融市场数据的采集、汇总和分析；⑥围绕货币政策操作、金融市场发展、金融中心建设等开展专题研究；⑦负责有关区域金融交流与合作工作，承办有关国际金融业务；⑧承担国家部分外汇储备的经营和黄金储备经营管理工作；⑨承担上海地区人民银行有关业务的工作等。上海总部承担的管理职能包括对现有上海分行辖区内中国人民银行分支机构的管理，以及中国人民银行部分驻沪企事业单位的管理和协调。直接管理的单位包括中国外汇交易中心、中国反洗钱监测分析中心、中国人民银行数据处理中心、中国人民银行征信服务中心等。协调管理的单位是中国银联和上海黄金交易所。成立上海总部，主要是为了围绕金融市场和金融中心的建设，加强中央银行的调节职能和服务职能。为了保持中国人民银行上海分行所办理业务的连续性，上海分行和国家外汇管理局上海市分局继续保留。

② 天津分行（辖天津、河北、山西、内蒙古）、沈阳分行（辖辽宁、吉林、黑龙江）、上海分行（辖上海、浙江、福建）、南京分行（辖江苏、安徽）、济南分行（辖山东、河南）、武汉分行（辖江西、湖北、湖南）、广州分行（辖广东、广西、海南）、成都分行（辖四川、贵州、云南、西藏）、西安分行（辖陕西、甘肃、青海、宁夏、新疆）。

规定》，中国人民银行设 19 个内设机构：办公厅（党委办公室）、条法司、货币政策司、汇率司、金融市场司、金融稳定局、调查统计司、会计财务司、支付结算司、科技司、货币金银局、国库局、国际司（港澳台办公室）、内审司、人事司（党委组织部）、研究局、征信管理局、反洗钱局（保卫局）、党委宣传部（党委群工部）。

## 第四节 中国人民银行的业务与金融监管

### 一、中国人民银行的业务

#### （一）中国人民银行的法定业务

根据《中国人民银行法》第三章和第四章的规定，中国人民银行的法定业务包括：①统一印制、发行人民币；②接收银行业金融机构缴存的法定存款准备金；③确定中央银行基准利息；④为银行业金融机构办理再贴现；⑤向商业银行提供贷款；⑥在公开市场上买卖国债、其他政府债券和金融债券及外汇；⑦经理国库；⑧代理财政部门向各金融机构组织发行、兑付国债和其他政府债券；⑨组织或者协助组织银行业金融机构相互之间的清算系统，协调银行业金融机构相互之间的清算事项，提供清算服务。

#### （二）中国人民银行的禁止性业务

为了保证中国人民银行宏观调控职能的顺利实现，《中国人民银行法》第四章规定中国人民银行不能从事如下业务：①不得对银行业金融机构的账户透支；②对商业银行贷款的期限不得超过 1 年；③不得对政府财政透支，不得直接认购、包销国债和其他政府债券；④不得向地方政府、各级政府部门提供贷款，不得向非银行金融机构以及其他单位和个人提供贷款，但国务院决定中国人民银行可以向特定的非银行金融机构提供贷款的除外；⑤不得向任何单位和个人提供担保。

### 二、中国人民银行的货币政策

货币政策，是中央银行调节货币供求以实现宏观经济调控目标的方针和政策的总称，是国家宏观经济政策的重要组成部分。正确制定和实施货币政策，是各国中央银行的主要职责。货币政策由货币政策目标和货币政策工具构成。

#### （一）中国人民银行的货币政策目标

货币政策目标由最终目标、中介目标和操作目标构成。

《中国人民银行法》第三条明确规定，中国人民银行的货币政策目标是保持货币币值的稳定，并以此促进经济增长。这一目标为中国人民银行货币政策的最终目标。

1993 年 12 月国务院颁布的《关于金融体制改革的决定》明确规定："货币政策的中介目标和操作目标是货币供应量、信用总量、同业拆借利率和银行备付金率。"1998 年，中央银行取消了贷款规模限制，"信用总量"这一中介目标被放弃。现阶段，根据《中国人民银行法》第五条，中国人民银行就年度货币供应量、利息、汇率和国务院规定的其他重要事项作出的决定，报国务院批准后执行。中国人民银行货币政策中介目标主要为货币供应量和利率。汇率作为重要的观测值，在货币政策中发挥重要作用。操作目标主要为基础货币和同业拆借利率。

### (二)中国人民银行的货币政策工具

《中国人民银行法》第二十三条规定,中国人民银行为执行货币政策,可以运用下列货币政策工具:

1. 存款准备金制度

存款准备金制度,是指中国人民银行依照法律的授权,要求商业银行和其他金融机构按规定的比率在其吸收的存款总额中提取一定的金额缴存人民银行,并借以间接地对社会货币供应量进行控制的制度。我国自1984年5月开始启动该项制度,其主要内容包括:①规定和调整准备金率。②规定制度实施对象。我国所有吸收存款的银行业金融机构都必须按规定比例缴存。③考核与计提。对各家商业银行、中国农业发展银行、非银行金融机构的法定存款准备金按旬考核[①]。④迟缴、少缴的处罚。对迟缴、少缴准备金的金融机构,其不足部分中国人民银行按日万分之六的利率予以处罚。

2. 基准利率

基准利率,是指一国利率体系中起主导作用的基础利率。中国人民银行通过调整基准利率影响市场货币供应量,以实现宏观调控的目的。目前中国人民银行对外发布的基准利率主要包括:活期存款利率;3个月、6个月、1年、2年、3年整存整取定期存款利率;1年以内(含1年)、1至5年(含5年)、5年以上各项贷款利率;5年以下(含5年)、5年以上个人住房公积金贷款利率。各金融机构开展业务时以此利率为基础上下浮动。

3. 再贴现政策

再贴现政策,是指中国人民银行通过调整再贴现率等,调节信用规模,实现对宏观经济调控的措施。1989年4月,中国人民银行开始正式在全国推行再贴现政策。再贴现政策的主要内容包括规定再贴现票据的种类、规定再贴现票据业务的对象、规定和调整再贴现利率等。

4. 再贷款政策

再贷款政策,是指中国人民银行通过调整对商业银行的再贷款额,控制和调节商业银行的信贷活动,进而调整货币供应量和信贷规模的措施。《中国人民银行法》第二十八条规定,再贷款政策内容包括确定对商业银行贷款的数额、期限、利息和方法。但再贷款的期限不得超过1年。

5. 公开市场业务

公开市场业务,是指中国人民银行在公开市场上买卖国债、票据和其他有价证券以及外汇,调控货币供应量的措施。1996年4月1日起,中国人民银行正式启动该项政策工具[②]。1997年4月中国人民银行发布的《公开市场暨一级交易商管理暂行规定》,规定了公开市场业务的品种、交易对象、交易方式等具体事项。其中:业务品种包括政策性金融债券、中央银行融资券、国债以及中国人民银行指定的其他债券;交易对象亦即公开市场

---

① 具体操作规定为:当旬第5日至下旬第4日每日营业终了时,各金融机构按统一法人存入的准备金存款余额与上旬末该机构存款余额之比不得低于规定的准备金率。

② 外汇公开市场业务于1994年3月启动。

一级交易商，包括商业银行、证券公司、信托投资公司等[①]；交易方式包括买卖（现券的买断和卖断）、回购（正回购和逆回购）。

6.其他货币政策工具

其他货币政策工具，是指一些具有选择性和补充性特征的弹性措施，主要包括常备借贷便利（SLF）、特种存款、信用控制（证券信用控制、不动产信用控制、消费信用控制）、窗口指导、道义劝告等。

### 三、中国人民银行的金融监督管理

金融监管，是指一个国家或地区的中央银行或其他金融监管机构依照法律的授权对金融业和金融市场实施监督和管理的总称。虽然2003年4月成立了银监会[②]，中国人民银行剥离了对银行业金融机构准入、退出以及业务经营的监管职能，但根据《中国人民银行法》第五章的规定，中国人民银行对金融业依然负有监管职责。

《中国人民银行法》第五章赋予中国人民银行的监管职责包括：

（1）依法监控金融市场的运行情况，对金融市场实施宏观调控。

（2）对金融机构及其他单位和个人的下列行为进行检查监督：①执行有关存款准备金管理规定的行为；②与中国人民银行特种贷款[③]有关的行为；③执行有关人民币管理规定的行为；④执行有关银行间同业拆借市场、银行间债券市场管理规定的行为；⑤执行有关外汇管理规定的行为；⑥执行有关黄金管理规定的行为；⑦代理中国人民银行经理国库的行为；⑧执行有关清算管理规定的行为；⑨执行有关反洗钱规定的行为。

（3）建议国务院银行业监督管理机构对银行业金融机构进行检查监督。国务院银行业监督管理机构应当自收到建议之日起30日内予以回复。

（4）当银行业金融机构出现支付困难，可能引发金融风险时，为了维护金融稳定，经国务院批准，对银行业金融机构进行检查监督。

（5）要求银行业金融机构报送必要的资产负债表、利润表以及其他财务会计、统计报表和资料。与国务院银行业监督管理机构、国务院其他金融监督管理机构建立监督管理信息共享机制。

（6）负责统一编制全国金融统计数据、报表，并按照国家有关规定予以公布。

除上述监管职责外，《中国人民银行法》第三十七条还要求中国人民银行建立、健全本系统的稽核、检查制度，加强内部的监督管理。

## 第五节　中国人民银行的财务会计

### 一、财务预算管理制度

因为中国人民银行是我国的中央银行，是国家机关，是国务院的有机组成部门，所以

① 目前公开市场一级交易商主要包括商业银行、证券公司、保险公司、农村信用社、基金公司等，共有五十多家机构。

② 2018年4月8日银监会已与保监会合并成立银保监会。

③ 中国人民银行特种贷款，是指国务院决定的由中国人民银行向金融机构发放的用于特定目的的贷款。

《中国人民银行法》第三十八条规定，中国人民银行实行独立的财务预算管理制度。中国人民银行的预算经国务院财政部门审核后，纳入中央预算，接受国务院财政部门的预算执行监督。第三十九条规定，中国人民银行每 1 会计年度的收入减除该年度支出，并按照国务院财政部门核定的比例提取总准备金后的净利润，全部上缴中央财政。中国人民银行的亏损由中央财政拨款弥补。以上说明，中国人民银行实行独立财务预算管理制度，预算纳入中央预算，接受财政部门的预算执行监督，净利润全部上缴中央财政，亏损由中央财政拨款弥补。

### 二、财务收支与会计事务

《中国人民银行法》第四十条规定，中国人民银行的财务收支和会计事务，应当执行法律、行政法规和国家统一的财务、会计制度，接受国务院审计机关和财政部门依法分别进行的审计和监督。由此，中国人民银行的各项财务收支以及会计事务也必须遵守相关法律法规的规定，接受相关法律法规的约束，并接受审计机关和财政部的审计和监督。

### 三、财务报告

由于中国人民银行不仅是国家机关，还是特殊的金融机构。所以《中国人民银行法》第四十一条规定，中国人民银行应当于每 1 会计年度结束后的 3 个月内，编制资产负债表、损益表和相关的财务会计报表，并编制年度报告，按照国家有关规定予以公布。

## 第六节　法律责任

《中国人民银行法》第 7 章专门对违反《中国人民银行法》应该承担的法律责任进行了规定。

### 一、违反人民币发行和流通的法律责任

《中国人民银行法》第四十二条至第四十五条明确规定了对伪造、变造人民币以及持有、使用、运输伪造、变造人民币，非法使用人民币图样，非法印制、发售代币票券等行为的处罚形式。具体处罚形式视情节而定，包括没收违法所得、罚款、拘留和追究刑事责任（具体内容参见本书第五章第一节“违反人民币管理法的法律责任”）。

### 二、违反中国人民银行金融监管规定的法律责任

《中国人民银行法》第四十六条规定，《中国人民银行法》第三十二条所列行为①违反有关规定，有关法律、行政法规有处罚规定的，依照其规定给予处罚；有关法律、行政法规未做处罚规定的，由中国人民银行区别不同情形给予警告，没收违法所得，违法所得 50 万元以上的，并处违法所得 1 倍以上 5 倍以下罚款；没有违法所得或者违法所得不足 50 万

---

① 《中国人民银行法》第三十二条：中国人民银行有权对金融机构以及其他单位和个人的下列行为进行检查监督：（一）执行有关储蓄准备金管理规定的行为；（二）与中国人民银行特种贷款有关的行为；（三）执行有关人民币管理规定的行为；（四）执行有关银行间同业拆借市场、银行间债券市场管理规定的行为；（五）执行有关外汇管理规定的行为；（六）执行有关黄金管理规定的行为；（七）代理中国人民银行经理国库的行为；（八）执行有关清算管理规定的行为；（九）执行有关反洗钱规定的行为。

元的，处50万元以上200万元以下罚款；对负有直接责任的董事、高级管理人员和其他直接责任人员给予警告，处5万元以上50万元以下罚款；构成犯罪的，依法追究刑事责任。

第四十七条规定，当事人对行政处罚不服的，可以依照《中华人民共和国行政诉讼法》的规定提起行政诉讼。

## 三、中国人民银行及其工作人员违法行为的法律责任

《中国人民银行法》第四十八、五十、五十一条从以下三个方面对中国人民银行及其工作人员的违法行为给出了处罚规定。

1. 对违法提供贷款、担保和擅自动用发行基金行为的处罚规定

中国人民银行如有下列违法行为之一的，对负有直接责任的主管人员和其他直接责任人员，依法给予行政处分；构成犯罪的，依法追究刑事责任：①违法向地方政府、各级政府部门、非银行金融机构以及其他单位和个人提供贷款；②对单位和个人提供担保；③擅自动用发行基金。上述违法行为如果造成损失的，负有直接责任的主管人员和其他直接责任人员还应当承担部分或者全部赔偿责任。

2. 对泄露国家秘密或者商业秘密行为的处罚规定

中国人民银行的工作人员泄露国家秘密或者所知悉的商业秘密，构成犯罪的，依法追究刑事责任；尚不构成犯罪的，依法给予行政处分。

3. 对贪污受贿、徇私舞弊、滥用职权、玩忽职守行为的处罚规定

中国人民银行的工作人员贪污受贿、徇私舞弊、滥用职权、玩忽职守，构成犯罪的，依法追究刑事责任；尚不构成犯罪的，依法给予行政处分。

## 四、地方政府、各级政府部门、社会团体和个人违法行为的法律责任

《中国人民银行法》第四十九条规定，地方政府、各级政府部门、社会团体和个人强令中国人民银行及其工作人员违法提供贷款或者担保的，对负有直接责任的主管人员和其他直接责任人员，依法给予行政处分；构成犯罪的，依法追究刑事责任；造成损失的，要承担部分或者全部赔偿责任。

### 思考练习题

1. 试述中国人民银行的职能与主要职责。
2. 试述中国人民银行的法律地位。
3. 试述中国人民银行的法定货币政策目标与货币政策工具。
4. 试述中国人民银行的监管范围。

# 第三章 银行业监督管理法律制度

**章前提要**

本章主要介绍银行业监督管理的概念;我国银行业监督管理法的概念、立法目的与基本框架;我国银行业监督管理机构及其职责;银行业监督管理的措施;监管机构及其人员、被监管机构及其人员的违法责任。

## 第一节 银行业监督管理法概述

### 一、银行业监督管理与银行业监督管理法的概念

#### (一)银行业监督管理的概念

银行业监督管理,简称银行业监管,是指对银行业金融机构的设立(准入)、退出,以及业务和经营实施的监督和管理,是一国金融监管的有机组成部分。

银行业金融机构,亦称存款类金融机构,是指吸收公众存款并发放贷款的金融机构。根据《银监法》第三条的规定,银行业金融机构,是指在我国境内设立的商业银行、农村信用合作社等吸收公众存款的金融机构、政策性银行以及国家开发银行。

金融监管,指金融监管当局为了保障金融安全,防范和化解金融风险而对金融机构、金融业务活动和金融市场实施的监督和管理。

#### (二)银行业监督管理法的概念

银行业监督管理法,是指调整在国家对银行业金融机构及其金融活动进行监督管理过程中产生的经济关系的法律规范的总称。

《银监法》于 2003 年 12 月 27 日第十届全国人民代表大会常务委员会第六次会议通过(2004 年 2 月 1 日起施行),2006 年 10 月 31 日第十届全国人民代表大会常务委员会第二十四次会议通过修正。

### 二、中国银行业监督管理法的立法目的与适用范围

#### (一)中国银行业监督管理法的立法目的

1997 年亚洲金融危机后,为了防范金融风险,加强金融监管,我国于 2003 年 4 月 25 日成立银监会,承接了中国人民银行对银行业金融机构准入、退出以及业务经营监管的职责,为了从法律上分清中国人民银行与银监会的职责,为这两个机构依法行政提供法律依

据，2003 年 12 月 27 日第十届全国人民代表大会常务委员会第六次会议通过了《银监法》，并在《银监法》第一条明确规定了我国银监法的立法目的为：加强对银行业的监督管理，规范监督管理行为，防范和化解银行业风险，保护存款人和其他客户的合法权益，促进银行业健康发展。

**（二）中国银行业监督管理法的适用范围**

根据《银监法》第二条的规定，《银监法》的适用范围包括：①银行业金融机构及其业务活动，即在中华人民共和国境内设立的商业银行、城市信用合作社、农村信用合作社等吸收公众存款的金融机构以及政策性银行及其业务活动。②在中华人民共和国境内设立的金融资产管理公司、信托投资公司、财务公司、金融租赁公司以及经国务院银行业监督管理机构批准设立的其他金融机构。③经国务院银行业监管机构批准在境外设立的金融机构以及银行业金融机构在境外的业务活动。

### 三、中国银行业监督管理法的基本框架

2003 年 12 月 27 日颁布的《银监法》共计 6 章 50 条，各章依次为总则、监督管理机构、监督管理职责、监督管理措施、法律责任、附则。为了进一步加强对银行业的监管，2006 年 10 月 31 日第十届全国人民代表大会常务委员会第二十四次会议通过了《银监法》修正案。

新修正的《银监法》共计 6 章 52 条，各章依次仍为总则、监督管理机构、监督管理职责、监督管理措施、法律责任、附则。新《银监法》在原法的基础上增加了第四十二条和第四十九条，同时对第四十三条（原法第四十二条）内容进行了调整和补充。

### 四、银行业监督管理的目标与原则

**（一）银行业监督管理的目标**

银行业监督管理目标，是指对银行业金融机构及其业务活动实施监管所要达到的目的。《银监法》第三条规定，我国银行业的监管目标为：①促进银行业的合法、稳健运行，维护公众对银行业的信心；②保护银行业公平竞争，提高银行业竞争能力。

**（二）银行业的监督管理原则**

银行业监督管理原则，是指银行业监管过程中所应遵循的基本准则。《银监法》第四条规定，银行业监督管理机构在对银行业实施监管的过程中，应当遵循如下原则：

1. 依法监管原则

依法监管原则，即银行业监管机构的监管活动必须在法律授权范围内依照法定程序进行，银行业监管机构不得超越法律授予的权限干预银行的正常经营与管理。依法监管也是世界各国银行业监管通行的基本原则。

2. 公开、公正原则

公开原则，指监管标准和监管程序应当向社会公开；公正原则，指监管过程中要对所有银行业金融机构一视同仁，同等情况同等对待，使所有银行业金融机构能够在平等的基础上自由竞争。公开、公正原则同样是世界各国银行业监管通行的基本原则。

3. 效率原则

效率原则包含两方面的含义：一是监管机构要综合考虑监管成本和收益，最大限度地提高监管运行效率；二是监管要有利于促进金融资源合理配置，最大限度地提高金融市场和银行业金融机构的金融运行效率。

# 第二节　监督管理机构及其职责

## 一、监督管理机构

### （一）中国银行保险监督管理委员会

我国对银行业金融机构实施监管的机构主要是中国银行保险监督管理委员会（简称银保监会）。

1. 银保监会的性质

为深化金融监管体制改革，解决现行体制存在的监管职责不清晰、交叉监管和监管空白等问题，强化综合监管，优化监管资源配置，更好统筹系统重要性金融机构监管，逐步建立符合现代金融特点、统筹协调监管、有力有效的现代金融监管框架，守住不发生系统性金融风险的底线，2018 年 3 月 13 日国务院机构改革方案提出，将中国银行业监督管理委员会和中国保险监督管理委员会的职责整合，组建中国银行保险监督管理委员会，作为国务院直属事业单位。2018 年 3 月，第十三届全国人民代表大会第一次会议表决通过了关于国务院机构改革方案的决定，设立中国银行保险监督管理委员会。2018 年 4 月 8 日，中国银保监会正式挂牌，中国银监会和保监会成为历史。

中国银保监会为国务院直属正部级事业单位。根据《银监法》第五条和第十三条的规定，银行业监督管理机构及其从事监督管理工作的人员依法履行监督管理职责，受法律保护，地方政府、各级政府部门、社会团体和个人不得干涉，地方政府、各级有关部门还应当予以配合和协助。

2. 银保监会的内设机构及职责

银保监会内设如下 26 个职能机构，各机构承担如下职责：

（1）办公厅（党委办公室）。办公厅负责机关日常运转，承担信息、安全、保密、信访、政务公开、信息化、新闻宣传等工作。

（2）政策研究局。政策研究局承担银行业和保险业改革开放政策研究与组织实施具体工作，对国内外经济金融形势、国际银行保险监管改革及发展趋势、监管方法和运行机制等开展系统性研究，提出银行业和保险业监管政策建议。

（3）法规部。法规部起草银行业和保险业其他法律法规草案；拟订相关监管规则；承担合法性审查和法律咨询服务工作；承担行政复议、行政应诉、行政处罚等工作。

（4）统计信息与风险监测部。该部承担银行业和保险业监管统计制度、监管报表的编制披露以及行业风险监测分析预警工作；承担信息化建设和信息安全以及银行业和保险业机构的信息科技风险监管工作。

（5）财务会计部（偿付能力监管部）。财务会计部承担财务管理工作，负责编报系统年度财务预决算；建立偿付能力监管指标体系并监督实施；监管保险保障基金使用情况。

(6)普惠金融部。该部协调推进银行业和保险业普惠金融工作，拟定相关政策和规章制度并组织实施；指导银行业和保险业机构对小微企业、“三农”和特殊群体的金融服务工作。

(7)公司治理监管部。该部拟定银行业和保险业机构公司治理监管规则；协调开展股权管理和公司治理的功能监管；指导银行业和保险业机构开展加强股权管理、规范股东行为和健全法人治理结构的相关工作。

(8)银行机构检查局。该局拟订银行机构现场检查计划并组织实施；承担现场检查立项、实施和后评价；提出整改、采取监管措施和行政处罚的建议。

(9)非银行机构检查局。该局拟订保险、信托和其他非银行金融机构等现场检查计划并组织实施；承担现场检查立项、实施和后评价；提出整改、采取监管措施和行政处罚的建议。

(10)重大风险事件与案件处置局(银行业与保险业安全保卫局)。该局拟定银行业和保险业机构违法违规案件调查规则；组织协调银行业和保险业重大、跨区域风险事件和违法违规案件的调查处理；指导、检查银行业和保险业机构的安全保卫工作。

(11)创新业务监管部。该部协调开展银行业和保险业机构资产管理业务等功能监管；为银行业和保险业创新业务的日常监管提供指导和支持；承担银行业和保险业金融科技等新业态监管策略研究等相关工作。

(12)消费者权益保护局。该局研究拟定银行业和保险业消费者权益保护的总体规划和实施办法；调查处理损害消费者权益案件，组织办理消费者投诉；开展宣传教育工作。

(13)打击非法金融活动局。该局承担打击取缔擅自设立相关非法金融机构或者变相从事相关法定金融业务的工作；承担非法集资的认定、查处和取缔以及相关组织协调工作；向有关部门移送非法集资案件；开展相关宣传教育、政策解释和业务指导工作。

(14)政策性银行监管部。该部承担政策性银行和开发性银行的准入管理；开展非现场监测、风险分析和监管评级，根据风险监管需要开展现场调查；提出个案风险监控处置和市场退出措施并承担组织实施具体工作。

(15)国有控股大型商业银行监管部。该部承担国有控股大型商业银行的准入管理；开展非现场监测、风险分析和监管评级，根据风险监管需要开展现场调查；提出个案风险监控处置和市场退出措施并承担组织实施具体工作。

(16)全国性股份制商业银行监管部。该部承担全国股份制商业银行的准入管理；开展非现场监测、风险分析和监管评级，根据风险监管需要开展现场调查；提出个案风险监控处置和市场退出措施并承担组织实施具体工作。

(17)城市商业银行监管部。该部承担城市商业银行、民营银行的准入管理；开展非现场监测、风险分析和监管评级，根据风险监管需要开展现场调查；提出个案风险监控处置和市场退出措施并承担组织实施具体工作。

(18)农村中小银行机构监管部。该部承担农村中小银行机构的准入管理；开展非现场监测、风险分析和监管评级，根据风险监管需要开展现场调查；提出个案风险监控处置和市场退出措施并承担组织实施具体工作。

(19)国际合作与外资机构监管部(港澳台办公室)。该部承担外事管理、国际合作和涉港澳台地区相关事务。承担外资银行保险机构的准入管理;开展非现场监测、风险分析和监管评级,根据风险监管需要开展现场调查;提出个案风险监控处置和市场退出措施并承担组织实施具体工作。

(20)财产保险监管部(再保险监管部)。该部承担财产保险、再保险机构的准入管理;开展非现场监测、风险分析和监管评级,根据风险监管需要开展现场调查;提出个案风险监控处置和市场退出措施并承担组织实施具体工作。

(21)人身保险监管部。该部承担人身保险机构的准入管理;开展非现场监测、风险分析和监管评级,根据风险监管需要开展现场调查;提出个案风险监控处置和市场退出措施并承担组织实施具体工作。

(22)保险中介监管部。该部承担保险中介机构的准入管理;制定保险中介从业人员行为规范和从业要求;检查规范保险中介机构的市场行为,查处违法违规行为。

(23)保险资金运用监管部。该部承担建立保险资金运用风险评价、预警和监控体系的具体工作;负责保险资金运用机构的准入管理;开展非现场监测、风险分析和监管评级,根据风险监管需要开展现场调查;提出个案风险监控处置和市场退出措施并承担组织实施具体工作。

(24)信托监管部。该部承担信托机构准入管理;开展非现场监测、风险分析和监管评级,根据风险监管需要开展现场调查;提出个案风险监控处置和市场退出措施并承担组织实施具体工作;指导信托业保障基金经营管理。

(25)其他非银行金融机构监管部。该部承担金融资产管理公司、企业集团财务公司、金融租赁公司、汽车金融公司、消费金融公司、货币经纪公司等机构准入管理;开展非现场监测、风险分析和监管评级,根据风险监管需要开展现场调查;提出个案风险监控处置和市场退出措施并承担组织实施具体工作。

(26)人事部(党委组织部)。该部承担机关、派出机构和直属单位的干部人事、机构编制、劳动工资和教育工作;指导行业人才队伍建设工作;指导系统党的组织建设和党员教育管理工作。

另外,还设有机关党委(党委宣传部),负责机关和在京直属单位的党群工作,负责系统党的思想建设和宣传工作。

3.银保监会的派出机构

《银监法》第八条规定,国务院银行业监督管理机构可根据履行职责的需要设立派出机构。国务院银行业监督管理机构对派出机构实行统一领导和管理。派出机构在国务院银行业监督管理机构的授权范围内,履行监督管理职责。第七条规定,国务院银行业监督管理机构可以和其他国家或者地区的银行业监督管理机构建立监督管理合作机制,实施跨境监督管理。

根据上述规定,银保监会在我国内地所有的 22 个省、4 个直辖市、5 个自治区以及 5 个计划单列市共设有 36 个派出机构(各派出机构 2018 年 12 月 17 日统一对外挂牌)。各省级派出机构简称“某某银保监局”(例如中国银行保险监督管理委员会陕西监管局简称“陕西银保监局”)。除此，截至2017年1月，银监会还与67个国家和地区签署了双边监管合作谅解备忘录和监管合作协议。

### (二)监督管理机构及其人员的法律规定

1.对监督管理机构工作人员的规定

《银监法》主要从专业素养、行为操守、保守秘密三个方面对监管人员做出如下规定[①]:①银行业监督管理机构从事监督管理工作的人员，应当具备与其任职相适应的专业知识和业务工作经验;②银行业监督管理机构工作人员，应当忠于职守，依法办事，公正廉洁，不得利用职务便利牟取不正当的利益，不得在金融机构等企业中兼任职务;③银行业监督管理机构工作人员，应当依法保守国家秘密，并有责任为其监督管理的银行业金融机构及当事人保守秘密。

2.对监督管理机构的规定

《银监法》主要从监管信息共享、信息保密安排、监管责任制以及监管活动监督四个方面对监督管理机构做出如下规定[②]:①国务院银行业监督管理机构应当和中国人民银行、国务院其他金融监督管理机构建立监督管理信息共享机制;②国务院银行业监督管理机构同其他国家或者地区的银行业监督管理机构交流监督管理信息，应当就信息保密做出安排;③银行业监督管理机构应当公开监督管理程序，建立监督管理责任制度和内部监督制度;④国务院审计、监察等机关，应当依照法律规定对国务院银行业监督管理机构的活动进行监督。

## 二、监督管理机构的监管职责

《银监法》第三章规定，国务院银行业监督管理机构应履行如下监管职责:

(1)依照法律、行政法规制定并发布对银行业金融机构及其业务活动监督管理的规章、规则。

(2)依照法律、行政法规规定的条件和程序，审查批准银行业金融机构的设立、变更、终止以及业务范围。

(3)对申请设立银行业金融机构，或者银行业金融机构变更持有资本总额或者股份总额达到规定比例以上的股东的资金来源、财务状况、资本补充能力和诚信状况进行审查。

(4)审批、备案银行业金融机构业务范围内的业务品种。需要审查批准或者备案的业务品种，由国务院银行业监督管理机构依照法律、行政法规做出规定并公布。

(5)审批银行业金融机构的设立和银行业金融机构的业务活动。

(6)制定银行业金融机构的董事和高级管理人员任职资格管理办法，审查银行业金融机构的董事和高级管理人员的任职资格。

(7)制定银行业金融机构的审慎经营规则，包括风险管理、内部控制、资本充足率、资产质量、损失准备金、风险集中、关联交易、资产流动性等内容。银行业金融机构应当严格

---

① 参见《银监法》第九至十一条。

② 参见《银监法》第六、十一、十二、十四条。

遵守审慎经营规则。

(8)在规定的期限,对下列申请事项做出批准或者不批准的书面决定;决定不批准的,应当说明理由:①银行业金融机构的设立,自收到申请文件之日起 6 个月内;②银行业金融机构的变更、终止,以及业务范围和增加业务范围内的业务品种,自收到申请文件之日起 3 个月内;③审查董事和高级管理人员的任职资格,自收到申请文件之日起 30 日内。

(9)对银行业金融机构的业务活动及其风险状况进行非现场监管,建立银行业金融机构监督管理信息系统,分析、评价银行业金融机构的风险状况。

(10)对银行业金融机构的业务活动及其风险状况进行现场检查。监管机构应当制定现场检查程序,规范检查行为。

(11)对银行业金融机构实行并表监督管理。

(12)对中国人民银行提出的检查银行业金融机构的建议,在收到建议之日起 30 日内予以回复。

(13)建立银行业金融机构监督管理评级体系和风险预警机制,根据银行业金融机构的评级情况和风险状况,确定对其现场检查的频率、范围和需要采取的其他措施。

(14)建立银行业突发事件的发现、报告岗位责任制度。银行业监督管理机构发现可能引发系统性银行业风险、严重影响社会稳定的突发事件的,应当立即向国务院银行业监督管理机构负责人报告;国务院银行业监督管理机构负责人认为需要向国务院报告的,应当立即向国务院报告,并告知中国人民银行、国务院财政部门等有关部门。

(15)会同中国人民银行、国务院财政部门等有关部门建立银行业突发事件处置制度,制定银行业突发事件处置预案,明确处置机构和人员及其职责、处置措施和处置程序,及时、有效地处置银行业突发事件。

(16)负责统一编制全国银行业金融机构的统计数据、报表,并按照国家有关规定予以公布。

(17)对银行业自律组织的活动进行指导和监督。银行业自律组织的章程应当报国务院银行业监督管理机构备案。

(18)开展与银行业监督管理有关的国际交流、合作活动。

## 第三节　监督管理措施

《银监法》第四章对银行业监督管理机构所实施的监管措施进行了规定。根据规定,银行业监督管理机构的监管措施包括常规性监督管理措施和特殊性监督管理措施两类。

### 一、常规性监督管理措施

常规性监管措施,是指在正常条件下,银行业监督管理机构对银行业金融机构进行常规性监管时所采取的例行监管措施。常规性监管属于事前监管,目的在于防范风险发生。常规性监管措施主要有如下几种。

**(一)非现场检查**

非现场检查也称非现场监管,是指金融监管机构通过全面、持续地收集、监测、分析被监管机构的财务及其相关信息,以掌握被监管机构的经营状况和风险水平,并据此采取相应对策的一种监管措施。《银监法》第三十三条规定,银行业监督管理机构根据履行职责的需要,有权要求银行业金融机构按照规定报送资产负债表、利润表和其他财务会计、统计报表、经营管理资料以及注册会计师出具的审计报告。

**(二)现场检查**

现场检查也称为现场监管,是指金融监管机构指派监管人员直接到银行业金融机构实地调查,了解被监管机构的经营情况,并对风险进行评判的一种监管措施。《银监法》第三十四条第一款规定,银行业监督管理机构根据审慎监管的要求,可以采取下列措施进行现场检查:①进入银行业金融机构进行检查;②询问银行业金融机构的工作人员,要求其对有关检查事项作出说明;③查阅、复制银行业金融机构与检查事项有关的文件、资料,对可能被转移、隐匿或者毁损的文件、资料予以封存;④检查银行业金融机构运用电子计算机管理业务数据的系统。

为了规范现场检查行为,《银监法》第三十四条第二款规定,进行现场检查,应当经银行业监督管理机构负责人批准。现场检查时,检查人员不得少于 2 人,并应当出示合法证件和检查通知书;检查人员少于 2 人或者未出示合法证件和检查通知书的,银行业金融机构有权拒绝检查。

**(三)监督管理谈话**

监督管理谈话,是指监管人员为了了解被监管机构的经营状况、风险状况和发展趋势,与其懂事、高级管理人员进行谈话,及时了解被监管机构的经营以及风险状况,预测被监管机构的发展趋势和风险状况的一种监管措施(或制度)。《银监法》第三十五条规定,银行业监督管理机构根据履行职责的需要,可以与银行业金融机构董事、高级管理人员进行监督管理谈话,要求银行业金融机构董事、高级管理人员就银行业金融机构的业务活动和风险管理的重大事项做出说明。

需要说明的是,银行业监督管理机构有权根据监管需要和被监管机构的经营状况随时向被监管机构提出谈话要求,但进行监管谈话并不代表被监管机构一定存在经营问题。

**(四)强制信息披露**

强制信息披露,是指监管机构强制要求被监管机构如实向社会公开披露财务报告、风险状况、懂事和高级管理人员变更情况以及其他重大事件的一种监管措施(或制度)。《银监法》第三十六条规定,银行业监督管理机构应当责令银行业金融机构按照规定,如实向社会公众披露财务会计报告、风险管理状况、董事和高级管理人员变更以及其他重大事项等信息。

强制信息披露也是《巴塞尔协议》的要求,是《新巴塞尔协议》"三大支柱"[①]之一。

---

① 《新巴塞尔协议》三大支柱:最低资本充足率要求、监管部门的监督检查、市场约束。其中市场约束通过信息披露实现。

## 二、特殊性监督管理措施

特殊性监管措施，是指在银行业金融机构发生违规行为，或者由于经营管理不善而出现经营风险时，监管机构对其采取的监管措施。特殊性监管是一种事后监管，其目的是消除或化解风险、维护金融系统稳定。

### (一)对银行业金融机构违规经营的监管措施

对银行业金融机构违规经营的监管措施，是在发现银行业金融机构有违反审慎经营规则时，监管机构对其采取的处罚性监管措施。《银监法》第三十七条第一款规定，银行业金融机构违反审慎经营规则的，国务院银行业监督管理机构或者其省一级派出机构应当责令限期改正；逾期未改正的，或者其行为严重危及该银行业金融机构的稳健运行、损害存款人和其他客户合法权益的，经国务院银行业监督管理机构或者其省一级派出机构负责人批准，可以区别情形，采取下列措施：①责令暂停部分业务、停止批准开办新业务；②限制分配红利和其他收入；③限制资产转让；④责令控股股东转让股权或者限制有关股东的权利；⑤责令调整董事、高级管理人员或者限制其权利；⑥停止批准增设分支机构。

《银监法》第三十七条第二款规定，银行业金融机构整改后，应当向国务院银行业监督管理机构或者其省一级派出机构提交报告。国务院银行业监督管理机构或者其省一级派出机构经验收，符合有关审慎经营规则的，应当自验收完毕之日起 3 日内解除对其采取的上述有关措施。

### (二)对有问题的银行业金融机构的监管措施

有问题的金融机构(简称问题机构)，是指在经营中出现了有可能影响存款人和其他客户合法权益的问题而需要被接管、重组或撤销的银行业金融机构。根据问题机构的问题严重程度不同，银行业监管机构主要采取如下措施。

1. 接管与促成重组

接管，是银行业监管机构对问题机构的一种预防性救助措施，目的是促使问题机构尽快恢复正常经营能力，避免其倒闭、破产，以维护金融系统安全，保护存款人利益。促成重组，是监管机构对问题机构采取的一种拯救措施。重组形式包括合并、兼并收购、购买与承接等。监管机构通过促成重组，可以使问题机构摆脱财务困难并能获得继续经营的能力。促成重组的目的是利用对市场冲击最小的退出方式使问题机构退出市场，从而维护金融市场稳定、保护存款人利益。《银监法》第三十八条规定，银行业金融机构已经或者可能发生信用危机，严重影响存款人和其他客户合法权益的，国务院银行业监督管理机构可以依法对该银行业金融机构实行接管或者促成机构重组，接管和机构重组依照有关法律和国务院的规定执行。

2. 撤销

撤销，是指银行业监管机构对经其批准、依法设立的具有独立法人资格的银行业金融机构所采取的终止其法人资格的行政强制性措施，其目的在于维护金融秩序、保护公众利益。《银监法》第三十九条规定，银行业金融机构有违法经营、经营管理不善等情形，不予撤销将严重危害金融秩序、损害公众利益的，国务院银行业监督管理机构有权予以撤销。

**（三）对问题机构董事、高级管理人员和其他工作人员的监管措施**

根据《银监法》第四十条的第二款规定，银行业金融机构出现问题在被接管、重组或者被撤销清算期间，经银行业监督管理机构负责人批准，对直接负责的董事、高级管理人员和其他直接责任人员，可以采取下列措施：①直接负责的董事、高级管理人员和其他直接责任人员出境将对国家利益造成重大损失的，通知出境管理机关依法阻止其出境；②申请司法机关禁止其转移、转让财产或者对其财产设定其他权利。

**（四）对涉嫌金融违法的银行业金融机构及其工作人员的监管措施**

根据《银监法》第四十一条的规定，对于涉嫌金融违法的银行业金融机构及其工作人员，主要采取如下措施：

1.查询涉嫌违法账户

对于涉嫌金融违法的银行业金融机构及其工作人员以及关联行为人，经银行业监督管理机构或者其省一级派出机构负责人批准，银行业监督管理机构有权查询其账户。

2.申请司法机关冻结涉嫌违法资金

对涉嫌转移或者隐匿违法资金的，经银行业监督管理机构负责人批准，可以申请司法机关予以冻结。

**（五）对与涉嫌违法事项有关的单位和个人的监管措施**

根据《银监法》第四十二条的规定，银行业监督管理机构依法对银行业金融机构进行检查时，经设区的市一级以上银行业监督管理机构负责人批准，可以对与涉嫌违法事项有关的单位和个人采取下列措施：①询问有关单位或者个人，要求其对有关情况做出说明；②查阅、复制有关财务会计、财产权登记等文件、资料；③对可能被转移、隐匿、毁损或者伪造的文件、资料，予以先行登记保存。银行业监督管理机构采取上述措施，调查人员不得少于2人，并应当出示合法证件和调查通知书；调查人员少于2人或者未出示合法证件和调查通知书的，有关单位或者个人有权拒绝。对依法采取的措施，有关单位和个人应当配合，如实说明有关情况并提供有关文件、资料，不得拒绝、阻碍和隐瞒。

## 第四节　法律责任

《银监法》第五章专门对违反《银监法》应该承担的法律责任进行了规定。

### 一、银行业监督管理机构工作人员的违法责任

银行业监督管理机构从事监督管理工作的人员有下列情形之一的，依法给予行政处分；构成犯罪的，依法追究刑事责任：①违反规定审查批准银行业金融机构的设立、变更、终止，以及业务范围和业务范围内的业务品种的；②违反规定对银行业金融机构进行现场检查的；③未履行突发事件的报告义务的；④违反规定查询账户或者申请冻结资金的；⑤违反规定对银行业金融机构采取措施或者处罚的；⑥滥用职权、玩忽职守的其他行为。

银行业监督管理机构从事监督管理工作的人员贪污受贿、泄露国家秘密或者所知悉的商业秘密，构成犯罪的，依法追究刑事责任；尚不构成犯罪的，依法给予行政处分。

## 二、擅自设立银行业金融机构或非法从事银行业务的法律责任

擅自设立银行业金融机构或者非法从事银行业金融机构的业务活动的，由国务院银行业监督管理机构予以取缔；构成犯罪的，依法追究刑事责任；尚不构成犯罪的，由国务院银行业监督管理机构没收违法所得，违法所得 50 万元以上的，并处违法所得 1 倍以上 5 倍以下罚款；没有违法所得或者违法所得不足 50 万元的，处 50 万元以上 200 万元以下罚款。

## 三、银行业金融机构的违法责任

### （一）违反机构准入要求的法律责任

银行业金融机构有下列情形之一，由国务院银行业监督管理机构责令改正，有违法所得的，没收违法所得，违法所得 50 万元以上的，并处违法所得 1 倍以上 5 倍以下罚款；没有违法所得或者违法所得不足 50 万元的，处 50 万元以上 200 万元以下罚款；情节特别严重或者逾期不改正的，可以责令停业整顿或者吊销其经营许可证；构成犯罪的，依法追究刑事责任：①未经批准设立分支机构的；②未经批准变更、终止的；③违反规定从事未经批准或者未备案的业务活动的；④违反规定提高或者降低存款利率、贷款利率的。

### （二）违反经营监管要求的法律责任

1. 逃避监管的法律责任

银行业金融机构有下列情形之一，由国务院银行业监督管理机构责令改正，并处 20 万元以上 50 万元以下罚款；情节特别严重或者逾期不改正的，可以责令停业整顿或者吊销其经营许可证；构成犯罪的，依法追究刑事责任：①未经任职资格审查任命董事、高级管理人员的；②拒绝或者阻碍非现场监管或者现场检查的；③提供虚假的或者隐瞒重要事实的报表、报告等文件、资料的；④未按照规定进行信息披露的；⑤严重违反审慎经营规则的；⑥违反审慎经营规则、损害存款人和其他客户合法权益被银行业监督管理机构处罚而拒绝执行处罚措施的。

2. 不按规定提供文件资料的法律责任

银行业金融机构不按照规定提供报表、报告等文件、资料的，由国务院银行业监督管理机构责令改正，逾期不改正的，处 10 万元以上 30 万元以下罚款。

## 四、银行业金融机构内部人员的违法责任

银行业金融机构违法其实是机构内部人员违法，因此，当银行业金融机构违法时不仅要追究金融机构的法律责任，还要追究内部人员的法律责任。为此，《银监法》规定，银行业金融机构违反法律、行政法规以及国家有关银行业监督管理规定的，银行业监督管理机构可以区别不同情形，采取下列措施：①责令银行业金融机构对直接负责的董事、高级管理人员和其他直接责任人员给予纪律处分；②银行业金融机构的行为尚不构成犯罪的，对直接负责的董事、高级管理人员和其他直接责任人员给予警告，处 5 万元以上 50 万元以下罚款；③取消直接负责的董事、高级管理人员一定期限直至终身的任职资格，禁止直接负责的董事、高级管理人员和其他直接责任人员一定期限直至终身从事银行业工作。

## 五、阻碍银行业监管机构工作人员依法履职的法律责任

为了加强金融监管，确保监管的严肃性和权威性，切实保护存款人和其他客户的合法权益，《银监法》规定，阻碍银行业监督管理机构工作人员依法执行检查、调查职务的，由公安机关依法给予治安管理处罚；构成犯罪的，依法追究刑事责任。这项法律责任也是《银监法》2006 年 10 月修订时增加的一项法律责任。

### 思考练习题

1. 试述银行业监督管理法的立法目和适用范围。
2. 试述银保监会的主要职责。
3. 试述银行业监管的目标与原则。
4. 简述银行业监管机构有哪些监管措施。

# 第四章　商业银行法律制度

## 章前提要

本章主要介绍商业银行法的概念、性质、立法目的与基本框架；商业银行的设立、组织形式与组织机构，以及商业银行的变更及其接管与终止；商业银行的业务范围及其业务与经营原则；商业银行的业务规则、财务会计管理以及监督管理规定；违反商业银行法律、法规应当承担的责任。

## 第一节　商业银行法概述

### 一、商业银行法的概念和性质

#### （一）商业银行的概念

商业银行，是指吸收活期存款、发放短期贷款的银行。商业银行以营利为目的，具有信用中介、支付中介和信用创造等职能。

《商业银行法》第二条对商业银行的解释为，商业银行是指依照《商业银行法》和《公司法》设立的吸收公众存款、发放贷款、办理结算等业务的企业法人。

#### （二）商业银行法的概念

商业银行法，是调整商业银行在运行过程中发生的经济关系的法律规范的总称。它既规范了商业银行的设立、变更和终止，还规范了商业银行的业务，以及监管当局对商业银行的监督管理。

《商业银行法》于 1995 年 5 月 10 日第八届全国人民代表大会第三次会议通过（1995 年 7 月 1 日起实施），2003 年 12 月 27 日第十届全国人民代表大会常务委员会第六次会议通过修正，2015 年 8 月 29 日第十二届全国人民代表大会常务委员会第十六次会议通过了第二次修正。

#### （三）商业银行法的性质

商业银行法既是企业法，同时又包含业务法（商法）的内容。由于银行具有公共性及其风险具有系统性的特点，所以商业银行法的商法部分又与私法性质的商法不同，兼有公法特点。所以商业银行法性质上属于企业法，同时兼有商事公法的性质。

### 二、商业银行法的立法目的

1993年12月国务院颁布了《关于金融体制改革的决定》，提出建立在国务院领导下，独立执行货币政策的中央银行宏观调控体系；建立政策性金融与商业性金融分离，以国有商业银行为主体、多种金融机构并存的金融组织体系；建立统一开放、有序竞争、严格管理的金融市场体系的金融体制改革目标。1994年先后组建了中国农业发展银行、中国国家开发银行和中国国家进出口银行3家政策性银行，承接了工、农、中、建4家国有银行的政策性业务，4家国有银行正式转变为商业银行，由此商业银行制度在我国确立。为了加强对商业银行的监管，规范商业银行行为，维护金融市场体系的稳定和有序运行，1995年5月10日第八届全国人民代表大会第三次会议正式通过《商业银行法》，并在《商业银行法》第一条明确规定商业银行法的立法目的为：①保护商业银行、存款人和其他客户的合法权益；②规范商业银行的行为，提高信贷资产质量；③加强监督管理，保障商业银行的稳健运行，维护金融秩序；④促进社会主义市场经济的发展。

### 三、商业银行法的基本框架

1995年5月10日颁布的《商业银行法》共计9章91条。9章依次为：总则、商业银行的设立和组织机构、对存款人的保护、贷款和其他业务的基本规则、财务会计、监督管理、接管和终止、法律责任、附则。

为防范金融风险，加强对金融业的审慎性监管，2003年4月我国成立了银监会，金融监管体制进一步完善。为了与此次改革相适应，2003年12月27日，第十届全国人民代表大会常务委员会第六次会议通过了《商业银行法》修正案，对《商业银行法》进行了修正，修正以后的《商业银行法》为9章95条。这次修正虽然章次未变，但在删除一条、新增五条外，还对原《商业银行法》共计31处(条)做了增减或修改。

自20世纪90年代我国实行资产负债比例管理以来，我国一直将存贷比作为流动性监管的一个重要指标。然而，随着我国金融业的不断发展，银行的资产和负债实现了多元化，存贷比已不能准确反映银行业真实的流动性状况，存贷比作为流动性监管指标不仅意义不大，而且这一指标还衍生出一系列问题，例如抢时点冲存款、表外业务泛滥、约束银行信贷投放等。鉴于存贷比指标限制了银行业的发展，且国际上也早已废除这一指标，所以2015年8月29日第十二届全国人民代表大会常务委员会第十六次会议通过了对《商业银行法》的第二次修改，删去了第三十九条第一款第二项和第七十五条第三项中的“存贷比例”，并从2015年10月1日起开始施行。

## 第二节　商业银行的设立、变更与终止

### 一、商业银行的设立与组织机构

#### (一)法人机构的设立

1.设立条件

商业银行，是经营存、贷款业务的特殊企业法人，所以世界各国均对设立商业银行规定了一定的条件。《商业银行法》第十二条也规定了在我国设立商业银行必须具备的条

件，具体包括：

(1)有符合《商业银行法》和《公司法》规定的章程。商业银行章程，是指商业银行依法制定的规定商业银行名称、经营范围、注册资本及其他经营管理制度等重大事项的基本文件，也是规定商业银行组织及其活动的基本规则。根据《商业银行法》和《公司法》的规定，我国商业银行有股份有限公司、有限责任公司(含国有独资公司)两种形式，因此，不同组织形式的商业银行章程在内容上也不尽相同。

(2)有符合《商业银行法》规定的注册资本最低限额。商业银行的注册资本(也叫法定资本)，是商业银行章程规定的全体股东或发起人实际认缴的出资额或认购的股本总额。注册资本既是银行开展业务所需营运资金的来源之一和划分股东权益的标准，更是银行承担风险的资本保证，所以对商业银行意义重大，因此世界各国均对银行的注册资本有最低要求。《商业银行法》第十三条规定，设立全国性商业银行的注册资本最低限额为10亿元人民币，设立城市商业银行的注册资本最低限额为1亿元人民币，设立农村商业银行的注册资本最低限额为5000万元人民币。注册资本应当是实缴资本。国务院银行业监督管理机构根据审慎监管的要求可以调整注册资本最低限额，但不得少于前面规定的限额。

(3)有具备任职专业知识和业务工作经验的董事、高级管理人员。商业银行的董事和高级管理人员的品行和专业素养关系商业银行的经营以及商业银行股东和存款人的利益，甚至关乎整个社会的金融秩序，所以世界各国均对商业银行董事和高级管理人员有任职资格规定，我国在这方面也有规定。早在1996年9月，中国人民银行就印发了《金融机构高级管理人员任职资格管理暂行规定》(已废止)，2012年6月20日，中国银监会第125次主席会议通过了《银行业金融机构董事(理事)和高级管理人员任职资格管理办法》(2013年12月18日起实施)。根据这一办法，金融机构拟任、现任董事(理事)和高级管理人员的任职资格基本条件包括：①具有完全民事行为能力；②具有良好的守法合规记录；③具有良好的品行、声誉；④具有担任金融机构董事(理事)和高级管理人员职务所需的相关知识、经验及能力；⑤具有良好的经济、金融从业记录；⑥个人及家庭财务稳健；⑦具有担任金融机构董事(理事)和高级管理人员职务所需的独立性；⑧履行对金融机构的忠实与勤勉义务。另外，《商业银行法》第二十七条规定，有下列情形之一的，不得担任商业银行的董事、高级管理人员：①因犯有贪污、贿赂、侵占财产、挪用财产罪或者破坏社会经济秩序罪，被判处刑罚，或者因犯罪被剥夺政治权利的；②担任因经营不善破产清算的公司、企业的董事或者厂长、经理，并对该公司、企业的破产负有个人责任的；③担任因违法被吊销营业执照的公司、企业的法定代表人，并负有个人责任的；④个人所负数额较大的债务到期未清偿的。

(4)有健全的组织机构和管理制度。商业银行组织机构，是指实施银行决策、管理和监督的内部组织系统，包括决策机构、执行机构和监督机构。商业银行的管理制度，是指保证其正常运行的制度，包括风险管理制度、合规管理制度、内部控制制度、财务管理制度、人员管理及聘用制度等。

(5)有符合要求的营业场所、安全防范措施和与业务有关的其他设施。营业场所是银行开展业务活动的地点，其中的驻所地更是涉及注册登记、诉讼管辖、纳税管理等事项的依据。安全防范措施和与业务有关的设施，主要指安全、通讯、交易（计算机系统）、消防等设施，这些设施是银行正常开展业务活动的前提条件。

除此，设立商业银行，还应当符合其他审慎性条件。这些条件主要由银行业监管机构规定，例如原银监会 2015 年发布、2017 年 7 月 5 日修订的《中国银行业监督管理委员会中资商业银行行政许可事项实施办法》（以下简称《中资商业银行行政许可事项实施办法》）第七条规定，设立中资商业银行法人机构，还应当符合其他审慎性条件，至少包括：①具有良好的公司治理结构；②具有健全的风险管理体系，能有效控制各类风险；③发起人股东中应当包括合格的战略投资者；④具有科学有效的人力资源管理制度，拥有高素质的专业人才；⑤具备有效的资本约束与资本补充机制；⑥有助于化解现有金融机构风险，促进金融稳定。

2. 设立程序

在我国商业银行实行特许经营制度，所以《商业银行法》第十一条明确规定，设立商业银行，应当经国务院银行业监督管理机构审查批准。未经国务院银行业监督管理机构批准，任何单位和个人不得从事吸收公众存款等商业银行业务，任何单位不得在名称中使用“银行”字样。

根据《商业银行法》《中国银行业监督管理委员会行政许可实施程序规定》《中资商业银行行政许可事项实施办法》等的规定，商业银行设立程序分为筹建申请、开业申请和领取证照三个阶段：

（1）筹建申请。

《商业银行法》第十四条规定，拟筹建设立商业银行，申请人应当向银行业监督管理机构提交下列文件、资料：①申请书。申请书应当载明拟设立的商业银行的名称、所在地、注册资本、业务范围等。②可行性研究报告。③银行业监督管理机构规定提交的其他文件、资料。《中资商业银行行政许可事项实施办法》第十五条和第十六条规定，国有商业银行法人机构、股份制商业银行法人机构的筹建申请，应当由发起人各方共同向银监会提交，银监会受理、审查并决定。银监会自受理之日起 4 个月内做出批准或不批准的书面决定。城市商业银行法人机构的筹建申请，应当由发起人各方共同向拟设地银监局提交，拟设地银监局受理并初步审查，银监会审查并决定。银监会自收到完整申请材料之日起 4 个月内做出批准或不批准的书面决定。中资商业银行法人机构的筹建期为批准决定之日起 6 个月①。

（2）开业申请。

《商业银行法》第十五条规定，筹建申请经监管部门审查符合法律规定，申请人应当填写正式申请表，并提交下列文件、资料：章程草案；拟任职的董事、高级管理人员的资格证

---

① 国有商业银行、股份制商业银行法人机构未能按期筹建的，该机构筹建组应当在筹建期限届满前 1 个月向银监会提交筹建延期报告。筹建延期不得超过一次，筹建延期的最长期限为 3 个月。城市商业银行法人机构未能按期筹建的，该机构筹建组应当在筹建期限届满前 1 个月向所在地银监局提交筹建延期报告。筹建延期不得超过一次，筹建延期的最长期限为 3 个月。该机构筹建组应当在上述规定的期限届满前提交开业申请，逾期未提交的，筹建批准文件失效，由决定机关办理筹建许可注销手续。

明；法定验资机构出具的验资证明；股东名册及其出资额、股份；持有注册资本5％以上的股东的资信证明和有关资料；经营方针和计划；营业场所、安全防范措施和与业务有关的其他设施的资料；国务院银行业监督管理机构规定的其他文件、资料。《中资商业银行行政许可事项实施办法》第十七条规定，国有商业银行、股份制商业银行法人机构的开业申请应当向银监会提交，由银监会受理、审查并决定。银监会自受理之日起2个月内做出核准或不予核准的书面决定。城市商业银行法人机构的开业申请应当向所在地银监局提交，由所在地银监局受理、审查并决定。银监局自受理之日起2个月内做出核准或不予核准的书面决定，抄报银监会。

(3)领取证照。

《商业银行法》第十六条规定，经批准设立的商业银行，由国务院银行业监督管理机构颁发经营许可证，并凭该许可证向工商行政管理部门办理登记，领取营业执照①。《中资商业银行行政许可事项实施办法》第十八条第二款规定，国有商业银行、股份制商业银行、城市商业银行法人机构应当自领取营业执照之日起6个月内开业②。

**(二)分支机构的设立**

1.《商业银行法》的规定

商业银行设立分支机构不仅会对商业银行本身的业务与经营产生影响，而且对整个金融市场都会产生影响，所以《商业银行法》第十九条至第二十三条对商业银行设立分支机构做出了规定。规定内容包括：

(1)商业银行设立分支机构必须经国务院银行业监督管理机构审查批准③，并提交下列文件、资料：①载明拟设立的分支机构的名称、营运资金额、业务范围、总行及分支机构所在地等事项的申请书；②申请人最近2年的财务会计报告；③拟任职的高级管理人员的资格证明；④经营方针和计划；⑤营业场所、安全防范措施和与业务有关的其他设施的资料；⑥国务院银行业监督管理机构规定的其他文件、资料。商业银行的分支机构，不按行政区划设立。

(2)商业银行在我国境内设立分支机构，应当按照规定拨付与其经营规模相适应的营运资金额。拨付各分支机构营运资金额的总和，不得超过总行资本金总额的60％。

(3)商业银行对其分支机构实行全行统一核算、统一调度资金、分级管理的财务制度。分支机构不具有法人资格，在总行授权范围内依法开展业务，其民事责任由总行承担。

(4)经批准设立的商业银行分支机构，由国务院银行业监督管理机构发布公告和颁发

---

① 《商业银行法》第二十六条规定，商业银行应当依照法律、行政法规的规定使用经营许可证。禁止伪造、变造、转让、出租、出借经营许可证。

② 《中资商业银行行政许可事项实施办法》第十八条第二款规定，国有商业银行、股份制商业银行法人机构应当自领取营业执照之日起6个月内开业。未能按期开业的，应当在开业期限届满前1个月向银监会提交开业延期报告。开业延期不得超过一次，开业延期的最长期限为3个月。城市商业银行法人机构应当自领取营业执照之日起6个月内开业。未能按期开业的，应当在开业期限届满前1个月向所在地银监局提交开业延期报告。开业延期不得超过一次，开业延期的最长期限为3个月。中资商业银行法人机构未在上述规定期限内开业的，开业核准文件失效，由决定机关办理开业许可注销手续，收回其金融许可证，并予以公告。

③ 《商业银行法》第十九条同时还规定，在中华人民共和国境内的分支机构，不按行政区划设立。

经营许可证，并凭该许可证向工商行政管理部门办理登记领取营业执照①。

2.《中资商业银行行政许可事项实施办法》的规定

根据《中资商业银行行政许可事项实施办法》第二章第二节的规定，商业银行设立分支机构也须经过筹建和开业两个阶段，各阶段的条件规定如下：

(1)筹建申请设立分行的条件。

筹建申请设立分行，申请人须符合以下条件：①具有良好的公司治理结构；②风险管理和内部控制健全有效；③主要审慎监管指标符合监管要求；④具有拨付营运资金的能力；⑤具有完善、合规的信息科技系统和信息安全体系，具有标准化的数据管理体系，具备保障业务连续有效安全运行的技术与措施；⑥监管评级良好；⑦最近2年无严重违法违规行为和因内部管理问题导致的重大案件；⑧银监会规章规定的其他审慎性条件。

(2)分行申请开业的条件。

分行申请开业应当符合以下条件：①营运资金到位；②有符合任职资格条件的高级管理人员和熟悉银行业务的合格从业人员；③有与业务发展相适应的组织机构和规章制度；④有与业务经营相适应的营业场所、安全防范措施和其他设施；⑤有与业务经营相适应的信息科技部门，具有必要、安全且合规的信息科技系统，具备保障本级信息科技系统有效安全运行的技术与措施。

分行的筹建期为批准决定之日起6个月，并自领取营业执照之日起6个月内开业。

除分行之外，《中资商业银行行政许可事项实施办法》第二章第二节还对商业银行的支行以及其他分支机构的设立做出了详细规定，篇幅原因，本书不再赘述。

**(三)商业银行的组织形式与组织机构**

《商业银行法》第十七条规定，商业银行的组织形式、组织机构适用《公司法》的规定。《商业银行法》施行前设立的商业银行，其组织形式、组织机构不完全符合《公司法》规定的，可以继续沿用原有的规定，适用《公司法》规定的日期由国务院规定。

1.商业银行的组织形式

商业银行的组织形式，指商业银行的财产构成、内部分工协作与外部社会经济联系的方式。按照《公司法》和《商业银行法》的规定，我国商业银行的组织形式包括有限责任公司、股份有限公司和作为有限责任公司特殊形式的国有独资公司。

(1)有限责任公司制商业银行。

有限责任公司制商业银行简称有限责任制商业银行，指由两个或两个以上的股东共同出资，银行以其全部资产对外承担责任、股东以其出资对银行承担有限责任的商业银行。

(2)股份有限公司制商业银行。

股份有限公司制商业银行简称股份制商业银行，指全部资本由等额股份组成，股份由发起人认购或以股票形式公开发行和转让，股东各方以其所认购股份为限对商业银行负

① 《商业银行法》第二十三条第二款规定：商业银行及其分支机构自取得营业执照之日起无正当理由超过6个月未开业的，或者开业后自行停业连续6个月以上的，由国务院银行业监督管理机构吊销其经营许可证，并予以公告。

责，商业银行以其全部资产对其债务承担责任的商业银行。

(3)国有独资公司制商业银行。

国有独资公司制商业银行简称国有独资商业银行，指由国家授权投资的机构或部门投资单独设立的有限责任制商业银行。国有独资商业银行是有限责任制商业银行的一种特殊形式，国家以其出资为限对商业银行承担责任。

2. 商业银行的组织机构

商业银行组织机构，指实施银行决策、管理和监督的内部组织系统。按照《公司法》和《商业银行法》的规定，商业银行内部组织机构由决策机构、执行机构和监督机构构成。其中：决策机构为股东大会，对于不设股东大会的国有独资商业银行，则由国有资产监管机构行使股东大会的职权，也可由经其授权的银行董事会行使股东大会的部分职权决策银行的重大事项；执行机构为董事会、行长等高管层和其领导下的各职能部门；监管机构为监事会，对于国有独资商业银行，监事会的产生办法由国务院规定，监事会对国有独资商业银行的信贷资产质量、资产负债比例、国有资产保值增值等情况以及高级管理人员违反法律、行政法规或者章程的行为和损害银行利益的行为进行监督。

## 二、商业银行的变更

商业银行的变更，指商业银行重大事件的改变和商业银行组织的变更。

### (一)商业银行重大事项的改变

由于商业银行重大事项改变有可能对存款人和金融市场造成影响，所以法律要求商业银行重大事项改变必须经监管机构批准。《商业银行法》第二十四条规定，商业银行有下列变更事项之一的，应当经国务院银行业监督管理机构批准：①变更名称；②变更注册资本；③变更总行或者分支行所在地；④调整业务范围；⑤变更持有资本总额或者股份总额5%以上的股东；⑥修改章程；⑦国务院银行业监督管理机构规定的其他变更事项。

除此，更换董事、高级管理人员时，应当报经国务院银行业监督管理机构审查其任职资格。

### (二)商业银行的分立与合并

商业银行的分立，指一家商业银行依照法律的规定分成两家或两家以上的商业银行。商业银行的合并，指两家或两家以上的商业银行依照法律的规定归并为一家商业银行或重新创设一家新的商业银行。《商业银行法》第二十五条规定，商业银行的分立、合并，适用《公司法》的规定。商业银行的分立、合并，应当经国务院银行业监督管理机构审查批准。

## 三、商业银行的接管与终止

### (一)商业银行的接管

商业银行接管，指银行业监管机构按照法定条件和法定程序，并通过一定的接管组织，全面控制和管理商业银行业务活动的行政管理行为，是对该银行采取的整顿、改组等措施。

1. 接管的条件、目的与后果

(1)接管条件。

《商业银行法》第六十四条第一款规定，商业银行已经或者可能发生信用危机，严重影响存款人的利益时，国务院银行业监督管理机构可以对该银行实行接管。由此，符合接管的条件包括：①银行的经营有问题，已发生信用危机。对于银行经营管理不善，或者违反法律、公司章程的规定，造成银行资金无法收回，存款人到期存款不能兑现，严重影响存款人利益时，银行业监管机构可以采取接管措施。②商业银行在其经营活动中已经暴露出问题，有可能导致信用危机或影响存款人利益。有的商业银行虽然从目前的经营状况看还可以支付到期的债务，但是由于发生重事件，该银行将没有能力支付存款人存款。比如，某商业银行的巨额贷款无法收回，必然会影响存款人利益的。在这种可能发生信用危机的情况下，银行业监管机构也可以采取接管措施。

(2)接管的目的。

《商业银行法》第六十四条第二款规定，接管的目的是通过对被接管商业银行采取必要措施，以保护存款人的利益，恢复商业银行的正常经营能力。

(3)接管的后果。

由于商业银行被接管，其法律主体资格没有丧失，因此《商业银行法》第六十四条第二款规定，被接管的商业银行的债权债务关系不因接管而变化，具体讲就是，无论是接管前还是接管期间的债权债务关系，都依然由被接管的商业银行负责，不由接管组织或监管机构负责。

2.接管的组织实施

由于接管是一种行政管理行为，所以《商业银行法》第六十五至六十八条规定，接管由银行业监督管理机构决定，并组织实施。接管的实施过程包括以下三个环节：

(1)决定并公告。

决定并公告即由国务院银行业监督管理机构书面做出接管决定并公告。接管决定应当载明的内容包括：①被接管的商业银行名称；②接管理由；③接管组织；④接管期限。

(2)接管组织行使权力。

接管组织行使权力即自接管实施之日起，由接管组织行使商业银行的经营管理权力，对被接管银行的业务和经营进行全面的控制和管理。接管期限届满，国务院银行业监督管理机构可以决定延期，但接管期限最长不得超过2年。

(3)接管终止。

接管终止即接管工作停止。我国商业银行法规定，有下列情形之一的，接管终止：①接管决定规定的期限届满或者银行业监督管理机构决定的接管延期届满；②接管期限届满前，被接管商业银行已恢复正常经营能力；③接管期限届满前，被接管商业银行被合并或者被依法宣告破产。

**(二)商业银行的终止**

商业银行的终止，指商业银行丧失法人资格，退出市场。

1.商业银行终止的事由

根据《商业银行法》第七十二条的规定，商业银行终止的事由包括：因解散而终止；被撤销而终止；被宣告破产清算而终止。

2. 终止程序

终止程序因终止事由的不同而有所不同。

(1)因解散而终止的程序。

根据《商业银行法》第六十九条规定，商业银行因分立、合并或者出现公司章程规定的解散事由需要解散的，应当向国务院银行业监督管理机构提出申请，并附解散的理由和支付存款的本金和利息等债务清偿计划。经国务院银行业监督管理机构批准后解散。商业银行解散的，应当依法成立清算组进行清算，按照清偿计划及时偿还存款本金和利息等债务。国务院银行业监督管理机构要监督清算过程。

(2)因撤销而终止的程序。

根据《商业银行法》第七十条的规定，商业银行因吊销经营许可证被撤销的，国务院银行业监督管理机构应当依法及时组织成立清算组进行清算，按照清偿计划及时偿还存款本金和利息等债务。

(3)因破产清算而终止的程序。

根据《商业银行法》第七十一条规定，商业银行不能支付到期债务，经国务院银行业监督管理机构同意，由人民法院依法宣告其破产。商业银行被宣告破产的，由人民法院组织银行业监督管理机构等有关部门和有关人员成立清算组进行清算。商业银行破产清算时，在支付清算费用、所欠职工工资和劳动保险费用后，应当优先支付个人储蓄存款的本金和利息。

## 第三节　商业银行的业务范围与原则

### 一、商业银行的业务范围

《商业银行法》第三条明确规定，商业银行可以经营下列部分或者全部业务：①吸收公众存款；②发放短期、中期和长期贷款；③办理国内外结算；④办理票据承兑与贴现；⑤发行金融债券；⑥代理发行、代理兑付、承销政府债券；⑦买卖政府债券、金融债券；⑧从事同业拆借；⑨买卖、代理买卖外汇；⑩从事银行卡业务；⑪提供信用证服务及担保；⑫代理收付款项及代理保险业务；⑬提供保管箱服务；⑭经银行业监督管理机构批准的其他业务。此外，《商业银行法》第三条还规定，商业银行的经营范围由商业银行章程规定，报国务院银行业监督管理机构批准。商业银行经中国人民银行批准，可以经营结汇、售汇业务。

由于我国金融业目前依然遵循分业经营和分业监管原则，所以《商业银行法》第四十三条规定，商业银行在我国境内不得从事信托投资和证券经营业务，不得向非自用不动产投资或者向非银行金融机构和企业投资，但国家另有规定的除外。

### 二、商业银行的原则

#### (一)商业银行的经营原则

商业银行的经营原则是商业银行在经营过程中应当遵循的准则。《商业银行法》第四条规定，商业银行以安全性、流动性、效益性为经营原则。安全性、流动性、效益性，此“三性”原则也是世界各国商业银行通行的规范和准则。

值得注意的是,“三性”原则中,安全性原则是首要原则,商业银行虽然以盈利为目标,但不能将盈利作为其经营的首要原则,为了保护存款人的利益,安全原则永远是商业银行需要遵循的首要原则的。

**(二)商业银行的业务往来原则**

商业银行的业务往来原则是商业银行在与客户业务往来过程中应当遵循的准则。《商业银行法》第五条规定,商业银行与客户的业务往来,应当遵循平等、自愿、公平和诚实信用的原则。

平等,指商业银行与客户的法律地位平等;自愿,指商业银行与客户的业务往来自主自愿,不能强迫;公平和诚实信用,指商业银行与客户在业务往来中,要价格公道、重信誉、守合同、不欺诈。

**(三)商业银行的竞争原则**

商业银行的竞争原则是商业银行在与同业开展业务竞争的过程中应当遵循的准则。《商业银行法》第九条规定,商业银行开展业务,应当遵守公平竞争的原则,不得从事不正当竞争。

公平竞争表现为开展业务的过程中要遵纪守法,要在法规许可的范围内开展业务,不得突破利率浮动范围以及采取其他不正当的竞争手段吸收存款、发放贷款,以损害同业的正当合法利益。

**(四)其他原则**

根据《商业银行法》第六至八条规定,商业银行在开展业务与经营的过程中,还应当遵循存款人权益保护原则、贷款本息保护原则和不损害国家及公共利益原则。

存款人权益保护原则表现为:为存款人保密,不得随意允许其他单位、个人查询、冻结、扣划存款人的存款(法律另有规定的除外)以及保证存款本息支付等;贷款本息保护原则表现为:贷时要严格审查借款人的资信,贷款要有担保,要保障按期收回贷款本息;不损害国家及公众利益原则表现为:开展业务的过程中,要遵纪守法、不得为了自身利益而损害国家和社会公共利益。

## 第四节 商业银行的业务规则与监督管理规定

### 一、存款人保护规则

《商业银行法》第三章从以下5个方面给出了存款人的保护规则:

(1)商业银行办理个人储蓄存款业务,应当遵循存款自愿、取款自由、存款有息、为存款人保密的原则;对个人储蓄存款,商业银行有权拒绝任何单位或者个人查询、冻结、扣划,但法律另有规定的除外。

(2)对单位存款,商业银行有权拒绝任何单位或者个人查询,但法律、行政法规另有规定的除外;有权拒绝任何单位或者个人冻结、扣划,但法律另有规定的除外。

(3)商业银行应当按照中国人民银行规定的存款利率的上下限,确定存款利率,并予以公告。

(4)商业银行应当按照规定,向中国人民银行交存存款准备金,留足备付金。

(5)商业银行应当保证存款本金和利息的支付,不得拖延、拒绝支付存款本金和利息。

## 二、贷款管理基本规则

《商业银行法》第四章对商业银行的贷款规则进行了规定。本章主要介绍贷款管理的基本规则。贷款种类、贷款程序、贷款合同、贷款利率等贷款业务的基本规则,将在本书第六章(存贷款管理法)专门介绍。

### (一)审贷分离、分级审批规则

审贷分离的基本要求,是商业银行在贷款管理上应将对借款人信用状况的调查和对借款申请的批准权归属于不同的职能部门;分级审批的基本要求,是商业银行应按其分支机构的资产负债规模和结构,并充分考虑各分支机构的经营管理水平授予各分支机构贷款审批权限,各分支机构负责人(分支行行长)在授权限额内有权自行决定贷款是否发放,对于超出授权限额的贷款申请须报其上级有权审批部门决定。《商业银行法》第三十五条规定,商业银行贷款,应当对借款人的借款用途、偿还能力、还款方式等情况进行严格审查。商业银行贷款,应当实行审贷分离、分级审批的制度。

### (二)资产负债比例管理规则

资产负债比例管理,是指对银行的资产和负债规定一系列的比例,从而实现风险控制的一种方法。《商业银行法》第三十九条规定,商业银行贷款,应当遵守下列资产负债比例管理规定:①资本充足率不得低于8%;②流动性资产余额与流动性负债余额的比例不得低于25%;③对同一借款人的贷款余额与商业银行资本余额的比例不得超过10%;④银行业监督管理机构对资产负债比例管理的其他规定。

### (三)关系人贷款管理规则

《商业银行法》第四十条规定,商业银行不得向关系人发放信用贷款;向关系人发放担保贷款的条件不得优于其他借款人同类贷款的条件。

关系人,是指商业银行的董事、监事、管理人员、信贷业务人员及其近亲属以及上述人员投资或者担任高级管理职务的公司、企业和其他经济组织。

## 三、其他业务管理规则

在贷款规则之外,《商业银行法》第四章第四十三至五十三条还对商业银行其他业务规则进行了规定。

### (一)信托、证券业务禁止规则

商业银行在我国境内不得从事信托投资和证券经营业务,不得向非自用不动产投资或者向非银行金融机构和企业投资,但国家另有规定的除外。

### (二)结算业务管理规则

商业银行办理票据承兑、汇兑、委托收款等结算业务,应当按照规定的期限兑现,收付入账,不得压单、压票或者违反规定退票。有关兑现、收付入账期限的规定应当公布。

**(三)债券发行与境外借款管理规则**

商业银行发行金融债券或者到境外借款,应当依照法律、行政法规的规定报经批准。

**(四)同业拆借管理规则**

同业拆借,应当遵守中国人民银行的规定,禁止利用拆入资金发放固定资产贷款或者用于投资。拆入资金只能用于弥补票据结算、联行汇差头寸的不足和解决临时性周转资金的需要。拆出资金限于交足存款准备金、留足备付金和归还中国人民银行到期贷款之后的闲置资金。

**(五)利率管理规则**

商业银行不得违反规定提高或者降低利率以及采用其他不正当手段,吸收存款,发放贷款。

**(六)单位基本账户管理规则**

企事业单位可以自主选择一家商业银行的营业场所开立一个办理日常转账结算和现金收付的基本账户,不得开立两个以上基本账户。任何单位和个人不得将单位的资金以个人名义开立账户存储。

**(七)工作人员行为规则**

商业银行的工作人员应当遵守法律、行政法规和其他各项业务管理的规定,不得有下列行为:①利用职务上的便利,索取、收受贿赂或者违反国家规定收受各种名义的回扣、手续费;②利用职务上的便利,贪污、挪用、侵占本行或者客户的资金;③违反规定徇私向亲属、朋友发放贷款或者提供担保;④在其他经济组织兼职;⑤违反法律、行政法规和业务管理规定的其他行为;⑥泄露在任职期间知悉的国家秘密、商业秘密。

**(八)营业时间、手续费收取和相关资料的保存规则**

商业银行的营业时间应当方便客户,并予以公告。商业银行应当在公告的营业时间内营业,不得擅自停止营业或者缩短营业时间;商业银行办理业务,提供服务,按照规定收取手续费,收费项目和标准由国务院银行业监督管理机构、中国人民银行根据职责分工,分别会同国务院价格主管部门制定;商业银行应当按照国家有关规定保存财务会计报表、业务合同以及其他资料①。

## 四、财务会计管理规定

《商业银行法》第五章对商业银行的财务会计管理进行了规定。

**(一)健全财务会计制度的规定**

商业银行应当依照法律和国家统一的会计制度以及银行业监督管理机构的有关规定,建立、健全本行的财务、会计制度。据此,商业银行应当按照《会计法》《金融企业财务规则》《金融企业会计制度》等法律、法规、规章,以及国务院银行业监督管理机构、中国人民银行对全国结算、联行等业务确定的统一制度和办法为依据,建立、健全财务会计制度。

---

① 按照我国《会计档案管理办法》,财务资料的保存分临时保存、定期保存和永久保存。其中临时保存一般为1年,最长不超过3年;定期保存分10年和30年;永久保存则要装订成册移交档案馆永久保管。

### (二)财务会计报告编制、报送与公布的规定

商业银行应当按照国家有关规定,真实记录并全面反映业务活动和财务状况,编制年度财务会计报告,并及时向国务院银行业监督管理机构、中国人民银行和财政部门报送。商业银行不得在法定的会计账册外另立会计账册。商业银行应当于每1会计年度终了3个月内,按国务院银行业监督管理机构的规定,公布其上一年度的经营业绩和审计报告。

根据我国《金融企业会计制度》第一百三十八条的规定,商业银行年度财务会计报告的内容主要包括会计报表、会计报表附注和财务情况说明书。

1. 会计报表

根据我国《金融企业会计制度》第一百三十九条的规定,商业银行的财务报表主表包括资产负债表、利润表、现金流量表、利润分配表、所有者权益变动表、分部报表、其他有关附表。

2. 会计报表附注

会计报表附注是为便于报表使用者理解报表的内容而对报表的编制基础、编制依据、编制原则和方法及主要内容等所做的进一步说明、补充或解释。

3. 财务情况说明书

根据我国《金融企业会计制度》第一百四十一条的规定,商业银行的财务情况说明书至少应当对下列情况进行说明:银行经营的基本情况、利润实现和分配情况、资金增减和周转情况以及对银行财务状况、经营成果和现金流量有重大影响的其他事项。

### (三)呆账准备金的提取与呆账核销规定

商业银行应当按照国家有关规定,提取呆账准备金,冲销呆账。目前商业银行呆账准备金的提取与呆账冲销主要依据的是财政部2012年3月30日发布的《金融企业准备金计提管理办法》以及2017年10月1日修订的《金融企业呆账核销管理办法(2017版)》。

1. 商业银行呆账的认定

商业银行的呆账,是指商业银行承担风险和损失,符合《金融企业呆账核销管理办法(2017版)》认定的条件,按规定程序核销的债权和股权。根据《金融企业呆账核销管理办法》,商业银行的呆账可以从如下3个方面进行认定。

(1)一般债权或股权呆账的认定。

根据《金融企业呆账核销管理办法(2017年版)》附件1,商业银行经采取必要措施和实施必要程序之后,符合下列标准之一的债权或股权可认定为呆账。

①借款人依法宣告破产、关闭、解散或者撤销,相关程序已经终结,商业银行业对借款人财产进行清偿,并对担保人进行追偿后,仍未能收回的剩余债权;法院依法宣告借款人破产后180天以上仍未终结破产程序的,商业银行对借款人和担保人进行追偿后,经法院或破产管理人出具证明或内部清收报告,仍未能收回的剩余债权。

②借款人死亡,或者按照民法相关规定宣告失踪或者死亡,或者丧失完全民事行为能力或劳动能力,商业银行依法对其财产或者遗产进行追偿,并对担保人进行追偿后,仍未能收回的剩余债权。

③借款人遭受自然灾害或者意外事故,损失不能获得保险赔偿,或者以保险赔偿后,

确实无力偿还部分或者全部债务，商业银行对其财产进行清偿，并对担保人进行追偿后，仍未能收回的剩余债权。

④借款人已完全停止经营活动，被县级及县级以上工商行政管理部门依法注销、吊销管业执照，商业银行对借款人和担保人进行追偿后，仍未能收回的剩余债权。

⑤借款人已完全停止经管活动或者下落不明，超过3年未履行企业年度报告公示义务的，商业银行对借款人和担保人进行追偿后，仍未能收回的剩余债权。

⑥借款人触犯刑法，依法被判处刑罚，导致其丧失还款能力，其财产不足归还所借债务，又无其他债务承担者，商业银行经追偿后，仍未能收回的剩余债权。

⑦由于借款人和担保人不能偿还到期债务，商业银行诉诸法律，借款人和担保人虽有财产，但对借款人和担保人强制执行超过180天以上仍未能收回的剩余债权；或者借款人和担保人虽有财产，但进入强制执行程序后，由于执行困难等原因，经法院裁定终结或者终止（中止）执行或者终结本次执行程序的债权；或者借款人和担保人无财产可执行，法院裁定终结（中止）执行或者终结本次执行程序的债权。

⑧商业银行对借款人和担保人诉请法律后，借款人和担保人按照《破产法》相关规定进入重整或者和解程序后，破产重整协议或者破产和解协议经法院裁定通过，根据重整协议或和解协议，商业银行对剩余债权向担保人进行追偿后仍未能收回的剩余债权。

⑨商业银行对借款人和担保人诉诸法律后，在法院主持下出具调解书或者达成执行和解协议并记入执行笔录，根据和解协议或调解书，商业银行对剩余债权向担保人进行追偿后，仍未能收回的剩余债权。

⑩对借款人和担保人诉诸法律后，因借款人和担保人主体资格不符或者消亡等原因，被法院驳回起诉或者判决借款人和担保人不承担（或者部分承担）责任；或者因借款合同、担保合同等权利凭证遗失或者超过诉讼时效，商业银行经追偿后，仍未能收回的剩余债权。

⑪商业银行依法取得抵债资产，对抵债金额小于贷款本息的差额，符合上述①至⑩项原因，经追偿后仍未能收回的剩余债权。

⑫开立信用证、办理承兑汇票、开具保函等发生垫款时，凡业务申请人和保证人由于上述①至⑪项原因，无法偿还垫款，商业银行追偿后，仍无法收回的垫款。

⑬商业银行采取打包出售、公开拍卖、转让、债务减免、债转股、信贷资产证券化等市场手段处置债权或者股权后，根据转让协议或者债务减免协议，其处置回收资金与债权或股权余额的差额。

⑭对于单户贷款余额在500万元及以下（农村信用社、村镇银行为50万元及以下）的对公贷款、经追索180天以上，仍未能收回的剩余债权。

⑮因借款人、担保人或者其法定代表人、实际控制人涉嫌违法犯罪，或者因商业银行内部案件，经公安机关或者监察机关正式立案侦查1年以上，商业银行对借款人、担保人或者其他还款义务人进行追偿后，仍未能收回的剩余债权。

⑯商业银行对单户贷款余额在6000万元及以下的，经追索180天以上，仍无法收回的中小企业贷款和涉农贷款，可按照账销案存的原则自主核销；对于单户余额在5万元及以下的农户贷款，可以采用清单方式进行核销。其中，中小企业贷款是指商业银行对年销

售额和资产总额均不超过2亿元的企业的贷款,涉农贷款是按《中国人民银行中国银行业监督管理委员会关于建立涉农贷款专项统计制度》的通知(银发〔2007〕246号,以后变化从其规定)规定的农户贷款和农村企业及各类组织贷款。

⑰商业银行对单户贷款余额在1000万元及以下的,经追索180天以上,仍无法收回的个人经营贷款,可按照账销案存的原则自主核销,个人经营贷款是指商业银行按照《个人贷款管理暂行办法》(银监会令2010年第2号)发放的,并且商业银行能有效监控资金流向,证明贷款符合合同约定用途的生产经营贷款。

⑱对于单户贷款余额在30万元及以下(农村信用社、村镇银行为10万元及以下)的个人无抵押(质押)贷款、抵押(质押)无效贷款或者抵押(质押)物已处置完毕的贷款,经追索180天以上,仍未能收回的剩余债权。其中,对于单户贷款余额在5万元及以下(农村信用社、村镇银行为1万元及以下)的,可以采用清单方式进行核销。

⑲已丧失流动性、无法进行市场交易的债券投资损失或基金投资损失,可认定为呆账;其中,因结构性产品被清盘,或相关资产池内资产出现损失,导致商业银行所投资的结构性产品、担保债务凭证及资产证券化产品本金丧失偿付可能,且无法通过市场化手段处置的债券投资损失或基金投资损失,可认定为呆账。

⑳形成不良资产超过8年,经尽职追索后仍未能收回的剩余债权和股权。

㉑经国务院专案批准核销的债权。

(2)银行卡透支款项呆账的认定。

根据《金融企业呆账核销管理办法》(2017年版)附件2,商业银行经采取必要措施和实施必要程序之后,符合下列标准之一的银行卡(含个人卡和单位卡)透支款项、透支利息以及手续费等可认定为呆账:

①持卡人依法宣告破产,商业银行对其财产进行清偿,并对担保人进行追偿后,仍无法收回的剩余款项。

②持卡人死亡,或者按照相关民事法律规定宣告失踪或者死亡,或者丧失完全民事行为能力或劳动能力,商业银行对其财产或者遗产进行追偿并对担保人进行追偿后,仍未能收回的剩余债权。

③持卡人遭受重大自然灾害或者意外事故,损失不能获得保险赔偿,或者以保险赔偿后,确实无力偿还部分或者全部债务,商业银行对其财产进行清偿,并对担保人进行追偿后,仍未能收回的剩余债权。

④持卡人因经营管理不善、资不抵债,经有关部门批准关闭,被县级及县级以上工商行政管理部门依法注销、吊销营业执照,或者超过3年未履行企业年度报告公示义务进入企业对持卡人和担保人进行追偿后,仍无法收回的剩余债权。

⑤持卡人触犯刑法,依法被判处刑罚,导致其丧失还款能力,其财产不足归还所透支款项,又无其他债务承担者,商业银行经追偿后,仍无法收回的剩余债权。

⑥由于持卡人和担保人不能偿还到期债务,商业银行诉诸法律,经法院判决或者仲裁并经强制执行程序后,持卡人和担保人虽有财产,但对持卡人和担保人强制执行超过180天以上仍未能收回的剩余债权;或者持卡人和担保人虽有财产,但进入强制执行程序后,

由于执行困难等原因，经法院裁定终结（中止）执行或者终结本次执行程序的剩余债权；或者持卡人和担保人无财产可执行，法院裁定终结（中止）执行或者终结本次执行程序的剩余债权；经法院调解达成和解协议，按和解协议无法追偿的剩余债权。

⑦对持卡人和担保人诉诸法律后，因持卡人和担保人主体资格不符或者消亡等原因，被法院驳回起诉或判决借款人不承担（或部分承担）债务；或者因借款合同、担保合同等权利凭证遗失或者丧失诉讼时效，商业银行经追偿后，仍未能收回的剩余债权。

⑧涉嫌信用卡诈骗（不包括商户诈骗），经公安机关或者检察机关正式立案侦查 180 天以上，仍未能收回的剩余债权。

⑨商业银行采用信贷资产证券化等市场化手段处置债权后，根据转让协议等，其处置回收资金与债权余额的差额。

⑩单户贷款本金在 10 万元（或等值外币）及以下的，逾期后经追索 1 年以上，并且不少于 6 次追索，仍未能收回的剩余债权。

⑪单户贷款本金在 5 万元（或等值外币）及以下的，逾期后经追索 180 天以上，并且不少于 6 次追索，仍未能收回的剩余债权。

（3）助学贷款呆账的认定。

根据《金融企业呆账核销管理办法》（2017 年版）附件 3，商业银行经采取必要措施和实施必要程序之后，符合下列标准之一的助学贷款（含无担保国家助学贷款）可认定为呆账：

①贷款逾期后，在商业银行确定的有效追索期限内，对于有抵押物（质押物）以及担保人的贷款，商业银行依法处置助学贷款抵押物（质押物）和向担保人追索连带责任后，仍无法收回的贷款；对于无抵押物（质押物）以及担保人的贷款，商业银行依法追索后，仍无法收回的贷款。

②由于借款人和担保人不能偿还到期债务，商业银行诉诸法律，在依法处置其助学贷款抵押物（质押物），并向担保人追索连带责任后，仍无法收回的助学贷款；借款人和担保人虽有财产，但对借款人和担保人强制执行超过 180 天以上仍无法收回的助学贷款；或者借款人和担保人虽有财产，但进入强制执行程序后，由于执行困难等原因，经法院裁定终结（中止）执行或者终结本次执行程序的助学贷款；或者借款人和担保人无财产可执行，法院裁定终结（中止）执行或者终结本次执行程序的助学费款。

③借款学生死亡的，金融企业可不经追索借款人进行核销。

2.准备金的提取

呆账准备金是 1998 年以前按照“一逾两呆”定义不良贷款时期的一个准备金概念。1998 年贷款实行五级分类以后，我国对准备金制度进行了改革，目前准备金的分类和提取依据的是财政部 2012 年 3 月 30 日发布的《金融企业准备金计提管理办法》。

（1）准备金的分类。

根据《金融企业准备金计提管理办法》第三条的规定，准备金又称拨备，是指金融企业对承担风险和损失的金融资产计提的准备金，包括资产减值准备和一般准备。

资产减值准备，指金融企业对债权、股权等金融资产（不包括以公允价值计量并且其变动计入当期损益的金融资产）进行合理估计和判断，对其预计未来现金流量现值低于账面价值部分计提的，计入金融企业成本的，用于弥补资产损失的准备金。

一般准备，指金融企业运用动态拨备原理①，采用内部模型法或标准法计算风险资产的潜在风险估计值后，扣减已计提的资产减值准备，从净利润中计提的、用于部分弥补尚未识别的可能性损失的准备金。其中，内部模型法，是指具备条件的金融企业使用内部开发的模型对风险资产计算确定潜在风险估计值的方法；标准法，是指金融企业根据金融监管部门确定的标准对风险资产进行风险分类后，按财政部制定的标准风险系数计算确定潜在风险估计值的方法。

(2)应计提准备金的资产。

根据《金融企业准备金计提管理办法》第四条的规定，商业银行应计提准备金的资产包括：①银行承担风险和损失的资产，具体包括发放贷款和垫款、可供出售类金融资产、持有至到期投资、长期股权投资、存放同业、拆出资金、抵债资产、其他应收款项等。②对由银行转贷并承担对外还款责任的国外贷款，包括国际金融组织贷款、外国买方信贷、外国政府贷款、日本国际协力银行不附条件贷款和外国政府混合贷款等资产。银行不承担风险的委托贷款、购买的国债等资产，不计提准备金。

(3)准备金的计提方法。

根据《金融企业准备金计提管理办法》第五条和第六条的规定，商业银行应当在资产负债表日对各项资产进行检查，分析判断资产是否发生减值，并根据谨慎性原则，计提资产减值准备。对发放贷款和垫款，至少应当按季进行分析，采取单项或组合的方式进行减值测试，计提贷款损失准备。除此，商业银行还应当于每年年度终了对承担风险和损失的资产计提一般准备。一般准备由商业银行总行(总公司)统一计提和管理，具体可根据商业银行自身实际情况，选择内部模型法②或标准法③对风险资产所面临的风险状况定量分析，确定潜在风险估计值，对于潜在风险估计值高于资产减值准备的差额，计提一般准备。当潜在风险估计值低于资产减值准备时，可不计提一般准备。一般准备余额原则上不得低于风险资产期末余额的1.5%。

---

① 动态拨备是金融企业根据宏观经济形势变化，采取的逆周期计提拨备的方法，即在宏观经济上行周期、风险资产违约率相对较低时多计提拨备，增强财务缓冲能力；在宏观经济下行周期、风险资产违约率相对较高时少计提拨备，并动用积累的拨备吸收资产损失的做法。

② 《金融企业准备金计提管理办法》第七条和第八条规定，具备条件的商业银行可采用内部模型法确定潜在风险估计值。运用内部模型法时应当使用至少包括一个完整经济周期的历史数据，综合考虑风险资产存量及其变化、风险资产长期平均损失率、潜在损失平均覆盖率、较长时期平均资产减值准备等因素，建立内部模型，并通过对银行自身风险资产损失历史数据的回归分析或其他合理方法确定潜在风险估计值。商业银行采用内部模型法的，已改制银行履行董事会审批程序后实施，未改制银行由行长(总经理、总裁)办公会审批后实施。商业银行采用内部模型法的，应将内部模型及详细说明报同级财政部门备案。

③ 《金融企业准备金计提管理办法》第九条和第十条规定，商业银行不采用内部模型法的，应当根据标准法计算潜在风险估计值，按潜在风险估计值与资产减值准备的差额，对风险资产计提一般准备。其中，信贷资产根据金融监管部门的有关规定进行风险分类，标准风险系数暂定为：正常类1.5%，关注类3%，次级类30%，可疑类60%，损失类100%；对于其他风险资产可参照信贷资产进行风险分类，采用的标准风险系数不得低于上述信贷资产标准风险系数。标准法潜在风险估计值计算公式为：潜在风险估计值＝正常类风险资产×1.5%＋关注类风险资产×3%＋次级类风险资产×30%＋可疑类风险资产×60%＋损失类风险资产×100%。

3.呆账的核销

根据《金融企业呆账核销管理办法(2017版)》第十一条至第十三条的规定，对于发生的呆账，商业银行要统筹风险管理、财务能力、内部控制、审慎合规、尽职追偿等因素，及时从计提的资产减值准备中核销。商业银行核销呆账，要履行内部审核程序，各级行接到下级行的申报材料，应当根据内部机构设置和职能分工，组织核销处置、信贷管理、财务会计、法律合规、内控等有关部门进行集体审议，由有权人审批。除法律法规和《金融企业呆账核销管理办法》的规定外，其他任何机构和个人(包括借款人)不得干预、参与金融企业呆账核销运作。

《金融企业呆账核销管理办法(2017版)》附件规定的申报核销呆账应提供的材料包括：①呆账核销申报材料，包括债权、股权发生情况，呆账形成原因，采取的补救措施及其结果，对借款人(持卡人)担保人已实施的追索情况，抵质押物及处置情况，债权和股权经办人、部门负责人和单位负责人情况等。符合条件的小额贷款，可采取清单方式进行核销。②核销呆账应提供的合理的内、外部证据，包括财产清偿证明、追偿证明等。无法取得法院、仲裁机构或政府有关部门出具的财产清偿证明等外部证据的商业银行可凭财产追偿证明、清收报告、法律意见书等内部证据进行核销。内部证据应清晰、准确，并由拟核销呆账所属经办机构的经办人、部门负责人和单位负责人确认。财产追偿证明或清收报告应包括借款人和担保人的基本情况、形成呆账的原因、采取的补救措施、债务追收过程等。法律意见书应由商业银行内部法律事务部门或聘请的律师事务所出具、就被核销债权进行的法律诉讼情况进行说明，包括诉讼或仲裁过程、结果等；未涉及法律诉讼或仲裁的，应说明未诉讼或仲裁理由。

## 五、监督管理规定

《商业银行法》第六章从内部监督和外部监管两个方面对商业银行的监督管理进行了规定。

### (一)商业银行自我监管规定

(1)商业银行应当按照有关规定，制定本行的业务规则，建立、健全本行的风险管理和内部控制制度。

(2)商业银行应当建立、健全本行对存款、贷款、结算、呆账等各项情况的稽核、检查制度，并对分支机构进行经常性的稽核和检查监督。

### (二)商业银行外部监管规定

1.非现场监管规定

商业银行应当按照规定向国务院银行业监督管理机构、中国人民银行报送资产负债表、利润表以及其他财务会计、统计报表和资料。

2.现场监管规定

国务院银行业监督管理机构有权依照《商业银行法》第三章至第五章的规定，随时对商业银行的存款、贷款、结算、呆账等情况进行检查监督；中国人民银行有权依照《中国人民银行法》第三十二、三十四条的规定①对商业银行进行检查监督。同时《商业银行法》第六十二条还规定，监管机构在进行检查监督时，检查监督人员应当出示合法的证件，商业银行应当按照国务院银行业监督管理机构的要求，提供财务会计资料、业务合同和有关经营管理方面的其他信息。

另外，《商业银行法》第六十三条还规定，除国务院银行业监督管理机构之外，商业银行还应当依法接受审计机关的审计监督。

## 第五节 法律责任

《商业银行法》第八章对违反《商业银行法》应该承担的法律责任进行了规定。

### 一、商业银行的法律责任

#### (一)损害存款人或者其他客户财产的法律责任

商业银行有下列情形之一，对存款人或者其他客户造成财产损害的，应当承担支付迟延履行的利息以及其他民事责任：①无故拖延、拒绝支付存款本金和利息的；②违反票据承兑等结算业务规定，不予兑现，不予收付入账，压单、压票或者违反规定退票的；③非法查询、冻结、扣划个人储蓄存款或者单位存款的；④违反商业银行法规定对存款人或者其他客户造成损害的其他行为。有上述规定情形的，由国务院银行业监督管理机构责令改正，有违法所得的，没收违法所得，违法所得5万元以上的，并处违法所得1倍以上5倍以下罚款；没有违法所得或者违法所得不足5万元的，处5万元以上50万元以下罚款。

#### (二)违规违法经营的法律责任

(1)商业银行有下列情形之一，由银行业监督管理机构责令改正，有违法所得的，没收违法所得，违法所得50万元以上的，并处违法所得1倍以上5倍以下罚款；没有违法所得或者违法所得不足50万元的，处50万元以上200万元以下罚款；情节特别严重或者逾期不改正的，可以责令停业整顿或者吊销其经营许可证；构成犯罪的，依法追究刑事责任：①未经批准设立分支机构的；②未经批准分立、合并或者违反规定对变更事项不报批的；③违反规定提高或者降低利率以及采用其他不正当手段，吸收存款，发放贷款的；④出租、出借经营许可证的；⑤未经批准买卖、代理买卖外汇的；⑥未经批准买卖政府债券或者发行、买卖金融债券的；⑦违反国家规定从事信托投资和证券经营业务、向非自用不动产投资或者向非银行金融机构和企业投资的；⑧向关系人发放信用贷款或者发放担保贷款的

① 《中国人民银行法》第三十二条规定："中国人民银行有权对金融机构以及其他单位和个人的下列行为进行检查监督：(一)执行有关储蓄准备金管理规定的行为；(二)与中国人民银行特种贷款有关的行为；(三)执行有关人民币管理规定的行为；(四)执行有关银行间同业拆借市场、银行间债券市场管理规定的行为；(五)执行有关外汇管理规定的行为；(六)执行有关黄金管理规定的行为；(七)代理中国人民银行经理国库的行为；(八)执行有关清算管理规定的行为；(九)执行有关反洗钱规定的行为。前款所称中国人民银行特种贷款，是指国务院决定的由中国人民银行向金融机构发放的用于特定目的的贷款。"第三十四条规定："当银行业金融机构出现支付困难，可能引发金融风险时，为了维护金融稳定，中国人民银行经国务院批准，有权对银行业金融机构进行检查监督。"

条件优于其他借款人同类贷款的条件的。

(2)商业银行有下列情形之一,由中国人民银行责令改正,有违法所得的,没收违法所得,违法所得50万元以上的,并处违法所得1倍以上5倍以下罚款;没有违法所得或者违法所得不足50万元的,处50万元以上200万元以下罚款;情节特别严重或者逾期不改正的,中国人民银行可以建议国务院银行业监督管理机构责令停业整顿或者吊销其经营许可证;构成犯罪的,依法追究刑事责任:①未经批准办理结汇、售汇的;②未经批准在银行间债券市场发行、买卖金融债券或者到境外借款的;③违反规定同业拆借的。

**(三)违反监管规定的法律责任**

(1)商业银行有下列情形之一,由银行业监督管理机构责令改正,并处20万元以上50万元以下罚款;情节特别严重或者逾期不改正的,可以责令停业整顿或者吊销其经营许可证;构成犯罪的,依法追究刑事责任:①拒绝或者阻碍国务院银行业监督管理机构检查监督的;②提供虚假的或者隐瞒重要事实的财务会计报告、报表和统计报表的;③未遵守资本充足率、资产流动性比例、同一借款人贷款比例和银行业监督管理机构有关资产负债比例管理的其他规定的。

(2)商业银行有下列情形之一,由中国人民银行责令改正,并处20万元以上50万元以下罚款;情节特别严重或者逾期不改正的,中国人民银行可以建议国务院银行业监督管理机构责令停业整顿或者吊销其经营许可证;构成犯罪的,依法追究刑事责任:①拒绝或者阻碍中国人民银行检查监督的;②提供虚假的或者隐瞒重要事实的财务会计报告、报表和统计报表的;③未按照中国人民银行规定的比例交存存款准备金的。

(3)商业银行不按照规定向国务院银行业监督管理机构报送有关文件、资料的,由国务院银行业监督管理机构责令改正,逾期不改正的,处10万元以上30万元以下罚款;商业银行不按照规定向中国人民银行报送有关文件、资料的,由中国人民银行责令改正,逾期不改正的,处10万元以上30万元以下罚款。

### 二、商业银行懂事、高管人员及工作人员的法律责任

**(一)违规、违法经营责任人的法律责任**

商业银行有《商业银行法》第七十三条至第七十七条规定情形的[①],对直接负责的董事、高级管理人员和其他直接责任人员,应当给予纪律处分;构成犯罪的,依法追究刑事责任。

商业银行违反商业银行法规定的,国务院银行业监督管理机构可以区别不同情形,取消其直接负责的董事、高级管理人员一定期限直至终身的任职资格,禁止直接负责的董事、高级管理人员和其他直接责任人员一定期限直至终身从事银行业工作;商业银行的行为尚不构成犯罪的,对直接负责的董事、高级管理人员和其他直接责任人员,给予警告,处5万元以上50万元以下罚款。

**(二)索贿、受贿的法律责任**

商业银行工作人员利用职务上的便利,索取、收受贿赂或者违反国家规定收受各种名

---

① 即本节第一部分"一、商业银行的法律责任"中(一)至(三)所列违法情形。

义的回扣、手续费，构成犯罪的，依法追究刑事责任；尚不构成犯罪的，应当给予纪律处分。有上述行为，发放贷款或者提供担保造成损失的，应当承担全部或者部分赔偿责任。

**（三）贪污、挪用、侵占银行和客户资金的法律责任**

商业银行工作人员利用职务上的便利，贪污、挪用、侵占本行或者客户资金，构成犯罪的，依法追究刑事责任；尚不构成犯罪的，应当给予纪律处分。

**（四）玩忽职守的法律责任**

商业银行工作人员违反商业银行法规定玩忽职守造成损失的，应当给予纪律处分；构成犯罪的，依法追究刑事责任。违反规定徇私向亲属、朋友发放贷款或者提供担保造成损失的，应当承担全部或者部分赔偿责任。

**（五）泄露国家秘密和商业秘密的法律责任**

商业银行工作人员泄露在任职期间知悉的国家秘密、商业秘密的，应当给予纪律处分；构成犯罪的，依法追究刑事责任。

**（六）未予拒绝强令贷款、担保的法律责任**

商业银行的工作人员对单位或者个人强令其发放贷款或者提供担保未予拒绝的，应当给予纪律处分；造成损失的，应当承担相应的赔偿责任。

除规定商业银行的懂事、高管人员及工作人员违反商业银行法应承担的责任外，商业银行法还规定，商业银行及其工作人员对国务院银行业监督管理机构、中国人民银行的处罚决定不服的，可以依照《中华人民共和国行政诉讼法》的规定向人民法院提起诉讼。

### 三、其他组织与个人的法律责任

**（一）擅用“银行”字样、擅自购买5%以上银行股份、公款私存的法律责任**

其他组织或个人有下列情形之一，由国务院银行业监督管理机构责令改正，有违法所得的，没收违法所得，违法所得5万元以上的，并处违法所得1倍以上5倍以下罚款；没有违法所得或者违法所得不足5万元的，处五万元以上50万元以下罚款：①未经批准在名称中使用“银行”字样的；②未经批准购买商业银行股份总额5%以上的；③将单位的资金以个人名义开立账户存储的。

**（二）擅自设立商业银行、非法吸收公众存款的法律责任**

未经国务院银行业监督管理机构批准，擅自设立商业银行，或者非法吸收公众存款、变相吸收公众存款，构成犯罪的，依法追究刑事责任，并由银行业监督管理机构予以取缔。伪造、变造、转让商业银行经营许可证，构成犯罪的，依法追究刑事责任。上述行为尚不构成犯罪的，由国务院银行业监督管理机构没收违法所得，违法所得50万元以上的，并处违法所得1倍以上5倍以下罚款；没有违法所得或者违法所得不足50万元的，处50万元以上200万元以下罚款。

**（三）骗取贷款的法律责任**

借款人采取欺诈手段骗取贷款，构成犯罪的，依法追究刑事责任。尚不构成犯罪的，由银行业监督管理机构没收违法所得，违法所得50万元以上的，并处违法所得1倍以上5倍以下罚款；没有违法所得或者违法所得不足50万元的，处50万元以上200万元以下罚款。

### （四）强令商业银行发放贷款、提供担保的法律责任

单位或者个人强令商业银行发放贷款或者提供担保的，应当对直接负责的主管人员和其他直接责任人员或者个人给予纪律处分；造成损失的，应当承担全部或者部分赔偿责任。

## 思考练习题

1. 试述《商业银行法》的立法目的。
2. 试述我国商业银行的业务范围。
3. 试述商业银行准备金的种类、应计提准备金的资产和提取方法。
4. 试述商业银行资产负债比例管理规定。
5. 试述商业银行懂事、高管人员及工作人员违反《商业银行法》的法律责任。
6. 试述商业银行接管的条件、目的与后果。

# 第五章　货币管理法律制度

**章前提要**

本章主要介绍人民币的法律地位、人民币发行与流通管理的法律制度及人民币的法律保护；外汇管理和外汇管理法律制度的主要内容；金银管理与金银管理法律制度的主要规定；反洗钱管理法律制度的主要规定；违反人民币管理、外汇管理以及反洗钱管理法律制度所应承担的法律责任。

## 第一节　货币管理法概述

### 一、货币管理法的概念

货币管理法，是指调节因货币法律地位的确立以及货币的印制、发行、流通及其管理中所引起的社会关系的法律规范的总称。

货币管理法从静态上，包括通货法、外汇法和金银法。其中，通货法主要包括货币的种类、名称、单位、法律地位、发行原则、发行权限、发行机关以及发行程序、现金与非现金流通管理、违反通货法的法律责任等内容；外汇法主要包括外汇的种类、外汇收支、外汇汇率、外汇买卖等内容；金银法主要包括金银加工、铸造、收购、销售、回收、进出境等内容。

货币管理法从动态上，包括货币发行法、货币流通法和货币保护法。其中，货币发行法主要指规定货币发行的法律制度，包括货币种类、名称、单位、法律地位、发行原则、发行权限、发行机关以及发行程序等规定；货币流通法主要指规定货币流通的法律制度，包括现金流通与非现金流通管理规定；货币保护法主要指规定货币制度保护的法律制度，包括对侵害货币制度的行为及其制裁的法律规定。

### 二、我国现行的主要货币管理法规

我国货币管理法规主要包括人民币管理法、外汇管理法、金银管理法以及反洗钱管理法。它们分别调整着不同层次的货币关系，共同构成了一个完整的货币法律规范体系。

#### (一)人民币管理法

人民币管理法，主要由人民币发行管理、人民币流通管理、人民币发行与流通的保护等法律规定构成。其内容主要包括人民币的结构、法律地位、发行原则、发行权、发行机关、发行和流通程序及现金管理等规定。人民币管理相关的法律、法规和条例主要有《中国人民银行法》(1995 年 3 月 18 日第八届全国人民代表大会第 3 次会议通过,2003 年 12 月 27 日修订)①、《中华人民共和国人民币管理条例》(2000 年 2 月 3 日国务院令第 280 号发布,2014 年 7 月 29 日修订,以下简称《人民币管理条例》)、《中华人民共和国现金管理暂行条例》(1988 年 9 月 8 日国务院令第 12 号发布,2011 年 1 月 8 日修订,以下简称《现金管理暂行条例》)、《现金管理暂行条例实施细则》(人民银行 1988 年 9 月 12 日发布)等。

**(二)外汇管理法**

外汇管理法,是国家关于外汇收、支、存、兑管理规定的总称,主要包括国家对外汇买卖、国际结算、外汇汇率等方面的规定。我国外汇管理的基本法规为《中华人民共和国外汇管理条例》(国务院 1996 年 1 月 29 日颁布,1997 年 1 月 14 日第一次修订,2008 年 8 月 1 日第二次修订,以下简称《外汇管理条例》)。

**(三)金银管理法**

金银管理法,是关于金银加工、铸造、流通的法律规范的总称,内容包括金银的开采、冶炼加工、收购、配售、回收及进出国境等方面的规定。我国金银管理法主要包括《中华人民共和国金银管理条例》(1983 年 6 月 15 日国务院颁布,2011 年 1 月 8 日修订,以下简称《金银管理条例》)、《金银管理条例实施细则》(1983 年 12 月 28 日中国人民银行发布)以及《对金银进出口国境的管理办法》(1984 年 2 月中国人民银行、海关总署公布)等。

**(四)反洗钱管理法**

反洗钱管理法,是有关反洗钱方面的法律规范的总称。我国反洗钱管理法主要有《反洗钱法》(2006 年 10 月 31 日第十届全国人民代表大会常务委员会第 24 次会议通过)、《金融机构反洗钱规定》(2006 年 11 月 6 日中国人民银行)、《金融机构大额交易和可疑交易报告管理办法》(2006 年 11 月 14 日中国人民银行通过,2016 年 12 月 29 日修订)、《人民币大额和可疑支付交易报告管理办法》(2006 年 11 月 6 日中国人民银行通过)、《金融机构大额和可疑外汇资金交易报告管理办法》(2002 年 9 月 17 日中国人民银行通过)。

## 第二节 人民币管理法律制度

### 一、人民币与人民币管理法律制度的概念

**(一)人民币与人民币的法律地位**

人民币是我国唯一合法的货币,是我国的法定货币。《中国人民银行法》第十六条规定,中华人民共和国的法定货币是人民币。以人民币支付中华人民共和国境内的一切公共的和私人的债务,任何单位和个人不得拒收。由此,人民币的法律地位表现为:

1. 人民币是我国境内流通使用的唯一合法货币

在我国境内,凡以货币计算的债权、债务以及经济业务、劳动报酬,都必须以人民币为单位进行支付结算。国家禁止金银和外国货币在国内市场上流通;携带人民币出入国境,应当按照国家规定向海关如实申报,并不得超出法定限额。

① 《中国人民银行法》第三章专门对人民币进行了规范。

2.人民币在我国具有法定无限清偿的能力

我国法律规定,以人民币支付我国境内的一切公共和私人的债务,任何单位和个人不得拒收,所以人民币具有无限清偿能力。无限清偿能力是指法律赋予货币的无限支付能力,即在使用中,每次支付的数额不受限制,任何人不得拒绝接受。

**(二)人民币管理法律制度**

人民币管理法律制度是对人民币的发行和回笼以及人民币流通进行管理,维护人民币法律地位的法律、法规的总称。目前我国对人民币发行和流通进行管理的法律、法规除了《中国人民银行法》以外,还有国务院发布的《人民币管理条例》《现金管理暂行条例》,人民银行发布的《现金管理暂行条例实施细则》,以及《刑法》等。

## 二、人民币发行的管理

人民币发行的管理是为了调节人民币的流通,稳定货币,为国民经济发展服务。人民币发行管理的法律制度主要涉及以下几个方面的内容。

**(一)人民币的发行原则**

为合理控制和调节市场上的货币流通量,稳定人民币币值,促进经济协调发展和社会稳定,我国人民币发行坚持以下三原则:

1.集中统一原则

集中统一,指人民币的发行权属于国家,由国务院依法授权中国人民银行统一发行。除中国人民银行总行外,任何地区、部门、单位和个人均无权决定发行或变相发行人民币。《中国人民银行法》第二十二条规定,中国人民银行设立人民币发行库,在其分支机构设立分支库。分支库调拨人民币发行基金,应当按照上级库的调拨命令办理。任何单位和个人不得违反规定,动用发行基金。

2.经济发行原则

经济发行也称信用发行,与财政发行相对应,是指根据国民经济发展的实际需要,控制和调节货币发行量。经济发行是在经济增长的基础上增加货币投放,是适应和满足生产发展与商品流通对货币的客观需要,是一种正常的、必要的、有物资保证的发行,可以保持币值和物价稳定。《中国人民银行法》第二十九条规定,中国人民银行不得对政府财政透支,不得直接认购、包销国债和其他政府债券。这说明,《中国人民银行法》禁止财政发行。所谓财政发行,即旨在弥补财政赤字的货币发行。

3.计划发行原则

人民币的发行必须按国家货币发行计划进行。根据国民经济发展的需要进行综合平衡,制定货币发行计划,经法定程序审批后,严格按计划执行。坚持计划发行原则,有利于控制货币发行量、保持币值稳定,促进国民经济健康发展。

**(二)人民币的发行权和发行机关**

人民币的发行权属于国务院,中国人民银行是国务院唯一授权的货币发行机关。《中国人民银行法》第十八条第一款规定,人民币由中国人民银行统一印制、发行。《人民币管理条例》的第十六条第一款规定,中国人民银行发行新版人民币,应当报国务院批准。

### (三)人民币发行程序的法律规定

人民币的发行程序即人民币发行的步骤和方法，属于人民币发行制度的组成部分。人民币的发行程序可以分为以下几个步骤：

1. 提出和审批人民币的发行计划

中国人民银行总行每年根据国民经济和社会发展计划，编制货币发行和回笼计划，报国务院审批。国务院批准后，人民银行方能具体组织实施。

2. 发行基金调拨

人民币发行基金，是中国人民银行人民币发行库保存的未进入流通的人民币，不具有货币性质。发行基金调拨是组织货币投放的准备工作，是发行库与发行库之间发行基金的转移。发行基金的调拨凭上级行的调拨命令办理，任何单位和个人不得违反规定动用发行基金，不得干扰、阻碍发行基金的调拨。发行基金调拨，原则上采取逐级负责的办法，即总行负责分行之间的调拨，分行负责中心支行之间的调拨，中心支行负责支行之间的调拨。

3. 商业银行业务库日常现金收付

人民银行的现金发行主要通过商业银行的现金收付活动实现。各银行将人民银行发行库的发行基金调入业务库后，再从业务库通过现金出纳支付给各单位和个人，由此人民币钞票进入市场，这也叫现金投放。各商业银行业务库保存的现金有库存限额，如果业务库现金不足，发行库应根据上级发行库的出库命令，将出库限额之内的发行基金拨入业务库，这就是现金投放。业务库的库存货币超过核定的库存限额时，必须将超过部分及时交回发行库，这叫现金归行，也叫货币回笼。

## 三、人民币流通的管理

我国的货币流通分为现金流通和非现金流通两大类。所谓现金流通，指用现款直接进行收付的货币运动。非现金流通，指通过银行转账结算，由银行将款项从付款者账户转到收款者账户上的货币运动。基此，人民币的流通管理包括现金管理和非现金管理两方面内容。本章主要介绍现金管理的法律规定。

现金管理，是指国家授权银行等金融机构，依照有关法律、法规，对各个开户单位的现金收支以及库存进行的监督和管理。国务院发布的《现金管理暂行条例》及中国人民银行发布的《现金管理暂行条例实施细则》，对现金管理的各个方面做了具体规定。其主要包括如下内容：

### (一)现金管理机关

根据《现金管理暂行条例》第四条的规定，各级人民银行是我国现金管理的主管机关，负责对开户银行的现金管理进行监督和稽核。各开户银行负责现金管理的具体实施，依法对开户单位的现金收支、使用情况进行监督管理。

### (二)现金管理对象

现金管理对象，是在银行和其他金融机构开立账户的机关、团体、部队、企事业单位和其他经济组织。这些机构都必须接受开户银行的监督，实行现金管理。

### (三)现金使用范围

开户单位之间的经济往来，应通过银行进行转账结算。根据《现金管理暂行条例》第五条和第六条的规定，开户单位可以在下列范围内使用现金：①职工工资、津贴；②个人劳务报酬；③根据国家规定颁发给个人的科学技术、文化艺术、体育等各种奖金；④各种劳保、福利费用以及国家规定的对个人的其他支出；⑤向个人收购农副产品和其他物资的价款；⑥出差人员必须随身携带的差旅费；⑦结算起点以下的零星支出；⑧中国人民银行确定需要支付现金的其他支出。前述结算起点定为 1000 元。结算起点的调整，由中国人民银行确定，报国务院备案。除上述第⑤⑥项外，开户单位支付给个人的款项，超过使用现金限额的部分，应当以支票或者银行本票支付；确需全额支付现金的，经开户银行审核后，予以支付现金。

**（四）开户单位库存限额管理**

根据《现金管理暂行条例》第九条和第十条的规定，开户银行应当根据实际需要，核定开户单位 3 天至 5 天的日常零星开支所需的库存现金限额。边远地区和交通不便地区的开户单位的库存现金限额，可以多于 5 天，但不得超过 15 天的日常零星开支。经核定的库存现金限额，开户单位必须严格遵守。需要增加或者减少库存现金限额的，应当向开户银行提出申请，由开户银行核定。

**（五）开户单位现金收支管理**

根据《现金管理暂行条例》第十一条的规定，开户单位现金收支应当依照下列规定办理：①开户单位现金收入应当于当日送存开户银行。当日送存确有困难的，由开户银行确定送存时间。②开户单位支付现金，可以从本单位库存现金限额中支付或者从开户银行提取，不得从本单位的现金收入中直接支付（即坐支）。因特殊情况需要坐支现金的，应当事先报经开户银行审查批准，由开户银行核定坐支范围和限额。坐支单位应当定期向开户银行报送坐支金额和使用情况。③开户单位根据《现金管理暂行条例》第五条和第六条的规定，从开户银行提取现金，应当写明用途，由本单位财会部门负责人签字盖章，经开户银行审核后，予以支付现金。④因采购地点不固定，交通不便，生产或者市场急需，抢险救灾以及其他特殊情况必须使用现金的，开户单位应当向开户银行提出申请，由本单位财会部门负责人签字盖章，经开户银行审核后，予以支付现金。

**（六）个体工商户与农村承包户现金管理**

根据《现金管理暂行条例》第十三条和第十四条的规定，对个体工商户、农村承包经营户发放的贷款，应当以转账方式支付。对确需在集市使用现金购买物资的，经开户银行审核后，可以在贷款金额内支付现金。在开户银行开户的个体工商户、农村承包经营户异地采购所需货款，应当通过银行汇兑方式支付。因采购地点不固定，交通不便必须携带现金的，由开户银行根据实际需要，予以支付现金。未在开户银行开户的个体工商户、农村承包经营户异地采购所需货款，可以通过银行汇兑方式支付。凡加盖“现金”字样的结算凭证，汇入银行必须保证支付现金。

## 五、人民币的保护

为了保护人民币作为我国唯一法定货币的法律地位，保证人民币发行的集中统一原则，维护人民币的流通秩序，促进经济发展，我国颁布并实施了一系列法律、法规，对人民币的发行与流通进行保护。根据《刑法》和《中国人民银行法》，以及其他有关法律、法规中的规定，我国人民币发行与流通的法律保护制度主要包括如下几个方面。

#### (一)反假币的规定

《中国人民银行法》第十九条规定，禁止伪造、变造人民币。禁止出售、购买伪造、变造的人民币。禁止运输、持有、使用伪造、变造的人民币。

伪造人民币是指通过机制、拓印、刻印、照相、描绘等手段制作假人民币。变造人民币指在真币基础上或以真币为基本材料，通过挖补、剪接、涂改、揭层等办法加工处理，使原币改变数量、形态实现升值的行为。

#### (二)残损人民币销毁的规定

《中国人民银行法》第二十一条规定，残缺、污损的人民币，按照中国人民银行的规定兑换，并由中国人民银行负责收回、销毁。《人民币管理条例》第二十二条规定，办理人民币存取款业务的金融机构应当按照中国人民银行的规定，无偿为公众兑换残缺、污损的人民币，挑剔残缺、污损的人民币，并将其交存当地中国人民银行。中国人民银行不得将残缺、污损的人民币支付给金融机构，金融机构不得将残缺、污损的人民币对外支付。

残缺人民币是指票面撕裂、损缺的人民币；污损人民币是指因自然或人为磨损、侵蚀，造成外观、质地受损，颜色变暗，图案不清晰，防伪功能下降，不宜再继续流通使用的人民币。做好残损人民币的收回、销毁工作，有利于加强对人民币发行与流通的管理和维护人民币的信誉。

#### (三)禁止各种变相货币的印制、发售和流通

《中国人民银行法》第二十条规定，任何单位和个人不得印制、发售代币票券，以代替人民币在市场上流通。禁止各种变相货币的发行与流通，旨在维护人民币发行的集中统一原则和货币流通秩序。变相货币，即是不享有国家法律赋予的货币发行权的单位、个人，违反国家有关规定私自印制发行的，以货币单位标示面值、在市场上计价流通的凭证。

#### (四)禁止非法使用人民币图样

禁止非法使用人民币图样，是保护作为国家货币的人民币之严肃性的重要规定。《中国人民银行法》第十九条明确规定，禁止在宣传品、出版物或者其他商品上非法使用人民币图样。

#### (五)禁止故意毁损人民币

《中国人民银行法》第十九条规定，禁止故意毁损人民币。因此爱护人民币是每个单位和个人的法定义务。

## 第三节 外汇管理法律制度

### 一、外汇与外汇管理法律制度的概念

#### (一)外汇与外汇管理

外汇是指以外国货币表示的、能用作国际间清算的支付手段和金融资产。依照《外汇管理条例》第三条的规定，外汇是指下列以外币表示的可以用作国际清偿的支付手段和资产：①外国货币，包括纸币、铸币；②外币支付凭证，包括票据、银行存款凭证、邮政储蓄凭

证等;③外币有价证券,包括政府债券、公司债券、股票等;④特别提款权;⑤其他外汇资产。

外汇管理也称外汇管制,是一国依法对所辖境内的外汇收支、买卖、国际融资、国际资本转移和国际结算等实行的管理。目前我国对外汇实行部分管制,主要表现为:①国家对经常性国际支付和转移(经常项目)不予限制,但在资本项目项下依然实行外汇管制;②对金融机构外汇业务实行严格监管;③禁止外币在我国境内计价、结算和流通。外汇管理职能一般由一国的中央银行或其他有关部门履行。在我国,外汇管理主管机关为中国人民银行,具体管理由国务院外汇管理部门(即国家外汇管理局)及其分支机构负责。

### (二)外汇管理法律制度

外汇管理法律制度,就是国家关于外汇管理机构法律地位、管理原则和管理范围,以及对一切外汇收付活动实行有效管理的法律制度的总称。

我国外汇管理法律体系是由以《外汇管理条例》(1996 年 1 月 29 日国务院发布,1997 年 1 月 14 日第一次修订,2008 年 8 月 1 日第二次修订)为基本法的一系列法律、法规组成。除《外汇管理条例》以外,还包括《外债统计监测暂行规定》(1987 年 6 月 17 日国务院批准,1987 年 8 月 27 日国家外汇管理局发布);《出口收汇核销管理办法》(1998 年 6 月 22 日国家外汇管理局发布)、《出口收汇核销管理办法实施细则》(国家外汇管理局 2003 年 8 月 5 日印发)、《国际收支统计申报办法》(1995 年 8 月 30 日国务院批准,1995 年 9 月 14 日中国人民银行发布,2013 年 11 月 9 日修订)、《结汇、售汇及付汇管理规定》(1996 年 3 月 26 日由中国人民银行颁布,1996 年 6 月 20 日修订)、《境内机构对外担保管理办法》(1996 年 9 月 25 日由中国人民银行发布)等。

## 二、我国外汇管理法的适用范围

根据《外汇管理条例》第四条的规定,境内机构、境内个人的外汇收支或者外汇经营活动,以及境外机构、境外个人在境内的外汇收支或者外汇经营活动,适用《外汇管理条例》。其中,境内机构,是指中华人民共和国境内的国家机关、企业、事业单位、社会团体、部队等,外国驻华外交领事机构和国际组织驻华代表机构除外;境内个人,是指中国公民和在中华人民共和国境内连续居住满 1 年的外国人,外国驻华外交人员和国际组织驻华代表除外。

## 三、我国外汇管理法的主要内容

外汇管理法的主要内容包括:经常项目的外汇管理规则、资本项目的管理规则、金融机构外汇业务管理规则、人民币汇率和外汇市场管理规则以及外汇管理监管规则等。

### (一)经常项目外汇管理规则

经常项目,是指国际收支中涉及货物、服务、收益及经常转移的交易项目等。

根据《外汇管理条例》第五条“国家对经常性国际支付和转移不予限制”的规定,我国经常项目下的外汇管理原则为可自由兑换。

《外汇管理条例》第二章规定的经常项目外汇管理规则为:

(1)经常项目外汇收支应当具有真实、合法的交易基础。经营结汇、售汇业务的金融机构应当按照国务院外汇管理部门的规定,对交易单证的真实性及其与外汇收支的一致性进行合理审查。外汇管理机关有权对前述规定事项进行监督检查。

(2)经常项目外汇收入,可以按照国家有关规定保留或者卖给经营结汇、售汇业务的金融机构。

(3)经常项目外汇支出,应当按照国务院外汇管理部门关于付汇与购汇的管理规定,凭有效单证以自有外汇支付或者向经营结汇、售汇业务的金融机构购汇支付。

(4)携带、申报外币现钞出入境的限额,由国务院外汇管理部门规定。

**(二)资本项目外汇管理规则**

资本项目,是指国际收支中引起对外资产和负债水平发生变化的交易项目,包括资本转移、直接投资、证券投资、衍生产品及贷款等。

目前我国对资本项目下的外汇依然实行管制。根据《外汇管理条例》第三章,资本项目外汇管理规则为:

(1)境外机构、境外个人在境内直接投资,经有关主管部门批准后,应当到外汇管理机关办理登记。境外机构、境外个人在境内从事有价证券或者衍生产品发行、交易,应当遵守我国关于市场准入的规定,并按照国务院外汇管理部门的规定办理登记。

(2)境内机构、境内个人向境外直接投资或者从事境外有价证券、衍生产品发行、交易,应当按照国务院外汇管理部门的规定办理登记。国家规定需要事先经有关主管部门批准或者备案的,应当在外汇登记前办理批准或者备案手续。

(3)国家对外债实行规模管理。借用外债应当按照国家有关规定办理,并到外汇管理机关办理外债登记。国务院外汇管理部门负责全国的外债统计与监测,并定期公布外债情况。

(4)提供对外担保,应当向外汇管理机关提出申请,由外汇管理机关根据申请人的资产负债等情况做出批准或者不批准的决定;国家规定其经营范围需经有关主管部门批准的,应当在向外汇管理机关提出申请前办理批准手续。申请人签订对外担保合同后,应当到外汇管理机关办理对外担保登记。经国务院批准为使用外国政府或者国际金融组织贷款进行转贷提供对外担保的,不适用前述规定。

(5)银行业金融机构在经批准的经营范围内可以直接向境外提供商业贷款。其他境内机构向境外提供商业贷款,应当向外汇管理机关提出申请,外汇管理机关根据申请人的资产负债等情况做出批准或者不批准的决定;国家规定其经营范围需经有关主管部门批准的,应当在向外汇管理机关提出申请前办理批准手续。向境外提供商业贷款,应当按照国务院外汇管理部门的规定办理登记。

(6)资本项目外汇收入保留或者卖给经营结汇、售汇业务的金融机构,应当经外汇管理机关批准,但国家规定无需批准的除外。

(7)资本项目外汇支出,应当按照国务院外汇管理部门关于付汇与购汇的管理规定,凭有效单证以自有外汇支付或者向经营结汇、售汇业务的金融机构购汇支付。国家规定应当经外汇管理机关批准的,应当在外汇支付前办理批准手续。依法终止的外商投资企业,按照国家有关规定进行清算、纳税后,属于外方投资者所有的人民币,可以向经营结汇、售汇业务的金融机构购汇汇出。

(8)资本项目外汇及结汇资金，应当按照有关主管部门及外汇管理机关批准的用途使用。外汇管理机关有权对资本项目外汇及结汇资金使用和账户变动情况进行监督检查。

**(三)金融机构外汇业务管理规则**

根据《外汇管理条例》第四章的规定，金融机构外汇业务管理规则包括：

(1)金融机构经营或者终止经营结汇、售汇业务，应当经外汇管理机关批准；经营或者终止经营其他外汇业务，应当按照职责分工经外汇管理机关或者金融业监督管理机构批准。

(2)外汇管理机关对金融机构外汇业务实行综合头寸管理，具体办法由国务院外汇管理部门制定。

(3)金融机构的资本金、利润以及因本外币资产不匹配需要进行人民币与外币间转换的，应当经外汇管理机关批准。

**(四)人民币汇率和外汇市场管理规则**

根据《外汇管理条例》第五章的规定，人民币汇率和外汇市场管理规则包括：

(1)人民币汇率实行以市场供求为基础的、有管理的浮动汇率制度。

(2)经营结汇、售汇业务的金融机构和符合国务院外汇管理部门规定条件的其他机构，可以按照国务院外汇管理部门的规定在银行间外汇市场进行外汇交易。

(3)外汇市场交易应当遵循公开、公平、公正和诚实信用的原则。

(4)外汇市场交易的币种和形式由国务院外汇管理部门规定。

(5)国务院外汇管理部门依法监督管理全国的外汇市场。

(6)国务院外汇管理部门可以根据外汇市场的变化和货币政策的要求，依法对外汇市场进行调节。

**(五)外汇管理监管规则**

根据《外汇管理条例》第六章的规定，外汇管理监管规则包括：

(1)外汇管理机关依法履行职责时，有权采取下列措施：①对经营外汇业务的金融机构进行现场检查；②进入涉嫌外汇违法行为发生场所调查取证；③询问有外汇收支或者外汇经营活动的机构和个人，要求其对与被调查外汇违法事件直接有关的事项做出说明；④查阅、复制与被调查外汇违法事件直接有关的交易单证等资料；⑤查阅、复制被调查外汇违法事件的当事人和直接有关的单位、个人的财务会计资料及相关文件，对可能被转移、隐匿或者毁损的文件和资料，可以予以封存；⑥经国务院外汇管理部门或者省级外汇管理机关负责人批准，查询被调查外汇违法事件的当事人和直接有关的单位、个人的账户，但个人储蓄存款账户除外；⑦对有证据证明已经或者可能转移、隐匿违法资金等涉案财产或者隐匿、伪造、毁损重要证据的，可以申请人民法院冻结或者查封。有关单位和个人应当配合外汇管理机关的监督检查，如实说明有关情况并提供有关文件、资料，不得拒绝、阻碍和隐瞒。

(2)外汇管理机关依法进行监督检查或者调查，监督检查或者调查的人员不得少于2人，并应当出示证件。监督检查、调查的人员少于2人或者未出示证件的，被监督检查、调查的单位和个人有权拒绝。

(3)有外汇经营活动的境内机构,应当按照国务院外汇管理部门的规定报送财务会计报告、统计报表等资料。

(4)经营外汇业务的金融机构发现客户有外汇违法行为的,应当及时向外汇管理机关报告。

(5)国务院外汇管理部门为履行外汇管理职责,可以从国务院有关部门、机构获取所必需的信息,国务院有关部门、机构应当提供。国务院外汇管理部门应当向国务院有关部门、机构通报外汇管理工作情况。

(6)任何单位和个人都有权举报外汇违法行为。外汇管理机关应当为举报人保密,并按照规定对举报人或者协助查处外汇违法行为有功的单位和个人给予奖励。

## 第四节 金银管理法律制度

### 一、金银管理与金银管理法律制度的概念

#### (一)金银管理

金银管理,是指国家授权机关对金银的收购、销售、经营以及进出国境进行的管理。根据国家管理力度的不同,金银管理制度可以分为三种类型:①严格管理型,即允许居民在国内市场上买卖金银,但禁止金银出入国境;②部分管理型,即允许本国非居民按市场价格自由买卖金银,但对金银出入国境规定有许多限制措施;③自由放任型,即允许居民、非居民按市场价格自由买卖金银,金银也可以自由出入国境,不加任何限制。

#### (二)金银管理法律制度

金银管理法律制度,是国家对金银的生产、收购与配售、进出口等进行管理的各种法律规范的总称。我国对金银实施管理的法律制度主要包括《金银管理条例》(1983 年 6 月 15 日国务院发布,2011 年 1 月 8 日修订)、《金银管理条例施行细则》(1983 年 12 月 28 日中国人民银行发布)、《对金银进出国境的管理办法》(1984 年 2 月日 1 中国人民银行、海关总署联合发布)等。

### 二、我国金银管理机关及其职责

根据《金银管理条例》第四条的规定,我国管理金银的主管机关为中国人民银行。其主要职责为:①负责管理国家金银储备;②负责金银的收购与配售;③会同国家物价主管机关制定和管理金银收购与配售价格;④会同国家有关主管机关审批经营(包括加工、销售)金银制品、含金银化工产品以及从含金银的废渣、废液、废料中回收金银的单位(以下统称经营单位),管理和检查金银市场;⑤监督《金银管理条例》的实施。

### 三、我国金银管理政策与管理范围

#### (一)金银管理政策

根据《金银管理条例》第三、五、六、七条的规定,我国金银管理政策可以概括为:①国家对金银实行统一管理、统购统配的政策,即中华人民共和国境内的机关、部队、团体、学校、国有企业、事业单位、城乡集体经济组织(以下统称境内机构)的一切金银的收入和支出,都纳入国家金银收支计划;②境内机构所持的金银,除经中国人民银行许可留用的原

材料、设备、器皿、纪念品外，必须全部交售给中国人民银行，不得自行处理、占有；③国家保护个人持有合法所得的金银；④在中华人民共和国境内，一切单位和个人不得计价使用金银，禁止私相买卖和借贷抵押金银。

**（二）金银管理范围**

根据《金银管理条例》第二条的规定，国家管理的金银包括：①矿藏生产金银和冶炼副产金银；②金银条、块、锭、粉；③金银铸币；④金银制品和金基、银基合金制品；⑤化工产品中含的金银；⑥金银边角余料及废渣、废液、废料中含的金银。铂（即白金），按照国家有关规定管理。属于金银质地的文物，按照《中华人民共和国文物保护法》的规定管理。

## 三、我国金银管理法的主要内容

**（一）金银收购管理规则**

根据《金银管理条例》第二章的规定，金银收购管理规则包括：

（1）统一由中国人民银行办理金银收购。除经中国人民银行许可、委托的以外，任何单位和个人不得收购金银。

（2）从事金银生产（包括矿藏生产和冶炼副产）的厂矿企业、农村社队、部队和个人所采炼的金银，必须全部交售给中国人民银行，不得自行销售、交换和留用。前述所列生产单位，对生产过程中的金银成品和半成品，必须按照有关规定加强管理，不得私自销售和处理。

（3）国家鼓励经营单位和使用金银的单位，从伴生金银的矿种和含金银的废渣、废液、废料中回收金银。前述所列单位必须将回收的金银交售给中国人民银行，不得自行销售、交换和留用。但是，经中国人民银行许可，使用金银的单位将回收的金银重新利用的除外。

（4）境内机构从国外进口的金银和矿产品中采炼的副产金银，除经中国人民银行允许留用的或者按照规定用于进料加工复出口的以外，一律交售给中国人民银行，不得自行销售、交换和留用。

（5）个人出售金银，必须卖给中国人民银行。

（6）一切出土无主金银，均为国家所有，任何单位和个人不得熔化、销毁或占有。单位和个人发现的出土无主金银，经当地文化行政管理部门鉴定，除有历史文物价值的按照我国文物保护法的规定办理外，必须交给中国人民银行收兑，价款上缴国库。

（7）公安、司法、海关、工商行政管理、税务等国家机关依法没收的金银，一律交售给中国人民银行，不得自行处理或者以其他实物顶替。没收的金银价款按照有关规定上缴国库。

**（二）金银配售管理规则**

根据《金银管理条例》第三章的规定，金银配售管理规则包括：

（1）凡需用金银的单位，必须按照规定程序向中国人民银行提出申请使用金银的计划，由中国人民银行审批、供应。中国人民银行应当按照批准的计划供应，不得随意减售或拖延。

(2)中华人民共和国境内的外资企业、中外合资企业以及外商,订购金银制品或者加工其他含金银产品,要求在国内供应金银者,必须按照规定程序提出申请,由中国人民银行审批予以供应。

(3)使用金银的单位,必须建立使用制度,严格做到专项使用、结余交回。未经中国人民银行许可,不得把金银原料(包括半成品)转让或者移作他用。

(4)在《金银管理条例》规定范围内,中国人民银行有权对使用金银的单位进行监督和检查。使用金银的单位应当向中国人民银行据实提供有关使用金银的情况和资料。

**(三)金银经营单位和个体银匠管理规则**

根据《金银管理条例》第四章的规定,金银经营单位和个体银匠管理规则包括:

(1)申请经营(包括加工、销售)金银制品、含金银化工产品以及从含金银的废渣、废液、废料中回收金银的单位,必须按照国家有关规定和审批程序,经中国人民银行和有关主管机关审查批准,在工商行政管理机关登记发给营业执照后,始得营业。

(2)经营单位必须按照批准的金银业务范围从事经营,不得擅自改变经营范围,不得在经营中克扣、挪用和套购金银。

(3)金银质地纪念币的铸造、发行由中国人民银行办理,其他任何单位不得铸造、仿造和发行。金银质地纪念章(牌)的出口经营,由中国人民银行和中华人民共和国对外经济贸易部分别办理。

(4)委托、寄售商店,不得收购或者寄售金银制品、金银器材。珠宝商店可以收购供出口销售的带有金银镶嵌的珠宝饰品,但是不得收购、销售金银制品和金银器材。金银制品由中国人民银行收购并负责供应外贸出口。

(5)边疆少数民族地区和沿海侨眷比较集中地区的个体银匠,经县或者县级以上中国人民银行以及工商行政管理机关批准,可以从事代客加工和修理金银制品的业务,但不得收购和销售金银制品。

(6)国家允许个人邮寄金银饰品,具体管理办法由中国人民银行会同中华人民共和国国家邮政局①制定。

**(四)金银进出国境管理规则**

根据《金银管理条例》第五章的规定,金银进出国境管理规则包括:

(1)携带金银进入我国国境,数量不受限制,但是必须向入境地我国海关申报登记。

(2)携带或者复带金银出境,我国海关凭中国人民银行出具的证明或者原入境时的申报单登记的数量查验放行;不能提供证明的或者超过原入境时申报登记数量的,不许出境。

(3)携带在我国境内供应旅游者购买的金银饰品(包括镶嵌饰品、工艺品、器皿等)出

① 《金银管理条例》原文为"具体管理办法由中国人民银行会同中华人民共和国邮电部制定"。中华人民共和国邮电部即中华人民共和国国家邮政局前身。中华人民共和国邮电部成立于1949年11月,于1998年3月九届全国人大一次会议批准,在邮电部和电子工业部的基础上建立信息产业部,国家邮政局为其下属。邮电部被正式撤销,其职能由信息产业部与国家邮政局接管。2008年,中华人民共和国国家邮政局重组设立(副部级),由中华人民共和国交通运输部管理。

境，我国海关凭国内经营金银制品的单位开具的特种发货票查验放行。无凭据的，不许出境。

(4)在我国境内的中国人、外国侨民和无国籍人出境定居，每人携带金银的限额为：黄金饰品 1 市两(31.25 克)，白银饰品 10 市两(312.50 克)，银质器皿 20 市两(625 克)。经我国海关查验符合规定限额的放行。

(5)我国境内的外资企业、中外合资企业，从国外进口金银作产品原料的，其数量不限；出口含金银量较高的产品，须经中国人民银行核准后放行。未经核准或者超过核准出口数量的，不许出境。

## 第五节　反洗钱法律制度

### 一、反洗钱与反洗钱法律制度的概念

#### (一)洗钱与反洗钱

洗钱泛指将非法收入合法化的行为，是犯罪分子利用金融系统将非法资金通过保管、投资、账户间转移支付等手段转化为合法资金，使之进入正常的货币流通领域，为其所用的行为。

反洗钱，是指政府通过法律手段对有关组织和商业机构的洗钱予以惩罚，从而达到阻止洗钱犯罪活动的行为。《反洗钱法》第二条界定的反洗钱为：反洗钱是指为了预防通过各种方式掩饰和隐瞒毒品犯罪、黑社会性质的组织犯罪、恐怖活动犯罪、走私犯罪、贪污贿赂犯罪、破坏金融管理秩序犯罪、金融诈骗犯罪等犯罪所得及其收益的来源和性质的洗钱活动，依照反洗钱法规定采取相关措施的行为。

#### (二)反洗钱法律制度

反洗钱法律制度，是国家为预防洗钱活动，维护金融秩序，遏制洗钱犯罪及相关犯罪所制定的法律规范的总称。我国反洗钱法律制度主要包括《反洗钱法》(2006 年 10 月 31 日第十届全国人民代表大会常务委员会第二十四次会议通过)、《金融机构反洗钱规定》(2003 年 1 月 3 日中国人民银行发布，2006 年 11 月 6 日修订)、《金融机构大额交易和可疑交易报告管理办法》(2006 年 11 月 14 日中国人民银行发布，2016 年 12 月 28 日修订，2018 年 7 月 27 再次修改①)等。

### 二、我国反洗钱机构的职责与义务

#### (一)反洗钱行政主管机构及其主要职责

1. 反洗钱行政主管机构

我国《金融机构反洗钱规定》第三条明确规定，在我国，中国人民银行为反洗钱行政主管机构，依法对金融机构的反洗钱工作进行监督管理。《反洗钱法》第四条规定，国务院反

---

① 此次修改仅对 2016 年版的第十五条进行了修改。将原第十五条“金融机构应当在按本机构可疑交易报告内部操作规程确认为可疑交易后，及时以电子方式提交可疑交易报告，最迟不超过 5 个工作日。”改为：“金融机构应当在按本机构可疑交易报告内部操作规程确认为可疑交易后，及时以电子方式提交可疑交易报告。”

洗钱行政主管部门负责全国的反洗钱监督管理工作。国务院有关部门、机构在各自的职责范围内履行反洗钱监督管理职责。国务院反洗钱行政主管部门、国务院有关部门、机构和司法机关在反洗钱工作中应当相互配合。

2.反洗钱行政主管机构的职责

根据《金融机构反洗钱规定》和《反洗钱法》①,作为反洗钱行政主管机构的中国人民银行,在反洗钱中主要履行如下职责:

(1)依法对反洗钱实施监管,并在监管中履行如下职责:①制定或者会同中国银行业监督管理委员会、中国证券监督管理委员会和中国保险监督管理委员会制定金融机构反洗钱规章;②负责人民币和外币反洗钱的资金监测;③监督、检查金融机构履行反洗钱义务的情况;④在职责范围内调查可疑交易活动;⑤向侦查机关报告涉嫌洗钱犯罪的交易活动;⑥按照有关法律、行政法规的规定,与境外反洗钱机构交换与反洗钱有关的信息和资料;⑦国务院规定的其他有关职责。

(2)设立反洗钱信息中心,并依法履行下列职责:①接收并分析人民币、外币大额交易和可疑交易报告;②建立国家反洗钱数据库,妥善保存金融机构提交的大额交易和可疑交易报告信息;③按照规定向中国人民银行报告分析结果;④要求金融机构及时补正人民币、外币大额交易和可疑交易报告;⑤经中国人民银行批准,与境外有关机构交换信息、资料;⑥中国人民银行规定的其他职责。

(3)根据国务院授权,代表中国政府与外国政府和有关国际组织开展反洗钱合作,依法与境外反洗钱机构交换与反洗钱有关的信息和资料。

**(二)反洗钱行政主管机关的反洗钱调查**

反洗钱行政主管机关负责反洗钱调查。《反洗钱法》第四章对反洗钱行政主管机关的反洗钱调查有如下规定:

(1)国务院反洗钱行政主管部门或者其省一级派出机构发现可疑交易活动,需要调查核实的,可以向金融机构进行调查,金融机构应当予以配合,如实提供有关文件和资料。调查可疑交易活动时,调查人员不得少于2人,并出示合法证件和国务院反洗钱行政主管部门或者其省一级派出机构出具的调查通知书。调查人员少于2人或者未出示合法证件和调查通知书的,金融机构有权拒绝调查。

(2)调查可疑交易活动,可以询问金融机构有关人员,要求其说明情况。询问应当制作询问笔录。询问笔录应当交被询问人核对。记载有遗漏或者差错的,被询问人可以要求补充或者更正。被询问人确认笔录无误后,应当签名或者盖章;调查人员也应当在笔录上签名。

(3)调查中需要进一步核查的,经国务院反洗钱行政主管部门或者其省一级派出机构的负责人批准,可以查阅、复制被调查对象的账户信息、交易记录和其他有关资料;对可能被转移、隐藏、篡改或者毁损的文件、资料,可以予以封存。调查人员封存文件、资料,应当会同在场的金融机构工作人员查点清楚,当场开列清单一式两份,由调查人员和在场的金

① 参见《金融机构反洗钱规定》第五、六条以及《反洗钱法》第二十八条的规定。

融机构工作人员签名或者盖章，一份交金融机构，一份附卷备查。

(4)经调查仍不能排除洗钱嫌疑的，应当立即向有管辖权的侦查机关报案。客户要求将调查所涉及的账户资金转往境外的，经国务院反洗钱行政主管部门负责人批准，可以采取临时冻结措施。侦查机关接到报案后，对已依照前述规定临时冻结的资金，应当及时决定是否继续冻结。侦查机关认为需要继续冻结的，依照刑事诉讼法的规定采取冻结措施；认为不需要继续冻结的，应当立即通知国务院反洗钱行政主管部门，国务院反洗钱行政主管部门应当立即通知金融机构解除冻结。临时冻结不得超过48小时。金融机构在按照国务院反洗钱行政主管部门的要求采取临时冻结措施后48小时内，未接到侦查机关继续冻结通知的，应当立即解除冻结。

**(三)金融机构的反洗钱义务**

《反洗钱法》第三条规定，在我国境内设立的金融机构和按照规定应当履行反洗钱义务的特定非金融机构，应当依法采取预防、监控措施，建立健全客户身份识别制度、客户身份资料和交易记录保存制度、大额交易和可疑交易报告制度，履行反洗钱义务。《反洗钱法》第三十四条规定，执行反洗钱的金融机构，是指依法设立的从事金融业务的政策性银行、商业银行、信用合作社、邮政储汇机构、信托投资公司、证券公司、期货经纪公司、保险公司以及国务院反洗钱行政主管部门确定并公布的从事金融业务的其他机构。以上说明，在我国，政策性银行、商业银行、信用合作社、邮政储汇机构、信托投资公司、证券公司、期货经纪公司、保险公司以及国务院反洗钱行政主管部门确定并公布的从事金融业务的其他机构是执行反洗钱的主要机构。

根据《反洗钱法》第三章的规定，金融机构在反洗钱中应履行如下义务：

1.设立或指定专门机构负责反洗钱工作

金融机构应当依照反洗钱法规定建立健全反洗钱内部控制制度，金融机构的负责人应当对反洗钱内部控制制度的有效实施负责。金融机构应当设立反洗钱专门机构或者指定内设机构负责反洗钱工作。

2.建立客户身份识别制度

金融机构应当按照规定建立客户身份识别制度。金融机构在与客户建立业务关系或者为客户提供规定金额以上的现金汇款、现钞兑换、票据兑付等一次性金融服务时，应当要求客户出示真实有效的身份证件或者其他身份证明文件，进行核对并登记。客户由他人代理办理业务的，金融机构应当同时对代理人和被代理人的身份证件或者其他身份证明文件进行核对并登记。与客户建立人身保险、信托等业务关系，合同的受益人不是客户本人的，金融机构还应当对受益人的身份证件或者其他身份证明文件进行核对并登记。金融机构不得为身份不明的客户提供服务或者与其进行交易，不得为客户开立匿名账户或者假名账户。金融机构对先前获得的客户身份资料的真实性、有效性或者完整性有疑问的，应当重新识别客户身份。任何单位和个人在与金融机构建立业务关系或者要求金融机构为其提供一次性金融服务时，都应当提供真实有效的身份证件或者其他身份证明文件。金融机构通过第三方识别客户身份的，应当确保第三方已经采取符合反洗钱法要求的客户身份识别措施；第三方未采取符合反洗钱法要求的客户身份识别措施的，由该金融机构承担未履行客户身份识别义务的责任。金融机构进行客户身份识别，认为必要时，可以向公安、工商行政管理等部门核实客户的有关身份信息。金融机构建立客户身份识别制度的具体办法，由国务院反洗钱行政主管部门会同国务院有关金融监督管理机构制定。

3.建立客户身份资料和交易记录保存制度

金融机构应当按照规定建立客户身份资料和交易记录保存制度。在业务关系存续期间，客户身份资料发生变更的，应当及时更新客户身份资料。客户身份资料在业务关系结束后、客户交易信息在交易结束后，应当至少保存5年。金融机构破产和解散时，应当将客户身份资料和客户交易信息移交国务院有关部门指定的机构。金融机构建立客户身份识别制度、客户身份资料和交易记录保存制度的具体办法，由国务院反洗钱行政主管部门会同国务院有关金融监督管理机构制定。

4.执行大额交易和可疑交易报告制度

金融机构应当按照规定执行大额交易和可疑交易报告制度。金融机构办理的单笔交易或者在规定期限内的累计交易超过规定金额或者发现可疑交易的，应当及时向反洗钱信息中心报告。金融机构大额交易和可疑交易报告的具体办法，由国务院反洗钱行政主管部门制定。

(1)大额交易报告制度。

根据《金融机构大额交易和可疑交易报告管理办法》(以下简称《交易报告管理办法》)第五条和第六条的规定，金融机构应当报告下列大额交易：①当日单笔或者累计交易人民币5万元以上(含5万元)、外币等值1万美元以上(含1万美元)的现金缴存、现金支取、现金结售汇、现钞兑换、现金汇款、现金票据解付及其他形式的现金收支。②非自然人客户银行账户与其他的银行账户发生当日单笔或者累计交易人民币200万元以上(含200万元)、外币等值20万美元以上(含20万美元)的款项划转。③自然人客户银行账户与其他的银行账户发生当日单笔或者累计交易人民币50万元以上(含50万元)、外币等值10万美元以上(含10万美元)的境内款项划转。④自然人客户银行账户与其他的银行账户发生当日单笔或者累计交易人民币20万元以上(含20万元)、外币等值1万美元以上(含1万美元)的跨境款项划转。累计交易金额以客户为单位，按资金收入或者支出单边累计计算并报告。中国人民银行另有规定的除外。中国人民银行根据需要可以调整前述规定的大额交易报告标准。对同时符合两项以上大额交易标准的交易，金融机构应当分别提交大额交易报告。

除上述必须报告的大额交易之外，《交易报告管理办法》第七条也对无须报告的大额交易进行了规定，即金融机构对符合下列条件之一的大额交易，如未发现交易或行为可疑的，金融机构可以不报告：①定期存款到期后，不直接提取或者划转，而是本金或者本金加全部或者部分利息续存入在同一金融机构开立的同一户名下的另一账户；活期存款的本金或者本金加全部或者部分利息转为在同一金融机构开立的同一户名下的另一账户内的定期存款；定期存款的本金或者本金加全部或者部分利息转为在同一金融机构开立的同一户名下的另一账户内的活期存款。②自然人实盘外汇买卖交易过程中不同外币币种间的转换。③交易一方为各级党的机关、国家权力机关、行政机关、司法机关、军事机关、人民政协机关和人民解放军、武警部队，但不包含其下属的各类企事业单位。④金融机构同业拆借、在银行间债券市场进行的债券交易。⑤金融机构在黄金交易所进行的黄金交易。⑥金融机构内部调拨资金。⑦国际金融组织和外国政府贷款转贷业务项下的交易。⑧国际金融组织和外国政府贷款项下的债务掉期交易。⑨政策性银行、商业银行、农村合作银行、农村信用社、村镇银行办理的税收、错账冲正、利息支付。⑩中国人民银行确定的其他情形。

(2)可疑交易报告制度。

我国《交易报告管理办法》第三章对可疑交易的报告做出如下规定：

第一，金融机构发现或者有合理理由怀疑客户、客户的资金或者其他资产、客户的交易或者试图进行的交易与洗钱、恐怖融资等犯罪活动相关的，不论所涉资金金额或者资产价值大小，应当提交可疑交易报告。

第二，金融机构应当制定本机构的交易监测标准，并对其有效性负责。交易监测标准包括并不限于客户的身份、行为，交易的资金来源、金额、频率、流向、性质等存在异常的情形，并应当参考以下因素：①中国人民银行及其分支机构发布的反洗钱、反恐怖融资规定及指引、风险提示、洗钱类型分析报告和风险评估报告。②公安机关、司法机关发布的犯罪形势分析、风险提示、犯罪类型报告和工作报告。③本机构的资产规模、地域分布、业务特点、客户群体、交易特征，洗钱和恐怖融资风险评估结论。④中国人民银行及其分支机构出具的反洗钱监管意见。⑤中国人民银行要求关注的其他因素。

第三，金融机构应当定期对交易监测标准进行评估，并根据评估结果完善交易监测标准。如发生突发情况或者应当关注的情况，金融机构应当及时评估和完善交易监测标准。

第四，金融机构应当对通过交易监测标准筛选出的交易进行人工分析、识别，并记录分析过程；不作为可疑交易报告的，应当记录分析排除的合理理由；确认为可疑交易的，应当在可疑交易报告理由中完整记录对客户身份特征、交易特征或行为特征的分析过程。

第五，金融机构应当在按本机构可疑交易报告内部操作规程确认为可疑交易后，及时以电子方式提交可疑交易报告。

第六，既属于大额交易又属于可疑交易的交易，金融机构应当分别提交大额交易报告和可疑交易报告。

第七，可疑交易符合下列情形之一的，金融机构应当在向中国反洗钱监测分析中心提交可疑交易报告的同时，以电子形式或书面形式向所在地中国人民银行或者其分支机构报告，并配合反洗钱调查：①明显涉嫌洗钱、恐怖融资等犯罪活动的；②严重危害国家安全或者影响社会稳定的；③其他情节严重或者情况紧急的情形。

第八，金融机构应当对下列恐怖活动组织及恐怖活动人员名单开展实时监测，有合理理由怀疑客户或者其交易对手、资金或者其他资产与名单相关的，应当在立即向中国反洗钱监测分析中心提交可疑交易报告的同时，以电子形式或书面形式向所在地中国人民银行或者其分支机构报告，并按照相关主管部门的要求依法采取措施。①中国政府发布的或者要求执行的恐怖活动组织及恐怖活动人员名单；②联合国安理会决议中所列的恐怖活动组织及恐怖活动人员名单；③中国人民银行要求关注的其他涉嫌恐怖活动的组织及人员名单。恐怖活动组织及恐怖活动人员名单调整的，金融机构应当立即开展回溯性调查，并按前述规定提交可疑交易报告。法律、行政法规、规章对上述名单的监控另有规定的，从其规定。

5. 开展反洗钱培训和宣传工作

金融机构应当按照反洗钱预防、监控制度的要求，开展反洗钱培训和宣传工作。

## 第六节　法律责任

### 一、违反人民币管理法的法律责任

人民币是我国的法偿货币，严格维护人民币的法律地位，就必须加强对人民币的法律保护，对违反人民币管理的行为依法追究其法律责任。违反人民币管理的行为主要有：伪造、变造人民币；出售、购买、运输伪造、变造人民币；故意毁损人民币；非法使用人民币图样。《中国人民银行法》和《刑法》对于此类行为的法律责任和处罚都有专门规定。

#### （一）伪造、变造人民币的法律责任

《中国人民银行法》第四十二条规定，伪造、变造人民币，出售伪造、变造的人民币，或者明知是伪造、变造的人民币而运输，构成犯罪的，依法追究刑事责任，尚不构成犯罪的，由公安机关处 15 日以下拘留、1 万元以下罚款。《刑法（十）》第一百七十条规定，伪造货币的，处 3 年以上 10 年以下有期徒刑，并处罚金；有下列情形之一的，处 10 年以上有期徒刑或者无期徒刑，并处罚金或者没收财产：①伪造货币集团的首要分子；②伪造货币数额特别巨大的；③有其他特别严重情节的。《刑法（十）》第一百七十三条规定，变造货币，数额较大的，处 3 年以下有期徒刑或者拘役，并处或者单处 1 万元以上 10 万元以下罚金；数额巨大的，处 3 年以上 10 年以下有期徒刑，并处 2 万元以上 20 万元以下罚金。

#### （二）出售、购买、运输伪造、变造人民币的法律责任

《中国人民银行法》第四十三条规定，购买伪造、变造的人民币或者明知是伪造、变造的人民币而持有、使用，构成犯罪的，依法追究刑事责任；尚不构成犯罪的，由公安机关处 15 日以下拘留、1 万元以下罚款。《刑法（十）》第一百七十一条规定，出售、购买伪造的货币或者明知是伪造的货币而运输，数额较大的，处 3 年以下有期徒刑或者拘役，并处 2 万元以上 20 万元以下罚金；数额巨大的，处 3 年以上 10 年以下有期徒刑，并处 5 万元以上 50 万元以下罚金；数额特别巨大的，处 10 年以上有期徒刑或者无期徒刑，并处 5 万元以上 50 万元以下罚金或者没收财产。银行或者其他金融机构的工作人员购买伪造的货币或者利用职务上的便利，以伪造的货币换取货币的，处 3 年以上 10 年以下有期徒刑，并处 2 万元以上 20 万元以下罚金；数额巨大或者有其他严重情节的，处 10 年以上有期徒刑或者无期徒刑，并处 2 万元以上 20 万元以下罚金或者没收财产；情节较轻的，处 3 年以下有期徒刑或者拘役，并处或者单处 1 万元以上 10 万元以下罚金。伪造货币并出售或者运输伪造的货币的，依照《刑法（十）》第一百七十条的规定定罪从重处罚。

### （三）持有、使用假币的法律责任

《刑法（十）》第一百七十二条规定，明知是伪造的货币而持有、使用，数额较大的，处3年以下有期徒刑或者拘役，并处或者单处1万元以上10万元以下罚金；数额巨大的，处3年以上10年以下有期徒刑，并处2万元以上20万元以下罚金；数额特别巨大的，处10年以上有期徒刑，并处5万元以上50万元以下罚金或者没收财产。

### （四）走私假币、贵金属的法律责任

《刑法（十）》第一百五十一条规定，走私伪造的货币的，处7年以上有期徒刑，并处罚金或者没收财产；情节特别严重的，处无期徒刑，并处没收财产；情节较轻的，处3年以上7年以下有期徒刑，并处罚金。走私国家禁止出口的黄金、白银和其他贵重金属的，处5年以上10年以下有期徒刑，并处罚金；情节特别严重的，处10年以上有期徒刑或者无期徒刑，并处没收财产；情节较轻的，处5年以下有期徒刑，并处罚金。

### （五）非法使用人民币图样的法律责任

《中国人民银行法》第四十四条规定，在宣传品、出版物或者其他商品上非法使用人民币图样的，中国人民银行应当责令改正，并销毁非法使用的人民币图样，没收违法所得，并处5万元以下罚款。

### （六）扰乱人民币市场流通的法律责任

《中国人民银行法》第四十五条规定，印制、发售代币票券，以代替人民币在市场上流通的，中国人民银行应当责令停止违法行为，并处20万元以下罚款。除此，《中国人民银行法》第四十八条规定，中国人民银行擅自动用发行基金的，对负有直接责任的主管人员和其他直接责任人员，依法给予行政处分；构成犯罪的，依法追究刑事责任；造成损失的，负有直接责任的主管人员和其他直接责任人员应当承担部分或者全部赔偿责任。

## 二、违反外汇管理法律制度的法律责任

### （一）逃汇、套汇、骗汇的法律责任

我国法律、法规对逃汇、套汇以及骗汇行为应承担的法律责任有如下规定①：

（1）有违反规定将境内外汇转移境外，或者以欺骗手段将境内资本转移境外等逃汇行为的，由外汇管理机关责令限期调回外汇，处逃汇金额30%以下的罚款；情节严重的，处逃汇金额30%以上等值以下的罚款；构成犯罪的，依法追究刑事责任。公司、企业或者其他单位，违反国家规定，擅自将外汇存放境外，或者将境内的外汇非法转移到境外，数额较大的，对单位判处逃汇数额5%以上30%以下罚金，并对其直接负责的主管人员和其他直接责任人员处五年以下有期徒刑或者拘役；数额巨大或者有其他严重情节的，对单位判处逃汇数额5%以上30%以下罚金，并对其直接负责的主管人员和其他直接责任人员处5年以上有期徒刑。

（2）有违反规定以外汇收付应当以人民币收付的款项，或者以虚假、无效的交易单证等向经营结汇、售汇业务的金融机构骗购外汇等非法套汇行为的，由外汇管理机关责令对非法套汇资金予以回兑，处非法套汇金额30%以下的罚款；情节严重的，处非法套汇金额

---

① 参见《外汇管理条例》第三十九条、《刑法（十）》第一百九十条以及《外汇管理条例》第四十条的规定。

30%以上等值以下的罚款;构成犯罪的,依法追究刑事责任。

**(二)违法汇入、非法结汇以及违法携带外汇出入境的法律责任**

《外汇管理条例》第四十一条和第四十二条对违法汇入、非法结汇以及违法携带外汇出入境应承担的法律责任有如下规定:

(1)违反规定将外汇汇入境内的,由外汇管理机关责令改正,处违法金额 30%以下的罚款;情节严重的,处违法金额 30%以上等值以下的罚款。非法结汇的,由外汇管理机关责令对非法结汇资金予以回兑,处违法金额 30%以下的罚款。

(2)违反规定携带外汇出入境的,由外汇管理机关给予警告,可以处违法金额 20%以下的罚款。法律、行政法规规定由海关予以处罚的,从其规定。

**(三)非法使用外汇的法律责任**

《外汇管理条例》第四十四条规定,违反规定,擅自改变外汇或者结汇资金用途的,由外汇管理机关责令改正,没收违法所得,处违法金额 30%以下的罚款;情节严重的,处违法金额 30%以上等值以下的罚款。有违反规定以外币在境内计价结算或者划转外汇等非法使用外汇行为的,由外汇管理机关责令改正,给予警告,可以处违法金额 30%以下的罚款。

**(四)私自买卖、经营外汇的法律责任**

《外汇管理条例》第四十五条和第四十六条对私自买卖外汇和未经批准擅自经营结、售汇业务应承担的法律责任有如下规定:

(1)私自买卖外汇、变相买卖外汇、倒买倒卖外汇或者非法介绍买卖外汇数额较大的,由外汇管理机关给予警告,没收违法所得,处违法金额 30%以下的罚款;情节严重的,处违法金额 30%以上等值以下的罚款;构成犯罪的,依法追究刑事责任。

(2)未经批准擅自经营结汇、售汇业务的,由外汇管理机关责令改正,有违法所得的,没收违法所得,违法所得 50 万元以上的,并处违法所得 1 倍以上 5 倍以下的罚款;没有违法所得或者违法所得不足 50 万元的,处 50 万元以上 200 万元以下的罚款;情节严重的,由有关主管部门责令停业整顿或者吊销业务许可证;构成犯罪的,依法追究刑事责任。未经批准经营结汇、售汇业务以外的其他外汇业务的,由外汇管理机关或者金融业监督管理机构依照前款规定予以处罚。

**(五)金融机构违反外汇管理规定的法律责任**

《外汇管理条例》第四十七至第四十九条对金融机构违反外汇管理规定应承担的法律责任有如下规定:

(1)金融机构有下列情形之一的,由外汇管理机关责令限期改正,没收违法所得,并处 20 万元以上 100 万元以下的罚款;情节严重或者逾期不改正的,由外汇管理机关责令停止经营相关业务:①办理经常项目资金收付,未对交易单证的真实性及其与外汇收支的一致性进行合理审查的;②违反规定办理资本项目资金收付的;③违反规定办理结汇、售汇业务的;④违反外汇业务综合头寸管理的;⑤违反外汇市场交易管理的。

(2)有下列情形之一的,由外汇管理机关责令改正,给予警告,对机构可以处 30 万元以下的罚款,对个人可以处 5 万元以下的罚款:①未按照规定进行国际收支统计申报的;②未按照规定报送财务会计报告、统计报表等资料的;③未按照规定提交有效单证或者提交的单证不真实的；④违反外汇账户管理规定的；⑤违反外汇登记管理规定的；⑥拒绝、阻碍外汇管理机关依法进行监督检查或者调查的。

(3)境内机构违反外汇管理规定的，除依照《外汇管理条例》给予处罚外，对直接负责的主管人员和其他直接责任人员，应当给予处分；对金融机构负有直接责任的董事、监事、高级管理人员和其他直接责任人员给予警告，处 5 万元以上 50 万元以下的罚款；构成犯罪的，依法追究刑事责任。

## 三、违反反洗钱管理法律制度的法律责任

### (一)洗钱的法律责任

《刑法(十)》第一百九十一条规定，明知是毒品犯罪、黑社会性质的组织犯罪、恐怖活动犯罪、走私犯罪、贪污贿赂犯罪、破坏金融管理秩序犯罪、金融诈骗犯罪的所得及其产生的收益，为掩饰、隐瞒其来源和性质，有下列行为之一的，没收实施以上犯罪的所得及其产生的收益，处 5 年以下有期徒刑或者拘役，并处或者单处洗钱数额 5%以上 20%以下罚金；情节严重的，处 5 年以上 10 年以下有期徒刑，并处洗钱数额 5%以上 20%以下罚金：①提供资金账户的；②协助将财产转换为现金、金融票据、有价证券的；③通过转账或者其他结算方式协助资金转移的；④协助将资金汇往境外的；⑤以其他方法掩饰、隐瞒犯罪所得及其收益的来源和性质的。单位犯前款罪的，对单位判处罚金，并对其直接负责的主管人员和其他直接责任人员，处 5 年以下有期徒刑或者拘役；情节严重的，处 5 年以上 10 年以下有期徒刑。

### (二)金融机构违反反洗钱管理规定的法律责任

《反洗钱法》对金融机构违反反洗钱管理规定应承担的法律责任有如下规定①：

(1)金融机构有下列行为之一的，由国务院反洗钱行政主管部门或者其授权的设区的市一级以上派出机构责令限期改正；情节严重的，建议有关金融监督管理机构依法责令金融机构对直接负责的董事、高级管理人员和其他直接责任人员给予纪律处分，构成犯罪的，依法追究刑事责任：①未按照规定建立反洗钱内部控制制度的；②未按照规定设立反洗钱专门机构或者指定内设机构负责反洗钱工作的；③未按照规定对职工进行反洗钱培训的。

(2)金融机构有下列行为之一的，由国务院反洗钱行政主管部门或者其授权的设区的市一级以上派出机构责令限期改正；情节严重的，处 20 万元以上 50 万元以下罚款，并对直接负责的董事、高级管理人员和其他直接责任人员，处 1 万元以上 5 万元以下罚款：①未按照规定履行客户身份识别义务的；②未按照规定保存客户身份资料和交易记录的；③未按照规定报送大额交易报告或者可疑交易报告的；④与身份不明的客户进行交易或者为客户开立匿名账户、假名账户的；⑤违反保密规定，泄露有关信息的；⑥拒绝、阻碍反洗钱检查、调查的；⑦拒绝提供调查材料或者故意提供虚假材料的。金融机构有前述行为，致使洗钱后果发生的，处 50 万元以上 500 万元以下罚款，并对直接负责的董事、高级管理人员和其他直接责任人员处 5 万元以上 50 万元以下罚款；情节特别严重的，反洗钱

① 参见《反洗钱法》第三十一至三十三条。

行政主管部门可以建议有关金融监督管理机构责令停业整顿或者吊销其经营许可证。对有前述所有规定情形的金融机构直接负责的董事、高级管理人员和其他直接责任人员，反洗钱行政主管部门可以建议有关金融监督管理机构依法责令金融机构给予纪律处分，或者建议依法取消其任职资格、禁止其从事有关金融行业工作。

(3)违反反洗钱法规定，构成犯罪的，依法追究刑事责任。

**(三)反洗钱监督管理部门及从事反洗钱工作的人员违反反洗钱管理规定的法律责任**

根据《反洗钱法》的规定[①]，反洗钱行政主管部门和其他依法负有反洗钱监督管理职责的部门、机构从事反洗钱工作的人员有下列行为之一的，依法给予行政处分：①违反规定进行检查、调查或者采取临时冻结措施的；②泄露因反洗钱知悉的国家秘密、商业秘密或者个人隐私的；③违反规定对有关机构和人员实施行政处罚的；④其他不依法履行职责的行为。违反反洗钱法规定，构成犯罪的，依法追究刑事责任。

## 思考练习题

1. 我国人民币保护有哪些法律规定？
2. 我国对开户单位现金收支管理有何规定？
3. 简述人民币汇率及我外汇市场管理规则。
4. 简述我国资本项目外汇管理规则。
5. 简述我国金银管理政策。
6. 简述金融机构的反洗钱义务。

① 参见《反洗钱法》第三十、三十三条。

# 第六章　存、贷款管理法律制度

**章前提要**

本章主要介绍存款制度的基本原则；存款业务的基本规则；存款合同以及存款合同当事人的权利和义务；贷款制度的基本原则；贷款业务基本规则；借款合同的订立、内容以及借款合同的效力；违反存、贷款管理法应当承担的责任。

## 第一节　存款管理法律制度

### 一、存款管理法律制度的概念及存款管理原则

#### （一）存款与存款管理法律制度

存款，是商业银行等存款类金融机构接受客户存入资金，并承诺存款人随时或按约定时间支取本金和利息的一种信用业务。存款实际为金融机构向存款人举债，因此当存款业务发生时，商业银行等存款类金融机构成为存款人的债务人，存款人成为金融机构的债权人。

根据不同的标准，可以将存款划分为不同的种类，目前我国主要从如下 4 个方面对存款进行分类：①按照存款主体，划分为单位存款和个人储蓄存款；②按照存款期限，划分为活期存款和定期存款；③按照存款币种，划分为人民币存款和外汇存款；④按照存款性质，划分为一般存款和财政性存款。

存款管理法律制度，是调整存款关系的法律规范与法律制度的总称。我国目前没有统一的存款管理法，有关存款的管理规定散见于《中华人民共和国宪法》（2018 年 3 月 11 日第十三届全国人大一次会议第三次全体会议修正）、《中华人民共和国民法典》（2020 年 5 月 28 日十三届全国人大三次会议表决通过，2021 年 1 月 1 日起施行）、《中国人民银行法》（1995 年 3 月 18 日第八届全国人民代表大会第三次会议通过，2003 年 12 月 27 日第十届全国人民代表大会常务委员会第六次会议修正）、《商业银行法》（1995 年 5 月 10 日第八届全国人民代表大会常务委员会第十三次会议通过，2003 年 12 月 27 日第十届全国人民代表大会常务委员会第六次会议修正）、《银行业监督管理法》（2003 年 12 月 27 日第十届全国人民代表大会常务委员会第六次会议通过，2006 年 10 月 31 日第十届全国人民代表大会常务委员会第二十四次会议修正）、《储蓄管理条例》（1992 年 12 月 11 日国务院

令第107号发布，2010年12月29日国务院第138次常务会议修正）、《中国人民银行关于执行〈储蓄管理条例〉的若干规定》（1993年1月21日中国人民银行银发〔1993〕7号）发布）、《个人存款账户实名制规定》（2000年3月20日国务院令第285号发布）、《储蓄存款利息所得征收个人所得税的实施办法》（1999年9月30日国务院令第272号发布，2007年7月20日国务院令第502号修订）、《人民币利率管理规定》（1990年中国人民银行颁布，1999年3月2日中国人民银行银发〔1999〕77号修订）、《人民币单位存款管理办法》（1997年11月15日中国人民银行银发〔1997〕485号发布）、《金融机构协助查询、冻结、扣划工作管理规定》（2002年1月15日中国人民银行银发〔2002〕1号发布）、《银行卡业务管理办法》（1999年3月1日中国人民银行银发〔1999〕17号发布）、《关于审理存单纠纷案件的若干规定》（1997年11月25日最高人民法院审判委员会第946次会议通过）等法律、法规，以及各种金融机构单行管理的规章中。

**（二）存款管理的基本原则**

根据我国存款管理法律制度，我国存款管理有如下基本原则。

1.存款业务经营特许制原则

存款业务经营特许制原则，即在我国开办存款业务必须首先经过监管机构的批准。未经批准，任何单位和个人不得开办存款业务。

2.依法缴纳存款准备金原则

依法缴纳存款准备金原则，即吸收存款的金融机构必须按照中国人民银行规定的法定存款准备率缴纳法定存款准备金。

我国现行的存款准备金制度，只对金融机构吸收的一般存款计提法定准备金。这里的一般存款主要包括：商业银行吸收的企业存款、储蓄存款、农村存款；信托投资机构吸收的信托存款；城乡信用社及其联社等吸收的各项存款；存款类金融机构吸收的机关团体存款、政府预算外存款①。

2015年9月以前，中国人民银行对金融机构的存款准备金缴纳情况采用时点法按旬考核，2015年9月11日中国人民银行决定，自2015年9月15日起由时点法改为平均法考核，即维持期内，金融机构按法人存入的存款准备金日终余额算术平均值与准备金考核基数之比，不得低于法定存款准备金率。同时，为促进金融机构稳健经营，存款准备金考核设每日下限，即维持期内每日营业终了时，金融机构按法人存入的存款准备金日终余额与准备金考核基数之比，可以低于法定存款准备金率，但幅度应在1个（含）百分点以内。

3.依法公告存款利率原则

依法确定并公告存款利率原则，即吸收存款的金融机构必须按照中国人民银行规定的基准利率制定并公告本行的存款利率。虽然2015年10月23日，中国人民银行宣布今后不再设置存款利率浮动上限，但金融机构依然要公告本行的存款利率。

---

①　机关团体存款、财政预算外存款，性质上属财政性存款。1998年3月21日，中国人民银行决定，将金融机构代理人民银行财政性存款中的机关团体存款、财政预算外存款，划为金融机构的一般存款。

4. 财政性存款和存款准备金中央银行专营原则

财政性存款和存款准备金中央银行专营原则，即财政性存款和金融机构缴纳的存款准备金作为中央银行实施宏观调控的工具，归中央银行使用。1983 年《国务院关于中国人民银行专门行使中央银行职能的决定》规定，中国人民银行是我国的中央银行，中国人民银行的资金来源于各银行业金融机构统一缴存的存款准备金。其中，金融机构的财政性存款全额划缴中央银行使用；一般存款按法定比率向中央银行缴纳存款准备金。

财政性存款，指财政预算资金以及与财政预算资金直接联系的各项资金在金融机构形成的存款。1998 年 3 月 21 日以后，我国界定的财政性存款包括：财政金库存款（含金融机构代理国库业务吸收的地方财政库款）、财政预算专项存款和国库经收处待报解预算收入、代发行国债款项等待结算财政款项。

5. 以正当、合法、公平竞争的方式吸收存款的原则

以正当、合法、公平竞争的方式吸收存款的原则，即金融机构在开展存款业务时，要依归、合法，不得采取各种不正当竞争手段违规吸收存款。根据《中国人民银行关于执行〈储蓄管理条例〉的若干规定》第十四条的规定，使用不正当手段吸收存款的做法包括：以散发有价馈赠品为条件吸收储蓄存款；发放各种名目的揽储费；利用不确切的广告宣传；利用汇款、贷款或其他业务手段强迫储户存款；利用各种名目多付利息、奖品或其他费用。

6. 依法保护存款人利益的原则

依法保护存款人利益的原则，即存款机构要依法严格维护存款人利益不受侵犯，具体表现：保证存款本金、利息的及时支付；为存款人保密；不得任意允许查询、扣划、冻结存款人的存款（法律另有规定的除外）等。

7. 存款实名制原则

存款实名制原则，即凡在我国境内的存款机构开立本、外币存款账户的个人，应当使用符合法律、行政法规和国家有关规定的身份证件上使用的姓名，不得使用化名、笔名、假名。

## 二、储蓄存款管理规则

### （一）储蓄存款的原则

储蓄存款，指个人所有的存入在中国境内储蓄机构的人民币或外币存款。我国储蓄存款具有自愿性和有偿性的特征。

在我国规范储蓄存款业务的法律、法规主要包括《商业银行法》《储蓄管理条例》《中国人民银行关于执行〈储蓄管理条例〉的若干规定》等。储蓄存款业务由中国人民银行负责监管。

《商业银行法》第二十九条和《储蓄管理条例》第五条规定，储蓄机构办理储蓄存款业务，必须遵循"存款自愿，取款自由，存款有息，为储户保密"的原则。上述原则体现了国家保护个人合法储蓄存款的所有权及其他合法权益，鼓励个人参加储蓄的基本精神。同时，《储蓄管理条例》第三条明确规定，任何单位和个人不得将公款以个人名义转为储蓄存款。根据《中国人民银行关于执行〈储蓄管理条例〉的若干规定》第一条，公款的范围包括：凡列在国家机关、企业及事业单位会计科目的任何款项；各保险机构、企事业单位吸收的保险

金存款；属于财政性存款范围的款项；国家机关和企事业单位的库存现金等。

### (二)储蓄存款种类

根据《储蓄管理条例》和《中国人民银行关于执行〈储蓄管理条例〉的若干规定》，我国储蓄存款分为人民币储蓄存款和外币储蓄存款。

1.人民币储蓄存款

在我国储蓄机构可以办理的人民币储蓄存款具体包括：

(1)活期储蓄存款。按规定为 1 元起存，多存不限，开户后可以随时存取。

(2)定期储蓄存款。具体包括：①整存整取定期储蓄存款。50 元起存，期限包括 3 个月、6 个月、1 年、2 年、3 年、5 年六个档次。本金一次存入，到期支取本息。②零存整取定期储蓄存款。每月固定存额，一般 5 元起存，存期分 1 年、3 年、5 年，存款金额由储户自定，到期支取时按实存金额和实际存期计算利息。③存本取息定期储蓄存款。本金 1 次存入，一般 5000 元起存，存期分 1 年、5 年、5 年，到期一次支取本金，利息分期支取，可以 1 个月或几个月取息一次，由储户与储蓄机构协商确定。④整存零取定期储蓄存款。本金一次存入，一般 1000 元起存，存期分 1 年、3 年、5 年；支取期分 1 个月，3 个月，6 个月一次。利息于期满结清时支取。

《储蓄管理条例》规定，储蓄机构在办理定期储蓄存款时，可以根据储户的意愿，为储户办理定期储蓄存款到期自动转存业务。

(3)定活两便储蓄存款。一般 50 元起存，存期不限。存期 1 年以内，按同档期定期整存整取利率打六折计息；存期在 1 年以上(含 1 年)，无论存期多长，整个存期一律按支取日定期整存整取 1 年期存款利率打六折计息。

(4)华侨(人民币)整存整取定期储蓄存款。华侨、港澳台同胞由国外或港澳地区汇入或携入的外币、外汇(包括黄金、白银)售给中国人民银行和在各银行兑换所得人民币存储本存款。该存款为定期整存整取一种，存期分为 1 年、3 年、5 年，支取时只能支取人民币，不能支取外币，不能汇往港澳台地区或国外。

(5)经中国人民银行批准的其他储蓄存款，包括个人通知存款、大额存单等。其中：①个人通知存款[①]。开户时不约定存期，预先确定品种，支取时只要提前通知银行，约定支取日期及金额。目前，银行提供 1 天、7 天通知储蓄存款两个品种，一般 5 万起存。②大额存单。个人认购起点金额不低于 30 万元，期限包括 1 个月、3 个月、6 个月、9 个月、1 年、18 个月、2 年、3 年和 5 年，共 9 个品种。固定利率存单采用票面年化收益率的形式计息，浮动利率存单以上海银行间同业拆借利率(shibor)为浮动利率基准计息。

2.外币储蓄存款

我国储蓄机构可以办理的外币储蓄存款包括：活期储蓄存款、整存整取定期储蓄存款、经中国人民银行批准开办的其他种类的外币储蓄存款。办理外币储蓄业务，存款本金和利息均用外币支付。

---

① 通知存款是一种不约定存期、一次性存入、可多次支取，支取时需提前通知银行、约定支取日期和金额方能支取的存款。按存款人提前通知的期限，通知存款可分为 1 天通知存款和 7 天通知存款两个品种。

### (三)储蓄存款业务的基本规则

1. 储蓄存款利率及计息规则

2015 年 10 月 23 日,中国人民银行宣布不再设置存款利率浮动上限后,储蓄存款利率由储蓄机构在中国人民银行公布的基准利率基础上自行确定并挂牌公告。

根据《储蓄管理条例》第四章以及《中国人民银行关于执行〈储蓄管理条例〉的若干规定》,储蓄存款的计息规则包括:

(1)未到期的定期储蓄存款,全部提前支取的,按支取日挂牌公告的活期储蓄存款利率计付利息;部分提前支取的,提前支取的部分按支取日挂牌公告的活期储蓄存款利率计付利息,其余部分到期时按存单开户日挂牌公告的定期储蓄存款利率计付利息。

(2)逾期支取的定期储蓄存款,其超过原定存期的部分,除约定自动转存的外,按支取日挂牌公告的活期储蓄存款利率计付利息。

(3)定期储蓄存款在存期内遇有利率调整,按存单开户日挂牌公告的相应的定期储蓄存款利率计付利息。

(4)活期储蓄存款在存入期间遇有利率调整,不分段计息,按结息日挂牌公告的活期储蓄存款利率计付利息(每年 6 月 30 日为结息日,结算利息一次,并入本金起息,元以下尾数不计利息)。全部支取活期储蓄存款,按清户日挂牌公告的活期储蓄存款利率计付利息并算至清户前一天止。

(5)如定期存款恰逢法定节假日到期,造成储户不能按期取款,储户可在储蓄机构节假日前一天办理支取存款,对此,手续上视同提前支取,但利息按到期支取计算。

(6)储户认为储蓄存款利息支付有错误时,有权向经办的储蓄机构申请复核;经办的储蓄机构应当及时受理、复核。

2. 储蓄存款提前支取、挂失、查询和过户规则

根据《储蓄管理条例》第五章以及《中国人民银行关于执行〈储蓄管理条例〉的若干规定》,储蓄存款提前支取、挂失、查询和过户规则为:

(1)提前支取规则。未到期的定期储蓄存款,储户提前支取的,必须持存单(或银行卡)和存款人的身份证明(居民身份证、户口簿、军人证,外籍储户凭护照、居住证)办理;代储户支取的,代支取人还必须持其身份证明(同上)。办理提前支取手续,出具其他身份证明无效,特殊情况的处理,可由储蓄机构业务主管部门自定。

(2)挂失规则。记名式存单、存折可以挂失,不记名式存单、存折不能挂失。储户遗失存单、存折、银行卡或者预留印鉴的印章的,必须立即持本人身份证明,并提供储户的姓名、开户时间、储蓄种类、金额、账号及住址等有关情况,向其开户的储蓄机构书面申请挂失。在特殊情况下,储户可以用口头或者函电形式申请挂失,但必须在 5 天内补办书面申请挂失手续①。如储户本人不能前往办理,可委托他人代为办理挂失手续,但被委托人要

① 《中国人民银行关于执行〈储蓄管理条例〉的若干规定》第三十七条规定,挂失 7 天后,储户需与储蓄机构约定时间,办理补领新存单(折)或支取存款手续。由于目前金融系统已与公安系统联网,金融机构可以即时查询挂失人信息真伪,所以现在办理挂失手续的同时即可办理补领新存单(折)、银行卡或支取存款的手续。

出示储户本人（委托人）的委托授权书以及委托人和被委托人的身份证明。储蓄机构受理挂失后，必须立即停止支付该储蓄存款；受理挂失前该储蓄存款已被他人支取的，储蓄机构不负赔偿责任。

（3）查询、冻结、扣划规则。储蓄机构及其工作人员对储户的储蓄情况负有保密责任。储蓄机构不代任何单位和个人查询、冻结或者划拨储蓄存款，国家法律、行政法规另有规定的除外。根据相关法律规定，有权查询储蓄存款的机关包括人民法院、税务机关、海关、人民检察院、公安机关、国家安全机关、军队保卫部门、监狱、走私犯罪侦查机关、监察机关（包括军队监察机关）、审计机关、工商行政管理机关、证券监督管理机关、银行业监督管理机关、国务院反洗钱行政主管机关（中国人民银行）；有权冻结储蓄存款的机关包括人民法院、税务机关、海关、人民检察院、公安机关、国家安全机关、军队保卫部门、监狱、走私犯罪侦查机关（工商行政管理机关有权暂停个人存款结算，中国人民银行有权临时冻结）；有权扣划储蓄存款的机关包括人民法院、税务机关、海关。上述相关机关因侦查、起诉、审理案件，需要储蓄机构协助查询、冻结、扣划个人存款时，须向储蓄机构出具相关证件与法律文书①，储蓄机构经办人员应当认真核实。

（4）过户及支取规则。储蓄存款的所有权发生争议涉及办理过户或支取的，遵循如下规则：①存款人死亡后，合法继承人为证明自己的身份和有权提取该项存款，应向储蓄机构所在地的公证处（未设公证处的地方向县、市人民法院，下同）申请办理继承权证明书，储蓄机构凭以办理过户或支付手续。该项存款的继承权发生争执时，由人民法院判处。储蓄机构凭人民法院的判决书、裁定书或调解书办理过户或支付手续。②存款人已死亡，但存单持有人没有向储蓄机构申明遗产继承过程，也没有持存款所在地法院判决书，直接去储蓄机构支取或转存存款人生前的存款，储蓄机构都视为正常支取或转存，事后而引起的存款继承争执，储蓄机构不负责任。③在国外的华侨和港澳台同胞等在国内储蓄机构的存款或委托银行代为保管的存款，原存款人死亡，其合法继承人在国内者，凭原存款人的死亡证明向储蓄机构所在地的公证处申请办理继承权证明书，储蓄机构凭以办理存款的过户或支付手续。④在我国定居的外国公民（包括无国籍者），存入我国储蓄机构的存款，其存款过户或提取手续，与我国公民存款处理手续相同，按照上述规定办理。与我国订有双边领事协定的外国侨民应按协定的具体规定办理。⑤继承人在国外者，可凭原存款人的死亡证明和经我国驻该国使、领馆认证的亲属证明，向我国公证机关申请办理继承权证明书，储蓄机构凭以办理存款的过户或支付手续。继承人所在国如系禁汇国家，按上述规定办理有困难时，可由当地侨团、友好社团和爱国侨领、友好人士提供证明，并由我驻所在国使领馆认证后，向我国公证机关申请办理继承权证明书，储蓄机构再凭以办理过户或支付手续。继承人所在国如未与我建交，应根据特殊情况，特殊处理。居住国外的继承人继承在我国内储蓄机构的存款，能否汇出国外，按我国外汇管理条例的有关规定办理。⑥存款人死亡后，无法定继承人又无遗嘱的，经当地公证机关证明，按财政部门规定，全民

① 《金融机构协助查询、冻结、扣划工作管理规定》对相关机关查询、冻结、扣划所需证件和法律文书进行了具体规定，限于篇幅，不再赘述。

所有制企事业单位、国家机关、群众团体的职工存款，上缴国库收归国有。集体所有制企事业单位的职工，可转归集体所有。此项上缴国库或转归集体所有的存款都不计利息。

## 三、单位存款管理规则

### （一）单位存款的原则

单位存款，是指企业、事业、机关、部队和社会团体等单位在金融机构办理的人民币存款，包括定期存款、活期存款、通知存款、协定存款及经中国人民银行批准的其他存款。在我国单位存款也被称为机构存款，或对公存款，且单位存款具有强制性特征。

我国规范单位存款业务的法律、法规主要包括：《商业银行法》、《现金管理条例》（1988年8月16日国务院第十八次常务会议通过，2011年1月8日国务院令第588号修订）、《人民币单位存款管理办法》（1997年11月15日中国人民银行银发〔1997〕485号发布）、《人民币银行结算账户管理办法》（2003年4月10日中国人民银行令〔2003〕第5号发布）、《人民币银行结算账户管理办法实施细则》（2005年1月19日中国人民银行银发〔2005〕16号发布）等。中国人民银行负责金融机构单位存款业务的管理、监督和稽核工作，协调存款单位与金融机构的争议。

我国单位存款遵循强制存入，存款实名，限制支出，监督使用的原则。其中：

强制存入原则，指单位必须将当天超过库存限额①的现金收入存入开户银行，不得坐支现金。

存款实名原则，指任何单位和个人不得将公款以个人名义转为储蓄存款，不得将个人或其他单位的款项以本单位名义存入金融机构。

任何个人不得将私款以单位名义存入金融机构。

限制支出原则，指在规定的使用现金范围以外②，在结算金额起点③以上的支出，只能通过银行转账结算，不得使用现金支付。

监督使用原则，指金融机构对单位存款的资金使用负有监督权，单位支取存款时必须在相关凭证上注明用途，对违反存款使用规定的单位，金融机构可给予制裁。

### （二）单位存款基本规则

1.单位定期存款及其计息规则

根据《人民币单位存款管理办法》第二章的规定，单位定期存款及其计息规则包括：

（1）单位定期存款的期限分3个月、6个月、1年三个档次。起存金额1万元，多存不限。

---

① 根据2011年修订的《现金管理暂行条例》的规定，库存现金限额由开户银行根据开户单位3天至5天的日常零星开支所需进行核定；边远地区和交通不便地区的开户单位的库存现金限额，可以多于5天，但不得超过15天的日常零星开支。

② 根据2011年修订的《现金管理暂行条例》的规定，单位的现金使用范围包括：①职工工资、津贴；②个人劳务报酬；③根据国家规定颁发给个人的科学技术、文化艺术、体育等各种奖金；④各种劳保，福利费用以及国家规定的对个人的其他支出；⑤向个人收购农副产品和其他物资的价款；⑥出差人员必须随身携带的差旅费；⑦结算起点以下的零星支出；⑧中国人民银行确定需要支付现金的其他支出。

③ 根据2011年修订的《现金管理暂行条例》规定，结算起点定为1000元，结算起点的调整，由中国人民银行确定，报国务院备案。

（2）金融机构对单位定期存款实行账户管理（大额可转让定期存款除外）。存款时单位须提交开户申请书、营业执照正本等，并预留印鉴。印鉴应包括单位财务专用章、单位法定代表人章（或主要负责人印章）和财会人员章。由接受存款的金融机构给存款单位开出“单位定期存款开户证实书”（以下简称“证实书”），证实书仅对存款单位开户证实，不得作为质押的权利凭证。

（3）存款单位支取定期存款只能以转账方式将存款转入其基本存款账户，不得将定期存款用于结算或从定期存款账户中提取现金。支取定期存款时，须出具证实书并提供预留印鉴，存款所在金融机构审核无误后为其办理支取手续，同时收回证实书。

（4）单位定期存款在存期内按存款存入日挂牌公告的定期存款利率计付利息，遇利率调整，不分段计息。单位定期存款可以全部或部分提前支取，但只能提前支取一次。全部提前支取的，按支取日挂牌公告的活期存款利率计息；部分提前支取的，提前支取的部分按支取日挂牌公告的活期存款利率计息，其余部分如不低于起存金额由金融机构按原存期开具新的证实书，按原存款开户日挂牌公告的同档次定期存款利率计息；不足起存金额则予以清户。单位定期存款到期不取，逾期部分按支取日挂牌公告的活期存款利率计付利息。

（5）金融机构办理单位大额可转让定期存单业务按照《大额存单管理办法》[①]执行。

2. 单位活期存款、通知存款、协定存款及其计息规则

根据《人民币单位存款管理办法》第三章的规定，单位活期存款、通知存款、协定存款及其计息规则包括：

（1）金融机构对单位活期存款实行账户管理。金融机构和开立活期存款账户的单位必须遵守《人民币银行结算账户管理办法》。单位活期存款按结息日挂牌公告的活期存款利率计息，遇利率调整不分段计息。

（2）金融机构开办单位通知存款须经中国人民银行批准，并遵守经中国人民银行核准的通知存款章程。通知存款按支取日挂牌公告的同期同档次通知存款利率计息。

（3）金融机构开办协定存款[②]须经中国人民银行批准，并遵守经人民银行核准的协定存款章程。协定存款按照协定存款利率和基数计息法按季计息。

3. 单位存款的变更、挂失与查询规则

根据《人民币单位存款管理办法》第四章的规定，单位存款的变更、挂失与查询规则包括：

（1）变更规则。

存款单位因人事变动，需要更换单位法定代表人章（或单位负责人章）或财会人员印章时，必须持单位公函及经办人身份证件向存款所在金融机构办理更换印鉴手续，如为单位定期存款，应同时出示金融机构为其开具的证实书。存款单位因机构合并或分立，其定期存款需要过户或分户，必须持原单位公函、工商部门的变更、注销或设立登记证明及新

---

① 《大额存单管理办法》由中国人民银行 2015 年 6 月 2 日公布，并自公布之日起施行。由中国人民银行 1996 年发布的《大额可转让定期存单管理办法》同时废止。

② 协定存款，是机构存款人与银行签订合同，约定在活期账户留足应付日常结算的金额以外，超额部分按协定存款利率计付利息的一种存款。协定存款功能等同于活期存款，但收益较活期存款高。

印鉴(分户时还须提供双方同意的存款分户协定)等有关证件向存款所在金融机构办理过户或分户手续,由金融机构换发新证实书。

(2)挂失规则。

存款单位的密码失密或印鉴遗失、损毁,必须持单位公函,向存款所在金融机构申请挂失。金融机构受理挂失后,挂失生效。如存款在挂失生效前已被人按规定手续支取,金融机构不负赔偿责任。

(3)查询规则。

金融机构应对存款单位的存款保密,有权拒绝除法律、行政法规另有规定以外的任何单位或个人查询;有权拒绝除法律另有规定以外的任何单位冻结、扣划。

根据相关法律、法规的规定,有权查询单位存款的机关包括人民法院、税务机关、海关、人民检察院、公安机关、国家安全机关、军队保卫部门、监狱、走私犯罪侦查机关、监察机关(包括军队监察机关)、审计机关、工商行政管理机关、证券监督管理机关、价格主管部门、国有企业监事会、财政部及派出机构、银行业监督管理机关、国务院反洗钱行政主管机关(中国人民银行);有权冻结单位存款的机关包括人民法院、税务机关、海关、人民检察院、公安机关、国家安全机关、军队保卫部门、监狱、走私犯罪侦查机关(工商行政管理机关有权暂停单位存款结算,中国人民银行有权临时冻结单位存款);有权扣划储蓄存款的机关包括人民法院、税务机关、海关。上述相关机关因侦查、起诉、审理案件,需要金融机构协助查询、冻结、扣划单位存款时,须向金融机构出具相关证件与法律文书①,金融机构经办人员应当认真核实。

## 四、存款合同

### (一)存款合同的概念和特征

存款合同,是确定存款人与存款机构之间权利义务关系的协议。合同的订立也经过邀约和承诺两个阶段。存款人在银行柜台填写存款凭条或向银行转账即为要约,银行收妥款项,并向存款人出具存单(折、卡)或进账单(回单),或收账通知即为承诺。存单(折)或进账单即是存款合同书。

存款合同的特征主要表现为:①存款合同为实践合同,即只有存款人将存款款项交付银行,存款合同才能成立并生效;②存款合同的债务方只能是依法具有吸收存款资格的金融机构;③存款合同是格式条款合同;④存款合同的履行具有一定的特殊性,即作为债务人的金融机构不用自己主动清偿债务,需要由债权人主动实现其权利(即由存款人自己到金融机构提取存款)。

### (二)存款合同主体间的权利和义务

存款合同是一个债权债务合同,合同主体之间是一种债权债务关系。存款合同主体均享有一定的权利并承担相应的义务。

1. 存款人的权利和义务

存款人作为债权人,享有如下权利:①自由取款的权利;②请求存款机构依法支付利息

---

① 《金融机构协助查询、冻结、扣划工作管理规定》对相关机关查询、冻结、扣划所需证件和法律文书进行了具体规定,限于篇幅,不再赘述。

的权利;③要求存款机构依法对存款保密的权利;④对存单(折、卡)、印鉴等挂失的权利。

存款人的义务主要为应向存款结构如实交付货币。

2. 存款机构的义务

存款机构作为债务人,在开展存款业务的过程中负有如下义务:①保证存款支取和存款安全的义务,除法律有特殊规定外,存款机构不得任意拒付、冻结、扣划存款人的存款;②依法、依约按期足额支付利息的义务;③依法为存款人办理存单(折、卡)、印鉴等挂失的义务;④为存款人保密的义务。

## 第二节　贷款管理法律制度

### 一、贷款管理法律制度的概念及其基本原则

#### (一)贷款与贷款管理法律制度的概念

贷款,指金融机构依法把货币资金按约定的利率贷放给客户,并约定期限由客户偿还本息的一种信用活动。

贷款管理法律制度,是规范贷款业务、调整贷款关系的法律规范与法律制度的总称。目前我国规范贷款业务的法律、法规众多,主要包括:《中华人民共和国民法典》《商业银行法》《中国人民银行法》《银行业监督管理法》《贷款通则》《固定资产贷款管理暂行办法》《流动资金贷款管理暂行办法》《个人贷款管理暂行办法》《农户贷款管理办法》《项目融资业务指引》《个人住房贷款管理办法》《经济适用住房开发贷款管理办法》《汽车贷款管理办法》《助学贷款管理办法》《商业助学贷款管理办法》《关于进一步完善国家助学贷款工作的若干意见》《个人定期存单质押贷款办法》《凭证式国债质押贷款办法》《证券公司股票质押贷款管理办法》《贷款风险分类指导原则》《商业银行贷款损失准备管理办法》《商业银行集团客户授信业务风险管理指引》《商业银行房地产贷款风险管理指引》《人民币利率管理规定》《单位定期存单质押贷款管理规定》《农村合作金融机构社团贷款指引》《关于专项贷款管理暂行办法》《商业银行资本管理办法(试行)》《商业银行杠杆率管理办法》《商业银行流动性风险管理办法(试行)》《商业银行合规风险管理指引》《商业银行风险监管核心指标(试行)》《商业银行内部控制指引》《主办银行管理暂行办法》《融资性担保公司管理暂行办法》《农村资金互助社管理暂行规定》《商业银行实行统一授信制度指引(试行)》《商业银行与内部人和股东关联交易管理办法》等。

在上述法律、法规中,《商业银行法》(2015年8月29日修正)第四章就贷款的基本规则做了规定;《中华人民共和国民法典》(2020年5月28日第十三届全国人大三次会议通过,2021年1月1日起实施,以下简称《民法典》)第三编第十二章就借款合同做了原则性规定;《贷款通则》(1996年6月28日发布)[①]对贷款的种类、期限、当事人的权利和义务等

① 《贷款通则》1996年6月由中国人民银行发布,但目前在现实中有许多内容与我国新的金融发展形势不相符合,中国人民银行和银监会曾发布修订稿征求意见,由于修改内容多,修改幅度大,牵涉面广,各方意见分歧较大,未获通过。虽然《贷款通则》有许多方面已不适用,但目前并未废止,且基本规则仍然适用,所以本书对相关内容仍予介绍。

做出了规定;《固定资产贷款管理暂行办法》(2009 年 7 月 23 日发布)、《流动资金贷款管理暂行办法》(2010 年 2 月 12 日发布)、《个人贷款管理暂行办法》(2010 年 2 月 12 日发布)、《农户贷款管理办法》(2012 年 9 月 17 日发布)、《项目融资业务指引》(2009 年 8 月 18 日发布)等对贷款流程、贷款支付方式、贷款金额的测算和贷后管理等进行了具体规定。

**(二)贷款制度的基本原则**

根据我国贷款管理法律、法规以及贷款管理规章,我国贷款管理制度有如下基本原则:

1.服务国家产业政策原则

服务国家产业政策原则,即金融机构应根据国民经济和社会发展的需要,在国家产业政策指导下开展贷款业务。

2.审贷分离、分级审批原则

审贷分离,即金融机构要分设不同的管理部门和岗位实施信贷业务的贷前调查,贷时审查、审议、审批、发放,以及贷后检查等,并明确各个部门和岗位的职责,使信贷业务各部门、各环节之间实现相互制约;分级审批,即金融机构要按其分支机构资产、负债规模和结构的不同,以及经营管理水平的高低确定与其状况相适应的贷款审批权限。

3.资产负债比例管理原则

资产负债比例管理原则,即对发放贷款的金融机构的资产和负债规定一系列比例,控制金融机构资产,使金融机构资产合理增长,实现稳健经营,消除和减少风险的原则。

4.依法确定贷款利率原则

依法确定贷款利率原则,即金融机构应当在中国人民银行规定的贷款基准利率基础上进行浮动,确定贷款利率。

5.担保原则

担保原则,即金融机构发放贷款时应要求借款人提供担保的原则。但《商业银行法》第三十六条同时也规定,“经商业银行审查、评估,确认借款人资信良好,确能偿还贷款的,可以不提供担保”。

6.书面合同约定原则

书面合同约定原则,即金融机构贷款,应当与借款人订立书面合同。合同应当约定贷款种类、借款用途、金额、利率、还款期限、还款方式、违约责任和双方认为需要约定的其他事项。

7.禁止向关系人发放信用贷款原则

禁止向关系人发放信用贷款原则,即金融机构不得向关系人发放信用贷款;向关系人发放担保贷款的条件不得优于其他借款人同类贷款的条件。

上述关系人指:①金融机构的董事、监事、管理人员、信贷业务人员及其近亲属;②上述所列人员投资或者担任高级管理职务的公司、企业和其他经济组织。

8.按期还本付息原则

按期还本付息原则,即借款人应当按期归还贷款的本金和利息。

借款人到期不归还担保贷款的,金融机构依法享有要求保证人归还贷款本金和利息或者就该担保物优先受偿的权利,金融机构因行使抵押权、质权而取得的不动产或者股权,应当自取得之日起2年内予以处分;借款人到期不归还信用贷款的,应当按照合同约定承担责任。

## 二、贷款业务规则

### (一)贷款的种类规则

《贷款通则》第二章依照不同的分类标准将贷款划分为不同的种类。

1. 按照贷款人是否承担风险划分

按照贷款人是否承担风险,可将贷款分为:

(1)自营贷款,指贷款人以合法方式筹集的资金自主发放的贷款,其风险由贷款人承担,并由贷款人收回本金和利息。

(2)委托贷款,指由政府部门、企事业单位及个人等委托人提供资金,由贷款人(即受托人)根据委托人确定的贷款对象、用途、金额、期限、利率等代为发放、监督使用并协助收回的贷款。贷款人(受托人)只收取手续费,不承担贷款风险。

(3)特定贷款,指经国务院批准并对贷款可能造成的损失采取相应补救措施后责成国有独资商业银行发放的贷款。

2. 按照贷款期限划分

按照贷款期限,可将贷款分为:

(1)短期贷款,指贷款期限在1年以内(含1年)的贷款。

(2)中期贷款,指贷款期限在1年以上(不含1年)5年以下(含5年)的贷款。

(3)长期贷款,指贷款期限在5年(不含5年)以上的贷款。

3. 按有无担保以及担保形式划分

按有无担保以及担保的形式,可将贷款分为:

(1)信用贷款,指以借款人的信誉发放的贷款。

(2)担保贷款,指保证贷款、抵押贷款、质押贷款。

保证贷款,指按《担保法》规定的保证方式以第三人承诺在借款人不能偿还贷款时,按约定承担一般保证责任或者连带责任而发放的贷款。

抵押贷款,指按《担保法》规定的抵押方式以借款人或第三人的财产作为抵押物发放的贷款。

质押贷款,指按《担保法》规定的质押方式以借款人或第三人的动产或权利作为质物发放的贷款。

### (二)贷款期限和贷款利率规则

我国《贷款通则》第三章规定了我国的贷款期限、贷款展期与贷款利率规则。

1. 贷款期限规则

贷款期限根据借款人的生产经营周期、还款能力和贷款人的资金供给能力由借贷双方共同商议后确定,并在借款合同中载明。其中,自营贷款期限原则上最长一般不得超过10年,超过10年应当报监管机构备案;票据贴现的贴现期限最长不得超过6个月,贴现期限为从贴现之日起到票据到期日止。

2. 贷款展期规则

原则上贷款应按期归还，不能按期归还贷款的，借款人应当在贷款到期日之前，向贷款人申请贷款展期。是否展期由贷款人决定。申请保证贷款、抵押贷款、质押贷款展期的，还应当由保证人、抵押人、出质人出具同意的书面证明。已有约定的，按照约定执行。

短期贷款展期期限累计不得超过原贷款期限；中期贷款展期期限累计不得超过原贷款期限的一半；长期贷款展期期限累计不得超过 3 年。国家另有规定者除外。借款人未申请展期或申请展期未得到批准，其贷款从到期日次日起，转人逾期贷款账户。

3. 贷款利率规则

(1)贷款利率的确定规则。

贷款人应当根据中国人民银行规定的贷款基础利率与客户协商确定每笔贷款利率①，并在借款合同中载明。

(2)贷款利息的计收规则。

贷款人和借款人应当按借款合同和中国人民银行有关计息规定按期计收或交付利息。贷款的展期期限加上原期限达到新的利率期限档次时，从展期之日起，贷款利息按新的期限档次利率计收。逾期贷款按规定计收罚息。

(3)贷款利息不得预先在本金中扣除的规则。

利息预先在本金中扣除的应当按照实际借款数额返还借款并计算利息②。

(4)贷款的贴息规则。

根据国家政策，为了促进某些产业和地区经济的发展，有关部门可以对贷款补贴利息。对有关部门贴息的贷款，承办机构应当自主审查发放，并根据《贷款通则》有关规定严格管理。

(5)贷款的停息、减息、缓息和免息规则。

除国务院决定外，任何单位和个人无权决定停息、减息、缓息和免息。贷款人应当依据国务院决定，按照职责权限范围具体办理停息、减息、缓息和免息。

**(三)贷款主体规则**

贷款主体由借款人和贷款人构成。贷款人，指在中国境内依法设立的经营贷款业务的金融机构(还应该包括贷款公司等“类金融机构”)；借款人，指从经营贷款业务的金融机构取得贷款的法人、其他经济组织、个体工商户和自然人。《贷款通则》第四章和第五章给出了我国的贷款主体规则。

1. 借款人的资格和条件

根据《贷款通则》第十七条的规定，借款人应当是经工商行政管理机关(或主管机关)

---

① 2004 年 10 月 28 日发布的《中国人民银行关于调整金融机构存、贷款利率的通知》规定，金融机构(城乡信用社除外)贷款利率不再设定浮动上限，浮动下限不变；2013 年 7 月 19 日中国人民银行对外公布，经国务院批准，决定自 2013 年 7 月 20 日起全面放开金融机构贷款利率管制。具体内容为：①取消金融机构贷款利率 0.7 倍的下限，由金融机构根据商业原则自主确定贷款利率水平。②取消票据贴现利率管制，改变贴现利率在再贴现利率基础上加点确定的方式，由金融机构自主确定。③对农村信用社贷款利率不再设立上限。④为继续严格执行差别化的住房信贷政策，促进房地产市场健康发展，个人住房贷款利率浮动区间暂不做调整。

② 《民法典》第六百七十条规定。

核准登记的企(事)业法人、其他经济组织、个体工商户或具有中华人民共和国国籍的具有完全民事行为能力的自然人。

借款人申请贷款,应当具备产品有市场、生产经营有效益、不挤占挪用信贷资金、恪守信用等基本条件,并且应当符合以下要求:①有按期还本付息的能力,原应付贷款利息和到期贷款已清偿;没有清偿的,已经做了贷款人认可的偿还计划。②除自然人和不需要经工商部门核准登记的事业法人外,应当经过工商部门办理年检手续。③已开立基本账户或一般存款账户。④除国务院规定外,有限责任公司和股份有限公司对外股本权益性投资累计额未超过其净资产总额的50%。⑤借款人的资产负债率符合贷款人的要求。⑥申请中期、长期贷款的,新建项目的企业法人所有者权益与项目所需总投资的比例不低于国家规定的投资项目的资本金比例。

2.借款人的权利与义务

(1)借款人的权利。

《贷款通则》第十八条规定,借款人享有如下权利:①可以自主向主办银行或者其他银行的经办机构申请贷款并依条件取得贷款;②有权按合同约定提取和使用全部贷款;③有权拒绝借款合同以外的附加条件;④有权向贷款人的上级和中国人民银行反映、举报有关情况;⑤在征得贷款人同意后,有权向第三人转让债务。

(2)借款人的义务。

《贷款通则》第十九条规定,借款人应承担如下义务:①如实提供贷款人要求的资料(法律规定不能提供者除外),如实向贷款人提供所有开户行、账号及存贷款余额情况,配合贷款人的调查、审查和检查;②接受贷款人对其使用信贷资金情况和有关生产经营、财务活动的监督;③按借款合同约定用途使用贷款;④按借款合同约定及时清偿贷款本息;⑤将债务全部或部分转让给第三人的,应取得贷款人的同意;⑥有危及贷款人债权安全情况时,应及时通知贷款人,同时采取保全措施。除此,《民法典》第六百七十二条还规定,借款人应当按照约定向贷款人定期提供有关财务会计报表或者其他资料。

3.对借款人的限制

《贷款通则》第二十条对借款人有如下限制:①不得在一个贷款人同一辖区内的两个或两个以上同级分支机构取得贷款。②不得向贷款人提供虚假的或者隐瞒重要事实的资产负债表、损益表等。③不得用贷款从事股本权益性投资,国家另有规定的除外。④不得用贷款在有价证券、期货等方面从事投机经营。⑤除依法取得经营房地产资格的借款人以外,不得用贷款经营房地产业务;依法取得经营房地产资格的借款人,不得用贷款从事房地产投机。⑥不得套取贷款用于借贷牟取非法收入。⑦不得违反国家外汇管理规定使用外币贷款。⑧不得采取欺诈手段骗取贷款。

4.贷款人的资格和条件

根据《贷款通则》第二十一条的规定,贷款人必须经金融监管机构批准经营贷款业务,持有金融监管机构颁发的《金融机构法人许可证》或《金融机构营业许可证》,并经工商行政管理部门核准登记①。

5. 贷款人的权利与义务

(1)贷款人的权利。

根据《贷款通则》第二十二条的规定,贷款人可以根据贷款条件和贷款程序自主审查和决定贷款,除国务院批准的特定贷款外,贷款人有权拒绝任何单位和个人强令其发放贷款或者提供担保。除此,贷款人还享有如下权利:①要求借款人提供与借款有关的资料;②根据借款人的条件,决定贷与不贷、贷款金额、期限和利率等;③了解借款人的生产经营活动和财务活动;④依合同约定从借款人账户上划收贷款本金和利息;⑤借款人未能履行借款合同规定义务的,贷款人有权依合同约定要求借款人提前归还贷款或停止支付借款人尚未使用的贷款(《民法典》第六百七十三条规定,"借款人未按照约定的借款用途使用借款的,贷款人可以停止发放借款、提前收回借款或者解除合同",即合同法规定借款人未按照约定的借款用途使用借款,贷款人除有权要求提前归还贷款和停止支付借款人尚未使用的贷款外,还有权解除合同);⑥在贷款将受或已受损失时,可依据合同规定,采取使贷款免受损失的措施。除此,《民法典》第六百七十二条还规定,贷款人按照约定可以检查、监督借款的使用情况。

(2)贷款人的义务。

根据《贷款通则》第二十三条的规定,贷款人承担如下义务:①应当公布所经营的贷款的种类、期限和利率,并向借款人提供咨询。②应当公开贷款审查的资信内容和发放贷款的条件。③应当审议借款人的借款申请,并及时答复贷与不贷。短期贷款答复时间不得超过 1 个月,中期、长期贷款答复时间不得超过 6 个月;国家另有规定者除外。④应当对借款人的债务、财务、生产、经营情况保密,但对依法查询者除外。

6. 对贷款人的限制

《贷款通则》第二十四条对贷款人有如下限制:

(1)贷款的发放必须严格执行我国《商业银行法》关于资产负债比例管理的有关规定,以及关于不得向关系人发放信用贷款、向关系人发放担保贷款的条件不得优于其他借款人同类贷款条件的规定。

(2)借款人有下列情形之一者,不得对其发放贷款:①不具备《贷款通则》第十七条所规定的资格和条件的;②生产、经营或投资国家明文禁止的产品、项目的;③违反国家外汇管理规定的;④建设项目按国家规定应当报有关部门批准而未取得批准文件的;⑤生产经营或投资项目未取得环境保护部门许可的;⑥在实行承包、租赁、联营、合并(兼并)、合作、分立、产权有偿转让、股份制改造等体制变更过程中,未清偿原有贷款债务、落实原有贷款债务或提供相应担保的;⑦有其他严重违法经营行为的。

(3)未经监管机构批准,不得对自然人发放外币币种的贷款。

(4)自营贷款和特定贷款,除按规定计收利息之外,不得收取其他任何费用;委托贷款,除按规定计收手续费之外,不得收取其他任何费用。

---

① 随着我国金融业的不断发展,依法成立的贷款公司等"类金融机构"也具有发放贷款的资格。

(5)不得给委托人垫付资金,国家另有规定的除外。

(6)严格控制信用贷款,积极推广担保贷款。

**(四)贷款程序规则**

1.《贷款通则》的规定

我国《贷款通则》第六章对贷款程序进行了规定,并将贷款程序分为如下8个环节:

(1)贷款申请。

借款人需要贷款时,应当向主办银行或者其他银行的经办机构直接申请。借款人应当填写包括借款金额、借款用途、偿还能力及还款方式等主要内容的"借款申请书"并提供以下资料:①借款人及保证人基本情况;②财政部门或会计(审计)事务所核准的上年度财务报告,以及申请借款前一期的财务报告;③原有不合理占用的贷款的纠正情况;④抵押物、质物清单和有处分权人的同意抵押、质押的证明及保证人拟同意保证的有关证明文件;⑤项目建议书和可行性报告;⑥贷款人认为需要提供的其他有关资料。

(2)对借款人的信用等级评估。

贷款人接到申请后应当根据借款人的领导者素质、经济实力、资金结构、履约情况、经营效益和发展前景等因素,评定借款人的信用等级。评级可由贷款人独立进行,内部掌握,也可由有权部门批准的评估机构进行。

(3)贷款调查。

贷款人受理借款人申请后,应当对借款人的信用等级以及借款的合法性、安全性、盈利性等情况进行调查,核实抵押物、质物、保证人情况,测定贷款的风险度。

(4)贷款审批。

《贷款通则》规定贷款人应当建立审贷分离、分级审批的贷款管理制度,所以贷款审批首先要由审查人员审查,再行报批。审批过程中审查人员应当对调查人员提供的资料进行核实、评定,复测贷款风险度,提出意见,再按规定权限报批。

(5)签订借款合同。

所有贷款都应当由贷款人与借款人签订借款合同。借款合同应当约定借款种类,借款用途、金额、利率,借款期限,还款方式,借、贷双方的权利、义务,违约责任和双方认为需要约定的其他事项。

保证贷款应当由保证人与贷款人签订保证合同,或保证人在借款合同上载明与贷款人协商一致的保证条款,加盖保证人的法人公章,并由保证人的法定代表人或其授权代理人签署姓名。抵押贷款、质押贷款应当由抵押人、出质人与贷款人签订抵押合同、质押合同,需要办理登记的,应依法办理登记。

(6)贷款发放。

贷款人要按借款合同规定按期发放贷款。贷款人不按合同约定按期发放贷款的,应偿付违约金。借款人不按合同约定用款的,应偿付违约金。

(7)贷后检查。

贷款发放后,贷款人应当对借款人执行借款合同情况及借款人的经营情况进行追踪调查和检查。

(8)贷款归还。

借款人应当按照借款合同规定按时足额归还贷款本息。贷款人在短期贷款到期3个星期之前、中长期贷款到期1个月之前,应当向借款人发送还本付息通知单;借款人应当及时筹备资金,按期还本付息。贷款人对逾期的贷款要及时发出催收通知单,做好逾期贷款本息的催收工作。贷款人对不能按借款合同约定期限归还的贷款,应当按规定加罚利息;对不能归还或者不能落实还本付息事宜的,应当督促归还或者依法起诉。借款人提前归还贷款,应当与贷款人协商。

2.新"办法"的规定

为了加强对贷款业务的审慎管理,促进贷款业务的健康发展,原银监会在《商业银行法》和《银监法》的基础上,先后颁布了《固定资产贷款管理暂行办法》(2009年7月3日发布)、《项目融资业务指引》(2009年7月18日发布)、《流动资金贷款管理暂行办法》(2010年2月12日发布)、《个人贷款管理暂行办法》(2010年2月12日发布)、《农户贷款管理办法》(2012年9月17日发布)(以下简称"四个办法一个指引")对固定资产贷款、流动资金贷款、个人贷款、农户贷款和项目融资等业务进行了规范,要求对贷款实行全流程管理,根据上述"四个办法一个指引",固定资产贷款与流动资金贷款流程包括:"受理与调查""风险评价与审批""合同签订""发放和支付""贷后管理"4个环节;个人贷款流程包括:受理与调查、风险评价与审批、协议与发放、支付管理、贷后管理5个环节;农户贷款流程包括:受理与调查、审查与审批、发放与支付、贷后管理4个环节。"四个办法一个指引"不仅对不同类型贷款的流程进行了规定,而且每一流程根据贷款类型的不同,又分别做出了具体要求和规定,限于篇幅,本书在此不再一一赘述。

**(五)不良贷款监管规则**

我国《贷款通则》第七章就不良贷款的监管,包括不良贷款的分类、登记、考核、冲销等做出了具体规定。

1.不良贷款的分类

《贷款通则》将不良贷款定义为呆账贷款、呆滞贷款、逾期贷款("一逾两呆")。其中:呆账贷款,指按财政部有关规定列为呆账的贷款;呆滞贷款,指按财政部有关规定,逾期(含展期后到期)超过规定年限以上仍未归还的贷款,或虽未逾期或逾期不满规定年限但生产经营已终止、项目已停建的贷款(不含呆账贷款);逾期贷款,指借款合同约定到期(含展期后到期)未归还的贷款(不含呆滞贷款和呆账贷款)。

2001年12月19日,中国人民银行发布《贷款风险分类指导原则》将贷款分为正常、关注、次级、可疑和损失5类。其中:正常,指借款人能够履行合同,没有足够理由怀疑贷款本息不能按时足额偿还;关注,指尽管借款人目前有能力偿还贷款本息,但存在一些可能对偿还产生不利影响的因素;次级,指借款人的还款能力出现明显问题,完全依靠其正常营业收入无法足额偿还贷款本息,即使执行担保,也可能会造成一定损失;可疑,指借款人无法足额偿还贷款本息,即使执行担保,也肯定要造成较大损失;损失,指在采取所有可能的措施或一切必要的法律程序之后,本息仍然无法收回,或只能收回极少部分。后三类合称为不良贷款。

2.不良贷款的登记

不良贷款由会计、信贷部门提供数据，由稽核部门负责审核并按规定权限认定，贷款人应当按季填报不良贷款情况表。在报上级行的同时，应当报当地监管机构。

3.不良贷款的考核

贷款人的不良贷款不得超过监管机构规定的比例。贷款人应当对所属分支机构下达和考核不良贷款的有关指标。

4.不良贷款的催收和冲销

信贷部门负责不良贷款的催收，稽核部门负责对催收情况的检查。贷款人应当按照国家有关规定提取拨备，并对符合条件的坏账依照法定程序进行冲销。未经国务院批准，贷款人不得豁免贷款。除国务院批准外，任何单位和个人不得强令贷款人豁免贷款。

**（六）贷款管理责任制规定**

我国《贷款通则》第八章要求贷款人建立如下贷款管理责任制：

(1)行长(经理、主任，下同)负责制。贷款实行分级经营管理，各级行长应当在授权范围内对贷款的发放和收回负全部责任。行长可以授权副行长或贷款管理部门负责审批贷款，副行长或贷款管理部门负责人应当对行长负责。

贷款人各级机构应当建立有行长或副行长(经理、主任，下同)和有关部门负责人参加的贷款审查委员会(小组)，负责贷款的审查。

(2)审贷分离制。贷款调查评估人员负责贷款调查评估，承担调查失误和评估失准的责任；贷款审查人员负责贷款风险的审查，承担审查失误的责任；贷款发放人员负责贷款的检查和清收，承担检查失误、清收不力的责任。

(3)贷款分级审批制。贷款人应当根据业务量大小、管理水平和贷款风险度确定各级分支机构的审批权限，超过审批权限的贷款，应当报上级审批。各级分支机构应当根据贷款种类、借款人的信用等级和抵押物、质物、保证人等情况确定每一笔贷款的风险度。

(4)信贷工作岗位责任制。各级贷款管理部门应将贷款管理的每一个环节的管理责任落实到部门、岗位、个人，严格划分各级信贷工作人员的职责。

(5)驻厂信贷员制度。对于大额借款人，贷款人应向借款人派驻厂信贷员。

(6)离职审计制。贷款管理人员在调离原工作岗位时，应当对其在任职期间和权限内所发放的贷款风险情况进行审计。

**（七）贷款债权保全和清偿的管理规定**

《贷款通则》第九章对贷款债权保全和清偿的管理做了如下规定：

(1)借款人不得违反法律规定，借兼并、破产或者股份制改造等途径，逃避银行债务，侵吞信贷资金；不得借承包、租赁等途径逃避贷款人的信贷监管以及偿还贷款本息的责任。

(2)贷款人有权参与处于兼并、破产或股份制改造等过程中的借款人的债务重组，应当要求借款人落实贷款还本付息事宜。

(3)贷款人应当要求实行承包、租赁经营的借款人，在承包、租赁合同中明确落实原贷款债务的偿还责任。

(4)贷款人对实行股份制改造的借款人,应当要求其重新签订借款合同,明确原贷款债务的清偿责任。对实行整体股份制改造的借款人,应当明确其所欠贷款债务由改造后公司全部承担;对实行部分股份制改造的借款人,应当要求改造后的股份公司按占用借款人的资本金或资产的比例承担原借款人的贷款债务。

(5)贷款人对联营后组成新的企业法人的借款人,应当要求其依据所占用的资本金或资产的比例将贷款债务落实到新的企业法人。

(6)贷款人对合并(兼并)的借款人,应当要求其在合并(兼并)前清偿贷款债务或提供相应的担保。借款人不清偿贷款债务或未提供相应担保,贷款人应当要求合并(兼并)企业或合并后新成立的企业承担归还原借款人贷款的义务,并与之重新签订有关合同或协议。

(7)贷款人对与外商合资(合作)的借款人,应当要求其继续承担合资(合作)前的贷款归还责任,并要求其将所得收益优先归还贷款。借款人用已作为贷款抵押、质押的财产与外商合资(合作)时必须征求贷款人同意。

(8)贷款人对分立的借款人,应当要求其在分立前清偿贷款债务或提供相应的担保。借款人不清偿贷款债务或未提供相应担保,贷款人应当要求分立后的各企业,按照分立时所占资本或资产比例或协议,对原借款人所欠贷款承担清偿责任。对设立子公司的借款人,应当要求其子公司按所得资本或资产的比例承担和偿还母公司相应的贷款债务。

(9)贷款人对产权有偿转让或申请解散的借款人,应当要求其在产权转让或解散前必须落实贷款债务的清偿。

(10)贷款人应当按照有关法律参与借款人破产财产的认定与债权债务的处置,对于破产借款人已设定财产抵押、质押或其他担保的贷款债权,贷款人依法享有优先受偿权;无财产担保的贷款债权按法定程序和比例受偿。

**(八)贷款管理特别规定**

我国《贷款通则》第十章对贷款管理做了如下特别规定:

1. 贷款主办行规定

贷款主办行规定,指要建立贷款主办行制度。具体即,借款人要按监管机构的规定与其开立基本账户的贷款人建立贷款主办行关系。借款人发生企业分立、股份制改造、重大项目建设等涉及信贷资金使用和安全的重大经济活动,事先应当征求主办行的意见。一个借款人只能有一个贷款主办行,主办行应当随基本账户的变更而变更。主办行不包资金,但应当按规定有计划地对借款人提供贷款,为借款人提供必要的信息咨询、代理等金融服务。1996 年 6 月 29 日中国人民银行颁布《主办银行管理暂行办法》,对主办行关系的建立与终止、权利与义务、监督与管理等进行了规定。同时,该办法对主办银行的解释为:主办银行是指为企业提供信贷、结算、现金收付、信息咨询等金融服务,并与其建立较为稳定的合作关系,签有《银企合作协议》的中资商业银行①。

---

① 1996 年 6 月 29 日中国人民银行发布《主办银行管理暂行办法》,并于同年 7 月 1 日起在国家经贸委提出的 300 户重点国有大中型企业以及北京、天津、上海、武汉、沈阳、济南、德阳(四川)7 城市的国有大中型企业中试行。从实践结果看,目前主办银行制度效果并不显著。

2.银团贷款规定

银团贷款规定，指银团贷款应当确定一个贷款人为牵头行，并签订银团贷款协议，明确各贷款人的权利和义务，共同评审贷款项目，牵头行应当按协议确定的比例监督贷款的偿还。2007年8月11日原银监会发布《银团贷款业务指引》，对银团贷款成员、银团贷款发起和筹组、银团贷款协议、银团贷款管理、银团贷款收费进行了具体规定，并要求银团贷款成员定期向当地银行业协会报送银团贷款有关信息①。

3.特定贷款管理规定

特定贷款管理规定，指国有独资商业银行应当按国务院规定发放和管理特定贷款。

4.其他贷款管理规定

其他贷款管理规定主要包括：①非银行金融机构贷款的种类、对象、范围，应当符合监管机构的规定；②贷款人发放异地贷款，或者接受异地存款，应报当地监管机构备案；③信贷资金不得用于财政支出；④各级行政部门和企事业单位、合作经济组织等不得经营存贷款等金融业务，企业之间不得违反国家规定办理借贷或者变相借贷融资业务。

## 三、借款合同

### （一）借款合同的概念和特征

《民法典》第三编第十二章专门对借款合同进行了规定。《民法典》将借款合同解释为：借款合同是借款人向贷款人借款，到期返还借款并支付利息的合同。由此，借款合同在实践中包括两类：一是自然人之间的借款合同；二是金融机构（包括贷款公司等“类金融机构”）与法人、其他经济组织、个体工商户以及自然人之间的借款合同。本书在此介绍的是第二类借款合同。

借款合同具有如下特征：①借款合同是对贷款人有特定主体资格要求的合同，即贷款人只能是经国家法律规定或监管部门认可的有权经营贷款业务的金融机构或类金融机构；②借款合同是以货币为标的物的合同；③借款合同是诺成合同，即贷款合同自借贷双方当事人就合同主要条款依法达成合意时合同成立；④借款合同是双务合同，即借款合同成立后，贷款人必须按照合同的约定，按期如数向借款人发放贷款，而借款人在约定的期限届满时，必须按期偿还贷款本金并支付利息；⑤借款合同是有偿合同，即借款人要向贷款人支付利息；⑥借款合同是要式合同，即借款合同必须采取书面形式，且合同内容应该符合《民法典》《商业银行法》《贷款通则》等法律、法规和金融监管部门的相关规定。

### （二）借款合同的主要内容

不同种类的借款，借款合同的内容不完全相同，但依据《民法典》的规定，无论何种类型的借款，其借款合同都应包括如下主要内容：①当事人的名称或者姓名和住所；②借款种类；③币种；④借款用途；⑤借款数额；⑥借款利率；⑦借款期限；⑧还款方式；⑨借贷双方的权利义务；⑩违约责任；⑪解决争议的方法；等等。

---

①　1997年10月28日中国人民银行曾颁布《银团贷款暂行办法》，对银团贷款的筹组、牵头行和代理行的职、银团贷款的管理、违约处理等进行了规定。该办法于2012年1月4日被废止。

**(三)借款合同的订立与缔约过失责任**

借款合同的订立也要经过要约和承诺两个阶段,由于借款合同是要式合同,且《商业银行法》、《贷款通则》以及“四个办法一个指引”等法律法规对借款活动和借款程序有专门规定,所以借款合同的订立过程较为复杂,具体过程涵盖前文贷款程序8个环节中的前5个环节,即包括:借款申请、对借款人的信用等级评估、贷款调查、贷款审批、签订借款合同。每一个程序的具体内容参见前文,不再赘述。

借款合同的缔约过失责任,是指贷款合同当事人在订立合同过程中,因违背诚实信用原则给对方当事人造成损失时所应承担的法律责任。按《民法典》第五百条的规定,当事人在订立借款合同过程中如有下列情形之一,给对方造成损失的,应当承担赔偿责任:①假借订立借款合同,恶意进行磋商;②故意隐瞒与订立借款合同有关的重要事实或者提供虚假情况;③有其他违背诚实信用原则的行为。

另外,依据《民法典》第五百零一条的规定,当事人在订立借款合同过程中知悉的商业秘密,无论合同是否成立,不得泄露或者不正当地使用。泄露或者不正当地使用该商业秘密给对方造成损失的,应当承担损害赔偿责任。

**(四)借款合同的效力**

借款合同的效力指借款合同是否有效。有效的借款合同对当事人具有约束力,国家予以保护;无效贷款合同则不具有法律约束力。根据《民法典》,借款合同的效力有以下4种情况:

1.有效借款合同

有效借款合同,是指依法成立的借款合同。有效借款合同自成立时生效,但法律、法规规定应当办理批准、登记等手续生效的借款合同,应依其规定。

有效成立的借款合同,应当具备3个要件:①借款合同当事人具有相应的民事行为能力,即主体合法(合格);②意思表示真实;③不违反法律、行政法规的强制性规定,不违背公序良俗。三者缺一不可,否则,就可能导致借款合同效力待定、无效或可撤销。

2.效力待定的借款合同

效力待定的贷款合同,是指某些方面不符合合同生效要件,法律允许根据情况予以补救,从而使之归于有效的借款合同。按照《民法典》的规定,下列借款合同为效力待定的合同:

(1)限制行为能力人订立的借款合同,经法定代理人追认后合同有效。贷款人可以催告法定代理人自收到通知之日起30日内予以追认,法定代理人未做表示的,视为拒绝追认,该借款合同为无效借款合同。借款合同被追认之前,善意贷款人有权撤销。撤销应要以通知的方式做出。这里所谓“善意”,是指借款合同的贷款方在签订合同时并不知道或者也不可能知道对方当事人是限制民事行为能力人。

(2)行为人没有代理权、超越代理权或者代理权终止后以被代理人名义同贷款人订立的合同,未经被代理人追认,对被代理人不发生效力,由行为人承担责任(即为行为人和贷款人之间成立了借款合同)。贷款人可以催告被代理人自收到通知之日起30日内予以追认。被代理人未做表示的,视为拒绝追认。合同被追认之前,善意贷款人有撤销的权利。

撤销应以通知的方式做出。行为人没有代理权、超越代理权或者代理权终止后以被代理人名义同贷款人订立借款合同，但贷款人有理由相信行为人有代理权的，该代理行为有效（即在贷款人和被代理人之间成立有效借款合同）。法人或者其他组织的法定代表人、负责人超越权限订立的借款合同，除贷款人知道或者应当知道其超越权限的以外，该代理行为有效。

3. 无效借款合同

无效借款合同，是指因违反法律、法规要求，国家不予承认和保护的、不发生法律效力的借款合同。无效借款合同依据其程度和范围，可分为部分无效合同和全部无效合同两种。部分无效的借款合同，指合同的某些条款虽然违反法律规定但并不影响其他条款法律效力的合同。无效贷款合同自始没有法律约束力。

依《民法典》的规定，下列借款合同为无效合同：①借贷双方订立借款合同的意思表示虚假。②借款合同违反法律、法规的强制性规定。③借款合同违背公序良俗。④借款合同双方恶意串通，损害他人合法权益。

借款合同无效后，因合同取得的财产（贷款或利息），应当予以返还；有过错一方应当赔偿对方因此所受的损失，双方都有过错的，应当各自承担相应责任。当事人恶意串通，损害他人权益的，因此取得的财产返还受害害人。

4. 可撤销借款合同

可撤销借款合同，是指借贷当事人订立合同时意思表示不真实，通过有撤销权的当事人行使撤销权，可使已经生效的借款合同变更或归于无效的合同。有撤销权的当事人，是指有权请求人民法院或者仲裁机构变更或撤销借款合同的当事人。对于因重大误解订立的借款合同，当事人任何一方均有权请求变更或者撤销；对于一方以欺诈手段使对方在违背真实意思的情况下订立的借款合同，受欺诈方有权请求人民法院或者仲裁机构变更或者撤销；第三人实施欺诈行为，使一方在违背真实意思的情况下订立的借款合同，对方知道或者应当知道该欺诈行为的，受欺诈方有权请求人民法院或者仲裁机构予以撤销；一方或者第三人以胁迫手段，使对方在违背真实意思的情况下订立的借款合同，受胁迫方有权请求人民法院或者仲裁机构予以撤销；一方利用对方处于危困状态、缺乏判断能力等情形，致使订立的借款合同显失公平的，受损害方有权请求人民法院或者仲裁机构予以撤销。

被撤销的借款合同和无效合同一样，自始没有法律约束力。对因该合同取得的财产（贷款或利息），应当予以返还。有过错的一方应当赔偿对方因此所受损失。双方都有过错的，应当各自承担相应的责任。

撤销权的行使有时效和限制。有下列情形之一时，撤销权消灭：①当事人自知道或者应当知道撤销事由之日起 1 年内、重大误解的当事人自知道或者应当知道撤销事由之日起 90 日内没有行使撤销权；②当事人受胁迫，自胁迫行为终止之日起 1 年内没有行使撤销权；③当事人知道撤销事由后明确表示或者以自己的行为表明放弃撤销权。当事人自订立借款合同之日起 5 年内没有行使撤销权的，撤销权消灭。

### (五)借款合同的抗辩与保全

1. 借款合同的抗辩

借款合同的抗辩,是指借款合同的当事人为了保护自己的利益不受侵害,对抗对方的要求或权利主张,不履行或暂时停止履行合同义务的行为。就借款合同而言,贷款人(金融机构)可行使的是不安抗辩权(先履行抗辩权),借款人行使的是后履行抗辩权。

根据民法典,先履行抗辩权或称不安抗辩权,是指负有先履行债务的贷款人,在借款合同签订之后,有确切证据证明借款人有如下行为之一时,可以中止交付约定款项,并要求借款人提供适当担保的权利:①经营状况严重恶化;②转移财产、抽逃资金,以逃避债务;③丧失商业信誉;④有丧失或可能丧失履行债务能力的情形,难以按期归还贷款。但需要说明的是,对此贷款人负有通知义务和举证责任,贷款人没有确切证据而中止履行的,须承担违约责任。贷款中止后,借款人在合理期限内未恢复履行债务的能力且未提供适当担保的,视为以自己的行为表明不履行债务,贷款人可以解除借款合同并可以请求借款人承担违约责任。

后履行抗辩权,是指履行义务在后的借款人,在贷款人不发放贷款,或发放贷款不符合约定时,享有拒绝返还相应贷款本金和利息的权利。

2. 借款合同的保全

借款合同的保全是指为防止因债务人财产的不当减少给债权人的债权带来损害,允许债权人行使撤销权或代位权,以保护其债权的制度。

代位权,是指因债务人怠于行使其到期债权,给债权人造成损害的,债权人向人民法院请求以自己的名义代位行使债务人的债权。

撤销权,是指债务人以放弃其债权、放弃债权担保、无偿转让财产等方式无偿处分财产权益,或者恶意延长其到期债权的履行期限,影响债权人的债权实现的;债务人以明显不合理的低价转让财产、以明显不合理的高价受让他人财产或者为他人的债务提供担保,影响债权人的债权实现,债务人的相对人知道或者应当知道该情形的,债权人请求人民法院撤销债务人的行为的权利。

## 第三节 法律责任

### 一、存款管理法律责任

#### (一)违反储蓄管理法的法律责任

我国《储蓄管理条例》第六章规定,有下列行为之一的单位和个人,由监管机构责令其纠正,并可以根据情节轻重处以罚款、停业整顿、吊销《经营金融业务许可证》,情节严重,构成犯罪的,依法追究刑事责任:①擅自开办储蓄业务的;②擅自设置储蓄机构的;③储蓄机构擅自开办新的储蓄种类的;④储蓄机构擅自办理《储蓄管理条例》规定以外的其他金融业务的;⑤擅自停业或者缩短营业时间的;⑥储蓄机构采取不正当手段吸收储蓄存款的;⑦违反国家利率规定,擅自变动储蓄存款利率的;⑧泄露储户储蓄情况或者未经法定程序代为查询、冻结、划拨储蓄存款的;⑨其他违反国家储蓄法律、法规和政策的。

除此,将公款以个人名义转为储蓄存款的,依照国家有关规定予以处罚。

**(二)违反单位存款管理法的法律责任**

《人民币单位存款管理办法》第五章对违反人民币单位存款管理办法应当承担的法律责任做出如下规定:

(1)未经监管机构批准,擅自开办单位存款业务的单位或个人,按照《商业银行法》第八十一条予以处罚(《人民币单位存款管理办法》原文为"按照《中华人民共和国商业银行法》第七十九条予以处罚"。《商业银行法》修订以后原第七十九条变为第八十一条,本书在此根据新修订的《商业银行法》做相应调整。下面所有涉及《商业银行法》的条款均根据新修订的《商业银行法》进行了调整,下文不再赘述)①。

(2)商业银行违反国家利率政策提高或降低利率以及采用其他不正当手段吸收存款,或者超范围吸收单位存款的,按照《商业银行法》第七十八条及《中国人民银行利率管理规定》的有关条款予以处罚②。

(3)商业银行违反规定,为存款单位支付现金的,或办理活期存款业务时违反《人民币银行结算账户管理办法》的,按照《现金管理暂行条例》《大额现金支付登记备案规定》及《人民币银行结算账户管理办法》等有关规定予以处罚。

(4)商业银行违反规定,泄漏存款单位的存款情况或未经法定程序代为查询、冻结、扣划单位存款的,按照我国《商业银行法》第七十三条予以处罚③。

(5)非银行金融机构违反《人民币单位存款管理办法》规定的,按有关法律法规及金融管埋规定予以处罚。

## 二、贷款管理法律责任

我国《贷款通则》第十一章对违反贷款法律法规的行为给出了处罚规定和需要承担的法律责任。

**(一)贷款人违法的法律责任**

(1)贷款人违反资产负债比例管理有关规定发放贷款的,应当由监管机构责令改正,处以罚款,有违法所得的没收违法所得,并且应当依照《商业银行法》第七十八条对直接负责的主管人员和其他直接责任人员给予处罚。

(2)贷款人违反规定向关系人发放信用贷款或者发放担保贷款的条件优于其他借款

---

① 《商业银行法》第八十一条:未经国务院银行业监督管理机构批准,擅自设立商业银行,或者非法吸收公众存款、变相吸收公众存款,构成犯罪的,依法追究刑事责任,并由国务院银行业监督管理机构予以取缔。伪造、变造、转让商业银行经营许可证;构成犯罪的,依法追究刑事责任。

② 《商业银行法》第七十八条:商业银行有本法第七十三条至第七十七条规定情形的,对直接负责的董事、高级管理人员和其他直接责任人员,应当给予纪律处分;构成犯罪的,依法追究刑事责任。

③ 《商业银行法》第七十三条:商业银行有下列情形之一,对存款人或者其他客户造成财产损害的,应当承担支付迟延履行的利息以及其他民事责任:(一)无故拖延、拒绝支付存款本金和利息的;(二)违反票据承兑等结算业务规定,不予兑现,不予收付入账,压单、压票或者违反规定退票的;(三)非法查询、冻结、扣划个人储蓄存款或者单位存款的;(四)违反本法规定对存款人或者其他客户造成损害的其他行为。有前款规定情形的,由国务院银行业监督管理机构责令改正,有违法所得的,没收违法所得,违法所得5万元以上的,并处违法所得1倍以上5倍以下罚款;没有违法所得或者违法所得不足5万元的,处5万元以上50万元以下罚款。

人同类贷款条件的，应当依照《商业银行法》第七十四条处罚[①]，并且应当依照第七十八条对有关直接责任人员给予处罚。

(3)贷款人的工作人员对单位或者个人强令其发放贷款或者提供担保未予拒绝的，应当依照我国《商业银行法》第八十八条给予纪律处分[②]，造成损失的应当承担相应的赔偿责任。

(4)贷款人的有关责任人员违反我国《贷款通则》有关规定，应当给予纪律处分和罚款；情节严重或屡次违反的，应当调离工作岗位，取消任职资格；造成严重经济损失或者构成其他经济犯罪的，应当依照有关法律规定追究刑事责任。

(5)贷款人有下列情形之一，由监管机构责令改正；逾期不改正的，监管机构可以处以5000元以上1万元以下罚款：①没有公布所经营贷款的种类、期限、利率的；②没有公开贷款条件和发放贷款时要审查的内容的；③没有在规定期限内答复借款人贷款申请的。

(6)贷款人有下列情形之一，由监管机构责令改正；有违法所得的，没收违法所得，并处以违法所得1倍以上3倍以下罚款；没有违法所得的，处以5万元以上30万元以下罚款；构成犯罪的，依法追究刑事责任：①贷款人违反规定代垫委托贷款资金的；②未经监管机构批准，对自然人发放外币贷款的；③贷款人违反监管机构规定，对自营贷款或者特定贷款在计收利息之外收取其他任何费用的，或者对委托贷款在计收手续费之外收取其他任何费用的。

**(二)借款人违法的法律责任**

(1)借款人采取欺诈手段骗取贷款，构成犯罪的，应当依照我国《商业银行法》第八十二条等法律规定处以罚款并追究刑事责任[③]。

(2)借款人蓄意通过兼并、破产或者股份制改造等途径侵吞信贷资金的，应当依据有关法律规定承担相应部分的赔偿责任并处以罚款；造成贷款人重大经济损失的，应当依照有关法律规定追究直接责任人员的刑事责任；借款人违反相关规定，致使贷款债务落空，由贷款人停止发放新贷款，并提前收回原发放的贷款。造成信贷资产损失的，借款人及其主管人员或其他个人，应当承担部分或全部赔偿责任。在未履行赔偿责任之前，其他任何贷款人不得对其发放贷款。

---

① 《商业银行法》第七十四条：商业银行有下列情形之一，由国务院银行业监督管理机构责令改正，有违法所得的，没收违法所得，违法所得50万元以上的，并处违法所得1倍以上5倍以下罚款；没有违法所得或者违法所得不足50万元的，处50万元以上200万元以下罚款；情节特别严重或者逾期不改正的，可以责令停业整顿或者吊销其经营许可证；构成犯罪的，依法追究刑事责任：(一)未经批准设立分支机构的；(二)未经批准分立、合并或者违反规定对变更事项不报批的；(三)违反规定提高或者降低利率以及采用其他不正当手段，吸收存款，发放贷款的；(四)出租、出借经营许可证的；(五)未经批准买卖、代理买卖外汇的；(六)未经批准买卖政府债券或者发行、买卖金融债券的；(七)违反国家规定从事信托投资和证券经营业务、向非自用不动产投资或者向非银行金融机构和企业投资的；(八)向关系人发放信用贷款或者发放担保贷款的条件优于其他借款人同类贷款的条件的。

② 《商业银行法》第八十八条：单位或者个人强令商业银行发放贷款或者提供担保的，应当对直接负责的主管人员和其他直接责任人员或者个人给予纪律处分；造成损失的，应当承担全部或者部分赔偿责任。商业银行的工作人员对单位或者个人强令其发放贷款或者提供担保未予拒绝的，应当给予纪律处分；造成损失的，应当承担相应的赔偿责任。

③ 《商业银行法》第八十二条：借款人采取欺诈手段骗取贷款，构成犯罪的，依法追究刑事责任。

(3)借款人有下列情形之一,由贷款人对其部分或全部贷款加收利息;情节特别严重的,由贷款人停止支付借款人尚未使用的贷款,并提前收回部分或全部贷款:①不按借款合同规定用途使用贷款的。②用贷款进行股本权益性投资的。③用贷款在有价证券、期货等方面从事投机经营的。④未依法取得经营房地产资格的借款人用贷款经营房地产业务的;依法取得经营房地产资格的借款人,用贷款从事房地产投机的。⑤不按借款合同规定清偿贷款本息的。⑥套取贷款相互借贷牟取非法收入的。

(4)借款人有下列情形之一,由贷款人责令改正。情节特别严重或逾期不改正的,由贷款人停止支付借款人尚未使用的贷款,并提前收回部分或全部贷款:①向贷款人提供虚假或者隐瞒重要事实的资产负债表、损益表等资料的;②不如实向贷款人提供所有开户行、账号及存贷款余额等资料的;③拒绝接受贷款人对其使用信贷资金情况和有关生产经营、财务活动监督的。

**(三)其他人违法的法律责任**

(1)任何单位和个人强令银行发放贷款或者提供担保的,应当依照《商业银行法》第八十八条,对直接负责的主管人员和其他直接责任人员或者个人给予纪律处分;造成经济损失的,承担全部或者部分赔偿责任。

(2)行政部门、企事业单位、股份合作经济组织、供销合作社、其他基金会等擅自发放贷款的;企业之间擅自办理借贷或者变相借贷的,由监管机构对出借方按违规收入处以1倍以上至5倍以下罚款,并由监管机构予以取缔。

需要强调的是,除《贷款通则》之外,《固定资产贷款管理暂行办法》《流动资金贷款管理暂行办法》《个人贷款管理暂行办法》等还分别就固定资产贷款、流动资金贷款和个人贷款过程中的违法行为所应承担的法律责任进行了规定,限于篇幅,不再赘述。

## 思考练习题

1. 试述我国存款制度的基本原则。
2. 试述存款合同的法律特征。
3. 试述我国贷款制度的基本原则。
4. 试述借款合同订立的程序。
5. 试述贷款管理行长负责制和审贷分离制的含义。
6. 试述贷款分级审批制和信贷工作岗位责任制的含义。

# 第七章　支付结算法律制度

## 章前提要

本章主要介绍我国支付结算制度的基本原则和管理规定；我国银行结算账户的管理原则、结算账户的使用与管理规则；信用卡、汇兑、委托收款的结算规则；违反非票据结算与银行结算账户管理办法应承担的法律责任。

## 第一节　支付结算法律制度概述

### 一、支付结算与支付结算法律制度的概念

#### （一）支付结算的概念

支付结算，是指单位、个人在社会经济活动中使用票据、银行卡、汇兑、托收承付、委托收款、信用证等结算方式进行货币给付及其资金清算的行为。支付结算可以分区分为票据结算和非票据结算。票据结算是指以票据作为结算工具的结算方式；非票据结算是指使用信用卡、信用证以及利用汇兑、托收承付、委托收款等方式进行货币给付及其资金清算的结算方式。

#### （二）支付结算法律制度的概念

支付结算法律制度，是调整支付结算活动中，各方当事人之间权利义务的法律规范与法律制度的总称。

目前，我国规范支付结算活动的法律、法规主要：有全国人大颁布的《商业银行法》（1995 年 5 月 10 日颁布，2003 年 12 月 27 日和 2015 年 8 月 29 日两次修正），《票据法》（1995 年 5 月 10 日颁布），中国人民银行发布的《支付结算办法》（1997 年 9 月 19 日颁布），《银行卡业务管理办法》（1999 年 1 月 5 日颁布），《人民币银行结算账户管理办法》（2003 年 4 月 10 日颁布），《人民币银行结算账户管理办法实施细则》（2015 年 1 月 19 日颁布），《中国人民银行关于试点取消企业银行账户开户许可证核发的通知》（2018 年 5 月 23 日发布），《中国人民银行关于取消企业银行账户许可有关事宜的决定》（2019 年 4 月 8 日发布），《境外机构人民币银行结算账户管理办法》（2010 年 10 月 1 日颁布），《中央预算单位银行账户管理办法》（2002 年 9 月 5 日颁布），《〈中央预算单位银行账户管理办法〉补充规定》（2006 年 11 月 15 日颁布），财政部、人民银行、监察部、审计署联合印发的《教育

部直属高校和事业单位银行账户管理暂行办法》(2004 年 7 月 16 日颁布),等等。

本章主要介绍非票据结算管理法律制度。

## 二、非票据结算的原则和纪律

### (一)非票据结算原则

非票据结算原则,是单位、个人和银行(包括城市信用合作社、农村信用合作社,下同)在非票据结算活动中必须遵守的基本行为准则。根据中国人民银行 1997 年 9 月 19 日发布的《支付结算办法》第十六条的规定,单位、个人和银行办理非票据结算必须遵守如下原则:恪守信用,履约付款;谁的钱进谁的账,由谁支配;银行不垫款。

### (二)非票据结算纪律

非票据结算纪律,是在非票据结算过程中,单位、个人与商业银行均应遵照执行的行为规范。我国《支付结算办法》第五章从如下两个方面对非票据结算纪律进行了规定。

1. 单位和个人应当遵守的结算纪律

单位和个人办理非票据结算,应当遵守的纪律包括:①不准套取银行和他人资金;②不准无理拒绝付款,任意占用他人资金;③不准违反规定开立和使用账户。

2. 银行应当遵守的结算纪律

银行办理非票据结算,应当遵守的纪律包括:①不准以任何理由压票、任意退票、截留挪用客户和他行资金;②不准无理拒绝支付应由银行支付的款项;③不准受理无理拒付、不扣、少扣滞纳金;④不准在支付结算制度之外规定附加条件,影响汇路畅通;⑤不准违反规定为单位和个人开立账户;⑥不准拒绝受理、代理他行正常结算业务;⑦不准放弃对企事业单位和个人违反结算纪律的制裁;⑧不准逃避向人民银行转汇大额汇划款项。

## 三、非票据结算的一般法律规定

根据《支付结算办法》第一章的规定,非票据结算应当遵循如下法律规定。

### (一)不得损害社会公共利益

银行以及单位和个人(含个体工商户),办理非票据结算必须遵守国家的法律、行政法规和《支付结算办法》的各项规定,不得损害社会公共利益。

### (二)非票据结算和资金清算特许制

银行是非票据结算和资金清算的中介机构,未经中国人民银行批准的非银行金融机构和其他单位不得作为中介机构经营非票据结算业务。但法律、行政法规另有规定的除外①。

---

①　2016 年 6 月 14 日中国人民银行发布《非金融机构政府服务管理办法》,对非金融机构在收、付款人之间作为中介机构提供下列部分或全部货币资金转移服务的申请与许可、监督与管理、罚则做了专门规定:(一)网络支付;(二)预付卡的发行与受理;(三)银行卡收单;(四)中国人民银行确定的其他支付服务。上述网络支付,是指依托公共网络或专用网络在收付、款人之间转移货币资金的行为,包括货币汇兑、互联网支付、移动电话支付、固定电话支付、数字电视支付等;预付卡,是指以营利为目的发行的、在发行机构之外购买商品或服务的预付价值,包括采取磁条、芯片等技术以卡片、密码等形式发行的预付卡;银行卡收单,是指通过销售点(POS)终端等为银行卡特约商户代收货币资金的行为。

**(三)依法开立结算账户**

办理非票据结算的单位、个人和银行应当按照《人民币银行结算账户管理办法》的规定开立、使用账户①。

**(四)账户内有足够资金保证支付**

在银行开立存款账户的单位和个人办理非票据结算,账户内须有足够的资金保证支付,《人民币银行结算账户管理办法》另有规定的除外。没有开立存款账户的个人向银行交付款项后,也可以通过银行办理支付结算。

**(五)使用要式结算凭证**

结算凭证是办理非票据结算的工具,单位、个人和银行办理非票据结算,必须使用按中国人民银行统一规定印制的结算凭证。未使用中国人民银行统一规定格式的结算凭证,银行不予受理。

**(六)结算凭证填写符合要式性规定**

单位、个人和银行填写结算凭证,应按照《支付结算办法》和其附件一《正确填写票据和结算凭证的基本规定》对记载的规定,具体为:

(1)单位和银行的名称应当记载全称或者规范化简称。

(2)结算凭证上的签章,为签名、盖章或者签名加盖章。其中:单位在结算凭证上的签章,为该单位、银行的盖章加其法定代表人或其授权的代理人的签名或盖章;个人在结算凭证上的签章,应为该个人本名的签名或盖章。

(3)结算凭证的金额以中文大写和阿拉伯数码同时记载,二者必须一致;二者不一致的结算凭证,银行不予受理。

(4)结算凭证的金额、签发日期、收款人名称不得更改;更改的结算凭证,银行不予受理。对结算凭证上的其他记载事项,原记载人可以更改,更改时应当由原记载人在更改处签章证明。

**(七)不得伪造、变造结算凭证**

结算凭证上的签章和其他记载事项应当真实,不得伪造、变造结算凭证。

**(八)应当交验有效身份证件**

办理非票据结算需要交验的个人有效身份证件是指居民身份证、军官证、警官证、文职干部证、士兵证、户口簿、护照、港澳台同胞回乡证等符合法律、行政法规以及国家有关规定的身份证件。

**(九)实行集中统一和分级管理相结合的结算管理体制**

(1)中国人民银行总行负责制定统一的结算制度,组织、协调、管理、监督全国的支付结算工作,调解、处理银行之间的结算纠纷。

(2)中国人民银行省、自治区、直辖市分行根据统一的结算制度制定实施细则,报总行

---

① 《支付结算办法》的规定为:"单位、个人和银行应当按照《银行账户管理办法》的规定开立、使用账户。"(第一章第七条)由于2003年4月10日人民银行发布《人民币银行结算账户管理办法》取代《银行账户管理办法》,所以本章将其他法规中提及的《银行账户管理办法》统一改为《人民币银行结算账户管理办法》。

备案；根据需要可以制定单项结算办法，报经中国人民银行总行批准后执行。中国人民银行分、支行负责组织、协调、管理、监督本辖区的结算工作，调解、处理本辖区银行之间的结算纠纷。

(3)政策性银行、商业银行总行可以根据统一的结算制度，结合本行情况，制定具体管理实施办法，报经中国人民银行总行批准后执行。政策性银行、商业银行负责组织、管理、协调本行内的结算工作，调解、处理本行内分支机构之间的结算纠纷。

# 第二节　银行结算账户管理规定

## 一、银行结算账户及其管理原则

### (一)银行结算账户及分类

1.银行结算账户

银行结算账户，是指银行[①]为存款人开立的办理资金收付结算的人民币活期存款账户。这里的存款人，指在中国境内开立银行结算账户的机关、团体、部队、企业、事业单位、其他组织(以下统称单位)、个体工商户和自然人。这里的银行，是指在中国境内经中国人民银行批准经营支付结算业务的政策性银行、商业银行(含外资独资银行、中外合资银行、外国银行分行)、城市信用合作社、农村信用合作社。后面相同，不再赘述。

2.银行结算账户的分类

银行结算账户按不同的标准可以划分为不同的类型：

(1)按照存款人的不同，分为单位银行结算账户和个人银行结算账户。

单位银行结算账户，指存款人以单位名称开立的银行结算账户。单位银行结算账户按用途分为基本存款账户、一般存款账户、专用存款账户、临时存款账户。另外，个体工商户凭营业执照以字号或经营者姓名开立的银行结算账户纳入单位银行结算账户管理。

个人银行结算账户，指存款人凭个人身份证件以自然人名称开立的银行结算账户。邮政储蓄机构办理银行卡业务开立的账户纳入个人银行结算账户管理。

(2)按照结算账户用途的不同，分为基本存款账户、一般存款账户、专用存款账户、临时存款账户。

基本存款账户，是存款人因办理日常转账结算和现金收付需要而开立的银行结算账户。

一般存款账户，是存款人因借款或其他结算需要，在基本存款账户开户银行以外的银行营业机构开立的银行结算账户。

专用存款账户，是存款人按照法律、行政法规和规章，对其特定用途资金进行专项管理和使用而开立的银行结算账户。

临时存款账户，是存款人因临时需要并在规定期限内使用所开立的银行结算账户。

(3)按照开户地不同，分为本地银行结算账户、异地银行结算账户。

---

① 泛指在中华人民共和国境内依法经批准设立、可经营人民币支付结算业务的银行业金融机构。

本地银行结算账户，是存款人在其注册地或住所地开立的银行结算账户。

异地银行结算账户，是符合条件的存款人在异地开立的银行结算账户。

### （二）银行结算账户的管理原则

根据《人民币银行结算账户管理办法》和《中国人民银行关于取消企业银行账户许可有关事宜的约定》，银行结算账户管理必须遵守以下基本原则：

1.基本存款账户唯一性和属地性原则

单位银行结算账户的存款人只能在银行开立一个基本存款账户；存款人应在注册地或住所地开立银行结算账户。符合《人民币银行结算账户管理办法》规定可以在异地（跨省、市、县）开立银行结算账户的除外。

2.开户备案制原则

银行为符合条件的企业开立银行结算账户后应当向当地人民银行分支机构备案，该账户后续的变更、撤销仍需向当地人民银行分支机构备案。

3.自主开户原则

存款人可以自主选择银行开立银行结算账户。除国家法律、行政法规和国务院规定外，任何单位和个人不得强令存款人到指定银行开立银行结算账户。

4.守法原则

银行结算账户的开立和使用应当遵守法律、行政法规，不得利用银行结算账户进行偷逃税款、逃废债务、套取现金及其他违法犯罪活动。

5.保密原则

银行应依法为存款人的银行结算账户信息保密。对单位银行结算账户的存款和有关资料，除国家法律、行政法规另有规定外，银行有权拒绝任何单位或个人查询。对个人银行结算账户的存款和有关资料，除国家法律另有规定外，银行有权拒绝任何单位或个人查询。

6.依法监管原则

中国人民银行是银行结算账户的监督管理部门，对银行结算账户依法进行监管。

## 二、银行结算账户的使用规则

我国《人民币银行结算账户管理办法》第三章规定了银行结算账户的使用规则。

### （一）单位银行结算账户的用途及使用规则

1.基本存款账户的用途

基本存款账户是存款人的主办账户，存款人日常经营活动的资金收付及其工资、奖金和现金的支取，应通过该基本存款账户办理。

2.一般存款账户的用途

一般存款账户用于办理存款人借款转存、借款归还和其他结算的资金收付，一般存款账户可以办理现金缴存，但不得办理现金支取。

3.专用存款账户的用途

专用存款账户用于办理各项专用资金的收付，其具体要求和规定为：

（1）单位银行卡账户的资金必须由其基本存款账户转账存入。单位银行卡账户不得办理现金收付业务。

(2)财政预算外资金、证券交易结算资金、期货交易保证金和信托基金专用存款账户不得支取现金。

(3)基本建设资金、更新改造资金、政策性房地产开发资金、金融机构存放同业资金账户需要支取现金的,应在开户时报中国人民银行当地分支行批准。中国人民银行当地分支行应根据国家现金管理的规定审查批准。

(4)粮、棉、油收购资金,社会保障基金,住房基金和党、团、工会经费等专用存款账户支取现金应按照国家现金管理的规定办理。

(5)收入汇缴账户除向其基本存款账户或预算外资金财政专用存款户划缴款项外,只收不付,不得支取现金。业务支出账户除从其基本存款账户拨入款项外,只付不收,其现金支取必须按照国家现金管理的规定办理。银行应按照上述的各项规定和国家对粮、棉、油收购资金使用管理规定加强监督,对不符合规定的资金收付和现金支取,不得办理。但对其他专用资金的使用不负监督责任。

4.临时存款账户的用途

临时存款账户用于办理临时机构以及存款人临时经营活动发生的资金收付。临时存款账户支取现金,应按照国家现金管理的规定办理。注册验资的临时存款账户在验资期间只收不付,注册验资资金的汇缴人应与出资人的名称一致。

**(二)个人银行结算账户的用途及使用规则**

个人银行结算账户用于办理个人转账收付和现金存取。下列款项可以转入个人银行结算账户:①工资、奖金收入。②稿费、演出费等劳务收入。③债券、期货、信托等投资的本金和收益。④个人债权或产权转让收益。⑤个人贷款转存。⑥证券交易结算资金和期货交易保证金。⑦继承、赠与款项。⑧保险理赔、保费退还等款项。⑨纳税退还。⑩农、副、矿产品销售收入。⑪其他合法款项。

储蓄账户仅限于办理现金存取业务,不得办理转账结算。

**(三)单位银行结算账户向个人银行结算账户付款的规则**

(1)单位从其银行结算账户支付给个人银行结算账户的款项,每笔超过5万元的,应向其开户银行提供下列付款依据:①代发工资协议和收款人清单。②奖励证明。③新闻出版、演出主办等单位与收款人签订的劳务合同或支付给个人款项的证明。④证券公司、期货公司、信托投资公司、奖券发行或承销部门支付或退还给自然人款项的证明。⑤债权或产权转让协议。⑥借款合同。⑦保险公司的证明。⑧税收征管部门的证明。⑨农、副、矿产品购销合同。⑩其他合法款项的证明。从单位银行结算账户支付给个人银行结算账户的款项应纳税的,税收代扣单位付款时应向其开户银行提供完税证明。

(2)有下列情形之一的,个人应出具上述规则规定的有关收款依据:①个人持出票人为单位的支票向开户银行委托收款,将款项转入其个人银行结算账户的。②个人持申请人为单位的银行汇票和银行本票向开户银行提示付款,将款项转入其个人银行结算账户的。

(3)单位银行结算账户支付给个人银行结算账户款项的,银行应按前述两项规则规定认真审查付款依据或收款依据的原件,并留存复印件,按会计档案保管。未提供相关依据或相关依据不符合规定的,银行应拒绝办理。

### (四)银行结算账户使用的其他规则

(1)及时核对账务。即银行应按规定与存款人核对账务,银行结算账户的存款人收到对账单或对账信息后,应及时核对账务并在规定期限内向银行发出对账回单或确认信息。

(2)合法使用账户。即存款人应按照《人民币银行账户结算管理办法》的规定使用银行结算账户办理结算业务。存款人不得出租、出借银行结算账户,不得利用银行结算账户套取银行信用。

## 三、结算账户的管理规则

《人民币银行结算账户管理办法》第五章从中国人民银行、开户银行和存款人三个方面规定了银行结算账户的管理规则。

### (一)中国人民银行的管理职责

中国人民银行的管理职责主要包括:

(1)负责监督、检查银行结算账户的开立和使用,对存款人、银行违反银行结算账户管理规定的行为予以处罚。

(2)对银行结算账户的使用实施监控和管理。

### (二)开户银行的管理职责

开户银行的管理职责主要表现为:

(1)银行负责所属营业机构银行结算账户开立和使用的管理,监督和检查其执行《人民币银行账户结算管理办法》的情况,纠正违规开立和使用银行结算账户的行为。

(2)银行应明确专人负责银行结算账户的开立、使用和撤销的审查和管理,负责对存款人开户申请资料的审查,并按照《人民币银行账户结算管理办法》的规定及时报送存款人开销户信息资料,建立健全开销户登记制度,建立银行结算账户管理档案,按会计档案进行管理。银行结算账户管理档案的保管期限为银行结算账户撤销后10年。

(3)银行应对已开立的单位银行结算账户实行年检制度,检查开立的银行结算账户的合规性,核实开户资料的真实性;对不符合《人民币银行账户结算管理办法》规定开立的单位银行结算账户,应予以撤销。对经核实的各类银行结算账户的资料变动情况,应及时报告中国人民银行当地分支行备案。银行应对存款人使用银行结算账户的情况进行监督,对存款人的可疑支付应按照中国人民银行规定的程序及时报告。

### (三)存款人的管理职责

存款人的管理职责主要表现为:存款人应加强对预留银行签章的管理。单位遗失预留公章或财务专用章的,应向开户银行出具书面申请、营业执照等相关证明文件;更换预留公章或财务专用章时,应向开户银行出具书面申请、原预留签章的式样等相关证明文件。个人遗失或更换预留个人印章或更换签字人时,应向开户银行出具经签名确认的书面申请,以及原预留印章或签字人的个人身份证件。银行应留存相应的复印件,并凭以办理预留银行签章的变更。

# 第三节　非票据结算规则

我国《支付结算办法》第三章和第四章分别对信用卡结算、汇兑、委托收款和托收承付等非票据结算形式的结算规则进行了规定。

## 一、信用卡结算规则

### (一)信用卡的概念与种类

信用卡是指商业银行向个人和单位发行的,凭以向特约单位购物、消费和向银行存取现金,且具有消费信用的特制载体卡片。

信用卡按使用对象分为单位卡和个人卡;按信誉等级分为金卡和普通卡。

1. 单位卡

凡在中国境内金融机构开立基本存款账户的单位可申领单位卡。单位卡可申领若干张,持卡人资格由申领单位法定代表人或其委托的代理人书面指定和注销。单位卡账户的资金一律从其基本存款账户转账存入,不得交存现金,不得将销货收入的款项存入其账户。

2. 个人卡

凡具有完全民事行为能力的公民可申领个人卡。个人卡的主卡持卡人可为其配偶及年满 18 周岁的亲属申领附属卡,申领的附属卡最多不得超过两张,也有权要求注销其附属卡。个人卡账户的资金以其持有的现金存入或以其工资性款项及属于个人的劳务报酬收入转账存入。严禁将单位的款项存入个人卡账户。

### (二)信用卡结算的当事人及其规则

信用卡结算当事人包括持卡人、特约单位和发卡银行。《支付结算办法》第三章给出了信用卡结算三方当事人应遵循的基本规则。

1. 持卡人规则

(1)持卡人可持信用卡在特约单位购物、消费。单位卡不得用于 10 万元以上的商品交易、劳务供应款项的结算。

(2)持卡人凭卡购物、消费时,需将信用卡和身份证件一并交特约单位。智能卡(下称 IC 卡)、照片卡可免验身份证件。

(3)持卡人使用信用卡不得发生恶意透支。恶意透支是指持卡人超过规定限额或规定期限,并且经发卡银行催收无效的透支行为。

(4)持卡人不需要继续使用信用卡的,应持信用卡主动到发卡银行办理销户。

(5)持卡人还清透支本息后,属于下列情况之一的,可以办理销户:①信用卡有效期满 45 天后,持卡人不更换新卡的;②信用卡挂失满 45 天后,没有附属卡又不更换新卡的;③信用卡被列入止付名单,发卡银行已收回其信用卡 45 天的;⑤持卡人死亡,发卡银行已收回其信用卡 45 天的;⑤持卡人要求销户或担保人撤销担保,并已交回全部信用卡 45 天的;⑥信用卡账户两年(含)以上未发生交易的;⑦持卡人违反其他规定,发卡银行认为应该取消资格的。发卡银行办理销户,应当收回信用卡。有效信用卡无法收回的,应当将其止付。

2.特约单位规则

(1)特约单位不得拒绝受理持卡人合法持有的、签约银行发行的有效信用卡,不得因持卡人使用信用卡而向其收取附加费用。

(2)特约单位受理信用卡时,应审查下列事项:①确为本单位可受理的信用卡;②信用卡在有效期内,未列入"止付名单";③签名条上没有"样卡"或"专用卡"等非正常签名的字样;④信用卡无打孔、剪角、毁坏或涂改的痕迹;⑤持卡人身份证件或卡片上的照片与持卡人相符,但使用IC卡、照片卡或持卡人凭密码在销售点终端上消费、购物,可免验身份证件;⑥卡片正面的拼音姓名与卡片背面的签名和身份证件上的姓名一致。

(3)特约单位受理信用卡审查无误的,在签购单上压卡,填写实际结算金额、用途、持卡人身份证件号码、特约单位名称和编号。如超过支付限额的,应向发卡银行索权并填写授权号码,交持卡人签名确认,同时核对其签名与卡片背面签名是否一致。无误后,对同意按经办人填写的金额和用途付款的,由持卡人在签购单上签名确认,并将信用卡、身份证件和第一联签购单交还给持卡人。审查发现问题的,应及时与签约银行联系,征求处理意见。对止付的信用卡,应收回并交还发卡银行。

(4)特约单位不得通过压卡、签单和退货等方式支付持卡人现金。

(5)特约单位在每日营业终了,应将当日受理的信用卡签购单汇总,计算手续费和净计金额,并填写汇(总)计单和进账单,连同签购单一并送交收单银行办理进账。

(6)持卡人要求退货的,特约单位应使用退货单办理压(刷)卡,并将退货单金额从当日签购单累计金额中抵减,退货单随签购单一并送交收单银行。

3.发卡银行规则

(1)发卡银行应建立授权审批制度;信用卡结算超过规定限额的必须取得发卡银行的授权。

(2)收单银行接到特约单位送交的各种单据,经审查无误后,为特约单位办理进账。

(3)发卡银行收到代理银行通过同城票据交换或本系统联行划转的各种单据审核无误后为持卡人办理付款或收款。

## 二、汇兑规则

### (一)汇兑的概念

汇兑是汇款人委托银行将其款项支付给收款人的结算方式。单位和个人的各种款项的结算,均可使用汇兑结算方式。汇兑分为信汇、电汇两种,由汇款人选择使用。

### (二)汇兑结算的程序与规则

汇兑结算的程序包括如下4个环节:汇款人委托开户银行汇款并签发汇兑凭证;汇款人开户银行将汇出款项划转收款人开户银行;收款人开户银行通知收款人汇款已入账;收款人根据有关凭证支取或使用款项。

汇兑规则具体包括汇出规则、汇入支取规则和退汇规则。

1.汇出规则

(1)汇款人委托银行办理汇兑,应填写汇兑凭证。汇兑凭证必须记载下列事项:①表明"信汇"或"电汇"字样;②无条件支付的委托;③确定的金额;④收款人名称;⑤汇款人名称；⑥汇入地点、汇入行名称；⑦汇出地点、汇出行名称；⑧委托日期(指汇款人向汇出银行提交汇兑凭证的当日)；⑨汇款人签章。汇兑凭证欠缺上列记载事项之一的，银行不予受理；汇兑凭证记载的汇款人名称、收款人名称，其在银行开立存款账户的，必须记载其账号。欠缺记载的，银行不予受理。

(2)汇兑凭证上记载收款人为个人的，收款人需要到汇入银行领取汇款，汇款人应在汇兑凭证上注明"留行待取"字样；留行待取的汇款，需要指定单位的收款人领取汇款的，应注明收款人的单位名称；信汇凭收款人签章支取的，应在信汇凭证上预留其签章。汇款人确定不得转汇的，应在汇兑凭证备注栏注明"不得转汇"字样。

(3)汇款人和收款人均为个人，需要在汇入银行支取现金的，应在信、电汇凭证的"汇款金额"大写栏，先填写"现金"字样，后填写汇款金额。

(4)汇出银行受理汇款人签发的汇兑凭证，经审查无误后，应及时向汇入银行办理汇款，并向汇款人签发汇款回单。汇款回单只能作为汇出银行受理汇款的依据，不能作为该笔汇款已转入收款人账户的证明。

2.汇入支取规则

(1)汇入银行对开立存款账户的收款人，应将汇给其的款项直接转入收款人账户，并向其发出收账通知。收账通知是银行将款项确已收入收款人账户的凭据。

(2)未在银行开立存款账户的收款人，凭信、电汇的取款通知或"留行待取"的，向汇入银行支取款项，必须交验本人的身份证件，在信、电汇凭证上注明证件名称、号码及发证机关，并在"收款人签盖章"处签章；信汇凭签章支取的，收款人的签章必须与预留信汇凭证上的签章相符。银行审查无误后，以收款人的姓名开立应解汇款及临时存款账户，该账户只付不收，付完清户，不计付利息。

(3)支取现金的，信、电汇凭证上必须有按规定填明的"现金"字样，才能办理。未填明"现金"字样，需要支取现金的，由汇入银行按照国家现金管理规定审查支付。

(4)收款人需要委托他人向汇入银行支取款项的，应在取款通知上签章，注明本人身份证件名称、号码、发证机关和"代理"字样以及代理人姓名。代理人代理取款时，也应在取款通知上签章，注明其身份证件名称、号码及发证机关，并同时交验代理人和被代理人的身份证件。

(5)转账支付的，应由原收款人向银行填制支款凭证，并由本人交验其身份证件办理支付款项。该账户的款项只能转入单位或个体工商户的存款账户，严禁转入储蓄和信用卡账户。

(6)转汇的，应由原收款人向银行填制信、电汇凭证，并由本人交验其身份证件。转汇的收款人必须是原收款人。原汇入银行必须在信、电汇凭证上加盖"转汇"戳记。

3.退汇规则

(1)汇款人对汇出银行尚未汇出的款项可以申请撤销。申请撤销时，应出具正式函件或本人身份证件及原信、电汇回单。汇出银行查明确未汇出款项的，收回原信、电汇回单，方可办理撤销。

(2)汇款人对汇出银行已经汇出的款项可以申请退汇。对在汇入银行开立存款账户的收款人，由汇款人与收款人自行联系退汇；对未在汇入银行开立存款账户的收款人，汇款人应出具正式函件或本人身份证件以及原信、电汇回单，由汇出银行通知汇入银行，经汇入银行核实汇款确未支付，并将款项汇回汇出银行，方可办理退汇。

(3)转汇银行不得受理汇款人或汇出银行对汇款的撤销或退汇。

(4)汇入银行对于收款人拒绝接受的汇款，应即办理退汇。汇入银行对于向收款人发出取款通知，经过2个月无法交付的汇款，应主动办理退汇。

## 三、委托收款规则

### (一)委托收款的概念与适用范围

委托收款是收款人委托银行向付款人收取款项的结算方式。

单位和个人凭已承兑商业汇票、债券、存单等付款人债务证明办理款项的结算，均可以使用委托收款结算方式。除此，同城、异地结算亦均可以使用。

委托收款结算款项的划回方式，分邮寄和电报[①]两种，由收款人选用。

### (二)委托收款的基本规则

《支付结算办法》第四章第四节规定了委托收款的基本规则。

1. 委托规则

收款人办理委托收款应向银行提交委托收款凭证和有关的债务证明。委托收款凭证必须记载下列事项：①表明“委托收款”的字样；②确定的金额；③付款人名称；④收款人名称；⑤委托收款凭据名称及附寄单证张数；⑥委托日期；⑦收款人签章。欠缺记载上列事项之一的，银行不予受理。

委托收款以银行以外的单位为付款人的，委托收款凭证必须记载付款人开户银行名称；以银行以外的单位或在银行开立存款账户的个人为收款人的，委托收款凭证必须记载收款人开户银行名称；未在银行开立存款账户的个人为收款人的，委托收款凭证必须记载被委托银行名称。欠缺记载的，银行不予受理。

2. 付款规则

银行接到寄来的委托收款凭证及债务证明，审查无误办理付款。其中：以银行为付款人的，银行应在当日将款项主动支付给收款人；以单位为付款人的，银行应及时通知付款人，按照有关办法规定，需要将有关债务证明交给付款人的应交给付款人，并签收，付款人应于接到通知的当日书面通知银行付款。

付款人未在接到通知日的次日起3日内通知银行付款的，视同付款人同意付款，银行应于付款人接到通知日的次日起第4日上午开始营业时，将款项划给收款人。

付款人提前收到由其付款的债务证明，应通知银行于债务证明的到期日付款。付款人未于接到通知日的次日起3日内通知银行付款，付款人接到通知日的次日起第4日在债务证明到期日之前的，银行应于债务证明到期日将款项划给收款人。

银行在办理划款时，付款人存款账户不足支付的，应通过被委托银行向收款人发出未付款项通知书。按照有关办法规定，债务证明留存付款人开户银行的，应将其债务证明连

---

① 随着通讯业的发展，电报已基本退出历史舞台。目前在现实中主要采用邮政快递与电子方式。

同未付款项通知书邮寄被委托银行转交收款人。

3.拒付规则

付款人审查有关债务证明后，对收款人委托收取的款项需要拒绝付款的，可以办理拒绝付款。其中：①以银行为付款人的，应自收到委托收款及债务证明的次日起3日内出具拒绝证明连同有关债务证明、凭证寄给被委托银行，转交收款人。②以单位为付款人的，应在付款人接到通知日的次日起3日内出具拒绝证明，持有债务证明的，应将其送交开户银行。银行将拒绝证明、债务证明和有关凭证一并寄给被委托银行，转交收款人。

### 四、托收承付规则

托收承付是指根据购销合同由收款人发货后，委托银行向异地付款人收取款项，由付款人向银行承认付款的结算方式。托收承付包括收款人向银行托收和承付人经过银行承付两个环节。我国《支付结算办法》第四章第三节规定，使用托收承付结算方式的收款单位和付款单位，必须是国有企业、供销合作社以及经营管理较好、并经开户银行审查同意的城乡集体所有制工业企业。办理托收承付结算的款项，必须是商品交易，以及因商品交易而产生的劳务供应的款项。代销、寄销、赊销商品的款项，不得办理托收承付结算。托收承付是计划经济时期我国最主要的异地结算方式，目前这一方式虽未废止，但在现实中已极少使用，所以不再介绍。

## 第四节　法律责任

### 一、违反《人民币银行结算账户管理办法》的法律责任

#### (一)存款人的法律责任

(1)存款人开立、撤销银行结算账户，不得有下列行为：①违反《人民币银行结算账户管理办法》规定开立银行结算账户。②伪造、变造证明文件欺骗银行开立银行结算账户。③违反《人民币银行结算账户管理办法》规定不及时撤销银行结算账户。非经营性的存款人，有上述所列行为之一的，给予警告并处以1000元的罚款；经营性的存款人有上述所列行为之一的，给予警告并处以1万元以上3万元以下的罚款；构成犯罪的，移交司法机关依法追究刑事责任。

(2)存款人使用银行结算账户，不得有下列行为：①违反《人民币银行结算账户管理办法》规定将单位款项转入个人银行结算账户。②违反《人民币银行结算账户管理办法》规定支取现金。③利用开立银行结算账户逃废银行债务。④出租、出借银行结算账户。⑤从基本存款账户之外的银行结算账户转账存入、将销货收入存入或现金存入单位信用卡账户。⑥法定代表人或主要负责人、存款人地址以及其他开户资料的变更事项未在规定期限内通知银行。非经营性的存款人有上述所列①至⑤项行为的，给予警告并处以1000元罚款；经营性的存款人有上述所列①至⑤项行为的，给予警告并处以5000元以上3万元以下的罚款；存款人有上述所列第⑥项行为的，给予警告并处以1000元的罚款。

(3)违反《人民币银行结算账户管理办法》规定，伪造、变造、私自印制开户登记证的存款人，属非经营性的处以1000元罚款；属经营性的处以1万元以上3万元以下的罚款；构

成犯罪的，移交司法机关依法追究刑事责任。

### （二）银行的法律责任

（1）银行在银行结算账户的开立中，不得有下列行为：①违反《人民币银行结算账户管理办法》规定为存款人多头开立银行结算账户。②明知或应知是单位资金，而允许以自然人名称开立账户存储。银行有上述所列行为之一的，给予警告，并处以5万元以上30万元以下的罚款；对该银行直接负责的高级管理人员、其他直接负责的主管人员、直接责任人员按规定给予纪律处分；构成犯罪的，移交司法机关依法追究刑事责任。

（2）银行在银行结算账户的使用中，不得有下列行为：①提供虚假开户申请资料欺骗银行开立结算账户。②开立或撤销单位银行结算账户，未通知相关开户银行。③违反《人民币银行结算账户管理办法》相关规定办理个人银行结算账户转账结算。④为储蓄账户办理转账结算。⑤违反规定为存款人支付现金或办理现金存入。⑥账户的开立、变更、撤销等未按规定向中国人民银行备案。银行有上述所列行为之一的，给予警告，并处以5000元以上3万元以下的罚款；对该银行直接负责的高级管理人员、其他直接负责的主管人员、直接责任人员按规定给予纪律处分；构成犯罪的，移交司法机关依法追究刑事责任。

## 二、违反《支付结算管理办法》的法律责任

### （一）违反信用卡结算管理规定的法律责任

1.持卡人违反管理规定的法律责任

（1）持卡人使用单位卡发生透支的，由其单位承担透支金额的偿还和支付透支利息的责任。持卡人使用个人卡附属卡发生透支的，由其主卡持卡人承担透支金额的偿还和支付透支利息的责任；主卡持卡人丧失偿还能力的，由其附属卡持卡人承担透支金额的偿还和支付透支利息的责任。

（2）持卡人违反《支付结算管理办法》规定使用信用卡进行商品交易、套取现金以及出租或转借信用卡的，应按规定承担行政责任。

（3）单位卡持卡人违反《支付结算管理办法》规定，将基本存款账户以外的存款和销货款收入的款项转入其信用卡账户的；个人卡持卡人违反《支付结算管理办法》规定，将单位的款项转入其信用卡账户的，应按规定承担行政责任。

（4）有利用信用卡欺诈行为，构成犯罪的，应依法承担刑事责任。情节轻微，不构成犯罪的，应按照规定承担行政责任。

2.银行及其他机构违反管理规定的法律责任

（1）存在以下情形，应按规定承担行政责任：银行违反《支付结算管理办法》规定，未经批准发行信用卡的；帮助持卡人将其基本存款账户以外的存款或其他款项转入单位卡账户，将单位的款项转入个人卡账户的；违反规定帮助持卡人提取现金的。

（2）非金融机构、非银行金融机构、境外金融机构驻华代表机构违反规定，经营信用卡业务的，应按规定承担行政责任。

（3）未经中国人民银行批准，开办信用卡业务的，应按规定承担行政责任。

**(二)违反其他非票据结算管理规定的法律责任**

1.银行违反管理规定的法律责任

(1)银行办理支付结算,因工作差错发生延误,影响客户和他行资金使用的,按中国人民银行规定的同档次流动资金贷款利率计付赔偿金。

(2)银行违反规定故意压票、退票、拖延支付,受理无理拒付,擅自拒付退票,有款不扣以及不扣、少扣赔偿金,截留、挪用结算资金,影响客户和他行资金使用的,要按规定承担赔偿责任。因重大过失错付或被冒领的,要负责资金赔偿。

(3)银行违反《支付结算管理办法》规定将支付结算的款项转入储蓄和信用卡账户的,应按规定承担行政责任。

(4)银行违反规定故意压票、退票、拖延支付,受理无理拒付,擅自拒付退票,有款不扣以及不扣、少扣赔偿金,截留、挪用结算资金的,应按规定承担行政责任。

(5)银行未按规定通过人民银行办理大额转汇的,应按规定承担行政责任。

(6)银行在结算制度之外规定附加条件,影响汇路畅通的,应按规定承担行政责任。

(7)银行违反《银行账户管理办法》开立和管理账户的,应按规定承担行政责任。

3.其他违法主体的法律责任

(1)单位和个人违反《银行账户管理办法》开立和使用账户的,应按规定承担行政责任(对单位和个人承担行政责任的处罚,由中国人民银行委托商业银行执行)。

(2)违反国家法律、法规和未经中国人民银行批准,作为中介机构经营结算业务的,应按规定承担行政责任。

(3)邮电部门在传递票据、结算凭证和拍发电报中,因工作差错而发生积压、丢失、错投、错拍、漏拍、重拍等,造成结算延误,影响单位、个人和银行资金使用或造成资金损失的,邮电部门应按规定承担行政责任。

4.伪造、变造结算凭证,利用结算凭证欺诈的法律责任

(1)伪造、变造票据和结算凭证上的签章或其他记载事项的,应当承担民事责任或刑事责任。

(2)有利用结算凭证欺诈的行为,构成犯罪的,应依法承担刑事责任。情节轻微,不构成犯罪的,应按照规定承担行政责任。

## 思考练习题

1.我国现行的非票据结算方式和结算工具有哪些?

2.银行结算账户有哪些分类?

3.简述非票据结算的一般法律规定。

4.简述我国信用证结算程序。

# 第八章　票据法律制度

## 章前提要

本章主要介绍票据以及票据行为的法律特征；票据关系、票据行为、票据权利、票据抗辩、票据伪造与变造、利益偿还请求权等票据法的基本规则；汇票，本票与支票的出票、背书、承兑、保证、付款及追索规则及违反票据法的法律责任。

## 第一节　票据法概述

### 一、票据法的概念与立法目的

#### （一）票据的概念与特征

1. 票据的概念

票据的概念有狭、广两义。广义的票据，是指商业活动中与权利结合在一起的有价证券和凭证，如提单、运单、仓单、股票、国库券、债券、汇票、本票、支票等。狭义的票据，即货币证券，指出票人依法发行的、以无条件支付一定金额货币为目的的有价证券，主要指汇票、本票和支票。通常我们所说的票据多指狭义的票据，本章所讲的票据，亦指狭义的票据，包括本票、汇票和支票。

2. 票据的特征

票据具有如下 10 个法律特征：

(1)票据是设权证券。证券按其权利与作成的关系不同可划分为证权证券和设权证券。证权证券指权利义务产生于证券作成之前，证券的作成仅在于证明一定权利义务的存在，例如提单、仓单等。设权证券指权利和义务产生于证券作成之后，作成证券的目的仅在于创设一定的权利。票据权利因票据的作成而产生，所以票据为设权证券，尤以融资性票据最具典型。

(2)票据是债权证券。证券按其权利所表示的法律性质不同可以划分为物权证券、债权证券和团体权证券(或社员权证券)。物权证券指持券人享有的权利为该证券表明的物权，例如仓单、提单等。团体权证券也叫社员权证券，指持券人享有的权利为该证券表明的持券人作为某一团体中的一员的权利，如公司股票。债权证券指持券人享有的权利为证券所表明的债权，例如债券、票据等。票据是债权证券，是因为票据所反映的权利，为持票人可以就票据所记载的金额向票据债务人行使要求他履行债务的权利。

(3)票据为金钱证券。票据持票人请求给付的标的是一定数量的金钱(货币),不是金钱以外的其他物品。

(4)票据是要式证券。票据的制作必须符合法律规定的形式,并按法律要求的记载内容与记载形式记载于票据之上,否则票据无效。

(5)票据是无因证券。票据持有人只要是依法取得票据,且持有的票据具备要式条件,即可行使票据权利,且在行使票据权利时无需说明取得票据的原因。

(6)票据是流通证券。票据经背书可以流通转让。

(7)票据是文义证券。票据上的权利、义务以票据上的记载为准,在票据上签章的人,应以签章时的票据文义对票据负责,不得以票据以外的任何证据变更、补充票据上文字记载的意义。

(8)票据是占有证券。票据权利人主张票据权利必须以占有票据为前提。

(9)票据是提示证券。票据权利人行使票据权利时,必须向义务人提示票据,以便于证明自己实际占有票据,且票据是真实的,并符合要式条件。

(10)票据是返还证券。权利人权利实现后须返还票据给义务人。

在以上 10 个特征中,最基本的特征为票据的要式性、无因性、文义性和流通性 4 个特征。

### (二)票据法的概念与特征

#### 1.票据法的概念

票据法的概念也有狭、广两义。广义的票据法,是指涉及票据关系调整的各种法律规范,既包括专门的票据法律、法规,也包括其他法律、法规中有关票据的规范。狭义的票据法,即专门的票据法规范,是国家专门规定票据关系以及与票据行为有密切关系的非票据关系的法律规范的总称,它既规定票据的种类、形式和内容,又明确票据当事人之间的权利义务,调整因票据而发生的各种社会关系。

#### 2.票据法的特征

与其他法律相比,票据法具有如下 3 个特征:

(1)强行性特征。票据法具有强行性,指的是相较于民法中法律行为的种类、民事权利的创设、民事行为的履行的任意性规定,票据的种类、票据权利的创设以及票据行为的实施具有法律的强制性规定。票据法的强制性主要表现在 3 个方面:①票据种类法定,当事人不得任意创设。因为票据是流通证券,有较强的流通性,所以票据种类的确定要以法律规定为准,任何银行、单位和个人不得创设新的票据形式。②票据不得任意签发。因为票据是要式证券,所以票据的签发以及票据内容的设定要以法律规定为准,除法律另有规定外,不允许当事人加以变更。③票据行为法定。因为票据行为为要式行为,一切票据行为须按照法定方式进行,任何违反法定方式的票据及票据行为一律无效。

(2)技术性特征。票据是在信用基础上创造出来的流通证券,所以作为规范票据关系和票据行为的票据法,着重于从技术层面以方便合理为原则制定规范,以保证票据签发、流通、付款的安全、便捷①,这与注重公序良俗、以惩恶扬善为原则的民法与刑法规范有显著不同。

(3)国际统一性特征。由于票据广泛应用于国际贸易,而伴随着经济、金融全球化,国际贸易与国际支付、国际结算规模不断扩大,这使得国家间票据法的统一成为一种需要。目前,国家之间票据法正逐步趋于统一,国际社会也在不断谋求票据法的协调、统一。

《票据法》1995 年 5 月 10 日第八届全国人民代表大会常务委员会第十三次会议通过,1996 年 1 月 1 日起施行,2004 年 8 月 28 日第十届全国人民代表大会常务委员会第十一次会议通过修正。

#### (三)中国票据法的立法目的

改革开放以后,我国银行结算制度进行了多次改革,票据业务得到逐步恢复和发展。1989 年,我国制定并实施了以汇票、本票、支票为主体的新的结算制度,票据逐渐成为主要结算工具。在票据法制定前,有关的票据制度主要由中国人民银行以规章形式发布。这些规章还不够系统、全面,法律效力也不够高。在全国范围内,票据行为不规范的现象还大量存在,利用票据进行犯罪活动的现象也时有发生。为了规范票据行为,保障票据当事人的合法权益,维护社会经济秩序,促进经济发展,1995 年 5 月 10 日第八届全国人民代表大会常务委员会第十三次会议正式通过《票据法》,并在《票据法》在第一条明确规定票据法的立法目的为:①规范票据行为;②保障票据活动中当事人的合法权益;③维护社会经济秩序;④促进社会主义市场经济的发展。

### 二、中国票据法的基本框架

1995 年 5 月 10 日颁布的《票据法》共包括 7 章 111 条。各章依次为:总则;汇票(包含 6 节:出票、背书、承兑、保证、付款、追索权);本票;支票;涉外票据的法律适用;法律责任;附则。2004 年 8 月 28 日第十届全国人民代表大会常务委员会第十一次会议通过了《关于修改〈中华人民共和国票据法〉的决定》,对《票据法》进行了修改,修改的内容为,取消原法中第七十五条(本票出票人的资格由中国人民银行审定)。现行《票据法》为 7 章 110 条,章节没有变化。

## 第二节　票据法的基本规则

### 一、票据关系与非票据关系

#### (一)票据关系的概念与构成

票据关系也叫票据法律关系,是指基于票据当事人的行为所形成的、由票据法律确认并规范的票据上的权利义务关系。

票据关系由主体、客体和内容三个要素构成。

---

① 如票据形式的严格规定、关于票据行为无因性的规定、背书连续的规定、抗辩切断的规定以及付款责任的规定等,都是从方便合理的角度出发,以保证票据使用的安全,确保票据的流通顺畅和付款安全。

1.票据关系的主体

票据关系的主体，是指在票据的签发和流通转让过程中，通过实施票据行为，取得一定权利、承担一定义务的当事人。一般包括出票人、收款人、付款人、持票人、承兑人、背书人、保证人、参加人（包括参加承兑人和参加付款人）等。票据关系的主体既可以是个人、法人，也可以是非法人组织，还可以是国家。

票据主体按不同的标准可以区分为不同的类型：

（1）按是否随出票行为出现，可分为基本当事人和非基本当事人。基本当事人是指票据签发时就存在的当事人，如汇票、支票中的出票人、收款人和付款人，本票中的出票人和收款人。非基本当事人是指在票据签发以后，基于票据行为参加票据关系的当事人，如背书人、保证人、参加人等。

（2）按当事人间的位置，可分为前手和后手。前手是指其签章位于某一特定当事人之前的当事人。后手指位于前手之后的当事人。前手为后手的债务人。

（3）按是否持有票据，可分为持票人和非持票人。持票人为实际占有票据的当事人，为票据关系中的债权人。非持票人是没有实际占有票据的当事人。

（4）按当事人在票据关系中的地位，可分为债权人和债务人。债权人是指因为一定的票据行为而享有向票据债务人请求支付票载金额的权利人，包括收款人和持票人。债务人指因为一定的票据行为而负有向持票人支付票载金额的责任人。债务人按责任主次可分为第一债务人和第二债务人。第一债务人又称主债务人，指负有付款义务的人，包括汇票的承兑人、本票的出票人；第二债务人又称次债务人或偿还债务人，指负有担保付款义务的人，如汇票的出票人、背书人、保证人等。在票据关系中，当持票人向第一债务人请求付款遭到拒付时，可向第二债务人行使追索权，请求其代为支付票款、利息以及相关费用。

2.票据关系的客体

票据关系的客体，是指参加票据法律关系的当事人的权利和义务共同指向的对象。由于票据是金钱证券，所以票据关系的客体就是一定数额的货币，而不能是其他物品。

3.票据关系的内容

票据关系的内容，是指票据当事人基于票据行为依法享有的票据权利和承担的票据义务。票据权利是票据权利人依法享有的、为实现票据债权而为一定行为或要求他人为一定行为的权利，包括付款请求权和追索权。票据义务又称票据责任，指票据义务人为满足票据权利人的请求，依法为或不为一定行为的义务，表现为主债务人的付款义务和次债务人的代偿义务等。

**（二）非票据关系的概念**

非票据关系有狭、广两义。广义的非票据关系指与票据和票据行为有密切关系，但不是基于票据行为而产生的债权债务关系，包括票据法上的非票据关系和民法上的与票据有关的非票据关系（也称为票据的基础关系）。狭义的非票据关系仅指票据法上的非票据关系。

1.票据法上的非票据关系

票据法上的非票据关系，指由票据法规定，与票据行为有联系，但不是由票据行为本身所产生的法律关系。票据法之所以要规定非票据关系，是为了保护票据债权人的利益，即在其由于某种原因而丧失票据权利时，可以通过票据法的相关规定，使利益得以补救。包括：①对于恶意或重大过失而取得票据的持票人，正当权利人行使票据返还请求权而发生的关系；②因时效或手续欠缺而丧失票据上权利的持票人，对于出票人或承兑人行使利益偿还请求权而发生的关系；③票据付款人付款后，向持票人行使交出票据请求权而发生的关系；④汇票收款人向出票人行使给与复本请求权而发生的关系；等等。

2.民法上的非票据关系

民法上的非票据关系也称票据的基础关系，或票据的实质关系，是指由民法调整的与票据有关，但非基于票据行为而产生的法律关系。票据基础关系在票据授受之前已经存在，是作为票据授受前提的关系。即票据基础关系是产生票据关系的前提和基础，它与票据关系有关但不是票据关系。票据基础关系包括票据原因关系、票据资金关系和票据预约关系三种形式。

(1)票据原因关系，指当事人之间基于授受票据的原因而产生的法律关系。例如，由于当事人之间有经济上或法律上的买卖、借贷等原因，出票人、背书人才发出或背书票据给收款人。

(2)票据资金关系，指支票或者汇票的付款人与出票人之间建立的委托付款关系。例如银行之所以愿意作为付款人替汇票或支票的出票人付款，是因为他们之间存在着一个付款人(银行)接受出票人的委托代为付款或承兑的约定，而这一约定使付款人与出票人之间产生了资金关系。

(3)票据预约关系，指票据当事之间就票据行为，尤其是就票据授受所达成的约定。票据当事人之间有了原因关系以后，就要授受票据。但在票据发出之前，当事人之间会就票据的种类、金额到期日、付款地、是否记名等事项进行约定，从而形成票据预约关系。票据预约属于民法上的合同，票据预约关系可以存在于出票人和收款人之间，也可以存在于背书人与被背书人之间。票据预约本身不属于票据行为，是居于票据原因与票据行为之间的中间行为，所以票据预约是票据行为的基础，票据行为是票据预约的实现，票据预约与票据行为是分离的。

## 二、票据行为

### (一)票据行为的概念和特征

1.票据行为的概念

票据行为有狭义、广义两种。广义的票据行为是指产生、变更或消灭票据上的权利义务关系的法律行为，包括出票、背书、改写、涂销、承兑、保证、付款、参加承兑、保付等。其中出票行为为主票据行为，因为它不仅是引起票据法律关系发生的行为，还是其他票据行为产生的前提，而其他票据行为只是引起票据法律关系变更或消灭的行为，所以出票行为以外的其他票据行为为从票据行为。狭义的票据行为，仅指发生票据上债务的行为，即以负担票据债务为目的而在票据上为意思表示的法律行为，包括出票、背书、承兑、保证、参加承兑、保付等6种。这6种票据行为尽管性质各不相同，但有一个共同点，即行为人均须负担票据上的债务，并在票据上要有明确的意思表示，如签名或盖章。本章主要介绍的是狭义的票据行为。

2. 票据行为的特征

与一般法律行为相比，票据行为具有如下法律特征：

(1)要式性特征。要式性也称定型性，指票据行为是一种严格的书面行为，各种行为都必须按法定记载事项记载于票据上并签章，否则票据行为的效力将受到影响。

(2)无因性特征。无因性也称抽象性，指票据行为与票据的基础关系(原因关系)分离，票据行为成立后，基础关系有效与否不影响票据行为的效力。即票据行为只要要式具备，便产生法律效力。这主要是为了利于票据流通。

(3)文义性特征。文义性特征指票据行为的内容完全以票据上所载的文义而定，即使记载的内容与实际行为不符，仍以票据上的记载为准(即仍按票据上的记载产生效力)。目的同样是为了便于票据流通。

(4)独立性特征。独立性特征指票据上的各种票据行为独立发生效力，其中一个行为无效不影响其他行为的效力。其目的依然是为了利于票据流通。

(5)连带性特征。连带性特征指票据上每一个行为人均对持票人负有连带责任。其目的在于确保持票人票据债权的实现，以利于票据流通。

**(二)票据行为的种类**

因票据种类的不同，票据行为不完全相同，但概括起来，主要有如下6种票据行为。

1. 出票行为

出票行为指按法定形式制作成票据交付给收款人的行为。票据上的一切权利义务均因出票而产生。出票行为包括签发票据和交付票据。签发票据即作成票据并在票据上签字；交付票据即将票据交付给收款人。只有制作并交付了票据，出票行为才最终完成。

2. 背书行为

背书是指票据持有人在票据背面或粘单上记载相关事项并签章，将票据权利转让给他人的行为。背书也包括在票据背面记载相关事项并签章和将已背书的票据交付给被背书人两个行为。因背书行为，背书人对票据的债务承担连带责任，被背书人接替背书人成为新的持票人，取得票据债权。票据的流通就是通过背书方式转移票据权利，汇票、本票、支票均可以有背书行为。

3. 承兑行为

承兑行为指汇票的付款人承诺在汇票到期日支付汇票金额的行为。承兑只存在于汇票关系中，支票、本票关系中不存在承兑行为。承兑行为由汇票的付款人进行，付款人一经承兑即成为承兑人，亦即票据的主债务人。承兑必须以书面形式在汇票上进行，即在票据上记载“承兑”字样、承兑日期，并由付款人签章。

4. 参加承兑行为

参加承兑行为指参加承兑人承诺在汇票不获承兑时负担票据债务的行为。参加承兑是汇票独有的附属行为。参加承兑的目的，是为了在汇票无法获得承兑，或付款人、承兑人因死亡、逃避或其他原因无法向持票人做承兑提示，或付款人、承兑人被依法宣告破产时,阻止持票人于票据到期日前行使追索权。参加承兑人由预备付款人或第三人充当,出票人或背书人均可在付款人之外记载 1 人为预备付款人,以便替代付款人为承兑人或付款人。参加承兑人是票据的从债务人,仅在付款人不能付款或者拒绝付款时才负支付义务。参加承兑必须采取书面形式,由参加承兑人在汇票上注明“参加承兑”“加入承兑”字样,并签章。

5.保证行为

保证行为指票据债务人以外的第三人担保票据债务履行的行为。票据的债务人包括出票人、背书人和承兑人,都可成为被保证的对象,保证使保证人与被保证人之间产生票据法律关系。保证行为适用于汇票、本票,具有独立性,即使被保证人的债务无效,保证人仍然需要承担票据上的义务。保证必须是书面形式,保证人应在票据上签章并记载“保证”“担保”等字样。

6.保付行为

保付行为指银行对出票人签发的支票所做的保证付款的行为。保付行为是仅适用于支票的从票据行为。通常保付人为银行等金融机构,被保付人一般为支票的出票人,有时也可以是持票人。支票的保付人是支票的主债务人,负有绝对付款的责任。保付人保付时应就全部票据金额予以保付,且不得附加任何条件,否则会改变票据的文义影响票据信用。保付必须以书面形式进行,即由保付人在支票注明“保付”“保证付款”“照付”等字样,并签章。保付的目的在于为支票增信,利于支票流通。

在上述 6 种票据行为中,由于出票行为能够引起票据法律关系发生,因此被称为主票据行为,或基本票据行为。背书、承兑、保证、参加承兑、保付等其他票据行为仅是引起票据法律关系变更的行为,要从属于或附属于主票据行为,所以称为从票据行为,或附属票据行为。

**(三)票据行为的要件**

票据行为要件,指使票据行为成立和有效必须具备的法定要件。因为票据行为为要式行为,所以票据行为要件包括实质要件和形式要件。

1.票据行为的实质要件

因为票据行为首先是一种民事行为,根据民法中关于民事行为成立要件的规定,票据行为的实质要件包括如下两个方面:

(1)行为能力有效。即票据行为必须是有完全行为能力的自然人和法人所为的行为。无民事行为能力人的票据行为无效,限制行为能力人的票据行为需综合考虑其年龄和智力认定。我国《最高人民法院关于审理票据纠纷案件若干问题的规定》第四十六条规定,无民事行为能力人、限制民事行为能力人在票据上签章的其签章无效①。

(2)意思表示真实、合法。即票据行为所表达的行为人的意思,必须是真实合法的,否

① 《最高人民法院关于审理票据纠纷案件若干问题的规定》第四十六条:票据的背书人、承兑人、保证人在票据上的签章不符合票据法以及《票据管理实施办法》规定的,或者无民事行为能力人、限制民事行为能力人在票据上签章的,其签章无效,但不影响人民法院对票据上其他签章效力的认定。

则票据行为无效。例如,欺诈、胁迫等情形下实施的票据行为无效。《票据法》第十二条也明确规定,“以欺诈、偷盗或者胁迫等手段取得票据的,或者明知有前列情形,出于恶意取得票据的,不得享有票据权利”。

2.票据行为的形式要件

因为票据行为是要式行为,所以票据行为除要具备实质要件外,还必须依据票据法规定的一定方式进行才能产生票据效力。形式要件存在缺陷,也可能导致票据无效。票据行为的形式要件主要有如下4项:

(1)书面形式记载。即各种票据行为必须按票据法的规定以书面形式记载于票据上,并留签章,口头行为无效。通常出票、承兑等票据行为,在金融机构制作的票据正面书面记载;背书、保证等票据行为则在票据背面或粘单上书面记载。

(2)记载事项合法。即必须将票据法规定的事项记载于票据上,应记载而未记载或记载了不得记载的事项,票据行为无效。根据记载事项效力的不同,可将记载事项分为应记载事项、任意记载事项、不产生票据效力的记载事项、不得记载事项4种。

①应记载事项,又称必要记载事项,指法律规定应该记载的事项。应记载事项又可分为绝对应记载事项和相对应记载事项:绝对应记载事项,是指票据法规定必须记载的事项,缺少一项票据就无效;相对应记载事项,是指票据法规定应记载的事项,如未记载则以票据法的规定为准,但票据本身不会因当事人未记载而无效。

②任意记载事项,又称得记载事项或可记载事项,指记载与否,完全由票据当事人决定,但一经记载即发生票据法上效力的事项。

③不产生票据法效力的记载事项,指票据当事人可自由选择记载,记载后不产生票据法上的效力,但可能产生其他法律效力的事项。

④不得记载事项,又称禁止记载事项,即不允许记载的事项。以记载后果的不同,又可分为记载本身无效事项和记载使票据无效事项:记载本身无效的事项,也称记载无益事项,这类记载事项既不产生票据法上的效力,也不产生其他法律效力;记载使票据无效的事项,也称有害记载事项,指行为人一经记载就使整个票据无效的事项。

(3)签章合法。即每一票据行为必须有行为人的签章,且签章符合法律规定。《票据法》第七条规定,票据上的签章,为签名、盖章或者签名加盖章。法人和其他使用票据的单位在票据上的签章,为该法人或者该单位的盖章加其法定代表人或者其授权的代理人的签章。在票据上的签名,应当为该当事人的本名。

(4)实际交付。即每一票据行为必须有票据的实际转移,否则票据行为无效。

**(四)票据行为的代理**

1.票据行为代理的条件

票据行为的代理,又称票据代理,是指代理人基于法律的规定或者被代理人的授权,以被代理人(本人)的名义实施的对被代理人产生法律后果的票据行为。

票据行为是一种法律行为,所以民法上关于法律行为代理的规定也可适用于票据行为代理。但是,由于票据行为为要式行为、票据为流通证券,所以票据行为代理,除了适用于代理制度的一般规定外,还有一些特别规定。票据代理有效的条件包括:

(1)应记载被代理人的名称。因为票据是文义证券，所以只有表明被代理人的名称，被代理人才承担票据上的责任，否则被代理人不承担票据上的责任，而要由签章人自己承担责任。

(2)应记明被代理人的意思表示。即应当在票据上明确表示代理人是为被代理人实施的行为，以便于持票人和其他第三人知道其代理关系。

(3)应由代理人签名或者盖章。即只有代理人在票据上签名或者盖章，才能发生票据代理效力，否则代理人的行为无效，本人(被代理人)也不承担票据责任。

(4)代理行为须经被代理人授权。即代理人与被代理人之间必须有授权关系，这是票据代理行为成立的基础(亦即票据代理关系成立的实质要件)。票据行为的代理必须以取得代理权为前提，并在代理权范围内行事才能对被代理人(本人)直接发生法律效力，否则就会出现越权代理和无权代理的问题。

2. 无权代理

无权代理，是指代理人没有代理权而以代理人的名义而为的票据行为。《票据法》第五条规定，没有代理权而以代理人名义在票据上签章的，应当由签章人承担票据责任。这样的规定，意在保护善意持票人和防止无权代理人逃避法律责任。无权代理在事后可得本人(被代理人)追认，但为保证票据的文义性和流通性，无权代理人必须首先负票据责任。

3. 越权代理

越权代理，是指代理人超出代理权限范围而为的票据行为。除非本人(被代理人)事后追认，越权代理部分应由越权代理人自己承担责任。广义上讲，越权代理包含于无权代理，属于无权代理的一种。《票据法》第五条规定，代理人超越代理权限的，应当就其超越权限的部分承担票据责任。

4. 表见代理

表见代理，是指代理人虽没有获得代理权，但客观上有足以使第三人相信其有代理权的理由而为的票据代理行为。广义上，表见代理也属于无权代理的一种。表见代理常见于以下三种情况：①代理人有代理权，但越权代理；②代理人的代理权已消灭或已被撤销，但仍行使代理行为；③本人(被代理人)虽未明确授权，但通过自己言行使第三人相信某人有代理权或本人(被代理人)明知某人代理其形式而不表示反对。

表见代理的成立必须具备主、客观两方面的要件：主观要件，是指相对人必须是善意的，如果他明知代理人越权或无权代理而与其为票据行为，则相对人无权向本人(被代理人)主张票据权利；客观要件，是指上列三种情况之一，足以使相对人相信其有代理权的理由。在实际操作中，如果具备主观要件，本人(被代理人)必须承担票据责任；如果只具备客观要件，则本人(被代理人)只可以无权代理为由，对直接相对人提出抗辩，但不得以此对抗善意的第三票据取得人。表见代理成立时，持票人既可以向本人(被代理人)主张权利，更可依法向无权代理人主张权利，行为人不得以表见代理成立而提出抗辩。

## 三、票据权利与票据责任

### (一)票据权利的概念与特点

1.票据权利的概念

票据权利也称为票据上的权利，指持票人向票据债务人请求支付票据金额的权利，产生于票据债务人的票据行为。《票据法》第四条规定，票据权利包括付款请求权和追索权两类。票据权利与票据法上的权利是不同的两个概念。票据法上的权利，是根据票据法上的规定所产生的权利。虽然从广义上，票据权利也属于票据法上的权利，但一般认为，票据法上的权利仅指票据权利以外的其他票据法上的权利，如付款人的交出票据请求权、汇票持票人的发还复本请求权以及利益偿还请求权等。

2.票据权利的特点

票据权利主要有如下三个特点：

(1)票据权利是证券性权利。证券性权利是指证券持有人依法对证券或者以证券为原因所享有的民事权利。首先，票据是占有证券，权利人行使权利，以取得并实际占有票据为依据；其次，票据行为具有无因性、要式性和独立性，因此而产生的票据权利就成为一种比一般债权权利更强的权利，即证券权利，该种权利一经产生就同证券(即票据)密不可分，也只有取得证券，才能取得权利。

(2)票据权利是单一性权利。即同一票据不能同时存在两个以上的票据权利。因为不可能有两个以上的所有人同时占有票据，而票据是占有证券，主张票据权利以实际占有票据为前提，所以票据权利只能是单一性权利。

(3)票据权利是二次性权利。即权利人在向主债务人行使付款请求权受挫后，还可向票据上的其他债务人行使追索权，因为票据行为具有连带性特征，票据上每一个行为人均对持票人负有连带责任。

### (二)票据权利的种类

1.付款请求权

付款请求权，指票据持有人请求票据主债务人或其他付款义务人按照票载金额支付金钱的权利，是票据的第一次权利。主债务人为汇票的承兑人、本票的出票人及支票的付款人；其他付款义务人为参加付款人、参加承兑人、担当付款人等。

2.追索权

追索权也可称为偿还请求权、第二次请求权或第二顺序权利，指持票人在不获付款或汇票不获承兑或其他法定原因发生时，向其前手(包括出票人、背书人、其他债务人等)请求偿还票据金额及其损失的权利。被追索人清偿后可对另外的相对人行使追索权，此时称为再追索权。追索权的行使不仅是为了追回票据金额，而且在支付内容上增加了有关费用，例如票载金额利息、作成拒绝证书的费用等等，是对有关费用要求偿还，因此追索权还被称为偿还请求权。

### (三)票据权利的取得与消灭

1.票据权利的取得

票据权利按取得方式分为原始取得和继受取得；按是否享有票据权利分为善意取得

和恶意取得。

(1)原始取得与继受取得。

原始取得即出票取得,指出票人制成票据后,由出票人处取得。

继受取得,指通过法律行为,从有票据处分权的持票人处取得,具体包括背书方式取得、贴现方式取得、质押方式取得、保证方式取得、继承方式取得、赠与方式取得、公司分立或合并方式取得、清算方式取得。在我国票据权利要以给付对价的方式取得,因为《票据法》第十条规定,票据的取得,必须给付对价,即应当给付票据双方当事人认可的相对应的代价。对于无对价票据的取得,《票据法》第十一条也做出规定,即因税收、继承、赠与可以依法无偿取得票据的,不受给付对价的限制。但是,所享有的票据权利不得优于其前手的权利。

(2)善意取得与恶意取得。

善意取得,指在无意损害他人利益或无重大过失的情况下取得票据,并且具备背书连续的要件。善意取得票据权利者,无论票据让与人的票据权利是否有瑕疵,也不因此影响善意取得票据者享有票据权利,债务人也不得以此为由向善意取得票据者主张抗辩。

恶意取得,指票据取得人明知转让票据者无处理或交付票据的权利却仍取得票据的行为。恶意取得票据的持票人可能遭到拒绝付款,因此对于持票人是否恶意取得票据必须加以证明。票据法通常规定拒绝付款的债务人负有举证责任,其目的是为了保护票据的流通性和无因性。对于受让人应当或者有可能知道让与人无处理票据的权利而不认真审查就取得票据的行为,被认为是有重大过失的取得票据的行为,重大过失取得票据的后果与责任类同于恶意取得票据的情况。

2.票据权利的消灭

票据权利的消灭,是指因一定法律事实的发生而使票据权利不复存在。票据权利消灭以后,票据上的债权债务关系也随之消灭。票据权利消灭的原因(法律事实)包括:①履行;②免除;③抵消;④涂销或毁损;⑤保全手续欠缺;⑥票据时效届满。

关于票据时效,《票据法》第十七条规定,票据权利在下列期限内不行使而消灭:①持票人对票据的出票人和承兑人的权利,自票据到期日起 2 年。见票即付的汇票、本票,自出票日起 2 年;②持票人对支票出票人的权利,自出票日起 6 个月;③持票人对前手的追索权,自被拒绝承兑或者被拒绝付款之日起 6 个月;④持票人对前手的再追索权,自清偿日或者被提起诉讼之日起 3 个月。票据的出票日、到期日由票据当事人依法确定。

**(四)票据权利的丧失与救济**

1.票据权利的丧失

票据权利的丧失,是指持票人非自愿地失去了票据的占有。它包括绝对丧失和相对丧失。绝对丧失如焚毁、撕碎及严重涂抹等;相对丧失如遗失、被盗等。持票人既然不是因授受而失去对票据的占有,其权利当然不会消失。但票据为占有证券和提示证券,如果没有现实占有票据,也不能向票据债务人提示票据,票据权利人不仅无法行使票据权利,而且还有被他人取得票据权利的危险,所以票据法规定当票据丧失时可以采取相应的方法予以补救,以维护票据权利人的合法利益。

2.票据权利的救济

根据《票据法》第十五条的规定①,票据权利丧失救济的方法包括挂失止付、公示催告和提起诉讼。其中,挂失止付仅为暂时性措施,公示催告和提起诉讼则为票据权利丧失后的根本性救济措施。

(1)挂失止付。

挂失止付是指票据权利人将票据丧失的情况通知付款人或者代理付款人,并由接受通知的付款人暂时停止支付的临时性救济措施。挂失止付必须具备三个条件:①必须是票据权利人丧失票据,如果票据未丧失则不允许挂失止付;②必须用书面通知,以防止滥用挂失支付;③必须由票据权利人实施挂失支付行为。

票据丧失经持票人挂失止付后,付款人或者代理付款人从接到挂失止付通知时起不得再履行付款义务,否则将自负其责;付款人或者代理付款人在收到挂失止付通知书之前已经向持票人付款的不再承担责任,但是付款人或者代理付款人以恶意或者重大过失付款的除外。

需要注意的是,挂失止付并不是票据丧失后票据补救的必要程序,其只是失票人在丧失票据后可以采取的一种暂时性的预防措施,目的是为防止票据被冒领或者骗取。因此失票人既可以在票据丧失后先采取挂失支付,然后申请公示催告或提起诉讼;也可以直接申请公示催告,并由法院受理后发出止付通知;或直接向法院提起诉讼。

(2)公示催告。

公示催告是指持票人在丧失票据后申请法院宣告票据无效而使票据权利与票据相分离的一种非诉讼程序。公示催告实质上是以公示的方式,催告不明的利害关系人在法定期间申报权利,如无人申报,法院便根据当事人的申请作出除权判决,从而使票据权利与丧失票据相分离。根据《民事诉讼法》第十八章的规定,公示催告的程序包括:①申请。即由失票人向票据支付地基层人民法院提出公示催告申请。②人民法院审查申请。凡经审查申请符合要求时,法院受理申请,同时通知支付人停止支付,并在3日内发出公告。③公示催告。公示催告时间由人民法院根据情况决定,但国内票据不得少于60天、涉外票据不得少于90天。④除权判决。公告期满无人申报权利,申请人即可请求人民法院做出除权判决,即以判决的形式宣告票据无效。

(3)提起诉讼。

提起诉讼,是指失票人丧失票据后,通过向被告所在地或付款人所在地的人民法院提起一般民事诉讼来解决票据权利问题的一种方法。票据丧失的诉讼,包括两种情况:一是失票人在票据权利时效届满前请求出票人补发票据,或请求债务人付款并提供担保遭到拒绝情况下的诉讼;二是失票人向非法持票人请求返还票据的诉讼。前者的被告为出票人、付款人或承兑人;后者的被告为非法持票人。

① 《票据法》第十五条:票据丧失,失票人可以及时通知票据的付款人挂失止付,但是,记载付款人或者无法确定付款人及其代理付款人的票据除外。收到挂失止付通知的付款人,应当暂停支付。失票人应当在通知挂失止付后3日内,也可以在票据丧失后,依法向人民法院申请公示催告,或者向人民法院提起诉讼。

### (五)票据权利的行使与保全

票据权利的行使,指票据权利人向票据债务人提示票据,请求其履行票据债务的行为,如提示承兑、提示付款、行使追索权等。

票据权利的保全,指票据权利人为防止其票据权利丧失,以票据法规定所为的行为。如:为防止票据权利时效丧失而采取的中断时效的行为;为防止追索权丧失而采取的作成拒绝证书的行为①;遵期提示请求付款的行为;等等。

### (六)票据责任

票据责任也称票据上的责任,是指票据债务人向持票人支付票据金额的义务。其主要包括:①汇票承兑人因承兑而应承担的付款义务;②本票出票人因出票而承担的自己付款的义务;③支票付款人在与出票人有资金关系时承担的付款义务;④汇票、本票、支票的背书人,汇票、支票的出票人、保证人,在票据不获承兑或不获付款时的付款清偿义务。

票据责任主要有如下四个特点:

(1)责任双重性。即票据责任人具有付款和担保的双重责任。票据主债务人的付款责任是绝对而不可免除的;次债务人在票据不获付款时,承担清偿责任。次债务人的清偿责任实质上是一种担保责任,目的在于保障持票人的权利,以利票据流通。票据责任的双重性由票据行为的独立性、连带性和无因性决定。

(2)责任的内容与范围由票据文意确定。因为票据是文义证券,所以在票据上签名的人,必须依签名时票据上记载的内容对票据承担责任,不管是主债务人还是次债务人,向持票人支付票据金额时,均以票据文义为准,任何人不得以票据文义以外的事项要求债务人承担票据责任。

(3)责任连带性。即持票人的债权不能实现时,所有在票据上签名盖章的人都要对持票人承担连带责任,目的在于保障持票人的权利,利于票据流通。

(4)责任全部转移性。即凡向持票人清偿了票据金额的责任人,在取得票据以后其原先的责任即刻全部转移给了其他责任人,此时,该清偿者因持有票据成为持票人,从而可以要求其他责任人再向自己承担清偿责任。

## 四、票据的抗辩

### (一)票据抗辩的概念与种类

#### 1.票据抗辩的概念

票据抗辩,是指票据债务人根据票据法的规定,对票据债权人拒绝履行义务的行为。票据抗辩所根据的事由称为抗辩原因。债务人提出抗辩以拒绝向债权人履行票据义务的权利称为抗辩权。

#### 2.票据抗辩的种类

根据抗辩事由及效力的不同,票据抗辩分为物的抗辩和人的抗辩两类。

---

① 拒绝证书,是指为证明持票人曾在法定或约定的期限内依法行使票据权利遭拒绝或根本无法行使票据权利而经由法定机关做成的一种法定证书,持票人可据此行使追索权。在国外拒绝证书通常由公证机关或公证人做成,在我国一般由拒绝承兑或拒绝付款的银行在票据上记载拒绝的文字和理由。同时,拒绝证书的内容须符合票据法的要求,不得任意记载。

(1)物的抗辩。

物的抗辩,指基于票据本身所存在的事由(例如票据上记载的事项以及票据的性质)而发生的抗辩。因为抗辩事由是基于票据这个客观实物而发生的,所以称为物的抗辩;又因为抗辩事由可以对一切持票人提出,故又称为绝对抗辩。

(2)人的抗辩。

人的抗辩,指票据债务人只能对抗特定的票据债权人的抗辩。由于抗辩事由只能向特定的债权人提出,所以又称为主观抗辩或相对抗辩。人的抗辩可以分为如下两种:

①一切票据债务人对特定债权人的抗辩。包括:A.债权人欠缺实质上的受领资格的抗辩,如持票人被依法宣告破产、票据债权被法院扣押禁止付款等;B.票据债权人欠缺形式上的受领资格的抗辩,如背书不连续。

②特定票据债务人对特定债权人的抗辩。包括:A.基于基础关系原因而提出的抗辩,如直接当事人之间欠缺对价的抗辩等;B.基于票据关系原因而提出的抗辩,如出票人在做成票据后未交付前,票据遗失或被盗后,出票人对窃取人或拾得人的请求提出的抗辩。

**(二)票据抗辩的限制与例外**

因为票据是流通证券,债务人随意以票据记载内容以外的事由提出抗辩不利于票据的流通,所以各国票据法都对票据的抗辩做出了限制,以保障票据的流通性。《票据法》第十三条对此也做了两项限制:一是票据债务人不得以自己与出票人之间的抗辩事由,对抗持票人;二是票据债务人不得以自己与持票人的前手之间的抗辩事由,对抗持票人。

票据抗辩限制也有例外,例如《票据法》第十三条规定,“持票人明知存在抗辩事由而取得票据的除外”,即持票人明知存在抗辩事由而取得票据,不享有票据权利;《票据法》第十二条规定,以欺诈、偷盗或者胁迫等手段取得票据的,或者明知有前列情形,出于恶意取得票据的,不得享有票据权利;持票人因重大过失取得不符合票据法规定的票据的,也不得享有票据权利。就是说,对恶意或有重大过失取得票据的持票人,债务人还是可以行使抗辩权的。

## 五、票据的伪造与变造

**(一)票据的伪造**

1.票据伪造的概念与表现

票据的伪造,是指假冒他人名义而为的各种票据行为。票据伪造既包括出票行为的伪造,也包括背书、承兑、保证等行为的伪造。其中:出票行为的伪造属于狭义的票据伪造,也被称为票据本身的伪造,即假冒出票人的名义进行原始票据的创设;签章的伪造则被称为广义的票据伪造。

票据伪造的方式表现为假借他人名义在票据上签章。即票据伪造人无被伪造人授权而以被伪造人的名义签章或盖章于有关票据之上,如伪造人假冒他人名义签名、盖章,或盗用他人印章,或趁受托管理他人印章之机而使用他人印章,或滥用他人授权而签名或盖章于有关票据的行为都属于伪造行为。

2. 票据伪造的效力

由于票据与票据行为具有文义性、独立性等特征，所以票据伪造是否有效力要区别对待。

(1)对伪造人效力。

由于被伪造的票据上并没有伪造人自己的签章，所以根据票据文义性的特点，票据伪造人不承担票据上的责任，但依据《票据法》第十四条的规定[①]，票据伪造人必须承担法律责任，包括民事责任、行政责任和刑事责任。其中民事责任主要表现为承担票据当事人因票据被伪造而遭受的损失，如票据不能被承兑和不能被支付所支出的费用和利息；行政责任主要表现为对伪造者进行惩处，如给责任人处分、给公司或企业警告、罚款、停业整顿、吊销营业执照等；刑事责任主要表现为给责任人刑事处罚，并处以罚金。

(2)对被伪造人的效力。

被伪造人对被伪造的票据没有任何票据上的责任，所以被伪造人可以对抗一切持票人，包括取得票据时并无恶意或重大过失的善意持票人。除此，被伪造人由于名义被人假冒，自身的姓名权或名称权被侵害，故被伪造人有权依照民法的相关规定，要求伪造人承担侵权责任。

(3)对其他真正签名人的效力。

真正签名人是指真正签发原始票据的人，或对伪造的票据进行背书、承兑或保证等票据行为的人。由于票据行为的独立性特点，使票据上的一个行为无效并不影响其他行为的效力，所以被伪造的票据对在票据上留有真实、合法签章的人是有效力的。也就是说，真正签章人依然要对其票据行为承担票据上的责任。

(4)对持票人的效力。

由于票据的文义性，持票人对伪造人和被伪造人均没有票据上的权利，但由于票据行为的独立性，其他在票据上留有真实签章的人，其票据行为是有效的，所以他们均要对票据负连带责任，所以善意取得票据的持票人可以向票据上的真实签章人主张票据上的权利，真实签章人不得以票据伪造为由提出抗辩。

**(二)票据的变造**

1. 票据变造的概念与要件

票据的变造，指无更改权的人不法变更票据上签章以外的各种事项的行为。如变更票据金额、期限、付款地等。票据变造的前提是该票在变造前形式上有效，而且在变造后形式上仍然有效。

票据变造的行为必须具备如下三个要件：①必须是没有变更权限的人所为的变更行为；②必须是变更票据签章以外的其他事项的行为；③必须是以行使票据权利为目的的变更行为。

---

① 《票据法》第十四条：票据上的记载事项应当真实，不得伪造、变造。伪造、变造票据上的签章和其他记载事项的，应当承担法律责任。票据上有伪造、变造的签章的，不影响票据上其他真实签章的效力。票据上其他记载事项被变造的，在变造之前签章的人，对原记载事项负责；在变造之后签章的人，对变造之后的记载事项负责；不能辨别是在票据被变造之前或者之后签章的，视同在变造之前签章。

2.票据变造的效力

由于票据与票据行为的文义性、独立性等特征，所以票据变造的效力如何也要区别对待。

(1)对变造人的效力。

同样，根据《票据法》第十四条的规定，变造人不承担票据上的责任，但要承担法律责任。这个法律责任依然包括民事责任、行政责任和刑事责任。

(2)对其他签章人的效力。

依据票据行为文意性的特征，凡签章在变造以前的，依变造以前的记载(文意)负责；签章在变造以后的，依变造以后的记载(文意)负责；无法辨认签章发生在变造以前还是以后的，《票据法》第十四条规定，视同为变造以前所为，即签章人按变造以前的文意负责。

(3)对持票人与付款人的效力。

票据变造不影响持票人的权利和付款人的义务，善意取得票据的持票人可以完全取得有关票据权利。

### 六、利益偿还请求权

利益偿还请求权，是指票据权利消失时，持票人对出票人或承兑人在其所得利益的限度内请求偿还利益的权利。利益偿还请求权不是票据上的权利，即它不是一种票据权利(因为票据权利已经消灭了)，而是一种票据法上的权利，即票据法为了救济持票人(债权人)因票据权利丧失而损失的利益，为持票人所设立的一个权利。

票据法为持票人设立利益偿还请求权的原因，是因为票据权利的行使有严格的要式性且时效较短，票据权利人如因手续欠缺或时效届满就会失去票据权利，如不给失去票据权利的债权人一个补救的机会，就会使债务人(出票人或承兑人等)不当得利，这显然有失公平，所以大陆法系国家的票据法都规定有利益返还制度，《票据法》第十八条也规定，持票人因超过票据权利时效或者因票据记载事项欠缺而丧失票据权利的，仍享有民事权利，可以请求出票人或者承兑人返还其与未支付的票据金额相当的利益。

## 第三节　汇票、本票与支票法律制度

### 一、汇票

#### (一)汇票的概念、特点与种类

1.汇票的概念

汇票是出票人签发的，委托付款人在见票时或者在指定日期无条件支付确定的金额给收款人或者持票人的票据。汇票其实就是出票人委托付款人于到期日无条件支付一定金额给收款人的命令。

2.汇票的特点

与本票和支票相比，汇票具有如下特点：

(1)汇票的基本当事人有三个。汇票在出票时有出票人、付款人和收款人三方当事人，其中：出票人为签发汇票的人；付款人是受出票人委托向收款人支付一定金额的人；收款人是凭票向付款人请求付款的人。

(2)汇票是委付证券。因为汇票的出票人仅为签发票据的人,不是票据的付款人,他必须委托他人(付款人)来支付票据金额。所以不同于自付证券——本票,汇票是委付证券。

(3)汇票需要承兑。承兑指付款人承诺在汇票到期日支付汇票金额的一种票据行为。承兑是汇票独有的法律行为,是汇票区别与本票和支票的一个重要特征,汇票一经承兑,付款人就取代出票人而成为票据的主债务人。

(4)付款日不同。本票和支票通常都是见票即付,而汇票的付款日除见票即付外,还有定日付款、出票后定期付款和见票后定期付款等。

3.汇票的种类

依据出票人身份的不同,汇票分为银行汇票与商业汇票。

(1)银行汇票。银行汇票是指出票银行签发的,由其在见票时按照实际结算金额无条件支付给收款人或者持票人的票据。通常银行汇票由银行签发给在本银行存有货币的收款人持往异地办理转账结算或支取现金。银行汇票为变式汇票①,其基本当事人只有两个——出票人和收款人,因为银行既是出票人又是付款人,因此银行汇票无需承兑。

(2)商业汇票。商业汇票是指出票人签发的委托付款人在指定日期无条件支付确定金额给收款人或者持票人的票据。商业汇票的出票人为银行以外的企业和其他组织,其付款人可以是银行,也可以是银行以外的企业或其他组织。凡由银行承兑的商业汇票称为银行承兑汇票;由银行以外的付款人承兑的商业汇票称为商业承兑汇票。

银行汇票与商业汇票是以出票人身份的不同为标准对汇票进行的划分,汇票还可以按照不同的划分标准,分为不同的种类。例如:按记载权利人名称方式的不同,可分为记名汇票、指示汇票和无记名汇票;按汇票到期日不同,可分为即期汇票和远期汇票;按票据当事人资格是否多任(重叠),可分为一般汇票和变式汇票;按发行和付款地域不同,可分为国内汇票和国际汇票;按是否附有商业单据,可分为光票和跟单汇票。

### (二)汇票的出票

1.出票的概念与条件

出票是指出票人签发票据并将其交付给收款人的票据行为。其中:签发票据是指出票人在汇票上记载法定内容并签章;交付票据是指出票人将已经做成的票据交付给他人。出票如无交付则该票据不能发生法律效力。因为出票是创设汇票的基本票据行为,也称为主票据行为。

根据《票据法》第二十一条的规定,汇票出票行为的有效条件为:汇票的出票人必须与付款人具有真实的委托付款关系,并且具有支付汇票金额的可靠资金来源。出票人不得签发无对价的汇票用以骗取银行或者其他票据当事人的资金。

2.汇票的记载事项

我国票据法规定的汇票的记载事项包括绝对应记载事项、相对应记载事项和不具票

① 变式汇票是指出票人、付款人及收款人中有一人兼任两个票据当事人身份的汇票。

据法上效力的记载事项。绝对应记载事项，是指票据上必须记载的事项，否则票据便会无效；相对应记载事项，是指票据法规定的行为人为票据行为时应该在票据上记载，如果未记载，则依票据法的规定执行，票据并不因此无效的记载事项；不具票据法上效力的记载事项，是指汇票上不得记载的事项，如记载此类事项，则记载无效。

(1)绝对应记载事项。

《票据法》第二十二条规定，汇票必须记载下列事项：①表明"汇票"的字样；②无条件支付的委托；③确定的金额；④付款人名称；⑤收款人名称；⑥出票日期；⑦出票人签章。汇票上未记载前款规定事项之一的，汇票无效。

(2)相对应记载事项。

《票据法》第二十三条规定，付款日期、付款地、出票地为我国汇票的相对应记载事项，应当记载清楚、明确。汇票上未记载付款日期的，为见票即付。汇票上未记载付款地的，付款人的营业场所、住所或者经常居住地为付款地。汇票上未记载出票地的，出票人的营业场所、住所或者经常居住地为出票地。

(3)不具票据法上效力的记载事项。

《票据法》第二十四条规定，汇票上可以记载票据法规定事项以外的其他出票事项，但是该记载事项不具有汇票上的效力。

3.付款日期的记载

《票据法》第二十五条规定，付款日期可以按照下列形式之一记载：①见票即付；②定日付款；③出票后定期付款；④见票后定期付款。上述规定的付款日期为汇票到期日。

4.出票的效力

《票据法》第二十六条规定，出票人签发汇票后，即承担保证该汇票承兑和付款的责任。出票人在汇票得不到承兑或者付款时，应当向持票人清偿《票据法》第七十条[①]、第七十一条[②]规定的金额和费用。除此，收款人在出票完成后即取得了付款请求权与追索权；但对付款人而言，出票行为并不必然发生约束力[③]，只有当付款人承兑后，付款人才负有付款义务，成为汇票的主债务人。

**(三)汇票的背书**

1.背书的概念

背书是指在票据背面或者粘单上记载有关事项并签章的票据行为。背书有转让背书

---

① 《票据法》第七十条：持票人行使追索权，可以请求被追索人支付下列金额和费用：(一)被拒绝付款的汇票金额；(二)汇票金额自到期日或者提示付款日起至清偿日止，按照中国人民银行规定的利率计算的利息；(三)取得有关拒绝证明和发出通知书的费用。被追索人清偿债务时，持票人应当交出汇票和有关拒绝证明，并出具所收到利息和费用的收据。

② 《票据法》第七十一条：被追索人依照前条规定清偿后，可以向其他汇票债务人行使再追索权，请求其他汇票债务人支付下列金额和费用：(一)已清偿的全部金额；(二)前项金额自清偿日起至再追索清偿日止，按照中国人民银行规定的利率计算的利息；(三)发出通知书的费用。行使再追索权的被追索人获得清偿时，应当交出汇票和有关拒绝证明，并出具所收到利息和费用的收据。

③ 因为出票是一种单方法律行为，因此只能为他人设权而不能使其承担任何义务，故对付款人而言，出票行为并不必然发生约束力。

与非转让背书,其中转让背书是指持票人以转让票据权利为目的的背书;非转让背书是指持票人为转让票据权利以外的其他目的而为的背书,又分为委任背书和设质背书。委任背书也称为委托收款背书,是指持票人为委托他人(被背书人)代为领取票款而为的背书。设质背书也称质权背书,是指背书人为给债务履行提供担保而用票据权利设定质押的背书。背书人为出质人,被背书人为质权人。

《票据法》第二十七条规定,持票人可以将汇票权利转让给他人或者将一定的汇票权利授予他人行使。持票人行使上述权利时,应当背书并交付汇票。

2.背书的记载事项

我国汇票背书的记载事项主要包括:①日期。《票据法》第二十九条规定,背书要由背书人签章,并记载背书日期,背书未记载日期的,视为在汇票到期日前背书。②被背书人。《票据法》第三十条规定,汇票以背书转让或者以背书将一定的汇票权利授予他人行使时,必须记载被背书人名称。

3.背书的连续与后手责任

《票据法》第三十一条规定,以背书转让的汇票,背书应当连续。持票人以背书的连续,证明其汇票权利;非经背书转让,而以其他合法方式取得汇票的,依法举证,证明其汇票权利。就是说票据法明确背书连续是持票人取得票据权利的要式条件。所谓背书连续,是指汇票转让中,转让汇票的背书人与受让汇票的被背书人在汇票上的签章依次前后衔接。具体说就是,汇票第一次背书转让的背书人是汇票上记载的收款人,前次背书转让的被背书人是最后一次背书转让的背书人,依次前后衔接,最后一次背书转让的被背书人是汇票的最后持票人。除此,《票据法》第三十二条还进一步明确,以背书转让的汇票,后手对其前手背书的真实性负有责任。

4.背书的效力

背书的效力,即背书后的法律后果。其分为转让背书的效力和非转让背书的效力。

(1)转让背书的效力。

转让背书的效力主要包括权力转移、担保责任与权利证明三种效力。其中:权力转移,指票据上的权利因背书而由背书人转移给被背书人;担保责任,指背书人对其后手承担担保承兑及付款的责任,如果承兑人破产或不承兑、付款人拒绝付款,均应由背书人负责清偿;权利证明指持票人应以背书的连续来证明自己取得的票据权利。

(2)非转让背书的效力。

非转让背书的效力主要包括委任背书效力和设质背书效力。其中:委任背书不是一种票据权利转移背书,仅是一种委任代理权的背书,所以委任背书的被背书人对票据权利没有处分权,不得转让背书,但可以为背书人的利益再委任背书;设质背书只是一种使被背书人取得票据权利质权的背书,同样不产生权力转移的效力,被背书人虽可以再背书,但只能为委任背书,不得为转让背书,也不得再为设质背书。

对于背书的效力,《票据法》有如下规定[①]:①背书不得附有条件,背书时附有条件的,

① 参见《票据法》第三十三至三十五条。

所附条件不具有汇票上的效力；将汇票金额的一部分转让的背书或者将汇票金额分别转让给 2 人以上的背书无效。②背书人在汇票上记载“不得转让”字样，其后手再背书转让的，原背书人对后手的被背书人不承担保证责任。③背书记载“委托收款”字样的（即为委任背书），被背书人有权代背书人行使被委托的汇票权利，但是被背书人不得再以背书转让汇票权利。④汇票可以设定质押，质押时应当以背书记载“质押”字样（设质背书），被背书人依法实现其质权时，可以行使汇票权利。

5. 背书转让的禁止与背书人的义务

《票据法》规定[①]，汇票被拒绝承兑、被拒绝付款或者超过付款提示期限的，不得背书转让，背书转让的，背书人应当承担汇票责任；出票人在汇票上记载“不得转让”字样的，汇票不得背书转让。

背书人以背书转让汇票后，即承担保证其后手所持汇票承兑和付款的责任。背书人在汇票得不到承兑或者付款时，应当向持票人清偿《票据法》第七十条、第七十一条规定的金额和费用。

**(四)汇票的承兑**

1. 承兑的概念与范围

承兑是指汇票付款人承诺在汇票到期日支付汇票金额的票据行为。《票据法》第三十九条规定，定日付款或者出票后定期付款的汇票，持票人应当在汇票到期日前向付款人提示承兑；见票后定期付款的汇票，持票人应当自出票日起 1 个月内向付款人提示承兑；见票即付的汇票无需提示承兑。

2. 承兑的程序

汇票承兑程序由承兑提示和承兑两个环节构成。

(1)承兑提示。

承兑提示即持票人向付款人出示汇票，并要求付款人承诺付款的行为。提示本身不属于票据行为，因为票据是提示证券，所以提示是权利人行使和保全汇票权利的前提条件，由此承兑提示是汇票承兑的前提条件。《票据法》第四十条规定，汇票未按照规定期限提示承兑的，持票人丧失对其前手的追索权。

(2)承兑。

付款人在接受承兑提示后应当在规定的时间内做出承兑或拒绝承兑的表示。《票据法》第四十一条规定，付款人对向其提示承兑的汇票，应当自收到提示承兑的汇票之日起 3 日内承兑或者拒绝承兑。付款人收到持票人提示承兑的汇票时，应当向持票人签发收到汇票的回单。回单上应当记明汇票提示承兑日期并签章。付款人如果拒绝承兑，应向持票人出具拒绝承兑证明或退票理由书。

3. 承兑的记载

《票据法》第四十二条规定，付款人承兑汇票的，应当在汇票正面记载“承兑”字样和承兑日期并签章。见票后定期付款的汇票，应当在承兑时记载付款日期。汇票上未记载承

---

① 参见《票据法》第二十七、三十六、三十七条。

兑日期的，以付款人收到提示承兑的汇票之日起的第 3 日为承兑日期。由此可见，我国法律规定汇票承兑应记载的事项为："承兑"字样、承兑日期、付款人签章。

4. 承兑的效力

《票据法》规定[①]，付款人承兑汇票后，应当承担到期付款的责任。付款人承兑汇票，不得附有条件；承兑附有条件的，视为拒绝承兑。也就是我国不承认附条件的承兑，附条件的承兑不产生法律效力。

**(五)汇票的保证**

1. 保证的概念

票据保证是票据债务人以外的人对票据债务的履行提供担保的行为，为适用于汇票和本票的附属票据行为。

2. 保证的记载事项

《票据法》规定[②]，保证人必须在汇票或者粘单上记载下列事项：①表明"保证"的字样；②保证人名称和住所；③被保证人的名称；④保证日期；⑤保证人签章。保证人在汇票或者粘单上未记载被保证人名称的，已承兑的汇票，承兑人为被保证人；未承兑的汇票，出票人为被保证人。保证人在汇票或者粘单上未记载保证日期的，出票日期为保证日期。

需要强调的是，因为票据的文义性和票据行为的要式性特征，票据保证必须要在票据或者粘单上记载"保证"字样。保证人未在票据或者粘单上记载"保证"字样，而是在票据之外另行签订保证合同或保证条款对票据进行担保的不属于票据保证，发生纠纷以后不适用《票据法》，适用的是《民法典》关于担保的有关规定。

3. 保证责任

关于汇票的保证责任，《票据法》有如下规定[③]：①保证不得附有条件；附有条件的，不影响对汇票的保证责任。②保证人对合法取得汇票的持票人所享有的汇票权利，承担保证责任。但是被保证人的债务因汇票记载事项欠缺而无效的除外。③被保证的汇票，保证人应当与被保证人对持票人承担连带责任。汇票到期后得不到付款的，持票人有权向保证人请求付款，保证人应当足额付款。④保证人为 2 人以上的，保证人之间承担连带责任。⑤保证人清偿汇票债务后，可以行使持票人对被保证人及其前手的追索权。

**(六)汇票的付款**

1. 付款的概念

付款概念有狭、广两义。广义的付款是指一切票据债务人向票据权利人支付票据金额的行为；狭义的付款是指付款人或担当付款人(代替付款人承担支付汇票金额的人)向票据权利人支付票据金额的行为。本书在此介绍的是狭义付款。付款是一种消灭票据债权债务关系的行为，付款行为不必在票据上有任何意思表示，付款后收回票据即可消灭票据关系，所以严格意义上，付款行为不属于票据行为，只是一个准票据行为。

---

① 参见《票据法》第四十三、四十四条。

② 参见《票据法》第四十六、四十七条。

③ 参见《票据法》第四十八至五十二条。

2. 付款的程序

付款程序由付款提示、票款支付和收回票据三个环节构成。

(1)付款提示。

付款提示指持票人在法定日期内向付款人出示票据行使付款请求权以保全票据权利的行为。我国持票人的法定付款提示日期[①]为：①见票即付的汇票，自出票日起 1 个月内向付款人提示付款；②定日付款、出票后定期付款或者见票后定期付款的汇票，自到期日起 10 日内向承兑人提示付款。持票人未按照上述规定期限提示付款的，在作出说明后，承兑人或者付款人仍应当继续对持票人承担付款责任[②]。通过委托收款银行或者通过票据交换系统向付款人提示付款的，视同持票人提示付款。

(2)票款支付。

针对票款支付，《票据法》有如下规定[③]：①持票人依规提示付款的，付款人必须在当日足额付款。②持票人委托的收款银行的责任，限于按照汇票上记载事项将汇票金额转入持票人账户；付款人委托的付款银行的责任，限于按照汇票上记载事项从付款人账户支付汇票金额。③付款人及其代理付款人付款时，应当审查汇票背书的连续，并审查提示付款人的合法身份证明或者有效证件。付款人及其代理付款人以恶意或者有重大过失付款的，应当自行承担责任。④对定日付款、出票后定期付款或者见票后定期付款的汇票，付款人在到期日前付款的，由付款人自行承担所产生的责任。⑤汇票金额为外币的，按照付款日的市场汇价，以人民币支付。汇票当事人对汇票支付的货币种类另有约定的，从其约定。⑥付款人依法足额付款后，全体汇票债务人的责任解除。

(3)收回票据。

由于汇票是返还证券，付款人付款后有权向持票人收回汇票。所以《票据法》第五十五条规定，持票人获得付款的，应当在汇票上签收，并将汇票交给付款人。持票人委托银行收款的，受委托的银行将代收的汇票金额转账收入持票人账户，视同签收。对持票人拒不记载“收清”字样和签章的，付款人可以拒绝付款。

**(七)追索权**

1. 追索权的概念及行使原因

追索权又称偿还请求权，是指持票人在汇票到期不获付款或不获承兑或有其他法定原因发生时，向其前手请求偿还票据金额及损失的权利。追索权是票据上的第二次权利。

根据《票据法》第六十一条规定，持票人对背书人、出票人以及汇票的其他债务人行使追索权的原因包括：①汇票到期被拒绝付款的；②汇票被拒绝承兑的；③承兑人或者付款人死亡、逃匿的；④承兑人或者付款人被依法宣告破产的或者因违法被责令终止业务活动的。

---

① 参见《票据法》第五十三条。

② 根据我国《支付结算办法》第三十六条的规定，商业汇票的持票人超过规定期限提示付款的丧失对其前手的追索权，持票人在作出说明后仍可以向承兑人请求付款。

③ 参见《票据法》第五十四、五十六至六十条。

2.追索权的行使程序

追索权的行使程序有如下五个步骤：

(1)票据提示。

票据提示即持票人在行使追索权之前，必须已经在法定期限内向付款人提示票据请求承兑或者付款，否则将丧失追索权。但是如果发生了付款人或承兑人死亡、解散、逃匿、或被宣告破产、被勒令终止业务活动时，持票人也可免除票据提示，直接行使追索权。

(2)作成拒绝证书。

关于做成拒绝证书的要求以及拒绝证书的替代，《票据法》有如下规定[①]：①持票人行使追索权时，应当提供被拒绝承兑或者被拒绝付款的有关证明。持票人提示承兑或者提示付款被拒绝的，承兑人或者付款人必须出具拒绝证明，或者出具退票理由书。未出具拒绝证明或者退票理由书的，应当承担由此产生的民事责任。②持票人因承兑人或者付款人死亡、逃匿或者其他原因，不能取得拒绝证明的，可以依法取得其他有关证明[②]。③承兑人或者付款人被人民法院依法宣告破产的，人民法院的有关司法文书具有拒绝证明的效力；承兑人或者付款人因违法被责令终止业务活动的，有关行政主管部门的处罚决定具有拒绝证明的效力。④持票人不能出示拒绝证明、退票理由书或者未按照规定期限提供其他合法证明的，丧失对其前手的追索权。但是，承兑人或者付款人(即主债务人)仍应当对持票人承担责任。

(3)通知拒绝事由。

通知拒绝事由即对票据的全体债务人进行追索通知，以便于全体债务人做好偿债准备。《票据法》规定[③]，持票人应当自收到被拒绝承兑或者被拒绝付款的有关证明之日起3日内将被拒绝事由书面通知其前手；其前手应当自收到通知之日起3日内书面通知其再前手。持票人也可以同时向各汇票债务人发出书面通知。书面通知，应当记明汇票的主要记载事项，并说明该汇票已被退票。未按照上述规定期限通知的，持票人仍可以行使追索权。因延期通知给其前手或者出票人造成损失的，由没有按照规定期限通知的汇票当事人，承担对该损失的赔偿责任，但是所赔偿的金额以汇票金额为限。在规定期限内将通知按照法定地址或者约定的地址邮寄的，视为已经发出通知。

(4)确定追索对象。

由于票据责任具有连带性，出票人、背书人、承兑人和保证人对持票人承担连带责任。所以《票据法》第六十八条规定，持票人可以不按照汇票债务人的先后顺序，对其中任何一人、数人或者全体行使追索权。持票人对汇票债务人中的一人或者数人已经进行追索的，对其他汇票债务人仍可以行使追索权。被追索人清偿债务后，与持票人享有同一权利。

---

① 参见《票据法》第六十二至六十五条。

② 如医院或有关单位出具的承兑人或付款人的死亡证明；司法机关出具的承兑人或付款人的逃匿证明；公安机关出具的具有证明效力的文书等。

③ 参见《票据法》第六十六、六十七条。

(5)请求偿还。

追索对象确定后持票人即可向其出示汇票、拒绝证书或拒绝证明,请求其依法偿还追索的金额。根据《票据法》的规定[①],持票人行使追索权,可以请求被追索人支付下列金额和费用:①被拒绝付款的汇票金额;②汇票金额自到期日或者提示付款日起至清偿日止,按照中国人民银行规定的利率计算的利息;③取得有关拒绝证明和发出通知书的费用。被追索人清偿债务时,持票人应当交出汇票和有关拒绝证明,并出具所收到利息和费用的收据。被追索人依照上述规定清偿后,可以向其他汇票债务人行使再追索权,请求其他汇票债务人支付下列金额和费用:①已清偿的全部金额;②前项金额自清偿日起至再追索清偿日止,按照中国人民银行规定的利率计算的利息;③发出通知书的费用。行使再追索权的被追索人获得清偿时,应当交出汇票和有关拒绝证明,并出具所收到利息和费用的收据。被追索人依照前述规定清偿债务后,其责任解除。

3. 追索权的限制

《票据法》第六十九条对汇票的追索权做出了如下限制:持票人为出票人的,对其前手无追索权。持票人为背书人的,对其后手无追索权。

## 二、本票

### (一)本票的概念与特点

本票是指出票人签发的,承诺自己见票时无条件支付确定金额给收款人或者持票人的票据。本票的基本当事人包括出票人和收款人。本票的出票人是票据的主债务人,他以自己为付款人出票,承诺见票时无条件付款,所以本票实质上就是一个付款承诺。

与汇票与支票相比,本票具有如下特点:①本票是自付证券,是出票人自己承诺支付票款的票据;而汇票和支票是委付证券,是由出票人委托他人支付票款的票据。②本票无需记载付款人的名称,因为本票的基本当事人只有出票人和收款人,出票人即为付款人;而汇票和支票须记载付款人。③本票的出票人始终是主债务人,因此本票无需承兑。

本票有商业本票和银行本票。银行本票指由银行签发的本票。而商业本票指由银行以外的企业、事业单位、机关、社会团体等等的组织签发的本票。《票据法》第七十三条规定,“本法所称本票,是指银行本票”。就是说,我国法律只允许银行本票的使用,排除了商业本票的使用。

### (二)本票的出票

1. 出票人资格

由于《票据法》规定只允许银行本票使用;《支付结算办法》第一百条规定,银行本票的出票人为经中国人民银行当地分支行批准办理银行本票业务的银行机构;《票据法》第七十四条规定,出票人必须具有支付本票金额的可靠资金来源,并保证支付。所以在我国本票的出票人,只能是经中国人民银行当地分支行批准的,有可靠资金来源并保证支付的银行机构。

---

① 参见《票据法》第七十至七十二条。

2. 本票的记载事项

(1)绝对记载事项。

根据《票据法》第七十五条的规定,本票必须记载下列事项:①表明“本票”的字样;②无条件支付的承诺;③确定的金额;④收款人名称;⑤出票日期;⑥出票人签章。本票上未记载上述规定事项之一的,本票无效。

(2)相对应记载事项。

根据《票据法》第七十六条的规定,本票上应当清楚、明确地记载付款地、出票地等事项的。本票上未记载付款地的,出票人的营业场所为付款地。本票上未记载出票地的,出票人的营业场所为出票地。以上说明,付款地、出票地为本票的相应记载事项。

(3)不具票据法上效力的记载事项。

根据《票据法》的规定①,本票上可以记载本票规定事项以外的其他出票事项,但是该记载事项不具有本票上的效力。

**(三)本票的见票**

1. 见票的概念

本票的见票,是指本票的出票人在见到持票人提示的见票后定期付款的本票上记载“见票”字样及日期并签章,以此确定见票后定期付款本票到期日的行为。由于本票没有承兑制度,见票后定期付款的本票的到期日无法确定,所以就由法律规定了见票制度。见票制度不适用于见票即付、定日付款、出票后定期付款的本票。

本票的见票类似汇票的承兑,都要由持票人提示票据,不同之处在于,承兑是向付款人提出的,而本票的见票是向出票人提出的。

为了避免持票人不断背书转让,《票据法》第七十八条规定,本票自出票日起,付款期限最长不得超过 2 个月。就是说根据我国票据法的规定,本票出票后 2 个月内持票人必须向出票人提示见票。

2. 见票的效力

我国《票据法》规定②,本票的出票人在持票人提示见票时,必须承担付款的责任。本票的持票人未按照规定期限提示见票的,丧失对出票人以外的前手的追索权。

**(四)适用汇票的法律规定**

根据《票据法》第八十条规定,本票的背书、保证、付款行为和追索权的行使,适用票据法有关汇票的规定;本票的出票行为除前述规定外,与汇票的出票相同,出票时本票上可以记载票据法规定事项以外的其他出票事项,但是该记载事项不具有本票上的效力。

## 三、支票

**(一)支票的概念、种类与特点**

支票是出票人签发的,委托办理支票存款业务的银行或者其他金融机构在见票时无条件支付确定金额给收款人或者持票人的票据。

---

① 参见《票据法》第八十条第二款和第二十四条。

② 参见《票据法》第七十七、七十九条。

《支付结算办法》第一百一十五条规定，支票有现金支票、转账支票和普通支票三种。其中：现金支票，即票据正面印有"现金"字样，只能用来支取现金的支票；转账支票，即票据正面印有"转账"字样，只能用来转账的支票；普通支票，即票据上未印有"现金"或"转账"字样，既可以用来支取现金，也可以用来转账的支票。如果普通支票左上角划有两条平行线，则称为划线支票。划线支票只能转账不得支取现金。

与汇票和本票相比，支票具有如下特点：①支票的付款人只能是办理支票存款业务的金融机构。而汇票的付款人不局限于金融机构，只要具有支付汇票金额的可靠资金来源，任何企业都可以作为汇票的付款人。②支票没有承兑行为。因为支票无须经过承兑，而汇票在出票时或者出票后必须经过承兑，所以汇票要有承兑行为。③支票是委付证券。支票实质上是一种委托支付命令，这不同于本票，本票是一种支付承诺，为自付证券。④支票的付款方式为见票即付；而汇票、本票则有定期、定日等多种付款形式。

**(二)支票的出票**

支票的出票，是指出票人依法制作并交付支票的行为。出票是创设支票的基本票据行为，包括制作与交付两个要素。我国支票的出票必须使用由银行规定格式并统一印制的支票。

1. 出票人的资格

《票据法》第八十二条规定，作为支票的出票人，首先必须使用其本名，并提交证明其身份的合法证件在银行开立支票存款账户，同时预留其本名的签名式样和印鉴；其次应当有可靠的资信，并在银行存入一定的资金。

2. 支票的记载事项

(1)绝对记载事项。

《票据法》第八十四条规定，支票必须记载下列事项：①表明"支票"的字样；②无条件支付的委托；③确定的金额；④付款人名称；⑤出票日期；⑥出票人签章。支票上未记载上述规定事项之一的，支票无效。

(2)相对应记载的事项。

根据《票据法》第八十六条的规定，支票相对应记载的事项包括：①收款人名称，支票上未记载收款人名称的，经出票人授权，可以补记。出票人可以在支票上记载自己为收款人。②付款地，支票上未记载付款地的，付款人的营业场所为付款地。③出票地，支票上未记载出票地的，出票人的营业场所、住所或者经常居住地为出票地。

(3)不得记载的事项。

《票据法》第九十条规定，支票限于见票即付，不得另行记载付款日期。另行记载付款日期的，该记载无效。

(4)不具票据法上效力的记载事项。

《票据法》规定①，出票时支票上可以记载票据法规定事项以外的其他出票事项，但是

① 参见《票据法》第九十三条第二款和第二十四条。

该记载事项不具有支票上的效力。

3. 出票中被禁止的行为

《票据法》规定[①]，支票的出票人不得签发与其预留本名的签名式样或者印鉴不符的支票；禁止签发空头支票。出票人签发的支票金额超过其付款时在付款人处实有的存款金额的，为空头支票。

4. 出票的效力

《票据法》第八十九条规定，支票一经出票，出票人必须按照签发的支票金额承担保证向该持票人付款的责任。出票人在付款人处的存款足以支付支票金额时，付款人应当在当日足额付款。

**（三）支票的付款**

1. 付款程序

支票的付款程序包括提示付款、收回支票和支付票款三个环节。

（1）提示付款。

提示付款是支票持票人行使票据权利的前提。我国票据法对支票提示付款的期限做了明确规定。《票据法》第九十一条规定，支票的持票人应当自出票日起 10 日内提示付款；异地使用的支票，其提示付款的期限由中国人民银行另行规定。超过提示付款期限的，付款人可以不予付款；付款人不予付款的，出票人仍应当对持票人承担票据责任。

（2）收回支票。

付款人在接到付款提示后，应首先对支票进行审查，审查的内容包括：支票是否具备法定要件；背书是否连续；出票人的印章与其在银行的预留印鉴是否一致。审查无误后付款人应要求提示人在票据上签章并收回该支票。

（3）支付票款。

付款人收回支票后应按票载金额付款。

2. 付款的效力

《票据法》第九十二条规定，付款人依法支付支票金额的，对出票人不再承担受委托付款的责任，对持票人不再承担付款的责任。但是，付款人以恶意或者有重大过失付款的除外。

**（四）汇票有关规定对支票的准用**

《票据法》第九十三条规定，支票的背书、付款行为和追索权的行使，除上述规定外，适用票据法有关汇票的规定；支票的出票行为，除前述规定外，出票时支票上可以记载票据法规定事项以外的其他出票事项，但是该记载事项不具有支票上的效力；出票人签发支票后，即承担保证该支票付款的责任。出票人在支票得不到付款时，应当向持票人清偿《票据法》第七十条、第七十一条规定的金额和费用。

---

① 参见《票据法》第八十七、八十八条。

# 第四节　法律责任

## 一、票据欺诈行为的法律责任

根据《票据法》第一百零二条和一百零三条的规定，有下列票据欺诈行为之一的，依法追究刑事责任：①伪造、变造票据的；②故意使用伪造、变造的票据的；③签发空头支票或者故意签发与其预留的本名签名式样或者印鉴不符的支票，骗取财物的；④签发无可靠资金来源的汇票、本票，骗取资金的；⑤汇票、本票的出票人在出票时作虚假记载，骗取财物的；⑥冒用他人的票据，或者故意使用过期或者作废的票据，骗取财物的；⑦付款人同出票人、持票人恶意串通，实施前六项所列行为之一的。有上述所列行为之一，情节轻微，不构成犯罪的，依照国家有关规定给予行政处罚。

## 二、票据业务中违规行为的法律责任

1.票据业务中玩忽职守的法律责任

《票据法》第一百零四条规定，金融机构工作人员在票据业务中玩忽职守，对违反票据法规定的票据予以承兑、付款或者保证的，给予处分；造成重大损失，构成犯罪的，依法追究刑事责任。由于金融机构工作人员因上述行为给当事人造成损失的，由该金融机构和直接责任人员依法承担赔偿责任。

2.付款人故意压票的法律责任

《祟据法》第一百零五条规定，金票据的付款人对见票即付或者到期的票据，故意压票、拖延支付的，由金融行政管理部门处以罚款，对直接责任人员给予处分。票据的付款人故意压票，拖延支付，给持票人造成损失的，依法承担赔偿责任。

## 三、其他违反《票据法》规定行为的责任

《票据法》第一百零六条规定，依照票据法规定承担赔偿责任以外的其他违反票据法规定的行为，给他人造成损失的，应当依法承担民事责任。

### 思考练习题

1.试述票据与票据行为的法律特征。

2.试述票据关系与非票据关系之关系。

3.试述票据抗辩及其种类和限制。

4.试述支票出票对出票人的效力，以及支票出票人应该承担的保证付款责任。

5.试述汇票、本票和支票上必须记载的事项。

# 第九章　信托法律制度

## 章前提要

本章主要介绍了信托的设立、变更与终止;信托财产的范围与信托财产的独立性;信托当事人的资格、权利与义务;公益信托的概念与目的、设立与终止,以及公益信托关系人的权利与义务;集合资金信托计划的业务与管理规则;信托公司的设立、变更与终止,信托公司的业务范围及其经营、监管规则等。

## 第一节　信托法概述

### 一、信托的概念、原则与分类

#### (一)信托的概念

信托是指委托人基于对受托人的信任,将其财产权委托给受托人,由受托人按委托人的意愿以自己的名义,为受益人的利益或者特定目的,进行管理或者处分的行为。

#### (二)信托原则

信托原则是信托当事人进行信托活动时自始至终必须遵循的行为准则。根据《信托法》第五条的规定,信托当事人进行信托活动,必须遵守如下原则:①遵守法律、行政法规原则;②公平和诚实信用原则;③不得损害国家利益和社会公共利益原则。

#### (三)信托的分类

按照不同的标准,可以将信托划分为不同类型。

1.按照信托设立目的划分

信托按照设立的目的可分为公益信托和私益信托。公益信托是指为公益目的设立的信托,即为了济贫救困,发展科、教、文、卫、体及艺术事业,环境保护事业及其他社会公益事业等公共利益目的而设立的信托。私益信托是指除了公益信托之外的其他信托。此种分类的意义在于,公益信托往往享受国家的优惠待遇,如税收优惠,而私益信托则不享有。

2.按照信托设立方式划分

信托按照设立的方式可分为合同信托与遗嘱信托。合同信托是指根据受托人与委托人之间的信托合同而设定的信托。遗嘱信托是指根据委托人的遗嘱而设定的信托。这种分类的意义在于,信托成就的法律要件不同。依据合同设立信托,除满足设立信托的条件外,还需满足一般合同成立的条件。设立遗嘱信托,则除满足信托条件外,还需满足继承法中订立遗嘱的条件,否则,可能发生遗嘱信托无效的后果。

3.按照信托设立的事项所属领域划分

信托按照设立的事项所属领域可分为商事信托与民事信托。商事信托也称为营业信托,是指必须由具备商业受托人身份且具有法人资格的主体担任受托人,并以盈利为目的的信托。例如证券投资信托、贷款信托、动产设备信托、人寿保险信托等。民事信托也称为非营业信托,是指对受托人资格没有严格限制,凡具备民事行为能力的人均可作为受托人,不以营利为目的的信托。这种分类的意义在于明确受托人的资格是否合法。

4.按照受益人身份划分

信托按照受益人身份的不同可分为自益信托与他益信托。自益信托是指委托人以自身为受益人的信托。他益信托是指以第三人为受益人的信托。实质上,他益信托是委托人向受益人的一种赠与。区分自益信托和他益信托的意义在于,自益信托中的委托人可以解除以及撤回设定信托的意思表示,他益信托中委托人的行为不能侵害受益人的利益,否则无效。但是如果受益人侵害委托人的利益,委托人可以变更受益人或者处分受益人的信托受益权。

5.按照信托契约中是否保留委托人的撤销权划分

信托按照契约中是否保留委托人的撤销权可分为可撤销信托与不可撤销信托。可撤销信托,是指委托人在信托契约中保留了随时可以终止信托契约并取回信托财产之权利的信托。不可撤销信托,是指除依照信托契约所记载的条款外不得由委托人终止的信托。可撤销信托中因为委托人往往保留了变更信托条款以及随时增减信托财产的权利,因此有较大的弹性,委托人可以随时根据自己的需要调整信托关系。而不可撤销信托中因为委托人没有变更信托条款的权利,他只可以增加信托财产,但不得减少信托财产。通常情况下,成立的信托为可撤销信托还是不可撤销信托由当事人自由决定,但是如果委托人在信托契约中没有明确保留撤销权,成立的信托均为不可撤销信托。区分可撤销信托与不可撤销信托的意义在于明确委托人是否可以终止信托。

## 二、信托法的概念与立法目的

### (一)信托法的概念

信托法是调整信托业务关系、信托组织管理关系的法律规范的总称。信托法有狭、广两义。狭义的信托法专指调整信托业务关系的基本法,也叫信托业务法;广义的信托法除包括狭义的信托法外,还包括对信托业进行监督管理的信托业法(也称为信托管理法)。

我国2001年4月28通过、2001年10月1日开始实施的《信托法》属于狭义的信托法,即属于信托业务法。而2007年1月23日银监会颁布的《信托公司管理办法》①则属于信托业法的范畴。

目前我国规范信托业务与信托机构的法律法规除《信托法》《信托公司管理办法》以

① 同时废止2002年5月9日人民银行发布的《信托投资公司管理办法》。

外,还有《信托公司集合资金信托计划管理办法》(2009 年修改)[①]、《信托公司净资本管理办法》(2010 年 8 月 24 日发布)、《关于规范金融机构资产管理业务的指导意见》(2018 年 4 月 28 日)等。

#### (二)信托法的立法目的

我国 1979 年成立了第一家信托机构——中国国际信托投资公司,此后中国信托业快速发展,从 1979 年到 1986 年短短 8 年间,通过各种渠道设立的信托机构达到数百家之多,到 1993 年,国内各地信托投资公司达到有四五百家。这些专业的信托投资公司主要从事信托投资和信托存、贷款等金融信托业务,此外,信托制度还被广泛运用于海外企业的设立和经营之中,而且当时投资基金也开始在中国悄然兴起,绝大多数投资基金在当时也都是通过信托契约及运用信托机制来管理和运用的。

虽然这一时期信托机构迅速发展,但由于没有任何形式的信托法规出台,导致信托业乱象丛生,甚至扰乱了国家的信贷政策,为了规范信托行为,促进信托业健康发展,国家从 1993 年开始着手起草信托法,直至 2001 年 4 月 28 日正式颁布了历经 8 年努力、数易其稿的《信托法》,并在《信托法》第一条明确规定信托法的立法目的为:①调整信托关系,规范信托行为;②保护信托当事人的合法权益;③促进信托事业的健康发展。

### 三、中国信托法的基本框架与适用范围

#### (一)信托法的基本框架

《信托法》于 2001 年 4 月 28 日经由中华人民共和国第九届全国人民代表大会常务委员会第二十一次会议通过,并于 2001 年 10 月 1 日开始实施。《信托法》共分 7 章 74 条。各章依次为:总则;信托的设立;信托财产;信托当事人;信托的变更与终止;公益信托;附则。

#### (二)信托法的适用范围

根据《信托法》第三条和第四条的规定,委托人、受托人、受益人(统称信托当事人)在我国境内进行民事、营业、公益信托活动,适用信托法。受托人采取信托机构形式从事信托活动,其组织和管理由国务院制定具体办法。

## 第二节 信托的设立、变更与终止

### 一、信托的设立

#### (一)信托有效设立的条件

信托的设立是指信托当事人之间确立信托关系的法律行为。根据《信托法》的规定[②],有效设立信托需满足如下条件:

(1)必须有合法的信托目的。信托目的是设立信托的归宿以及受托人管理、处分信托

---

① 2007 年由银监会颁布《信托公司集合资金信托计划管理办法》。同时废止 2002 年中国人民银行颁布的《信托投资公司资金信托管理暂行办法》。2009 年银监会再次对《信托公司集合资金信托计划管理办法》进行修订。

② 参见《信托法》第六至八条、第二十四条。

财产的行为。信托目的是否合法,事关受托人管理、处分信托财产行为是否有效。所以信托关系有效以信托目的合法为前提。

(2)必须有合格的主体。合格主体即委托人和受托人必须具有完全的民事行为能力,且符合法律规定的条件[①]。

(3)必须有确定、合法的信托财产。确定、合法的信托财产指信托财产必须是委托人合法所有的财产,该财产包括合法的财产权利。

(4)必须采取书面形式设立。书面形式包括书面的信托合同、遗嘱或者法律、行政法规规定的其他书面文件[②]等。

**(二)信托设立的方式与信托成立**

《信托法》第八条规定,设立信托的方式应当采取书面形式。具体包括书面合同形式、书面遗嘱形式以及法律、行政法规规定的其他书面形式。采取信托合同形式设立信托的,信托合同签订时,信托成立;采取其他书面形式设立信托的,受托人承诺信托时,信托成立。

另外,《信托法》第十三条还规定,设立遗嘱信托,应当遵守继承法关于遗嘱的规定。遗嘱指定的人拒绝或者无能力担任受托人的,由受益人另行选任受托人;受益人为无民事行为能力人或者限制民事行为能力人的,依法由其监护人代行选任。遗嘱对选任受托人另有规定的,从其规定。

**(三)信托书面文件的记载事项**

《信托法》第九条规定,信托书面文件应当载明的事项包括:①信托目的;②委托人、受托人的姓名或者名称、住所;③受益人或者受益人范围;④信托财产的范围、种类及状况;⑤受益人取得信托利益的形式、方法。除上述所列事项外,可以载明信托期限、信托财产的管理方法、受托人的报酬、新受托人的选任方式、信托终止事由等事项。

**(四)信托的登记**

《信托法》第十条规定,设立信托,对于信托财产,有关法律、行政法规规定应当办理登记手续的,应当依法办理信托登记。未依照上述规定办理信托登记的,应当补办登记手续;不补办的,该信托不产生效力。

信托财产登记源于信托财产的独立性特征。信托财产登记的目的在于公示和对抗第三人。目前我国主要以财产转移是否需要登记为标准确定信托登记。凡财产转移需要登记的,以该财产设立信托也需要登记;财产转移不需要登记的,以该财产设立信托亦无须登记。根据相关法律的规定,需要办理登记的财产有土地、房屋、机动车辆、船舶、航空器、机器设备、林木、债权、股权、商标权、专利权等。以上财产分别在土地管理部门、房产管理部门、交通运输工具管理部门、工商管理部门、林业部门以及证券登记部门、商标管理部门和专利管理部门办理登记,注明该财产为信托财产。

---

① 例如,营业信托的受托人必须是依法设立的信托机构;公益信托的受托人必须取得公益事业管理机构的批准。

② 即信件、数据电文(包括电报、传真、电子数据交换以及电子邮件等)。

**(五)信托的效力**

依法设立的信托,信托有效。但是,《信托法》第十一条规定,有下列情形之一的,信托无效:①信托目的违反法律、行政法规或者损害社会公共利益;②信托财产不能确定;③委托人以非法财产或者信托法规定不得设立信托的财产设立信托;④专以诉讼或者讨债为目的设立信托;⑤受益人或者受益人范围不能确定;⑥法律、行政法规规定的其他情形。

**(六)信托的撤销**

为了保护债权人的利益,防止债务人通过信托逃废债务,损害债权人的利益,《信托法》第十二条规定,委托人设立信托损害其债权人利益的,债权人有权申请人民法院撤销该信托。人民法院依照上述规定撤销信托的,不影响善意受益人已经取得的信托利益。前述规定的申请权,自债权人知道或者应当知道撤销原因之日起 1 年内不行使的,归于消灭。

## 二、信托的变更与解除

**(一)信托的变更**

广义上信托变更是指因出现了法定或者约定的情形而对信托当事人或信托内容进行变更的行为。

1.信托当事人的变更

(1)受益人的变更。

一般而言,信托一经设立即产生法律效力,一般不得随意变更,但《信托法》第五十一条规定,设立信托后,有下列情形之一的委托人可以变更受益人或处分受益人的信托收益:①受益人对委托人有重大侵权行为;②受益人对其他共同受益人有重大侵权行为;③经受益人同意;④信托文件规定的其他情形。

(2)受托人的变更。

根据《信托法》第三十九条和第四十条的规定,当受托人有下列情形之一的,可终止其职责,并依照信托文件规定选任新受托人,信托文件未规定的,由委托人选任,委托人不指定或者无能力指定的,由受益人选任,受益人为无民事行为能力人或者限制民事行为能力人的,依法由其监护人代行选任:①死亡或者被依法宣告死亡;②被依法宣告为无民事行为能力人或者限制民事行为能力人;③被依法撤销或者被宣告破产;④依法解散或者法定资格丧失;⑤辞任或者被解任;⑥法律、行政法规规定的其他情形。

2.信托管理方法的变更

《信托法》没有禁止当事人对信托管理方法进行变更,也没有限制该种变更的方法,因此原则上,当信托财产的管理方式不利于实现信托目的时,委托人、受托人、受益人经协商一致,可以变更信托管理方式。

**(二)信托的解除**

信托解除即指通过法律手续结束或终止信托。《信托法》第五十条规定,委托人是唯一受益人的,委托人或者其继承人可以解除信托。信托文件另有规定的,从其规定;《信托法》第五十一条规定,有下列所列情形之一的,委托人可以解除信托:①受益人对委托人有重大侵权行为;②经受益人同意;③信托文件规定的其他情形。

### 三、信托的终止

信托终止即指解除已存在的信托关系。但《信托法》第五十二条规定，信托不因委托人或者受托人的死亡、丧失民事行为能力、依法解散、被依法撤销或者被宣告破产而终止，也不因受托人的辞任而终止。但信托法或者信托文件另有规定的除外。

#### (一)信托终止的条件

关于信托终止的条件，《信托法》第五十三条规定，有下列情形之一的，信托终止：①信托文件规定的终止事由发生；②信托的存续违反信托目的；③信托目的已经实现或者不能实现；④信托当事人协商同意；⑤信托被撤销；⑥信托被解除。

#### (二)信托终止的法律后果

根据《信托法》的规定[①]，信托终止将产生如下法律后果：

(1)信托终止的，信托财产归属于信托文件规定的人；信托文件未规定的，按下列顺序确定归属：①受益人或者其继承人；②委托人或者其继承人。依照上述规定，信托财产归属确定后，在该信托财产转移给权利归属人的过程中，信托视为存续，权利归属人视为受益人。

(2)信托终止后，人民法院依据《信托法》第十七条[②]的规定对原信托财产进行强制执行的，以权利归属人为被执行人。

(3)信托终止后，受托人依照信托法规定行使请求给付报酬、从信托财产中获得补偿的权利时，可以留置信托财产或者对信托财产的权利归属人提出请求。

(4)信托终止的，受托人应当作出处理信托事务的清算报告。受益人或者信托财产的权利归属人对清算报告无异议的，受托人就清算报告所列事项解除责任。但受托人有不正当行为的除外。

## 第三节　信托财产

### 一、信托财产的概念与范围

#### (一)信托财产的概念

信托财产，是指通过信托行为而由委托人转移给受托人的财产。《信托法》第十四条第一款和第二款规定，受托人因承诺信托而取得的财产即是信托财产。受托人因信托财产的管理运用、处分或者其他情形而取得的财产，也归入信托财产。

#### (二)信托财产的范围

《信托法》第十四条第三款和第四款规定，法律、行政法规禁止流通的财产，不得作为信托财产。法律、行政法规限制流通的财产，依法经有关主管部门批准后，可以作为信托

---

① 参见《信托法》第五十四至五十八条。

② 《信托法》第十七条："除因下列情形之一外，对信托财产不得强制执行：(一)设立信托前债权人已对该信托财产享有优先受偿的权利，并依法行使该权利的；(二)受托人处理信托事务所产生债务，债权人要求清偿该债务的；(三)信托财产本身应担负的税款；(四)法律规定的其他情形。对于违反前款规定而强制执行信托财产，委托人、受托人或者受益人有权向人民法院提出异议。"

财产。除此,《信托法》第七条还专门强调,“设立信托,必须有确定的信托财产”,“本法所称财产包括合法的财产权利”。

以上说明,可以作为信托财产的财产包括:①流通性财产。即法律、法规禁止流通的财产不能作为信托财产,如要作为信托财产须依法经有关主管部门批准。将信托财产范围限定为可流通性财产,目的是为了保障信托的运作和信托目的的实现。②财产与财产权。信托财产在范围上不仅包括财产本身,还包括财产权利,即不仅包括动产和不动产、有形资产和无形资产,还包括这些财产上的财产权。财产权即以财产上的利益为标的的权利,包括物权、债权和知识产权。

## 二、信托财产的独立性

### (一)信托财产独立性的含义

信托财产的独立性,是指信托一经有效设立,信托财产即与委托人、受托人和受益人所拥有的财产相分离,成为独立的财产,委托人、受托人和受益人的债权人行使债权均不得及于信托财产。独立性是信托财产最主要的特征。

### (二)信托财产独立性的表现

根据《信托法》的规定[①],信托财产独立性主要表现在以下三个方面:

(1)信托财产独立于委托人的其他自有财产。即信托财产与委托人未设立信托的其他财产相区别。设立信托后,委托人死亡或者依法解散、被依法撤销、被宣告破产时,委托人是唯一受益人的,信托终止,信托财产作为其遗产或者清算财产;委托人不是唯一受益人的,信托存续,信托财产不作为其遗产或者清算财产;但作为共同受益人的委托人死亡或者依法解散、被依法撤销、被宣告破产时,其信托受益权作为其遗产或者清算财产。

(2)信托财产独立于受托人的固有财产。首先,信托财产与属于受托人所有的财产(以下简称固有财产)相区别,不得归入受托人的固有财产或者成为固有财产的一部分。受托人死亡或者依法解散、被依法撤销、被宣告破产而终止,信托财产不属于其遗产或者清算财产。其次,受托人管理运用、处分信托财产所产生的债权,不得与其固有财产产生的债务相抵销。受托人管理运用、处分不同委托人的信托财产所产生的债权债务,不得相互抵销。

(3)信托财产独立于受益人的自有财产。即受益人仅享有信托财产的收益权,不享有占有、处分等其他权利,故而信托存续期间信托财产也不属于受益人的自有财产。

## 三、强制执行信托财产的条件

由于信托财产具有独立性,委托人、受托人、受益人的债权人均不得向法院要求强制执行信托财产,但根据《信托法》第十七条规定,在下属情况下,可以强制执行信托财产:①设立信托前债权人已对该信托财产享有优先受偿的权利,并依法行使该权利的;②受托人处理信托事务所产生债务,债权人要求清偿该债务的;③信托财产本身应担负的税款;④法律规定的其他情形。对于违反上述规定而强制执行信托财产,委托人、受托人或者受益人有权向人民法院提出异议。

---

① 参见《信托法》第十五、十六、十八条。

# 第四节　信托当事人

## 一、信托当事人的概念

信托当事人即信托关系人，是指享有信托收益、承担信托义务的主体。信托当事人包括委托人、受托人和受益人。

## 二、委托人

### (一)委托人的概念、资格和条件

委托人是指通过信托行为并提供财产以设立信托的人。

关于委托人的资格和条件，《信托法》第十九条规定，委托人应当是具有完全民事行为能力的自然人、法人或者依法成立的其他组织。

### (二)委托人的权利

根据《信托法》的规定①，委托人享有如下权利：

(1)信托财产及信托事务管理的知情权。

即委托人有权了解其信托财产的管理运用、处分及收支情况，并有权要求受托人作出说明。委托人有权查阅、抄录或者复制与其信托财产有关的信托账目以及处理信托事务的其他文件。

(2)变更信托财产管理方法的请求权。

即因设立信托时未能预见的特别事由，致使信托财产的管理方法不利于实现信托目的或者不符合受益人的利益时，委托人有权要求受托人调整该信托财产的管理方法。

(3)信托财产处分行为的撤销权。

即受托人违反信托目的处分信托财产或者因违背管理职责、处理信托事务不当致使信托财产受到损失的，委托人有权申请人民法院撤销该处分行为，并有权要求受托人恢复信托财产的原状或者予以赔偿；该信托财产的受让人明知是违反信托目的而接受该财产的，应当予以返还或者予以赔偿。上述规定的申请权，自委托人知道或者应当知道撤销原因之日起1年内不行使的，归于消灭。

(4)受托人的解任权。

即受托人违反信托目的处分信托财产或者管理运用、处分信托财产有重大过失的，委托人有权依照信托文件的规定解任受托人，或者申请人民法院解任受托人。

(5)新受托人的选任权。

即受托人职责终止的，依照信托文件规定选任新受托人；信托文件未规定的，由委托人选任。

(6)信托的解除或受益人的变更权。

首先，委托人是唯一受益人的，委托人可以解除信托(信托文件另有约定的从其约定)。其次，设立信托后，有下列情形之一的，委托人可以变更受益人或者处分受益人的信托受益权：

① 参见《信托法》第二十至二十三条，第四十条、五十、五十一条。

①受益人对委托人有重大侵权行为;②受益人对其他共同受益人有重大侵权行为;③受益人同意;④信托文件规定的其他情形。有上述①③④项所列情形之一的,委托人可以解除信托。

#### (三)委托人的义务

委托人的义务主要包括:①转移财产给受托人的义务;②按合同规定向受托人支付委托费用的义务;③承担合同规定风险的义务。

### 三、受托人

#### (一)受托人的概念、资格和条件

受托人是指接受委托人委托,管理或处理信托财产,为受益人谋取利益的人。

关于受托人的资格和条件,《信托法》第二十四条规定,受托人应当是具有完全民事行为能力的自然人、法人。法律、行政法规对受托人的条件另有规定的,从其规定[①]。

#### (二)受托人的权利

根据我国《信托法》的规定[②],受托人享有如下权利:

(1)信托财产的占有、使用、处分权。

即信托设定后,委托人须将信托财产转移给受托人,由受托人运作信托财产为受益人谋取利益。所以受托人有信托财产的占有、使用以及处分的权力。

(2)报酬请求权。

即受托人有权依照信托文件的约定取得报酬。信托文件未作事先约定的,经信托当事人协商同意,可以作出补充约定;未作事先约定和补充约定的,不得收取报酬。约定的报酬经信托当事人协商同意,可以增减其数额。

(3)费用请求权与优先受偿权。

即受托人因处理信托事务所支出的费用、对第三人所负债务或者自己所受到的损失,可请求补偿。请求权的行使应根据信托文件的规定进行,信托文件未规定,可向受益人行使、或直接从信托财产中扣除。受托人以其固有财产先行支付的,对信托财产享有优先受偿的权利。但这里的优先受偿权利不得对抗信托财产上的抵押权人或质押权人。我国信托法还规定,如果受托人违背管理职责或者处理信托事务不当对第三人所负债务或者自己所受到的损失,则须以其固有财产承担。

(4)辞任权。

即设立信托后,经委托人和受益人同意,受托人可以辞任。但信托法对公益信托的受托人辞任另有规定的,从其规定。另外,受托人辞任的,在新受托人选出前仍应履行管理信托事务的职责。

#### (三)受托人的义务

根据《信托法》的规定[③],受托人应该承担如下义务:

---

① 根据《信托公司管理办法》的规定,作为营业信托的受托人(即以经营信托为业的受托人),必须是依法设立的信托机构。

② 参见《信托法》第三十五、三十七、三十八条。

③ 参见《信托法》第二十五、二十九、三十、三十三、三十四、三十六条。

(1)为受益人追求最大利益义务。

即受托人应当遵守信托文件的规定，为受益人的最大利益处理信托事务。

(2)同等谨慎义务。

即受托人管理信托财产时，应将信托财产视同为自己的财产，必须恪尽职守，履行诚实、信用、谨慎、有效管理的义务。

(3)财产分别管理的义务。

即受托人必须将信托财产与其固有财产分别管理、分别记账，并将不同委托人的信托财产分别管理、分别记账。

(4)自己处理信托事务的义务。

即受托人应当自己处理信托事务，但信托文件另有规定或者有不得已事由的，可以委托他人代为处理。受托人依法将信托事务委托他人代理的，应当对他人处理信托事务的行为承担责任。

(5)完整记录、定期报告及信息保密义务。

即受托人必须保存处理信托事务的完整记录。受托人应当每年定期将信托财产的管理运用、处分及收支情况，报告委托人和受益人。受托人对委托人、受益人以及处理信托事务的情况和资料负有依法保密的义务。

(6)支付信托收益的义务。

即受托人有以信托财产为限向受益人承担支付信托利益的义务

(7)信托财产的赔偿与恢复义务。

即受托人违反信托目的处分信托财产或者因违背管理职责、处理信托事务不当致使信托财产受到损失的，在未恢复信托财产的原状或者未予赔偿前，不得请求给付报酬。以上说明，由受托人的过错造成信托财产损失时，受托人有恢复信托财产原状或者予以赔偿的义务。

**(四)受托人的行为限制**

《信托法》对受托人的行为做出了如下限制[①]：

(1)不得利用信托财产为自己谋取利益。

即受托人除依照信托法的规定取得报酬外，不得利用信托财产为自己谋取利益。受托人违反上述规定，利用信托财产为自己谋取利益的，所得利益归入信托财产。

(2)不得将信托财产转为其固有财产。

即受托人不得将信托财产转为其固有财产。受托人将信托财产转为其固有财产的，必须恢复该信托财产的原状；造成信托财产损失的，应当承担赔偿责任。

(3)不得以自己的固有财产与信托财产交易。

即受托人不得将其固有财产与信托财产进行交易或者将不同委托人的信托财产进行相互交易，但信托文件另有规定或者经委托人或者受益人同意，并以公平的市场价格进行交易的除外。受托人违反上述规定，造成信托财产损失的，应当承担赔偿责任。

① 参见《信托法》第二十六至二十八条。

### (五)共同受托人的特殊规定

同一信托的受托人有两个以上的,为共同受托人。对共同受托人的义务与责任,我国《信托法》还做出了如下规定①:

(1)共同处理信托事务规定。

即共同受托人应当共同处理信托事务,但信托文件规定对某些具体事务由受托人分别处理的,从其规定。共同受托人共同处理信托事务,意见不一致时,按信托文件规定处理;信托文件未规定的,由委托人、受益人或者其利害关系人决定。

(2)连带责任规定。

即共同受托人处理信托事务对第三人所负债务,应当承担连带清偿责任。第三人对共同受托人之一所作的意思表示,对其他受托人同样有效。共同受托人之一违反信托目的处分信托财产或者因违背管理职责、处理信托事务不当致使信托财产受到损失的,其他受托人应当承担连带赔偿责任。

### (六)受托人职责终止时的义务

(1)协助新受托人接管信托事务的义务。

《信托法》第三十九规定,受托人职责终止时,其继承人或者遗产管理人、监护人、清算人应当妥善保管信托财产,协助新受托人接管信托事务。

(2)作出处理信托事务报告和办理信托移交手续的义务。

《信托法》第四十一条规定,受托人职责终止的,应当作出处理信托事务的报告,并向新受托人办理信托财产和信托事务的移交手续。上述报告经委托人或者受益人认可,原受托人就报告中所列事项解除责任。但原受托人有不正当行为的除外。另外,《信托法》第四十二条还对共同受托人职责终止做出如下规定:共同受托人之一职责终止的,信托财产由其他受托人管理和处分。

## 四、受益人

### (一)受益人的概念、资格及限制

受益人是指在信托中享有信托受益权的人。

关于收益人的资格,《信托法》第四十三条规定,受益人可以是自然人、法人或者依法成立的其他组织。也就是我国信托法只要求受益人具备民事权利能力,不要求必须具备民事行为能力。

关于受益人的限制,《信托法》第四十三规定,委托人可以是受益人,也可以是同一信托的唯一受益人。受托人可以是受益人,但不得是同一信托的唯一受益人。这是因为,如果允许受托人是同一信托的唯一受益人,则信托财产的管理、运用、处分、收益权全归同一受托人。如此,受托人在理论上就可以任意处置信托财产和不受监督的使用受托权,最终导致信托目的难以实现,以及委托人的权益受到侵害。

① 参见《信托法》第三十一、三十二条。

**(二)受益人的权利**

根据《信托法》的规定①,受益人享有如下权利:

(1)信托受益权。

即受益人自信托生效之日起享有信托受益权。信托文件另有规定的,从其规定。共同受益人按照信托文件的规定享受信托利益。信托文件对信托利益的分配比例或者分配方法未作规定的,各受益人按照均等的比例享受信托利益。

(2)放弃受益权的权利。

即受益人可以放弃信托受益权。如果全体受益人均放弃信托受益权,则信托终止。如果仅有部分受益人放弃信托受益权,被放弃的信托受益权按下列顺序确定归属:①信托文件规定的人;②其他受益人;③委托人或者其继承人。

(3)以受益权清偿债务的权利。

即受益人不能清偿到期债务的,其信托受益权可以用于清偿债务,但法律、行政法规以及信托文件有限制性规定的除外。

(4)转让、继承受益权的权利。

即受益人的信托受益权可以依法转让和继承,但信托文件有限制性规定的除外。

(5)行使委托人享有的部分权利。

这些权利包括:①信托财产及信托事务管理的知情权;②变更信托财产管理方法的请求权;③信托财产处分行为的撤销权;④对受托人的解任权;⑤新受托人的选任权。受益人行使上述权利,与委托人意见不一致时,可以申请人民法院作出裁定。当受托人违反信托目的处分信托财产或者因违背管理职责、处理信托事务不当致使信托财产受到损失时,共同受益人之一申请人民法院撤销该处分行为的,人民法院所作出的撤销裁定,对全体共同受益人有效。

## 第五节　公益信托

### 一、公益信托的概念与目的

**(一)公益信托的概念与特点**

1.公益信托的概念

公益信托,是委托人基于对受托人的信任,将其财产权委托给受托人,由受托人按委托人的意愿,为了社会公益目的,进行管理或者处分的行为。

2.公益信托的特点

相较于私益信托,公益信托具有如下特点:

(1)享受国家支持与优惠。由于公益信托以社会公益为目的,所以国家一般采取支持与扶持的态度,并在税收和设立上给予优惠和便利。例如我国《信托法》第六十一条和第六十二条规定,国家鼓励发展公益信托;公益事业管理机构对于公益信托活动应当给予支持。

① 参见《信托法》第四十四至四十九条、第二十至二十三条。

(2)受益人为不特定的主体。公益信托的受益人为不特定的主体，既可以是一定范围内的非特定主体，也可以是面向社会公众的非特定主体。一般而言，委托人以自己为受益人或以指定的主体为受益人的信托，即使可能对社会公益有一定好处也不能成为公益信托。

(3)设立具有要式性。公益信托设立的要式性主要表现在两个方面：一是公益信托的设立要取得相关机构的批准；二是公益信托合同必须采取书面形式。

(4)需要特别制度监管。由于公益信托受益人范围广且不确定，难以对受托人进行有效的监督检查，因此需要特别制度来对其进行监管。因此《信托法》规定①，公益信托应当设置信托监察人；信托监察人有权以自己的名义，为维护受益人的利益，提起诉讼或者实施其他法律行为；公益事业管理机构应当检查受托人处理公益信托事务的情况及财产状况。

### (二)公益信托的目的

公益信托的目的为社会公益。根据《信托法》第六十条的规定，公益信托的目的包括：①救济贫困；②救助灾民；③扶助残疾人；④发展教育、科技、文化、艺术、体育事业；⑤发展医疗卫生事业；⑥发展环境保护事业，维护生态环境；⑦发展其他社会公益事业。亦即为了上述公共利益目的之一而设立的信托，均属于公益信托。《信托法》第六十三条专门强调，公益信托的信托财产及其收益，不得用于非公益目的。

## 二、公益信托的设立、变更与终止

### (一)公益信托的设立

公益信托的设立方式与私益信托基本相同，所不同的是公益信托设立的要式性特征要求其设立还需相关机关批准。《信托法》第六十二条规定，公益信托的设立和确定其受托人，应当经有关公益事业的管理机构(以下简称公益事业管理机构)批准。未经公益事业管理机构的批准，不得以公益信托的名义进行活动。公益事业管理机构对于公益信托活动应当给予支持。

### (二)公益信托的变更

公益信托变更主要涉及受托人变更与信托条款变更。《信托法》第六十八条和第六十九条规定，公益信托的受托人违反信托义务或者无能力履行其职责的，由公益事业管理机构变更受托人；公益信托成立后，发生设立信托时不能预见的情形，公益事业管理机构可以根据信托目的，变更信托文件中的有关条款。

### (三)公益信托的终止

公益信托终止的原因与私益信托基本相同，所不同的是公益信托终止的程序更为严格。关于公益信托的终止，《信托法》有如下规定②：①公益信托终止的，受托人应当于终止事由发生之日起15日内，将终止事由和终止日期报告公益事业管理机构。②公益信托终止的，受托人作出的处理信托事务的清算报告，应当经信托监察人认可后，报公益事业

① 参见《信托法》第六十四、六十五、六十七条。

② 参见《信托法》第七十至七十二条。

管理机构核准，并由受托人予以公告。③公益信托终止，没有信托财产权利归属人或者信托财产权利归属人是不特定的社会公众的，经公益事业管理机构批准，受托人应当将信托财产用于与原公益目的相近似的目的，或者将信托财产转移给具有近似目的的公益组织或者其他公益信托。

## 三、公益信托的关系人

### （一）公益信托的委托人

1.委托人的资格

公益信托的委托人与私益信托的委托人相同，既可以为自然人，也可以为法人，但应当具备完全的民事行为能力。

2.委托人的权利与义务

公益信托委托人的权利、义务与一般私益信托中委托人的权利、义务大致相同，但公益信托的委托人无权指定具体的受益人。除此，根据《信托法》第七十三条的规定[①]，在公益事业管理机构违反信托法规定时，委托人有权向人民法院起诉。

### （二）公益信托的受托人

1.受托人的资格

公益信托受托人资格与私益信托基本一致，所不同的是，根据《信托法》第六十二条，公益信托的受托人须经公益事业管理机构的批准。实践中，公益信托的受托人多以专业的信托公司担任，或者成立专门基金来运作。

2.受托人的权利与义务

公益信托受托人与私益信托受托人的权利基本相同，但公益信托受托人的辞任权受到约束。因为《信托法》第六十六条规定，公益信托的受托人未经公益事业管理机构批准，不得辞任。除此，在公益事业管理机构违反信托法规定时，受托人也有权向人民法院起诉。

公益信托受托人的义务与私益信托受托人的义务基本相同，所不同的是，在上述义务之外，公益信托受托人还有严格的信息报告与公告义务。根据《信托法》的规定[②]：公益信托的受托人应当至少每年1次作出信托事务处理情况及财产状况报告，经信托监察人认可后，报公益事业管理机构核准，并由受托人予以公告；公益信托终止的，受托人应当于终止事由发生之日起15日内，将终止事由和终止日期报告公益事业管理机构；公益信托受托人作出的处理信托事务的清算报告，应当经信托监察人认可后，报公益事业管理机构核准，并由受托人予以公告。

### （三）公益信托的受益人

公益信托的受益人不同于私益信托的受益人，不能由委托人指定，也不能作为权利主体参与信托关系，即受益人不享有信托事务的监督权和信托终止时信托财产的归属权。公益信托受益人是被动介入信托关系的，其原则上由受托人挑选和确定。公益信托的受益人之所以能成为受益人是因为其自身的条件与公益信托目的相匹配。另外，公益信托

---

① 《信托法》第七十三条：公益事业管理机构违反本法规定的，委托人、受托人或者受益人有权向人民法院起诉。

② 参见《信托法》第六十七、七十、七十一条。

受益人为不特定的主体，随时间和条件会发生变化，因此受益人无法也不必行使权利。但是，根据《信托法》第七十三条的规定，在公益事业管理机构违反信托法规定时，受益人有权向人民法院起诉。

**(四)公益信托的检察人**

公益信托的检察人，是监督公益信托受托人和公益信托的信托事务、维护公益信托受益人利益的人。由于公益信托中受益人具有不特定性，其利益难以保障，所以需要设定专门的人维护受益人的利益。《信托法》第六十四条和第六十五条规定，公益信托应当设置信托监察人。信托监察人由信托文件规定。信托文件未规定的，由公益事业管理机构指定。信托监察人有权以自己的名义，为维护受益人的利益，提起诉讼或者实施其他法律行为。

**(五)公益信托管理机构**

公益信托管理机构，是指负责审批和管理公益信托设立及运行的国家机关。公益信托管理机构与信托监管机构不同。在我国，信托监管机构为银保监会，而公益信托管理机构则为相关公益事业管理机关。

根据《信托法》的规定①，公益信托管理机构主要有如下职权：

(1)信托设立及受托人确认的批准权。设立公益信托及确定公益信托的受托人必须得到公益信托管理机构批准才有效。

(2)受托人的辞任批准权。公益信托的受托人未经公益事业管理机构批准，不得辞任。

(3)信托业务与信托财产状况的检查权。公益事业管理机构应当检查受托人处理公益信托事务的情况及财产状况。

(4)受托人的变更权。公益信托的受托人违反信托义务或者无能力履行其职责的，可由公益事业管理机构变更受托人。

(5)公益信托文件的变更权。公益信托成立后，发生设立信托时不能预见的情形，公益事业管理机构可以根据信托目的，变更信托文件中的有关条款。

(6)清算报告的核准权。公益信托终止后，受托人作出的处理信托事务的清算报告，应当在信托监察人认可后，报公益事业管理机构核准，并由受托人予以公告。

(7)信托终止后信托财产归属的决定权。公益信托终止，没有信托财产权利归属人或者信托财产权利归属人是不特定的社会公众的，可由公益事业管理机构决定将信托财产用于与原公益目的相近似的目的，或者将信托财产转移给具有近似目的的公益组织或者其他公益信托。

## 第六节　集合资金信托计划

### 一、集合资金信托计划的概念

根据《信托公司集合资金信托计划管理办法》(以下简称《集合资金信托计划管理办

① 参见《信托法》第六十二条、第六十六至六十九条、第七十一条、七十二条。

法》)第二条,集合资金信托计划,是指由信托公司担任受托人,按照委托人意愿,为受益人的利益,将两个以上(含两个)委托人交付的资金进行集中管理、运用或处分的资金信托业务活动。

## 二、集合资金信托计划的业务规则

### (一)集合资金信托计划的设立条件

根据《集合资金信托计划管理办法》第二章的规定,信托公司设立信托计划,应当符合以下要求:

(1)委托人为合格投资者。

《集合资金信托计划管理办法》第六条规定,合格投资者,是指符合下列条件之一,能够识别、判断和承担信托计划相应风险的人:①投资一个信托计划的最低金额不少于100万元人民币的自然人、法人或者依法成立的其他组织;②个人或家庭金融资产总计在其认购时超过100万元人民币,且能提供相关财产证明的自然人;③个人收入在最近3年内每年收入超过20万元人民币或者夫妻双方合计收入在最近3年内每年收入超过30万元人民币,且能提供相关收入证明的自然人。

2018年4月,中国人民银行、中国银行保险监督管理委员会、中国证券监督管理委员会、国家外汇管理局联合印发的《关于规范金融机构资产管理业务的指导意见》(简称《资管新规》)第五条规定:"合格投资者是指具备相应风险识别能力和风险承担能力,投资于单只资产管理产品不低于一定金额且符合下列条件的自然人和法人或者其他组织。①具有2年以上投资经历,且满足以下条件之一:家庭金融净资产不低于300万元,家庭金融资产不低于500万元,或者近3年本人年均收入不低于40万元。②最近1年末净资产不低于1000万元的法人单位。③金融管理部门视为合格投资者的其他情形。合格投资者投资于单只固定收益类产品的金额不低于30万元,投资于单只混合类产品的金额不低于40万元,投资于单只权益类产品、单只商品及金融衍生品类产品的金额不低于100万元。投资者不得使用贷款、发行债券等筹集的非自有资金投资资产管理产品。"显然,《资管新规》提高了合格投资者的标准。

(2)参与信托计划的委托人为唯一受益人。

(3)单个信托计划的自然人人数不得超过50人,但单笔委托金额在300万元以上的自然人投资者和合格的机构投资者数量不受限制。

(4)信托期限不少于1年。

(5)信托资金有明确的投资方向和投资策略,且符合国家产业政策以及其他有关规定。

(6)信托受益权划分为等额份额的信托单位。

(7)信托合同应约定受托人报酬,除合理报酬外,信托公司不得以任何名义直接或间接以信托财产为自己或他人牟利。

(8)中国银行保险监督管理委员会规定的其他要求。

除上述条件外,信托公司设立信托计划,事前应进行尽职调查,就可行性、合法性、风险评估、有无关联方交易等事项出具尽职调查报告。

### (二)集合资金信托计划的推介规则

《集合资金信托计划管理办法》对集合资金信托计划的推介有如下规定①:

(1)信托公司推介信托计划,应有规范和详尽的信息披露材料,明示信托计划的风险收益特征,充分揭示参与信托计划的风险及风险承担原则,如实披露专业团队的履历、专业培训及从业经历,不得使用任何可能影响投资者进行独立风险判断的误导性陈述。信托公司异地推介信托计划的,应当在推介前向注册地、推介地的中国银行保险监督管理委员会②省级派出机构报告。

(2)信托公司推介信托计划时,不得有以下行为:①以任何方式承诺信托资金不受损失,或者以任何方式承诺信托资金的最低收益;②进行公开营销宣传;③委托非金融机构进行推介;④推介材料含有与信托文件不符的内容,或者存在虚假记载、误导性陈述或重大遗漏等情况;⑤对公司过去的经营业绩作夸大介绍,或者恶意贬低同行;⑥中国银行保险监督管理委员会禁止的其他行为。

(3)信托公司推介信托计划时,可与商业银行签订信托资金代理收付协议。委托人以现金方式认购信托单位,可由商业银行代理收付。信托公司委托商业银行办理信托计划收付业务时,应明确界定双方的权利义务关系,商业银行只承担代理资金收付责任,不承担信托计划的投资风险。信托公司可委托商业银行代为向合格投资者推介信托计划。

(4)信托计划推介期限届满,未能满足信托文件约定的成立条件的,信托公司应当在推介期限届满后 30 日内返还委托人已缴付的款项,并加计银行同期存款利息。由此产生的相关债务和费用,由信托公司以固有财产承担。

### (三)集合资金信托计划文件的要求

我国《集合资金信托计划管理办法》规定,信托计划文件应当包含以下内容③:

(1)认购风险申明书。认购风险申明书至少应当包含以下内容:①信托计划不承诺保本和最低收益,具有一定的投资风险,适合风险识别、评估、承受能力较强的合格投资者。②委托人应当以自己合法所有的资金认购信托单位,不得非法汇集他人资金参与信托计划。③信托公司依据信托计划文件管理信托财产所产生的风险,由信托财产承担。信托公司因违背信托计划文件、处理信托事务不当而造成信托财产损失的,由信托公司以固有财产赔偿;不足赔偿时,由投资者自担。④委托人在认购风险申明书上签字,即表明已认真阅读并理解所有的信托计划文件,并愿意依法承担相应的信托投资风险。认购风险申明书一式两份,注明委托人认购信托单位的数量,分别由信托公司和受益人持有。

(2)信托计划说明书。信托计划说明书至少应当包括以下内容:①信托公司的基本情况;②信托计划的名称及主要内容;③信托合同的内容摘要;④信托计划的推介日期、期限和信托单位价格;⑤信托计划的推介机构名称;⑥信托经理人员名单、履历;⑦律师事务所

① 参见《集合资金信托计划管理办法》第七、八、十六、十七条。

② 《集合资金信托计划管理办法》第七条规定:“信托公司异地推介信托计划的,应当在推介前向注册地、推介地的中国银行业监督管理委员会省级派出机构报告。”鉴于 2018 年 4 月银监会与保监会合并成立银保监会,本章内容中凡法律原文为“中国银行业监督管理委员会”的,本书均自动改为“中国银行保险监督管理委员会。”

③ 参见《集合资金信托计划管理办法》第十至十四条。

出具的法律意见书;⑧风险警示内容;⑨中国银行保险监督管理委员会规定的其他内容。

(3)信托合同。信托合同应当载明以下事项:①信托目的;②受托人、保管人的姓名(或者名称)、住所;③信托资金的币种和金额;④信托计划的规模与期限;⑤信托资金管理、运用和处分的具体方法或安排;⑥信托利益的计算、向受益人交付信托利益的时间和方法;⑦信托财产税费的承担、其他费用的核算及支付方法;⑧受托人报酬计算方法、支付期间及方法;⑨信托终止时信托财产的归属及分配方式;⑩信托当事人的权利、义务;⑪受益人大会召集、议事及表决的程序和规则;⑫新受托人的选任方式;⑬风险揭示;⑭信托当事人的违约责任及纠纷解决方式;⑮信托当事人约定的其他事项。信托合同应当在首页右上方用醒目字体载明下列文字:信托公司管理信托财产应恪尽职守,履行诚实、信用、谨慎、有效管理的义务。信托公司依据本信托合同约定管理信托财产所产生的风险,由信托财产承担。信托公司因违背本信托合同、处理信托事务不当而造成信托财产损失的,由信托公司以固有财产赔偿;不足赔偿时,由投资者自担。

(4)中国银保监会规定的其他内容。

### (四)委托人认购信托单位的要求

我国《集合资金信托计划管理办法》第十五条规定,委托人认购信托单位前,应当仔细阅读信托计划文件的全部内容,并在认购风险申明书中签字,申明愿意承担信托计划的投资风险。信托公司应当提供便利,保证委托人能够查阅或者复制所有的信托计划文件,并向委托人提供信托合同文本原件。

### (五)信托计划成立后对信托公司的要求

根据《集合资金信托计划管理办法》第十八条的规定,信托计划成立后,信托公司应当将信托计划财产存入信托财产专户,并在5个工作日内向委托人披露信托计划的推介、设立情况。

除此,《集合资金信托计划管理办法》第三条和第四条还规定,信托计划财产独立于信托公司的固有财产,信托公司不得将信托计划财产归入其固有财产;信托公司因信托计划财产的管理、运用或者其他情形而取得的财产和收益,归入信托计划财产;信托公司因依法解散、被依法撤销或者被依法宣告破产等原因进行清算的,信托计划财产不属于其清算财产。信托公司管理、运用信托计划财产,应当恪尽职守,履行诚实信用、谨慎勤勉的义务,为受益人的最大利益服务。

### (六)集合资金信托计划的变更、终止与清算

1. 信托计划的变更

根据《集合资金信托计划管理办法》第二十九条的规定,信托计划存续期间,受益人可以向合格投资者转让其持有的信托单位。信托公司应为受益人办理受益权转让的有关手续。信托受益权进行拆分转让的,受让人不得为自然人。机构所持有的信托受益权,不得向自然人转让或拆分转让。

2. 信托计划的终止

根据《集合资金信托计划管理办法》第三十条的规定,有下列情形之一的,信托计划终止:①信托合同期限届满;②受益人大会决定终止;③受托人职责终止,未能按照有关规定

产生新受托人;④信托计划文件约定的其他情形。

3.信托计划的清算

根据《集合资金信托计划管理办法》第三十一条和第三十二条的规定,信托计划终止,信托公司应当于终止后10个工作日内做出处理信托事务的清算报告,经审计后向受益人披露。信托文件约定清算报告不需要审计的,信托公司可以提交未经审计的清算报告。清算后的剩余信托财产,应当依照信托合同约定按受益人所持信托单位比例进行分配。分配方式可采取现金方式、维持信托终止时财产原状方式或者两者的混合方式。采取现金方式的,信托公司应当于信托计划文件约定的分配日前或者信托期满日前变现信托财产,并将现金存入受益人账户。采取维持信托终止时财产原状方式的,信托公司应于信托期满后的约定时间内,完成与受益人的财产转移手续。信托财产转移前,由信托公司负责保管。保管期间,信托公司不得运用该财产。保管期间的收益归属于信托财产,发生的保管费用由被保管的信托财产承担。因受益人原因导致信托财产无法转移的,信托公司可以按照有关法律法规进行处理。

另外,《集合资金信托计划管理办法》第三十三条还规定,信托公司应当用管理信托计划所产生的实际信托收益进行分配,严禁信托公司将信托收益归入其固有财产,或者挪用其他信托财产垫付信托计划的损失或收益。

## 三、集合资金信托计划的管理规则

### (一)信托计划财产的管理规则

1.信托计划资金的保管规则

根据《集合资金信托计划管理办法》第十九条的规定,信托计划的资金实行保管制。对非现金类的信托财产,信托当事人可约定实行第三方保管,但中国银行保险监督管理委员会另有规定的,从其规定。信托计划存续期间,信托公司应当选择经营稳健的商业银行担任保管人。信托财产的保管账户和信托财产专户应当为同一账户。信托公司依信托计划文件约定需要运用信托资金时,应当向保管人书面提供信托合同复印件及资金用途说明。

2.信托计划资金的保管协议

根据《集合资金信托计划管理办法》第二十条规定,保管协议至少应包括以下内容:①受托人、保管人的名称、住所;②受托人、保管人的权利义务;③信托计划财产保管的场所、内容、方法、标准;④保管报告内容与格式;⑤保管费用;⑥保管人对信托公司的业务监督与核查;⑦当事人约定的其他内容。

3.信托计划资金保管人的职责

根据《集合资金信托计划管理办法》第二十一条和第二十二条规定,保管人应当履行以下职责:①安全保管信托财产;②对所保管的不同信托计划分别设置账户,确保信托财产的独立性;③确认与执行信托公司管理运用信托财产的指令,核对信托财产交易记录、资金和财产账目;④记录信托资金划拨情况,保存信托公司的资金用途说明;⑤定期向信托公司出具保管报告;⑥遇有信托公司违反法律法规和信托合同、保管协议操作时,保管人应当立即以书面形式通知信托公司纠正;⑦当出现重大违法违规或者发生严重影响信托财产安全的事件时,保管人应及时报告中国银行保险监督管理委员会;⑧当事人约定的其他职责。

**(二)信托计划的运营与风险管理规则**

1.《集合资金信托计划管理办法》的规定

我国《集合资金信托计划管理办法》对信托公司信托计划的运营与风险管理有如下规定①:

(1)信托公司管理信托计划,应设立为信托计划服务的信托资金运用、信息处理等部门,并指定信托经理及其相关的工作人员。每个信托计划至少配备一名信托经理。担任信托经理的人员,应当符合中国银行保险监督管理委员会规定的条件。

(2)信托公司对不同的信托计划,应当建立单独的会计账户分别核算、分别管理。

(3)信托资金可以进行组合运用,组合运用应有明确的运用范围和投资比例。信托公司运用信托资金进行证券投资,应当采用资产组合的方式,事先制定投资比例和投资策略,采取有效措施防范风险。

(4)信托公司可以运用债权、股权、物权及其他可行方式运用信托资金。信托公司运用信托资金,应当与信托计划文件约定的投资方向和投资策略相一致。

(5)信托公司管理信托计划,应当遵守以下规定:①不得向他人提供担保;②向他人提供贷款不得超过其管理的所有信托计划实收余额的30%,但中国银行保险监督管理委员会另有规定的除外;③不得将信托资金直接或间接运用于信托公司的股东及其关联人,但信托资金全部来源于股东或其关联人的除外;④不得以固有财产与信托财产进行交易;⑤不得将不同信托财产进行相互交易;⑥不得将同一公司管理的不同信托计划投资于同一项目。

(6)信托公司管理信托计划而取得的信托收益,如果信托计划文件没有约定其他运用方式的,应当将该信托收益交由保管人保管,任何人不得挪用。

2.《资管新规》的规定

为了加强对包含信托公司的集合资金信托计划在内的金融机构的资产管理业务的资金运营与风险管理,2018年4月人民银行、银保监会、证监会和外管局联合发布了《资管新规》。根据《资管新规》的规定②,信托公司应当对每一资金信托计划单独管理、单独建账、单独核算,不得开展或者参与具有滚动发行、集合运作、分离定价特征的资金池业务;应当合理确定资金信托计划的期限,加强对期限错配的流动性风险管理;强化资金信托计划的久期管理;不得违反监管部门的规定,通过为单一融资项目设立多个资金信托计划,变相突破投资人数限制或者其他监管要求;同一信托机构发行多个资金信托计划投资同一资产的资金总规模合计不得超过300亿元,如果超出该限额,需经相关金融监管部门批准。

---

① 参见《集合资金信托计划管理办法》第二十三至二十八条。

② 详细内容参见《关于规范金融机构资产管理业务的指导意见》第十五条。

### (三)信息披露与监督管理规则

1. 信息披露规则

我国《集合资金信托计划管理办法》对信托公司的信息披露有如下规定①:

(1)信托公司应当依照法律法规的规定和信托计划文件的约定按时披露信息,并保证所披露信息的真实性、准确性和完整性。

(2)受益人有权向信托公司查询与其信托财产相关的信息,信托公司应在不损害其他受益人合法权益的前提下,准确、及时、完整地提供相关信息,不得拒绝、推诿。

(3)信托计划设立后,信托公司应当依信托计划的不同,按季制作信托资金管理报告、信托资金运用及收益情况表。

(4)信托资金管理报告至少应包含以下内容:①信托财产专户的开立情况;②信托资金管理、运用、处分和收益情况;③信托经理变更情况;④信托资金运用重大变动说明;⑤涉及诉讼或者损害信托计划财产、受益人利益的情形;⑥信托计划文件约定的其他内容。

(5)信托计划发生下列情形之一的,信托公司应当在获知有关情况后3个工作日内向受益人披露,并自披露之日起7个工作日内向受益人书面提出信托公司采取的应对措施:①信托财产可能遭受重大损失;②信托资金使用方的财务状况严重恶化;③信托计划的担保方不能继续提供有效的担保。

(6)信托公司应当妥善保存管理信托计划的全部资料,保存期自信托计划结束之日起不得少于15年。

2. 监督管理规则

根据《集合资金信托计划管理办法》第四十条的规定,中国银保监会依法对信托公司管理信托计划的情况实施现场检查和非现场监管,并要求信托公司提供管理信托计划的相关资料。中国银保监会在现场检查或非现场监管中发现信托公司存在违法违规行为的,应当根据《银监法》等法律法规的规定,采取暂停业务、限制股东权利等监管措施。

### (四)受益人大会规则

我国《集合资金信托计划管理办法》关于受益人大会有如下规定②:

(1)受益人大会由信托计划的全体受益人组成,依照《集合资金信托计划管理办法》规定行使职权。

(2)当出现以下事项而信托计划文件未有事先约定的,应当召开受益人大会审议决定:①提前终止信托合同或者延长信托期限;②改变信托财产运用方式;③更换受托人;④提高受托人的报酬标准;⑤信托计划文件约定需要召开受益人大会的其他事项。

(3)受益人大会由受托人负责召集,受托人未按规定召集或不能召集时,代表信托单位10%以上的受益人有权自行召集。召集受益人大会,召集人应当至少提前10个工作日公告受益人大会的召开时间、会议形式、审议事项、议事程序和表决方式等事项。受益人大会不得就未经公告的事项进行表决。

---

① 参见《集合资金信托计划管理办法》第三十四至三十九条。

② 参见《集合资金信托计划管理办法》第四十一至四十六条。

(4)受益人大会可以采取现场方式召开，也可以采取通信等方式召开。每一信托单位具有一票表决权，受益人可以委托代理人出席受益人大会并行使表决权。

(5)受益人大会应当有代表50%以上信托单位的受益人参加，方可召开；大会就审议事项作出决定，应当经参加大会的受益人所持表决权的2/3以上通过；但更换受托人、改变信托财产运用方式、提前终止信托合同，应当经参加大会的受益人全体通过。受益人大会决定的事项，应当及时通知相关当事人，并向中国银行保险监督管理委员会报告。

### 四、集合资金信托计划的惩罚规则

根据《集合资金信托计划管理办法》，对不遵守该办法的信托公司，监管机构可采取如下惩罚性措施①：

(1)信托公司设立信托计划不遵守该办法有关规定的，由中国银保监会责令改正；逾期不改正的，处10万元以上30万元以下罚款；情节特别严重的，可以责令停业整顿或者吊销其金融许可证。

(2)信托公司推介信托计划违反该办法有关规定的，由中国银保监会责令停止，返还所募资金并加计银行同期存款利息，并处20万元以上50万元以下罚款；构成犯罪的，依法追究刑事责任。

(3)信托公司管理信托计划违反该办法有关规定的，由中国银保监会责令改正；有违法所得的，没收违法所得，并处违法所得1倍以上5倍以下罚款；没有违法所得的，处20万元以上50万元以下罚款；情节特别严重或者逾期不改正的，可以责令停业整顿或者吊销其金融许可证；构成犯罪的，依法追究刑事责任。

(4)信托公司不依该办法进行信息披露或者披露的信息有虚假记载、误导性陈述或者重大遗漏的，由中国银保监会责令改正，并处20万元以上50万元以下罚款；给受益人造成损害的，依法承担赔偿责任。

(5)信托公司设立、管理信托计划存在其他违法违规行为的，中国银保监会可以根据《银监法》等法律法规的规定，采取相应的处罚措施。

## 第七节　信托公司法律制度

### 一、信托公司的设立、变更与终止

#### (一)信托公司的设立

信托公司，是指依照《公司法》和《信托公司管理办法》设立的主要经营信托业务的金融机构。《信托公司管理办法》对信托公司设立有如下规定②：

(1)应当有符合要求的组织形式。

即设立信托公司，应当采取有限责任公司或者股份有限公司的形式。

① 参见《集合资金信托计划管理办法》第四十七至五十一条。

② 参见《信托公司管理办法》第六至八条。

(2)应当经监管机构批准。

即设立信托公司,应当经中国银保监会批准,并领取金融许可证。未经中国银保监会批准,任何单位和个人不得经营信托业务,任何经营单位不得在其名称中使用“信托公司”字样。法律法规另有规定的除外。

(3)应当具备规定的条件。

即设立信托公司,应当具备下列条件:①有符合《公司法》和中国银保监会规定的公司章程;②有具备中国银保监会规定的入股资格的股东;③具有《信托公司管理办法》规定的最低限额的注册资本[①];④有具备中国银保监会规定任职资格的董事、高级管理人员和与其业务相适应的信托从业人员;⑤具有健全的组织机构、信托业务操作规程和风险控制制度;⑥有符合要求的营业场所、安全防范措施和与业务有关的其他设施;⑦中国银保监会规定的其他条件。

除此,《信托公司管理办法》第十一条还规定,未经中国银保监会批准,信托公司不得设立或变相设立分支机构。

**(二)信托公司的变更**

根据《信托公司管理办法》第十二条的规定,信托公司有下列情形之一的,应当经中国银保监会批准:①变更名称;②变更注册资本;③变更公司住所;④改变组织形式;⑤调整业务范围;⑥更换董事或高级管理人员;⑦变更股东或者调整股权结构,但持有上市公司流通股份未达到公司总股份5%的除外;⑧修改公司章程;⑨合并或者分立;⑩中国银保监会规定的其他情形。

**(三)信托公司的终止**

根据《信托公司管理办法》,信托公司终止应遵守如下规定[②]:

(1)信托公司出现分立、合并或者公司章程规定的解散事由,申请解散的,经中国银保监会批准后解散,并依法组织清算组进行清算。

(2)信托公司不能清偿到期债务,且资产不足以清偿债务或明显缺乏清偿能力的,经中国银保监会同意,可向人民法院提出破产申请。中国银保监会可以向人民法院直接提出对该信托公司进行重整或破产清算的申请。

(3)信托公司终止时,其管理信托事务的职责同时终止。清算组应当妥善保管信托财产,作出处理信托事务的报告并向新受托人办理信托财产的移交。信托文件另有约定的,从其约定。

## 二、信托公司的经营

**(一)经营范围**

根据《信托公司管理办法》第三章的规定,信托公司的经营范围包括:

---

① 《信托公司管理办法》第十条规定:信托公司注册资本最低限额为3亿元人民币或等值的可自由兑换货币,注册资本为实缴货币资本。申请经营企业年金基金、证券承销、资产证券化等业务,应当符合相关法律法规规定的最低注册资本要求。监管机构根据信托公司行业发展的需要,可以调整信托公司注册资本最低限额。

② 参见《信托公司管理办法》第十三至十五条。

(1)信托公司可以申请经营下列部分或者全部本外币业务:①资金信托;②动产信托;③不动产信托;④有价证券信托;⑤其他财产或财产权信托;⑥作为投资基金或者基金管理公司的发起人从事投资基金业务;⑦经营企业资产的重组、购并及项目融资、公司理财、财务顾问等业务;⑧受托经营国务院有关部门批准的证券承销业务;⑨办理居间、咨询、资信调查等业务;⑩代保管及保管箱业务;⑪法律法规规定或中国银行保险监督管理委员会批准的其他业务。

(2)信托公司可以根据《信托法》等法律法规的有关规定开展公益信托活动。

(3)信托公司可以根据市场需要,按照信托目的、信托财产的种类或者对信托财产管理方式的不同设置信托业务品种。

(4)信托公司管理运用或处分信托财产时,可以依照信托文件的约定,采取投资、出售、存放同业、买入返售、租赁、贷款等方式进行。中国银保监会另有规定的,从其规定。信托公司不得以卖出回购方式管理运用信托财产。

(5)信托公司固有业务项下可以开展存放同业、拆放同业、贷款、租赁、投资等业务。投资业务限定为金融类公司股权投资、金融产品投资和自用固定资产投资。信托公司不得以固有财产进行实业投资,但中国银保监会另有规定的除外。

(6)信托公司不得开展除同业拆入业务以外的其他负债业务,且同业拆入余额不得超过其净资产的20%。中国银保监会另有规定的除外。

(7)信托公司可以开展对外担保业务,但对外担保余额不得超过其净资产的50%。

(8)信托公司经营外汇信托业务,应当遵守国家外汇管理的有关规定,并接受外汇主管部门的检查、监督。

**(二)经营规则**

根据《信托公司管理办法》第四章的规定,信托公司在管理运用信托财产和处理信托业务时,应当遵循如下规则:

(1)维护受益人最大利益规则。

信托公司管理运用或者处分信托财产,必须恪尽职守,履行诚实、信用、谨慎、有效管理的义务,维护受益人的最大利益。

(2)避免利益冲突规则。

信托公司在处理信托事务时应当避免利益冲突,在无法避免时,应向委托人、受益人予以充分的信息披露,或拒绝从事该项业务。

(3)亲自处理信托事务规则。

信托公司应当亲自处理信托事务,信托文件另有约定或有不得已事由时,可委托他人代为处理,但信托公司应尽足够的监督义务,并对他人处理信托事务的行为承担责任。

(4)保密规则。

信托公司对委托人、受益人以及所处理信托事务的情况和资料负有依法保密的义务,但法律法规另有规定或者信托文件另有约定的除外。

(5)信托财产管理、处分及收支报告规则。

信托公司应当妥善保存处理信托事务的完整记录,定期向委托人、受益人报告信托财产及其管理运用、处分及收支的情况。委托人、受益人有权向信托公司了解对其信托财产的管理运用、处分及收支情况，并要求信托公司作出说明。

(6)财产分离规则。

信托公司应当将信托财产与其固有财产分别管理、分别记账，并将不同委托人的信托财产分别管理、分别记账。

(7)依法建账分别核算规则。

信托公司应当依法建账，对信托业务与非信托业务分别核算，并对每项信托业务单独核算。

(8)信托业务部门独立规则。

信托公司的信托业务部门应当独立于公司的其他部门，其人员不得与公司其他部门的人员相互兼职，业务信息不得与公司的其他部门共享。

(9)信托合同记载规则。

以信托合同形式设立信托时，信托合同应当载明以下事项：①信托目的；②委托人、受托人的姓名或者名称、住所；③受益人或者受益人范围；④信托财产的范围、种类及状况；⑤信托当事人的权利义务；⑥信托财产管理中风险的揭示和承担；⑦信托财产的管理方式和受托人的经营权限；⑧信托利益的计算，向受益人交付信托利益的形式、方法；⑨信托公司报酬的计算及支付；⑩信托财产税费的承担和其他费用的核算；⑪信托期限和信托的终止；⑫信托终止时信托财产的归属；⑬信托事务的报告；⑭信托当事人的违约责任及纠纷解决方式；⑮新受托人的选任方式；⑯信托当事人认为需要载明的其他事项。以信托合同以外的其他书面文件设立信托时，书面文件的载明事项按照有关法律法规规定执行。

(10)信托业务禁止规则。

信托公司开展固有业务，不得有下列行为：①向关联方融出资金或转移财产；②为关联方提供担保；③以股东持有的本公司股权作为质押进行融资。信托公司的关联方按照《公司法》和企业会计准则的有关标准界定。

(11)信托行为禁止规则。

信托公司开展信托业务，不得有下列行为：①利用受托人地位谋取不当利益；②将信托财产挪用于非信托目的的用途；③承诺信托财产不受损失或者保证最低收益；④以信托财产提供担保；⑤法律法规和中国银行保险监督管理委员会禁止的其他行为。

(12)关联交易规则。

信托公司开展关联交易，应以公平的市场价格进行，逐笔向中国银行保险监督管理委员会事前报告，并按照有关规定进行信息披露。

(13)报酬收取规则。

信托公司经营信托业务，应依照信托文件约定以手续费或者佣金的方式收取报酬，中国银行保险监督管理委员会另有规定的除外。信托公司收取报酬，应当向受益人公开，并向受益人说明收费的具体标准。信托公司违反信托目的处分信托财产，或者因违背管理职责、处理信托事务不当致使信托财产受到损失的，在恢复信托财产的原状或者予以赔偿前，信托公司不得请求给付报酬。

(14)费用承担规则。

信托公司因处理信托事务而支出的费用、负担的债务,以信托财产承担,但应在信托合同中列明或明确告知受益人。信托公司以其固有财产先行支付的,对信托财产享有优先受偿的权利。因信托公司违背管理职责或者管理信托事务不当所负债务及所受到的损害,以其固有财产承担。

(15)解任信托公司规则。

信托公司违反信托目的处分信托财产,或者管理运用、处分信托财产有重大过失的,委托人或受益人有权依照信托文件的约定解任该信托公司,或者申请人民法院解任该信托公司。

(16)选任新受托人规则。

受托人职责依法终止的,新受托人依照信托文件的约定选任;信托文件未规定的,由委托人选任;委托人不能选任的,由受益人选任;受益人为无民事行为能力人或者限制民事行为能力人的,依法由其监护人代行选任。新受托人未产生前,中国银行业监督管理委员会可以指定临时受托人。

## 三、信托公司的监督管理

### (一)监管方式

根据《信托公司管理办法》第四十七条的规定,中国银保监会可以定期或者不定期对信托公司的经营活动进行检查;必要时,可以要求信托公司提供由具有良好资质的中介机构出具的相关审计报告。信托公司应当按照中国银保监会的要求提供有关业务、财务等报表和资料,并如实介绍有关业务情况。即《信托公司管理办法》规定的监管方式主要包括现场检查和非现场检查两种方式。

### (二)监管内容

1.组织机构的监管

组织机构监管方面,《信托公司管理办法》有如下规定①:

(1)信托公司应当建立以股东(大)会、董事会、监事会、高级管理层等为主体的组织架构,明确各自的职责划分,保证相互之间独立运行、有效制衡,形成科学高效的决策、激励与约束机制。

(2)信托公司已经或者可能发生信用危机,严重影响受益人合法权益的,中国银保监会可以依法对该信托公司实行接管或者督促机构重组。

(3)中国银行保险监督管理委员会在批准信托公司设立、变更、终止后,发现原申请材料有隐瞒、虚假的情形,可以责令补正或者撤销批准。

(4)信托公司可以加入中国信托业协会,实行行业自律。中国信托业协会开展活动,应当接受中国银保监会的指导和监督。

2.内部控制的监管

内部控制监管方面,《信托公司管理办法》第四十四条和第四十五条有如下规定:

① 参见《信托公司管理办法》第四十三条、第五十五至五十七条。

(1)信托公司应当按照职责分离的原则设立相应的工作岗位,保证公司对风险能够进行事前防范、事中控制、事后监督和纠正,形成健全的内部约束机制和监督机制。

(2)信托公司应当按规定制订本公司的信托业务及其他业务规则,建立、健全本公司的各项业务管理制度和内部控制制度,并报中国银保监会备案。

3. 高级管理人员与信托从业人员的监管

对信托公司高级管理人员与信托从业人员的监管,《信托公司管理办法》有如下规定①:

(1)中国银保监会对信托公司的董事、高级管理人员实行任职资格审查制度。未经中国银保监会任职资格审查或者审查不合格的,不得任职。信托公司对拟离任的董事、高级管理人员,应当进行离任审计,并将审计结果报中国银保监会备案。信托公司的法定代表人变更时,在新的法定代表人经中国银保监会核准任职资格前,原法定代表人不得离任。

(2)中国银保监会对信托公司的信托从业人员实行信托业务资格管理制度。符合条件的,颁发信托从业人员资格证书;未取得信托从业人员资格证书的,不得经办信托业务。

(3)信托公司的董事、高级管理人员和信托从业人员违反法律、行政法规或中国银行保险监督管理委员会有关规定的,中国银保监会有权取消其任职资格或者从业资格。

(4)中国银保监会根据履行职责的需要,可以与信托公司董事、高级管理人员进行监督管理谈话,要求信托公司董事、高级管理人员就信托公司的业务活动和风险管理的重大事项作出说明。

4. 财务会计的监管

根据《信托公司管理办法》第四十六条的规定,信托公司应当按照国家有关规定建立、健全本公司的财务会计制度,真实记录并全面反映其业务活动和财务状况。公司年度财务会计报表应当经具有良好资质的中介机构审计。

5. 业务与经营的监管

对信托公司的业务与经营的监管,《信托公司管理办法》有如下规定②:

(1)中国银保监会对信托公司实行净资本管理。具体办法由中国银保监会另行制定。

(2)信托公司每年应当从税后利润中提取5%作为信托赔偿准备金,但该赔偿准备金累计总额达到公司注册资本的20%时,可不再提取。信托公司的赔偿准备金应存放于经营稳健、具有一定实力的境内商业银行,或者用于购买国债等低风险高流动性证券品种。

(3)信托公司违反审慎经营规则的,中国银保监会责令限期改正;逾期未改正的,或者其行为严重危及信托公司的稳健运行、损害受益人合法权益的,中国银保监会可以区别情形,依据《银监法》等法律法规的规定,采取暂停业务、限制股东权利等监管措施。

---

① 参见《信托公司管理办法》第五十至五十三条。

② 参见《信托公司管理办法》第四十八、四十九、五十四条。

## 思考练习题

1. 简述信托的种类、原则与特征。
2. 简述信托当事人的资格、权利与义务。
3. 简述信托财产的范围与特征。
4. 简述公益信托的目的及其特征。
5. 简述集合资金信托计划的概念及其设立条件。
6. 简述信托公司的经营范围与经营规则。

# 第十章　证券法律制度

## 章前提要

本章主要介绍了证券的发行与承销；证券交易的一般规定、证券上市以及禁止的证券交易行为；上市公司的收购方式；信息披露的原则与内容；投资者保护；证券交易场所、证券公司、证券登记结算机构、证券交易服务机构、证券业协会、证券监督管理机构等的性质、职责及业务规则；违反证券法的法律责任等。

## 第一节　证券法概述

### 一、证券法的概念与立法目的

#### （一）证券的概念

证券是指以证明或设定权利为目的而做成的书面凭证。证券有狭、广两义。广义的证券，指证明持券人有一定经济权益的书面凭证。包括：资本证券，如股票、债权等；商品证券，如仓单、货单等；货币证券，如汇票、本票、支票等。狭义的证券，指证明持券人有一定所有权和债权的书面凭证，仅指资本证券。证券法规范的是狭义的证券。

#### （二）证券法的概念

证券法，是调整证券发行、证券交易以及证券监管活动中所形成的社会关系的法律规范的总称。证券法调整的关系，既包括证券发行关系、证券交易关系，又包括证券监管关系。证券法亦有狭、广两义。广义的证券法，是指调整因证券发行、交易、监管以及其他与证券相关的活动中产生的社会关系的法律规范的总称。广义证券法包含了所有涉及调整证券关系的法律、法规、规章。狭义的证券法仅指证券法典，在我国仅指 1998 年 12 月 29 日第九届全国人民代表大会常务委员会第六次会议通过并颁布的《证券法》。

#### （三）证券法的立法目的

伴随着改革开放，中国恢复了证券的发行和交易。1981 年国家恢复发行国库券，1984 年北京和上海两地开始发行股票①，1986 年开放国库券二级市场，1987 年深圳成立了第一家证券交易公司，1990 年 12 月和 1997 年 7 月上海证券交易所和深圳证券交易所

① 1984 年北京天桥商场和上海飞乐音响公司率先向社会招募资金。

相继成立，1991年8月中国证券业协会成立，1992年10月国务院证券委员会（1998年撤销）和中国证券监督管理委员会成立。伴随着证券发行和交易规模的不断扩大以及证券业的快速发展，我国虽颁布了一系列证券法规、规章[①]，但是还缺乏一部专门规范证券发行、交易、监管以及其他证券活动的基本规则以保护投资者的合法权益，维护证券市场秩序，所以我国在1992年便开始着手起草证券法，直至1998年12月29日正式颁布了经过五度审议、十多次易稿、修改的《证券法》，并在《证券法》第一条明确规定证券法的立法目的为：①规范证券发行和交易行为；②保护投资者的合法权益；③维护社会经济秩序和社会公共利益；④促进社会主义市场经济的发展。

## 二、证券法的适用范围与基本原则

### （一）证券法的适用范围

根据《证券法》第二条的规定：①在我国境内，股票、公司债券、存托凭证和国务院依法认定的其他证券的发行和交易，适用证券法；②证券法未规定的，适用《公司法》和其他法律、行政法规的规定；③政府债券、证券投资基金份额的上市交易，适用证券法，其他法律、行政法规另有规定的，适用其规定；④资产支持证券、资产管理产品发行、交易的管理办法，由国务院依照证券法的原则规定；⑤在我国境外的证券发行和交易活动，扰乱我国境内市场秩序，损害境内投资者合法权益的，依照证券法有关规定处理并追究法律责任。

### （二）证券法的基本原则

证券法的基本原则是证券法基本精神的体现，是证券发行、交易及其监管活动中必须遵循的基本准则。《证券法》在总则[②]中明确规定了证券法的基本原则。这些原则可以归纳为：

#### 1. 公开、公平、公正原则

该原则即证券的发行、交易活动，必须实行公开、公平、公正。公开原则指证券发行者必须依法将与证券有关的一切真实信息予以公开，以供投资者投资决策时参考；公平原则是指在证券发行和交易活动中，发行人、投资人、证券商和证券专业服务机构的法律地位完全平等，其合法权益受到同等保护；公正原则是指证券监管机关和司法机关在履行职责时，应对一切主体给予公正的待遇。在此三项原则中，公开原则是基础，只有在公开的基础上，才能实现公平和公正。

---

① 如国务院发布的：《国务院关于进一步加强证券市场宏观管理的通知》（1992年12月17日）、《关于坚决制止乱集资和加强债券发行管理的通知》（1993年4月11日）、《股票发行与交易管理暂行条例》（1993年4月22日）、《企业债券管理条例》（1993年8月2日）、《国务院关于股份有限公司境外募集股份及上市的特别规定》（1994年8月4日）、《国务院关于股份有限公司境内上市外资股的规定》（1994年12月25日）；国家体改委（国家发改委前身）发布的：《定向募集股份有限公司内部职工持股管理规定》（1995年7月1日）；国务院证券委员会发布的：《禁止证券欺诈行为暂行办法》（1993年8月15日）、《证券业从业人员资格管理暂行规定》（1995年5月1日）、《证券经营机构股票承销业务管理办法》（1996年6月17日）、《证券交易所管理办法》（1997年12月10日）；证监会发布的：《关于股票发行工作若干规定的通知》（1997年1月16日）、《关于股票发行与认购方式的暂行规定》（1997年1月16日）、《证券市场禁入暂行规定》（1997年3月4日）等。

② 参见《证券法》第三至八条。

2.平等、自愿、有偿、诚信原则

该原则即证券发行、交易活动的当事人具有平等的法律地位，各当事人应在自愿、有偿、诚实信用的基础上开展证券活动。

3.守法原则

该原则即证券的发行、交易活动，必须遵守法律、行政法规；禁止欺诈、内幕交易和操纵证券市场的行为。

4.分业原则

该原则即证券业和银行业、信托业、保险业实行分业经营、分业管理，证券公司与银行、信托、保险业务机构分别设立。国家另有规定的除外。

5.集中统一监管原则

该原则即国务院证券监督管理机构依法对全国证券市场实行集中统一监督管理。国务院证券监督管理机构根据需要可以设立派出机构，按照授权履行监督管理职责。

6.依法审计原则

该原则即国家审计机关依法对证券交易所、证券公司、证券登记结算机构、证券监督管理机构进行审计监督。

## 三、中国《证券法》的基本框架

颁布于1998年12月29日的《证券法》，其内容共计12章214条。截至2019年12月28日，《证券法》已进行了三次修正和二次修订：2004年8月28日根据第十届全国人民代表大会常务委员会第十一次会议的决定进行了第一修正；2005年10月27日根据第十届全国人民代表大会常务委员会第十八次会议的决定进行了第一次修订；2013年6月29日根据第十二届全国人民代表大会常务委员会第三次会议的决定进行了第二次修正；2014年8月31日根据第十二届全国人民代表大会常务委员会的决定进行了第三次修正；2019年12月28日第十三届全国人民代表大会常务委员会第十五次会议第二次修订(2020年3月1日正式实施)。经过三次修正和二次修订后的现行《证券法》共计14章226条。各章依次为：总则；证券发行；证券交易(包含三个小节：一般规定、证券上市、禁止的交易行为)；上市公司的收购；信息披露；投资者保护；证券交易场所；证券公司；证券登记结算机构；证券服务机构；证券业协会；证券监督管理机构；法律责任；附则。

为了进一步强化信息披露、加强市场监督要求，新修订的《证券法》将信息披露设专章，进一步完善了信息披露制度；为了加强投资者保护，新《证券法》增设了投资者保护专章，强化投资者保护制度；为了推行注册制改革，新《证券法》按照注册制的基本定位，对证券发行制度做了系统的修改完善，但是考虑到注册制改革是一个渐进的过程，新《证券法》授权国务院对证券发行注册制的具体范围、实施步骤进行规定。另外，新《证券法》还进一步完善了证券交易制度；明确和进一步强化了中介机构市场“看门人”法律职责；建立健全了多层次资本市场体系，将证券交易场所划分为证券交易所、国务院批准的其他全国性证券交易场所、按照国务院规定设立的区域性股权市场等三个层次；强化了监管执法和风险防控；扩大了证券法的适用范围，将存托凭证明确规定为法定证券，将资产支持证券和资产管理产品写入证券法，授权国务院按照证券法的原则规定资产支持证券、资产管理产品发行、交易的管理办法。除此，新《证券法》还对上市公司收购制度、证券公司业务管理制度、证券登记结算制度、跨境监管协作制度等作了完善。

# 第二节　证券发行法律制度

## 一、证券发行制度

### (一)规范证券发行的主要法律依据

目前在我国规范证券发行的法律依据除《证券法》和《公司法》以外，还有中国证监会发布的:《上市公司证券发行管理办法》(2006 年 4 月 26 日发布，2020 年 2 月 14 日最新修改)、《中国证券监督管理委员会发行审核委员会办法》(2006 年 5 月 8 日发布，2018 年 5 月 8 最新修改)、《首次公开发行股票并上市管理办法》(2006 年 5 月 17 日颁布，2018 年 6 月 6 日修改)、《证券发行与承销管理办法》(2013 年 10 月 8 日发布，2018 年 6 月 15 日修订)、《证券发行上市保荐业务管理办法》(2008 年 8 月 14 日发布，2017 年 12 月 7 日修订)、《上市公司非公开发行股票实施细则》(2007 年 9 月 17 日颁布，2020 年 2 月 14 日最新修正)、《公司债券发行与交易管理办法》(2015 年 1 月 16 日发布)等，以及规范创业板市场发行的《首次公开发行股票并在创业板上市管理办法》(2014 年 2 月 11 日颁布，2018 年 6 月 6 日修改)、《创业板上市公司证券发行管理暂行办法》(2014 年 5 月 14 日发布，2020 年 2 月 14 日修改)。

### (二)证券发行审核制度

1. 证券发行的概念与类型

证券发行，是发行人依照法律规定向投资者发售股票、公司债券以及其他法律认定的证券的一种融资行为。证券发行中，发行人发售证券获取资金;投资人让渡资金获得证券，并享有证券的权利;承销人代理发行人向投资人销售证券赚取报酬。在发行关系中，发行人、投资人、承销人地位平等。

按照不同的标准，证券发行可以区分为不同的类型:

(1)按照发行对象的范围不同，证券发行可以分为公开发行和非公开发行。

公开发行又称公募发行，是指发行人经依法核准向不特定的社会公众公开发行证券的行为。《证券法》第九条规定，有下列情形之一的，为公开发行:①向不特定对象发行证券的;②向特定对象发行证券累计超过 200 人的;③法律、行政法规规定的其他发行行为。

非公开发行又称私募发行，是指仅限于特定发行范围和对象的证券发行行为。《证券法》第九条规定，非公开发行证券，不得采用广告、公开劝诱和变相公开方式。

(2)按照发行价格与证券票面金额的关系，证券发行可以分为平价发行，折价发行、溢价发行和中间价发行。

平价发行又称面值发行，指按票面记载金额发行;折价发行指以低于票面记载金额发行。

溢价发行，指按超过票面记载金额发行。

中间价发行，按照证券票面金额和市场价的中间价发行，常见于配股发行。

(3)按照是否由承销机构承销，证券发行可以分为直接发行和间接发行。

直接发行，是不借助证券承销机构，由发行人直接向投资者发行。

间接发行，是发行人与证券承销机构签订协议，委托证券机构代为发行。承销又包括包销和代销两种方式。

(4)按照发行时公司是否存在，证券发行可以分为设立发行和新股发行。

设立发行，是为成立新的股份公司而进行的股票发行。

新股发行又称增资发行，是指为增加已有公司的资本总额或改变其股本结构而发行新股。

(5)按照是否借助证券交易所系统，证券发行可分为网上发行和网下发行。

网上发行，是指证券发行人和主承销商利用证券交易所的交易系统，由主承销商在交易所挂牌销售，投资者通过证券营业部交易系统申购证券的发行方式。网上发行又可以分为网上竞价发行和网上定价发行。网上竞价发行，是指主承销商利用证券交易所的交易系统，以自己作为唯一的“卖方”，按照发行人确定的底价将公开发行股票的数量输入其在交易所的股票发行专户，投资者作为“买方”，在指定时间通过交易所会员交易柜台，以不低于发行底价的价格及限购数量，进行竞价认购的一种发行方式①；网上定价发行，是指主承销商利用证券交易所的交易系统，按已确定的发行价格向投资者发售股票的发行方式，也是我国目前广泛采用的方式。

网下发行，是指证券发行人和主承销商不利用证券交易所的交易系统自主公开发行证券的发行方式，法人配售常见于网下发行。

2.证券发行审核制度的类型

国际范围内，证券发行审核制度主要有注册制和核准制两种。

(1)注册制。注册制也称申报制或登记制，是指证券发行人依法将有关证券发行信息，充分、客观地提示给发行审核机关并申请发行，审核机关仅对形式要件进行审查，审查合格后予以注册，即可在规定的时间内公开发行证券的审核制度。采用注册制的国家主要有美国和日本。

(2)核准制。核准制也称为实质管理原则，是指证券发行人依法向发行审核机关提供相关证券发行信息资料，由审核机关依法对申请资料进行形式要件和实质要件审查，并对符合法律规定条件的证券发行申请依法予以登记核准发行的审核制度。采用核准制的国家主要有法国、瑞士等欧洲国家。

我国 2019 年 7 月 22 日在上海证券交易所首次开市交易的科创板实行了注册制，但是主板市场一直实行的是核准制。2019 年 12 月 28 日新修订的《证券法》第九条明确规定：“公开发行证券，必须符合法律、行政法规规定的条件，并依法报经国务院证券监督管理机构或者国务院授权的部门注册。未经依法注册，任何单位和个人不得公开发行证券。证券发行注册制的具体范围、实施步骤，由国务院规定。”这表明我国将全面推行证券发行注册制度。如前所述，虽然《证券法》第九条明确规定将在我国全面推行证券发行注册制，但是这并不意味着从 2020 年 3 月 1 日起 A 股市场的所有板块都将全部实施注册制。因

① 这主要是我国的网上竞价发行方式。在国外竞价发行一般是由多个承销机构通过招标竞争确定证券发行价格，并在取得承销权后向投资者推销证券的发行方式。

为证券法授权国务院对证券发行注册制的具体范围、实施步骤进行规定，这说明主板市场在所有板块实施注册制尚需一定的时间，因此注册制改革是一个渐进的过程，核准制和注册制还将在一段时间内并行。但是无论如何，新证券法已为我国A股市场分步实施注册制留出了必要的法律空间。

**（三）证券发行保荐制度**

保荐制度，是指由保荐人（券商）通过其指定的保荐代表人对发行人发行证券进行推荐和辅导，并对发行人发行文件所载资料的真实性、准确性、完整性进行核实，协助发行人建立严格的信息披露制度，并在证券上市后的规定时间内继续协助发行人建立规范的法人治理结构，督促发行人遵守上市规定、履行招股计划书承诺，同时对上市公司的信息披露负有连带责任的一种证券发行、上市督导制度。

保荐制度起源于英国，发展于我国香港，但大多运用于创业板市场。由于保荐制在国际主板市场上没有成功引入的先例，2003年12月28日，我国证监会公布《证券发行上市保荐制度暂行办法》（2008年废止，同年证监会发布《证券发行上市保荐业务管理办法》），决定从2004年2月1日起在中国内地施行保荐人制度，这是世界上第一次在主板市场实行保荐人制度。除《证券发行上市保荐业务管理办法》以外，我国2005年修订《证券法》时也在新修订的《证券法》中增加了证券上市应实行保荐制度的规定。我国2019年12月28日新修订的《证券法》第十条规定，发行人申请公开发行股票、可转换为股票的公司债券，依法采取承销方式的，或者公开发行法律、行政法规规定实行保荐制度的其他证券的，应当聘请证券公司担任保荐人。保荐人应当遵守业务规则和行业规范，诚实守信，勤勉尽责，对发行人的申请文件和信息披露资料进行审慎核查，督导发行人规范运作。保荐人的管理办法由国务院证券监督管理机构规定。

## 二、证券的发行条件与要求

**（一）股票的发行条件与要求**

股票发行有设立发行和新股发行两种形式。针对不同的股票发行，我国证券法规定了不同的条件及要求。

1.设立股份有限公司公开发行股票的条件与要求

《公司法》第七十七条规定，设立股份有限公司的形式有发起设立和募集设立两种。发起设立是指由发起人认购公司应发行的全部股份而设立公司的方式；募集设立是指由发起人认购公司应发行股份的一部分，其余股份向社会公开募集或者向特定对象募集而设立公司的形式。所以设立发行，只存在于募集设立的公司设立形式。

（1）设立股份有限公司公开发行股票的条件。

根据《证券法》第十一条的规定，设立股份有限公司公开发行股票，应当符合我国《公司法》规定的条件①和经国务院批准的国务院证券监督管理机构规定的其他条件。

---

① 我国《公司法》第七十六条规定：设立股份有限公司，应当具备下列条件：（一）发起人符合法定人数；（二）有符合公司章程规定的全体发起人认购的股本总额或者募集的实收股本总额；（三）股份发行、筹办事项符合法律规定；（四）发起人制订公司章程，采用募集方式设立的经创立大会通过；（五）有公司名称，建立符合股份有限公司要求的组织机构；（六）有公司驻所。

(2)设立股份有限公司公开发行股票的要求。

根据《证券法》第十一条和第二十条的规定,设立股份有限公司公开发行股票的要求包括:

①向监管机构报送申请文件。即设立股份有限公司公开发行股票,应当向国务院证券监督管理机构报送募股申请和如下文件:A. 公司章程;B. 发起人协议;C. 发起人姓名或者名称,发起人认购的股份数、出资种类及验资证明;D. 招股说明书;E. 代收股款银行的名称及地址;F. 承销机构名称及有关的协议。依照证券法聘请保荐人的,应当报送保荐人出具的发行保荐书。法律、行政法规规定设立公司必须报经批准的,还应当提交相应的批准文件。

②披露申请文件。即在提交申请文件后,应当按照国务院证券监督管理机构的规定预先披露有关申请文件。

2. 公司公开发行新股的条件与要求

(1)公司公开发行新股的条件。

根据《证券法》第十二条的规定,公司首次公开发行新股应当符合下列条件:①具备健全且运行良好的组织机构;②具有持续经营能力;③最近三年财务会计报告被出具无保留意见审计报告;④发行人及其控股股东、实际控制人最近三年不存在贪污、贿赂、侵占财产、挪用财产或者破坏社会主义市场经济秩序的刑事犯罪;⑤经国务院批准的国务院证券监督管理机构规定的其他条件。除此,上市公司发行新股,应当符合经国务院批准的国务院证券监督管理机构规定的条件,具体管理办法由国务院证券监督管理机构规定;公开发行存托凭证的,应当符合首次公开发行新股的条件以及国务院证券监督管理机构规定的其他条件。

(2)公司公开发行新股的要求。

根据《证券法》的规定[1],公司公开发行新股的要求包括:

①向监管机构报送申请文件。即公司公开发行新股,应当报送募股申请和下列文件:A. 公司营业执照;B. 公司章程;C. 股东大会决议;D. 招股说明书或者其他公开发行募集文件;E. 财务会计报告;F. 代收股款银行的名称及地址。依照证券法规定聘请保荐人的,应当报送保荐人出具的发行保荐书。依照证券法规定实行承销的,还应当报送承销机构名称及有关的协议。

②披露申请文件。即发行人申请首次公开发行股票的,在提交申请文件后,应当按照国务院证券监督管理机构的规定预先披露有关申请文件。

③不得任意改变募集资金用途。即公司对公开发行股票所募集资金,必须按照招股说明书或者其他公开发行募集文件所列资金用途使用;改变资金用途,必须经股东大会做出决议。擅自改变用途,未作纠正的,或者未经股东大会认可的,不得公开发行新股。

**(二)公司债券的发行条件与要求**

1. 公司债券的发行条件

(1)一般公司债券的发行条件。

根据《证券法》第十五条的规定,公开发行公司债券,应当符合下列条件:①具备健全且运行良好的组织机构;②最近三年平均可分配利润足以支付公司债券一年的利息;③国

---

① 参见《证券法》第十三、二十、十四条。

务院规定的其他条件。

(2)可转换公司债券的发行条件。

根据《证券法》第十五条的规定，上市公司发行可转换为股票的公司债券，除应当符合上述发行公司债券规定的条件外，还应当遵守证券法关于公开发行股票的规定。但是，按照公司债券募集办法，上市公司通过收购本公司股份的方式进行公司债券转换的除外。

2.公司债券的发行要求

《证券法》对公开发行公司债券的公司有如下要求[①]：

(1)申请公开发行公司债券，应当向国务院授权的部门或者国务院证券监督管理机构报送下列文件：①公司营业执照；②公司章程；③公司债券募集办法；④国务院授权的部门或者国务院证券监督管理机构规定的其他文件。依照证券法规定聘请保荐人的，还应当报送保荐人出具的发行保荐书。

(2)公开发行公司债券筹集的资金，必须按照公司债券募集办法所列资金用途使用；改变资金用途，必须经债券持有人会议做出决议。公开发行公司债券筹集的资金，不得用于弥补亏损和非生产性支出。

(3)有下列情形之一的，不得再次公开发行公司债券：①对已公开发行的公司债券或者其他债务有违约或者延迟支付本息的事实，仍处于继续状态；②违反证券法规定，改变公开发行公司债券所募资金的用途。

**(三)证券发行报送文件的要求**

《证券法》对证券发行报送的文件有如下要求[②]：

(1)发行人依法申请公开发行证券所报送的申请文件的格式、报送方式，由依法负责注册的机构或者部门规定。

(2)发行人报送的证券发行申请文件，应当充分披露投资者做出价值判断和投资决策所必需的信息，内容应当真实、准确、完整。

(3)为证券发行出具有关文件的证券服务机构和人员，必须严格履行法定职责，保证所出具文件的真实性、准确性和完整性。

(4)发行人申请首次公开发行股票的，在提交申请文件后，应当按照国务院证券监督管理机构的规定预先披露有关申请文件。

## 三、证券发行申请注册

**(一)注册机构与注册纪律**

1.注册机构

根据《证券法》第二十一条第一款的规定，国务院证券监督管理机构或者国务院授权的部门依照法定条件负责证券发行申请的注册。证券公开发行注册的具体办法由国务院规定。

2.发行申请审核机构

根据《证券法》第二十一条第二款的规定，按照国务院的规定，证券交易所等可以审核

① 参见《证券法》第十六、十五、十七条。

② 参见《证券法》第十八至二十条。

公开发行证券申请,判断发行人是否符合发行条件、信息披露要求,督促发行人完善信息披露内容。

3. 注册纪律

根据《证券法》第二十一条第三款的规定,参与证券发行申请注册的人员,不得与发行申请人有利害关系,不得直接或者间接接受发行申请人的馈赠,不得持有所注册的发行申请的证券,不得私下与发行申请人进行接触。

### (二)注册期限与公告发布

1. 注册期限

《证券法》第二十二条规定,国务院证券监督管理机构或者国务院授权的部门应当自受理证券发行申请文件之日起3个月内,依照法定条件和法定程序做出予以注册或者不予注册的决定,发行人根据要求补充、修改发行申请文件的时间不计算在内。不予注册的,应当说明理由。

2. 公告发布

《证券法》第二十三条规定,证券发行申请经注册后,发行人应当依照法律、行政法规的规定,在证券公开发行前公告公开发行募集文件,并将该文件置备于指定场所供公众查阅。发行证券的信息依法公开前,任何知情人不得公开或者泄露该信息。发行人不得在公告公开发行募集文件前发行证券。

### (三)注册决定的撤销

《证券法》第二十四条对证券发行注册决定的撤销以及股票发行中弄虚作假的处理做出如下规定:

(1)国务院证券监督管理机构或者国务院授权的部门对已做出的证券发行注册的决定,发现不符合法定条件或者法定程序,尚未发行证券的,应当予以撤销,停止发行。已经发行尚未上市的,撤销发行注册决定,发行人应当按照发行价并加算银行同期存款利息返还证券持有人;发行人的控股股东、实际控制人以及保荐人,应当与发行人承担连带责任,但是能够证明自己没有过错的除外。

(2)股票的发行人在招股说明书等证券发行文件中隐瞒重要事实或者编造重大虚假内容,已经发行并上市的,国务院证券监督管理机构可以责令发行人回购证券,或者责令负有责任的控股股东、实际控制人买回证券。

### (四)股票发行后的风险承担

《证券法》第二十五条规定,股票依法发行后,发行人经营与收益的变化,由发行人自行负责;由此变化引致的投资风险,由投资者自行负责。

## 四、证券的承销

### (一)承销方式

《证券法》规定[①],发行人向不特定对象发行的证券,法律、行政法规规定应当由证券公司承销的,发行人应当同证券公司签订承销协议。证券承销业务采取代销或者包销方

① 参见《证券法》第二十六、二十七、三十条。

式。证券代销是指证券公司代发行人发售证券，在承销期结束时，将未售出的证券全部退还给发行人的承销方式。证券包销是指证券公司将发行人的证券按照协议全部购入或者在承销期结束时将售后剩余证券全部自行购入的承销方式。公开发行证券的发行人有权依法自主选择承销的证券公司。向不特定对象发行证券聘请承销团承销的，承销团应当由主承销和参与承销的证券公司组成。

**（二）承销协议的记载事项**

《证券法》第二十八条规定，证券公司承销证券，应当同发行人签订代销或者包销协议，载明下列事项：①当事人的名称、住所及法定代表人姓名；②代销、包销证券的种类、数量、金额及发行价格；③代销、包销的期限及起止日期；④代销、包销的付款方式及日期；⑤代销、包销的费用和结算办法；⑥违约责任；⑦国务院证券监督管理机构规定的其他事项。

**（三）证券公司的承销业务规则**

为了规范证券承销业务，《证券法》对证券公司的证券承销业务有如下规定①：

(1)证券公司承销证券，应当对公开发行募集文件的真实性、准确性、完整性进行核查。发现有虚假记载、误导性陈述或者重大遗漏的，不得进行销售活动；已经销售的，必须立即停止销售活动，并采取纠正措施。

(2)证券公司承销证券，不得有下列行为：①进行虚假的或者误导投资者的广告宣传或者其他宣传推介活动；②以不正当竞争手段招揽承销业务；③其他违反证券承销业务规定的行为。证券公司有前述所列行为，给其他证券承销机构或者投资者造成损失的，应当依法承担赔偿责任。

(3)证券的代销、包销期限最长不得超过 90 日。证券公司在代销、包销期内，对所代销、包销的证券应当保证先行出售给认购人，证券公司不得为本公司预留所代销的证券和预先购入并留存所包销的证券。

(4)股票发行采取溢价发行的，其发行价格由发行人与承销的证券公司协商确定。

(5)股票发行采用代销方式，代销期限届满，向投资者出售的股票数量未达到拟公开发行股票数量 70%的，为发行失败。发行人应当按照发行价并加算银行同期存款利息返还股票认购人。

(6)公开发行股票，代销、包销期限届满，发行人应当在规定的期限内将股票发行情况报国务院证券监督管理机构备案。

## 第三节　证券交易法律制度

### 一、证券交易的一般规定

**（一）交易证券的规定**

根据《证券法》第三十五条的规定，证券交易当事人依法买卖的证券，必须是依法发行并交付的证券。非依法发行的证券，不得买卖。

---

①　参见《证券法》第二十九、三十二、三十三、三十四条。

**(二)交易场所、交易方式和程序化交易的规定**

《证券法》对交易场所、交易方式和程序化交易有如下规定①：

(1)公开发行的证券，应当在依法设立的证券交易所上市交易或者在国务院批准的其他全国性证券交易场所交易。非公开发行的证券，可以在证券交易所、国务院批准的其他全国性证券交易场所、按照国务院规定设立的区域性股权市场转让。

(2)证券在证券交易所上市交易，应当采用公开的集中交易方式或者国务院证券监督管理机构批准的其他方式。

(3)证券交易当事人买卖的证券可以采用纸面形式或者国务院证券监督管理机构规定的其他形式。

(4)通过计算机程序自动生成或者下达交易指令进行程序化交易的，应当符合国务院证券监督管理机构的规定，并向证券交易所报告，不得影响证券交易所系统安全或者正常交易秩序。

**(三)证券交易的限制性规定**

《证券法》对证券交易有如下限制性规定②：

(1)非依法发行的证券，不得买卖。

(2)依法发行的证券，《公司法》和其他法律对其转让期限有限制性规定的，在限定的期限内不得转让③。上市公司持有5%以上股份的股东、实际控制人、董事、监事、高级管理人员，以及其他持有发行人首次公开发行前发行的股份或者上市公司向特定对象发行的股份的股东，转让其持有的本公司股份的，不得违反法律、行政法规和国务院证券监督管理机构关于持有期限、卖出时间、卖出数量、卖出方式、信息披露等规定，并应当遵守证券交易所的业务规则。

(3)证券交易场所、证券公司和证券登记结算机构的从业人员，证券监督管理机构的工作人员以及法律、行政法规规定禁止参与股票交易的其他人员，在任期或者法定限期内，不得直接或者以化名、借他人名义持有、买卖股票或者其他具有股权性质的证券，也不得收受他人赠送的股票或者其他具有股权性质的证券。任何人在成为前述所列人员时，其原已持有的股票或者其他具有股权性质的证券，必须依法转让。实施股权激励计划或者员工持股计划的证券公司的从业人员，可以按照国务院证券监督管理机构的规定持有、卖出本公司股票或者其他具有股权性质的证券。

(4)为证券发行出具审计报告或者法律意见书等文件的证券服务机构和人员，在该证券承销期内和期满后6个月内，不得买卖该证券。除上述规定外，为发行人及其控股股

① 参见《证券法》第三十七、三十八、三十九、四十五条。

② 参见《证券法》第三十五、三十六、四十、四十二、四十四条。

③ 《公司法》第一百四十一条规定：发起人持有的本公司股份，自公司成立之日起1年内不得转让。公司公开发行股份前已发行的股份，自公司股票在证券交易所上市交易之日起1年内不得转让。公司董事、监事、高级管理人员应当向公司申报所持有的本公司的股份及其变动情况，在任职期间每年转让的股份不得超过其所持有本公司股份总数的25%；所持本公司股份自公司股票上市交易之日起1年内不得转让。上述人员离职后半年内，不得转让其所持有的本公司股份。公司章程可以对公司董事、监事、高级管理人员转让其所持有的本公司股份做出其他限制性规定。

东、实际控制人，或者收购人、重大资产交易方出具审计报告或者法律意见书等文件的证券服务机构和人员，自接受委托之日起至上述文件公开后5日内，不得买卖该证券。实际开展上述有关工作之日早于接受委托之日的，自实际开展上述有关工作之日起至上述文件公开后5日内，不得买卖该证券。

(5)上市公司、股票在国务院批准的其他全国性证券交易场所交易的公司持有5%以上股份的股东、董事、监事、高级管理人员，将其持有的该公司的股票或者其他具有股权性质的证券在买入后6个月内卖出，或者在卖出后6个月内又买入，由此所得收益归该公司所有，公司董事会应当收回其所得收益。但是，证券公司因购入包销售后剩余股票而持有5%以上股份，以及有国务院证券监督管理机构规定的其他情形的除外。前述所称董事、监事、高级管理人员、自然人股东持有的股票或者其他具有股权性质的证券，包括其配偶、父母、子女持有的及利用他人账户持有的股票或者其他具有股权性质的证券。公司董事会不按照前述规定执行的，股东有权要求董事会在30日内执行。公司董事会未在上述期限内执行的，股东有权为了公司的利益以自己的名义直接向人民法院提起诉讼。公司董事会不按照前述规定执行的，负有责任的董事依法承担连带责任。

### (四)投资者信息保密及合理收费规定

《证券法》第四十一条和第四十三条分别对投资者信息保密与证券交易收费做出如下规定：

(1)证券交易场所、证券公司、证券登记结算机构、证券服务机构及其工作人员应当依法为投资者的信息保密，不得非法买卖、提供或者公开投资者的信息。证券交易场所、证券公司、证券登记结算机构、证券服务机构及其工作人员不得泄露所知悉的商业秘密。

(2)证券交易的收费必须合理，并公开收费项目、收费标准和管理办法。

## 二、证券上市

### (一)上市规定

2019年12月28日修订的新版《证券法》对证券上市规定做了重大修订，优化了证券上市条件的有关规定。根据新版《证券法》的规定①：

(1)申请证券上市交易，应当向证券交易所提出申请，由证券交易所依法审核同意，并由双方签订上市协议。证券交易所根据国务院授权的部门的决定安排政府债券上市交易。

(2)申请证券上市交易，应当符合证券交易所上市规则规定的上市条件。证券交易所上市规则规定的上市条件，应当对发行人的经营年限、财务状况、最低公开发行比例和公司治理、诚信记录等提出要求。

(3)对证券交易所做出的不予上市交易决定不服的，可以向证券交易所设立的复核机构申请复核。

① 参见《证券法》第四十六、四十七、四十九条。

### (二)终止上市规定

新版《证券法》除了对证券上市规定进行优化，对证券终止上市情形的规定也进行了优化。新版《证券法》第四十八条和第四十九条规定：

(1)上市交易的证券，有证券交易所规定的终止上市情形的，由证券交易所按照业务规则终止其上市交易。证券交易所决定终止证券上市交易的，应当及时公告，并报国务院证券监督管理机构备案。

(2)对证券交易所做出终止上市交易决定不服的，可以向证券交易所设立的复核机构申请复核。

## 三、禁止的交易行为

### (一)禁止内幕交易

1. 内幕交易的概念与禁止内幕交易的法律规定

内幕交易，是指证券交易内幕信息的知情人和非法获取内幕信息的人，利用内幕信息进行交易的活动。对内幕交易，《证券法》有如下规定①：

(1)禁止证券交易内幕信息的知情人和非法获取内幕信息的人利用内幕信息从事证券交易活动。

(2)证券交易内幕信息的知情人和非法获取内幕信息的人，在内幕信息公开前，不得买卖该公司的证券，或者泄露该信息，或者建议他人买卖该证券。持有或者通过协议、其他安排与他人共同持有公司5%以上股份的自然人、法人、非法人组织收购上市公司的股份，证券法另有规定的，适用其规定。内幕交易行为给投资者造成损失的，应当依法承担赔偿责任。

(3)禁止证券交易场所、证券公司、证券登记结算机构、证券服务机构和其他金融机构的从业人员、有关监管部门或者行业协会的工作人员，利用因职务便利获取的内幕信息以外的其他未公开的信息，违反规定，从事与该信息相关的证券交易活动，或者明示、暗示他人从事相关交易活动。利用未公开信息进行交易给投资者造成损失的，应当依法承担赔偿责任。

2. 内幕信息知情人的法律界定

根据《证券法》第五十一条规定，证券交易内幕信息的知情人包括：①发行人及其董事、监事、高级管理人员；②持有公司5%以上股份的股东及其董事、监事、高级管理人员，公司的实际控制人及其董事、监事、高级管理人员；③发行人控股或者实际控制的公司及其董事、监事、高级管理人员；④由于所任公司职务或者因与公司业务往来可以获取公司有关内幕信息的人员；⑤上市公司收购人或者重大资产交易方及其控股股东、实际控制人、董事、监事和高级管理人员；⑥因职务、工作可以获取内幕信息的证券交易场所、证券公司、证券登记结算机构、证券服务机构的有关人员；⑦因职责、工作可以获取内幕信息的证券监督管理机构工作人员；⑧因法定职责对证券的发行、交易或者对上市公司及其收购、重大资产交易进行管理可以获取内幕信息的有关主管部门、监管机构的工作人员；

① 参见《证券法》第五十、五十三、五十四条。

⑨国务院证券监督管理机构规定的可以获取内幕信息的其他人员。

3. 内幕信息的法律界定

内幕信息，指证券交易活动中，涉及发行人的经营、财务或者对该发行人证券的市场价格有重大影响的尚未公开的信息。《证券法》第五十二条规定，《证券法》第八十条第二款[①]、第八十一条第二款[②]所列重大事件属于内幕信息。

4. 内幕交易行为的界定

根据《证券法》第五十三条规定，内幕交易行为指证券交易内幕信息的知情人和非法获取内幕信息的人，在内幕信息公开前，买卖该公司的证券，或者建议他人买卖该证券的行为。

**(二)禁止操纵证券市场**

1. 操纵证券市场的概念与禁止操纵证券市场的法律规定

操纵证券市场，是指以获取利益或减少损失为目的，利用资金、信息等优势，或者利用职权，控制证券交易价格的行为。《证券法》第五十五条明确规定，禁止任何人操纵证券市场，影响或者意图影响证券交易价格或者证券交易量。操纵证券市场行为给投资者造成损失的，应当依法承担赔偿责任。

2. 操纵证券市场行为的界定

根据《证券法》第五十五条的规定，操纵证券市场的行为包括：①单独或者通过合谋，集中资金优势、持股优势或者利用信息优势联合或者连续买卖；②与他人串通，以事先约定的时间、价格和方式相互进行证券交易；③在自己实际控制的账户之间进行证券交易；④不以成交为目的，频繁或者大量申报并撤销申报；⑤利用虚假或者不确定的重大信息，诱导投资者进行证券交易；⑥对证券、发行人公开做出评价、预测或者投资建议，并进行反向证券交易；⑦利用在其他相关市场的活动操纵证券市场；⑧操纵证券市场的其他手段。

---

① 《证券法》第八十条第二款所列重大事件：(一)公司的经营方针和经营范围的重大变化；(二)公司的重大投资行为，公司在1年内购买、出售重大资产超过公司资产总额30%，或者公司营业用主要资产的抵押、质押、出售或者报废一次超过该资产的30%；(三)公司订立重要合同、提供重大担保或者从事关联交易，可能对公司的资产、负债、权益和经营成果产生重要影响；(四)公司发生重大债务和未能清偿到期重大债务的违约情况；(五)公司发生重大亏损或者重大损失；(六)公司生产经营的外部条件发生的重大变化；(七)公司的董事、1/3以上监事或者经理发生变动，董事长或者经理无法履行职责；(八)持有公司5%以上股份的股东或者实际控制人持有股份或者控制公司的情况发生较大变化，公司的实际控制人及其控制的其他企业从事与公司相同或者相似业务的情况发生较大变化；(九)公司分配股利、增资的计划，公司股权结构的重要变化，公司减资、合并、分立、解散及申请破产的决定，或者依法进入破产程序、被责令关闭；(十)涉及公司的重大诉讼、仲裁，股东大会、董事会决议被依法撤销或者宣告无效；(十一)公司涉嫌犯罪被依法立案调查，公司的控股股东、实际控制人、董事、监事、高级管理人员涉嫌犯罪被依法采取强制措施；(十二)国务院证券监督管理机构规定的其他事项。

② 《证券法》第八十一条第二款所列重大事件：(一)公司股权结构或者生产经营状况发生重大变化；(二)公司债券信用评级发生变化；(三)公司重大资产抵押、质押、出售、转让、报废；(四)公司发生未能清偿到期债务的情况；(五)公司新增借款或者对外提供担保超过上年末净资产的20%；(六)公司放弃债权或者财产超过上年末净资产的10%；(七)公司发生超过上年末净资产10%的重大损失；(八)公司分配股利，做出减资、合并、分立、解散及申请破产的决定，或者依法进入破产程序、被责令关闭；(九)涉及公司的重大诉讼、仲裁；(十)公司涉嫌犯罪被依法立案调查，公司的控股股东、实际控制人、董事、监事、高级管理人员涉嫌犯罪被依法采取强制措施；(十一)国务院证券监督管理机构规定的其他事项。

### （三）禁止虚假陈述

虚假陈述，泛指证券发行交易过程中不正确或不正当披露信息和陈述事实的行为。《证券法》第五十六条规定，禁止任何单位和个人编造、传播虚假信息或者误导性信息，扰乱证券市场。禁止证券交易场所、证券公司、证券登记结算机构、证券服务机构及其从业人员，证券业协会、证券监督管理机构及其工作人员，在证券交易活动中做出虚假陈述或者信息误导。各种传播媒介传播证券市场信息必须真实、客观，禁止误导。传播媒介及其从事证券市场信息报道的工作人员不得从事与其工作职责发生利益冲突的证券买卖。编造、传播虚假信息或者误导性信息，扰乱证券市场，给投资者造成损失的，应当依法承担赔偿责任。

### （四）禁止欺诈客户

1.欺诈客户的概念与禁止欺诈客户的法律规定

欺诈客户，是指在证券交易中，证券公司及其从业人员在证券发行、交易及相关活动中进行的损害投资者利益或者诱使投资者进行证券买卖从中获利的行为。《证券法》第五十七条明确规定，禁止证券公司及其从业人员从事损害客户利益的欺诈行为，欺诈客户行为给客户造成损失的，应当依法承担赔偿责任。

2.欺诈客户行为的界定

根据《证券法》第五十七条的规定，欺诈客户的行为包括：①违背客户的委托为其买卖证券；②不在规定时间内向客户提供交易的确认文件；③未经客户的委托，擅自为客户买卖证券，或者假借客户的名义买卖证券；④为牟取佣金收入，诱使客户进行不必要的证券买卖；⑤其他违背客户真实意思表示，损害客户利益的行为。

### （五）其他的禁止性规定

《证券法》在做出禁止内幕交易、禁止操纵市场、禁止虚假陈述、禁止欺诈客户的规定之外，对证券交易活动还做出了如下禁止性规定①：

（1）任何单位和个人不得违反规定，出借自己的证券账户或者借用他人的证券账户从事证券交易。

（2）依法拓宽资金入市渠道，禁止资金违规流入股市。禁止投资者违规利用财政资金、银行信贷资金买卖证券。

（3）国有独资企业、国有独资公司、国有资本控股公司买卖上市交易的股票，必须遵守国家有关规定。

除此，《证券法》第六十一条还规定，证券交易场所、证券公司、证券登记结算机构、证券服务机构及其从业人员对证券交易中发现的禁止的交易行为，应当及时向证券监督管理机构报告。

---

① 参见《证券法》第五十八至六十条。

# 第四节　上市公司收购的法律制度

## 一、上市公司收购的概念与收购方式

### （一）上市公司收购的概念

上市公司收购，是指投资者为了取得某一上市公司的控股权或实施对某一上市公司的兼并，依照法定程序公开购入该公司发行在外的部分或全部股份的行为。

### （二）收购方式

《证券法》第六十二条规定，投资者可以采取要约收购、协议收购及其他合法方式收购上市公司。由此，上市公司收购方式包括要约收购、协议收购和其他合法方式收购。其中：要约收购，指收购人按证券法规定的程序和规则，在要约期内向其他股东发出收购要约收购上市公司的方式；协议收购，指收购人直接同被收购公司的股东签订股权转让协议，收购上市公司的收购方式；其他合法方式收购，指收购人通过投资关系、协议、其他安排的途径成为上市公司的实际控股人。

### （三）规范上市公司收购的主要法律依据

新版《证券法》第四章对上市公司收购做了基本规定。另外，依据《证券法》第七十七条“国务院证券监督管理机构依照本法制定上市公司收购的具体办法”的规定，2020 年 3 月中国证监会第四次修订了《上市公司收购管理办法》①。该《办法》从权益披露、要约收购、协议收购、间接收购、豁免申请、财务顾问、持续监管、监管措施与法律责任等方面对上市公司收购做了具体而详细的规定。

## 二、持股变动的报告与公告

上市公司收购是一个逐渐增持目标公司股份的过程，本着公开、透明的原则，也为了维护投资人、上市公司的利益，证券法专门规定了持股情况变动披露制度，即任何投资人直接或间接持有一个上市公司发行在外的股份达到一定比例时，必须依法及时向监管机构和证券交易所报告，通知被收购公司并向社会公告的制度。

### （一）报告与公告的条件

《证券法》第六十三条对持股变动的报告与公告做出如下规定：

（1）通过证券交易所的证券交易，投资者持有或者通过协议、其他安排与他人共同持有一个上市公司已发行的有表决权股份达到 5%时，应当在该事实发生之日起 3 日内，向国务院证券监督管理机构、证券交易所做出书面报告，通知该上市公司，并予公告，在上述期限内不得再行买卖该上市公司的股票，但国务院证券监督管理机构规定的情形除外。

（2）投资者持有或者通过协议、其他安排与他人共同持有一个上市公司已发行的有表决权股份达到 5%后，其所持该上市公司已发行的有表决权股份比例每增加或者减少 5%，应当依照前述规定进行报告和公告，在该事实发生之日起至公告后 3 日内，不得再行买卖该上市公司的股票，但国务院证券监督管理机构规定的情形除外。

---

①　《上市公司收购管理办法》由中国证监会 2006 年 5 月发布，2020 年 3 月第四次修订。

(3)投资者持有或者通过协议、其他安排与他人共同持有一个上市公司已发行的有表决权股份达到5%后,其所持该上市公司已发行的有表决权股份比例每增加或者减少1%,应当在该事实发生的次日通知该上市公司,并予公告。

(4)违反前述(1)(2)规定买入上市公司有表决权的股份的,在买入后的36个月内,对该超过规定比例部分的股份不得行使表决权。

由此可见,持股变动报告与公告的触发条件:一是持有一个上市公司已发行的有表决权股份达到5%时;二是持有一个上市公司已发行的有表决权股份达到5%后,每增加或者减少该公司已发行的有表决权股份比例达到5%时;三是持有一个上市公司已发行的有表决权股份达到5%后,每增加或者减少该公司已发行的有表决权股份比例达到1%时。所不同的是,持有一个上市公司已发行的有表决权股份达到5%后,每增加或者减少有表决权股份比例达到1%时,无须向国务院证券监督管理机构和证券交易所做出书面报告,只需通知该上市公司,并予公告;也无须在规定时间内暂停买卖该上市公司的股票。

### (二)报告与公告的内容

根据《证券法》第六十四条的规定,因为持股变动所作的书面报告和公告,应当包括下列内容:①持股人的名称、住所;②持有的股票的名称、数额;③持股达到法定比例或者持股增减变化达到法定比例的日期、增持股份的资金来源;④在上市公司中拥有表决权的股份变动的时间及方式。

## 三、要约收购

### (一)要约收购的条件与部分收购要约的法定约定事项

《证券法》第六十五条规定,通过证券交易所的证券交易,投资者持有或者通过协议、其他安排与他人共同持有一个上市公司已发行的有表决权股份达到30%时,继续进行收购的,应当依法向该上市公司所有股东发出收购上市公司全部或者部分股份的要约。收购上市公司部分股份的要约应当约定,被收购公司股东承诺出售的股份数额超过预定收购的股份数额的,收购人按比例进行收购。

### (二)收购报告书的内容

《证券法》第六十六条规定,发出收购要约,采取要约收购方式进行收购的,收购人必须公告上市公司收购报告书,并载明下列事项:①收购人的名称、住所;②收购人关于收购的决定;③被收购的上市公司名称;④收购目的;⑤收购股份的详细名称和预定收购的股份数额;⑥收购期限、收购价格;⑦收购所需资金额及资金保证;⑧公告上市公司收购报告书时持有被收购公司股份数占该公司已发行的股份总数的比例。

### (三)要约收购期限与收购价格

*1.要约收购期限的规定*

《证券法》第六十七条规定,收购要约约定的收购期限不得少于30日,并不得超过60日。

*2.要约收购价格的规定*

《上市公司收购管理办法》第三十五条规定,收购人按照该办法规定进行要约收购的,对同一种类股票的要约价格,不得低于要约收购提示性公告日前6个月内收购人取得该种股票所支付的最高价格。要约价格低于提示性公告日前30个交易日该种股票的每日加权平均价格的算术平均值的，收购人聘请的财务顾问应当就该种股票前6个月的交易情况进行分析，说明是否存在股价被操纵、收购人是否有未披露的一致行动人、收购人前6个月取得公司股份是否存在其他支付安排、要约价格的合理性等。

**(四)收购要约的撤销、变更禁止与条件适用**

1.收购要约撤销与变更的禁止规定

《证券法》第六十八条规定，在收购要约确定的承诺期限内，收购人不得撤销其收购要约。收购人需要变更收购要约的，应当及时公告，载明具体变更事项，且不得存在下列情形：①降低收购价格；②减少预定收购股份数额；③缩短收购期限；④国务院证券监督管理机构规定的其他情形。

2.收购条件适用对象的规定

《证券法》第六十九条规定，收购要约提出的各项收购条件，适用于被收购公司的所有股东。上市公司发行不同种类股份的，收购人可以针对不同种类股份提出不同的收购条件。

**(五)其他禁止性规定**

《证券法》第七十条规定，采取要约收购方式的，收购人在收购期限内，不得卖出被收购公司的股票，也不得采取要约规定以外的形式和超出要约的条件买入被收购公司的股票。

## 四、协议收购

**(一)协议收购的书面报告与公告**

《证券法》第七十一条规定，采取协议收购方式的，收购人可以依照法律、行政法规的规定同被收购公司的股东以协议方式进行股份转让。以协议方式收购上市公司时，达成协议后，收购人必须在3日内将该收购协议向国务院证券监督管理机构及证券交易所做出书面报告，并予公告。在公告前不得履行收购协议。

**(二)协议收购的交付**

协议收购的股票和资金交付方式，不同于一般的股票买卖。《证券法》第七十二条规定，采取协议收购方式的，协议双方可以临时委托证券登记结算机构保管协议转让的股票，并将资金存放于指定的银行。

**(三)协议收购转化要约收购**

《证券法》第七十三条规定，采取协议收购方式的，收购人收购或者通过协议、其他安排与他人共同收购一个上市公司已发行的有表决权股份达到30%时，继续进行收购的，应当依法向该上市公司所有股东发出收购上市公司全部或者部分股份的要约。但是，按照国务院证券监督管理机构的规定免除发出要约的除外。收购人依照上述规定以要约方式收购上市公司股份，应当遵守《证券法》第六十五条第二款[①]、第六十六条至第七十条的规定。

---

① 《证券法》第六十五条第二款：收购上市公司部分股份的要约应当约定，被收购公司股东承诺出售的股份数额超过预定收购的股份数额的，收购人按比例进行收购。

《证券法》之所以做出上述规定，是因为协议收购是收购人与目标公司股东之间直接达成股票交易协议，但是当收购人持有目标公司股票达到一定比例后将会对其他股东权益的实现产生影响，因此需要通过建立一种制度防范和制约这种影响。协议收购转化要约收购，即是通过证券法建立的防范和制约影响其他股东权益实现的制度。

### 五、上市公司收购的法律后果

根据《证券法》的规定[①]，上市公司收购将产生如下法律后果：

(1)收购期限届满，被收购公司股权分布不符合证券交易所规定的上市交易要求的，该上市公司的股票应当由证券交易所依法终止上市交易；其余仍持有被收购公司股票的股东，有权向收购人以收购要约的同等条件出售其股票，收购人应当收购。收购行为完成后，被收购公司不再具备股份有限公司条件的，应当依法变更企业形式。

(2)在上市公司收购中，收购人持有的被收购的上市公司的股票，在收购行为完成后的 18 个月内不得转让。

(3)收购行为完成后，收购人与被收购公司合并，并将该公司解散的，被解散公司的原有股票由收购人依法更换。收购行为完成后，收购人应当在 15 日内将收购情况报告国务院证券监督管理机构和证券交易所，并予公告。

(4)收购行为完成后，收购人应当在 15 日内将收购情况报告国务院证券监督管理机构和证券交易所，并予公告。

除上述规定外，《证券法》第七十七条第二款还规定，上市公司分立或者被其他公司合并，应当向国务院证券监督管理机构报告，并予公告。

## 第五节 信息披露法律制度

### 一、信息披露的概念

信息披露，是证券发行人、上市公司、证券交易所等，依照法律规定的方式，将与证券发行交易有关的重大信息予以公开的一种制度。信息披露的目的在于保证投资者获得真实、充分的证券市场信息，并在公平的基础上做出投资决策。信息披露有利于证券发行和交易价格的合理形成，有利于维护投资人的利益，有利于加强证券市场的监管减少内幕交易等违法行为的发生，也有利于上市公司自身改善经营管理，所以证监会 2007 年颁布了《上市公司信息披露管理办法》，2019 年 12 月 28 日新修订的《证券法》也进一步强化了信息披露要求，并设专章规定信息披露制度，系统完善信息披露制度。

### 二、信息披露的原则

根据新修订的《证券法》第七十八条的规定，发行人及法律、行政法规和国务院证券监督管理机构规定的其他信息披露义务人，应当及时依法履行信息披露义务。信息披露义务人披露的信息，应当真实、准确、完整，简明清晰，通俗易懂，不得有虚假记载、误导性陈

① 参见《证券法》第七十四至七十六条。

述或者重大遗漏。证券同时在境内境外公开发行、交易的，其信息披露义务人在境外披露的信息，应当在境内同时披露。由此，信息披露的原则主要包括及时性、真实性、准确性、完整性和同步性五项原则。

## 三、依法必须披露的信息

我国证券法规定，证券发行人以及其他信息披露义务人应当依法披露的信息包括：公司年度报告和中期报告；可能对证券交易价格产生较大影响的重大事件。

### (一)公司年度报告和中期报告

根据《证券法》第七十九条规定，上市公司、公司债券上市交易的公司、股票在国务院批准的其他全国性证券交易场所交易的公司，应当按照国务院证券监督管理机构和证券交易场所规定的内容和格式编制定期报告，并按照以下规定报送和公告：①在每一会计年度结束之日起 4 个月内，报送并公告年度报告，其中的年度财务会计报告应当经符合本法规定的会计师事务所审计；②在每一会计年度的上半年结束之日起 2 个月内，报送并公告中期报告。

### (二)可能对证券交易价格产生较大影响的重大事件

1. 可能对股票交易价格产生较大影响的重大事件

根据《证券法》第八十条的规定，发生可能对上市公司、股票在国务院批准的其他全国性证券交易场所交易的公司的股票交易价格产生较大影响的重大事件，投资者尚未得知时，公司应当立即将有关该重大事件的情况向国务院证券监督管理机构和证券交易场所报送临时报告，并予公告，说明事件的起因、目前的状态和可能产生的法律后果。前述所称重大事件包括：①公司的经营方针和经营范围的重大变化；②公司的重大投资行为，公司在 1 年内购买、出售重大资产超过公司资产总额 30%，或者公司营业用主要资产的抵押、质押、出售或者报废一次超过该资产的 30%；③公司订立重要合同、提供重大担保或者从事关联交易，可能对公司的资产、负债、权益和经营成果产生重要影响；④公司发生重大债务和未能清偿到期重大债务的违约情况；⑤公司发生重大亏损或者重大损失；⑥公司生产经营的外部条件发生的重大变化；⑦公司的董事、1/3 以上监事或者经理发生变动，董事长或者经理无法履行职责；⑧持有公司 5%以上股份的股东或者实际控制人持有股份或者控制公司的情况发生较大变化，公司的实际控制人及其控制的其他企业从事与公司相同或者相似业务的情况发生较大变化；⑨公司分配股利、增资的计划，公司股权结构的重要变化，公司减资、合并、分立、解散及申请破产的决定，或者依法进入破产程序、被责令关闭；⑩涉及公司的重大诉讼、仲裁，股东大会、董事会决议被依法撤销或者宣告无效；⑪公司涉嫌犯罪被依法立案调查，公司的控股股东、实际控制人、董事、监事、高级管理人员涉嫌犯罪被依法采取强制措施；⑫国务院证券监督管理机构规定的其他事项。公司的控股股东或者实际控制人对重大事件的发生、进展产生较大影响的，应当及时将其知悉的有关情况书面告知公司，并配合公司履行信息披露义务。

2. 可能对公司债券交易价格产生较大影响的重大事件

根据《证券法》第八十一条的规定，发生可能对上市交易公司债券的交易价格产生较大影响的重大事件，投资者尚未得知时，公司应当立即将有关该重大事件的情况向国务院证券监督管理机构和证券交易场所报送临时报告,并予公告,说明事件的起因、目前的状态和可能产生的法律后果。前述所称重大事件包括:①公司股权结构或者生产经营状况发生重大变化;②公司债券信用评级发生变化;③公司重大资产抵押、质押、出售、转让、报废;④公司发生未能清偿到期债务的情况;⑤公司新增借款或者对外提供担保超过上年末净资产的20%;⑥公司放弃债权或者财产超过上年末净资产的10%;⑦公司发生超过上年末净资产10%的重大损失;⑧公司分配股利,做出减资、合并、分立、解散及申请破产的决定,或者依法进入破产程序、被责令关闭;⑨涉及公司的重大诉讼、仲裁;⑩公司涉嫌犯罪被依法立案调查,公司的控股股东、实际控制人、董事、监事、高级管理人员涉嫌犯罪被依法采取强制措施;⑪国务院证券监督管理机构规定的其他事项。

## 四、信息披露方式与披露规则

### (一)信息披露方式

《证券法》第八十六条规定,依法披露的信息,应当在证券交易场所的网站和符合国务院证券监督管理机构规定条件的媒体发布,同时将其置备于公司住所、证券交易场所,供社会公众查阅。

### (二)信息披露中应当遵循的规则

(1)签署书面确认意见,保证信息真实、准确、完整。

《证券法》第八十二条规定,发行人的董事、高级管理人员应当对证券发行文件和定期报告签署书面确认意见。发行人的监事会应当对董事会编制的证券发行文件和定期报告进行审核并提出书面审核意见。监事应当签署书面确认意见。发行人的董事、监事和高级管理人员应当保证发行人及时、公平地披露信息,所披露的信息真实、准确、完整。董事、监事和高级管理人员无法保证证券发行文件和定期报告内容的真实性、准确性、完整性或者有异议的,应当在书面确认意见中发表意见并陈述理由,发行人应当披露。发行人不予披露的,董事、监事和高级管理人员可以直接申请披露。

(2)公平公正披露,依法披露前保密。

《证券法》第八十三条规定,信息披露义务人披露的信息应当同时向所有投资者披露,不得提前向任何单位和个人泄露。但是,法律、行政法规另有规定的除外。任何单位和个人不得非法要求信息披露义务人提供依法需要披露但尚未披露的信息。任何单位和个人提前获知的前述信息,在依法披露前应当保密。

## 五、违反信息披露原则的责任承担

### (一)信息披露中不履行公开承诺的责任承担

《证券法》第八十四条规定,除依法需要披露的信息之外,信息披露义务人可以自愿披露与投资者做出价值判断和投资决策有关的信息,但不得与依法披露的信息相冲突,不得误导投资者。发行人及其控股股东、实际控制人、董事、监事、高级管理人员等做出公开承诺的,应当披露。不履行承诺给投资者造成损失的,应当依法承担赔偿责任。

### (二)信息披露中虚假记载、误导性陈述、重大遗漏的责任承担

《证券法》第八十五条规定,信息披露义务人未按照规定披露信息,或者公告的证券发行文件、定期报告、临时报告及其他信息披露资料存在虚假记载、误导性陈述或者重大遗

漏，致使投资者在证券交易中遭受损失的，信息披露义务人应当承担赔偿责任；发行人的控股股东、实际控制人、董事、监事、高级管理人员和其他直接责任人员以及保荐人、承销的证券公司及其直接责任人员，应当与发行人承担连带赔偿责任，但是能够证明自己没有过错的除外。

### 六、信息披露监管

《证券法》第八十七条规定，国务院证券监督管理机构对信息披露义务人的信息披露行为进行监督管理。证券交易场所应当对其组织交易的证券的信息披露义务人的信息披露行为进行监督，督促其依法及时、准确地披露信息。

## 第六节　投资者保护法律制度

### 一、投资者保护的概念与投资者分类

#### （一）投资者保护的概念

投资者保护是由国家法律、监管机构、中介机构以及证券发行人共同构建的借以防止投资者权益受到侵害的一系列制度安排。投资者保护事关资本市场发展，只有投资者的权力、利益得到有效保护，投资者才愿意将资金投入企业，资本市场也才能持续健康发展[①]，因此市场经济国家非常注重投资者保护，尤其是2008年次贷危机以后，各国不仅对其监管体制进行了改革，增设投资者保护机构，更对其法律进行修订和完善，例如美国2010年7月颁布《华尔街改革与消费者保护法案2010》(《多德 弗兰克法案》)，英国也于2010年4月再次修订《金融服务法》，强化对金融消费者亦即投资者保护。我国在2019年12月28日修订的《证券法》中专门增设"投资者保护"一章，也充分体现了我国对投资者保护的重视。

#### （二）投资者分类

我国将投资者分为普通投资者和专业投资者两种类型。

《证券法》第八十九条规定，根据财产状况、金融资产状况、投资知识和经验、专业能力等因素，投资者可以分为普通投资者和专业投资者。专业投资者的标准由国务院证券监督管理机构规定。普通投资者与证券公司发生纠纷的，证券公司应当证明其行为符合法律、行政法规以及国务院证券监督管理机构的规定，不存在误导、欺诈等情形。证券公司不能证明的，应当承担相应的赔偿责任。

### 二、中介机构履行投资者保护职责的法律规定

#### （一）证券公司对投资者保护的法律规定

关于证券公司对投资者保护，《证券法》第八十八条有如下规定：①证券公司向投资者销售证券、提供服务时，应当按照规定充分了解投资者的基本情况、财产状况、金融资产状况、投资知识和经验、专业能力等相关信息；如实说明证券、服务的重要内容，充分揭示投

① MODIGLIANI F, PEROTTI E. Security Marketsversus Bank Finance: Legal Enforcement and Investors' Protection[J]. International Review of Finance, 2000, 1(2): 81 - 96.

资风险;销售、提供与投资者上述状况相匹配的证券、服务。②投资者在购买证券或者接受服务时,应当按照证券公司明示的要求提供前述所列真实信息。拒绝提供或者未按照要求提供信息的,证券公司应当告知其后果,并按照规定拒绝向其销售证券、提供服务。③证券公司违反上述第①项规定导致投资者损失的,应当承担相应的赔偿责任。

#### (二)债券受托管理人对投资者保护的法律规定

债券受托管理人是指根据债务托管理协议而设立的维护债券持有人利益的机构。债券受托管理人与债券持有人的关系为委托代理关系。根据《证券法》第九十二条第二款和第三款的规定,债券受托管理人应当勤勉尽责,公正履行受托管理职责,不得损害债券持有人利益。债券发行人未能按期兑付债券本息的,债券受托管理人可以接受全部或者部分债券持有人的委托,以自己名义代表债券持有人提起、参加民事诉讼或者清算程序。

### 三、证券发行人履行投资者保护职责的法律规定

#### (一)上市公司对投资者权益保护的法律规定

《证券法》第九十一条规定,上市公司应当在章程中明确分配现金股利的具体安排和决策程序,依法保障股东的资产收益权。上市公司当年税后利润,在弥补亏损及提取法定公积金后有盈余的,应当按照公司章程的规定分配现金股利。

#### (二)债券发行人对投资者权益保护的法律规定

《证券法》第九十二条第一款和第二款对债券发行人对投资者权益的保护做出如下规定:①公开发行公司债券的,应当设立债券持有人会议,并应当在募集说明书中说明债券持有人会议的召集程序、会议规则和其他重要事项。②公开发行公司债券的,发行人应当为债券持有人聘请债券受托管理人,并订立债券受托管理协议。受托管理人应当由本次发行的承销机构或者其他经国务院证券监督管理机构认可的机构担任,债券持有人会议可以决议变更债券受托管理人。债券受托管理人应当勤勉尽责,公正履行受托管理职责,不得损害债券持有人利益。

### 四、投资者保护机构履行投资者保护职责的法律规定

#### (一)投资者保护机构的性质

早在2011年底证监会就在内部增设了投资者保护局,并赋予投资者保护局如下职能:负责投资者保护工作的统筹规划、组织指导、监督检查、考核评估;推动建立健全投资者保护相关法规政策体系;统筹协调各方力量,推动完善投资者保护的体制机制建设;督导促进派出机构、交易所、协会以及市场各经营主体在风险揭示、教育服务、咨询建议、投诉举报等方面,提高服务投资者的水平;推动投资者受侵害权益的依法救济;组织和参与监管机构间投资者保护的国内国际交流与合作。

在投资者保护局的支持和推动下,2014年8月我国成立了拥有“半官方组织身份”的证券金融类公益机构——中证中小投资者服务中心(简称投服中心)。“投服中心的主要职责就是为中小投资者自主维权提供教育、法律、信息、技术等服务。其中,‘公益性持有证券等品种,以股东身份行权维权’是其重要职责之一”,所以投服中心是兼具公共性,“集市场职能和监管职能于一身”的投资者保护机构,“是我国资本市场监管部门为更深入、更全面保护投资者,尤其是相对弱势的中小投资者的合法权益而设计的一种具有中国特色

的中小投资者保护创新机制"[①]。此次修订的《证券法》第九十条规定,"……或者依照法律、行政法规或者国务院证券监督管理机构的规定设立的投资者保护机构(以下简称投资者保护机构),可以作为征集人,……代为行使提案权、表决权等股东权利",这说明我国不排除以后还有"依法设立其他的投资者保护机构的可能"[②]。但无论是投服中心,还是以后依法设立的其他投资者保护机构,就其市场职能来看,其"运行机制的本质逻辑是由政府成立专门的维权组织,通过公益性持有股票并行使股东权利,充分发挥市场自律作用,向市场释放信号,形成威慑,进而示范动员其他广大投资者共同参与到维权过程中",以"提高投资者维权意识和能力"[③]。基此,投资者保护机构对投资者的保护在一定意义上可视作代表监管机构对投资者进行的保护。

**(二)投资者保护机构对投资者权益保护的法律规定**

关于投资者保护机构对投资者的保护,《证券法》有如下规定[④]:

(1)依照法律、行政法规或者国务院证券监督管理机构的规定设立的投资者保护机构,可以作为征集人[⑤],自行或者委托证券公司、证券服务机构,公开请求上市公司股东委托其代为出席股东大会,并代为行使提案权、表决权等股东权利。依照前述规定征集股东权利的,征集人应当披露征集文件,上市公司应当予以配合。禁止以有偿或者变相有偿的方式公开征集股东权利。公开征集股东权利违反法律、行政法规或者国务院证券监督管理机构有关规定,导致上市公司或者其股东遭受损失的,应当依法承担赔偿责任。

(2)发行人因欺诈发行、虚假陈述或者其他重大违法行为给投资者造成损失的,发行人的控股股东、实际控制人、相关的证券公司可以委托投资者保护机构,就赔偿事宜与受到损失的投资者达成协议,予以先行赔付。先行赔付后,可以依法向发行人以及其他连带责任人追偿。

(3)投资者与发行人、证券公司等发生纠纷的,双方可以向投资者保护机构申请调解。普通投资者与证券公司发生证券业务纠纷,普通投资者提出调解请求的,证券公司不得拒绝。投资者保护机构对损害投资者利益的行为,可以依法支持投资者向人民法院提起诉讼。发行人的董事、监事、高级管理人员执行公司职务时违反法律、行政法规或者公司章程的规定给公司造成损失,发行人的控股股东、实际控制人等侵犯公司合法权益给公司造

---

① 新证券法投资者保护制度的三大"中国特色"[EB/OL]. http://www.csrc.gov.cn/xiamen/xxfw/mtzy/202004/t20200424_374358.htm.

② 2020新颁布〈证券法〉中投资者保护机构的定位和职能[EB/OL]. http://www.zichanjie.com/article/554546.html.

③ 新证券法投资者保护制度的三大"中国特色"[EB/OL]. http://www.csrc.gov.cn/xiamen/xxfw/mtzy/202004/t20200424_374358.htm.

④ 参见《证券法》第九十、九十三、九十四、九十五条第三款。

⑤ 根据《证券法》第九十条的规定,上市公司董事会、独立董事、持有1%以上有表决权股份的股东也可以作为征集人,自行或者委托证券公司、证券服务机构,公开请求上市公司股东委托其代为出席股东大会,并代为行使提案权、表决权等股东权利。上述征集人依照法律规定征集股东权利的,同样应当披露征集文件,上市公司应当予以配合。上述征集人同样禁止以有偿或者变相有偿的方式公开征集股东权利。公开征集股东权利违反法律、行政法规或者国务院证券监督管理机构有关规定,导致上市公司或者其股东遭受损失的,应当依法承担赔偿责任。

成损失，投资者保护机构持有该公司股份的，可以为公司的利益以自己的名义向人民法院提起诉讼，持股比例和持股期限不受《公司法》规定的限制。

(4)投资者提起虚假陈述等证券民事赔偿诉讼时，投资者保护机构受50名以上投资者委托，可以作为代表人参加诉讼，并为经证券登记结算机构确认的权利人依照法律规定向人民法院登记，但投资者明确表示不愿意参加该诉讼的除外①。

除了要求中介机构、证券发行人、投资者保护机构要加强对投资者保护，《证券法》第一百二十六条还规定，由国家设立证券投资者保护基金。证券投资者保护基金由证券公司缴纳的资金及其他依法筹集的资金组成，其规模以及筹集、管理和使用的具体办法由国务院规定。

# 第七节　证券中介以及服务机构法律制度

## 一、证券交易场所

### (一)证券交易场所的性质与管理

1.证券交易场所的性质和职责

《证券法》规定②，证券交易所、国务院批准的其他全国性证券交易场所为证券集中交易提供场所和设施，组织和监督证券交易，实行自律管理，依法登记，取得法人资格；证券交易所、国务院批准的其他全国性证券交易场所可以根据证券品种、行业特点、公司规模等因素设立不同的市场层次；按照国务院规定设立的区域性股权市场为非公开发行证券的发行、转让提供场所和设施，具体管理办法由国务院规定。另外，中国证监会2017年5月3日发布的《区域性股权市场监督管理试行办法》第三条和第七条规定，区域性股权市场是为其所在省级行政区域内中小微企业证券非公开发行、转让及相关活动提供设施与服务的场所，除区域性股权市场外，地方其他各类交易场所不得组织证券发行和转让活动；区域性股权市场运营机构负责组织区域性股权市场的活动，对市场参与者进行自律管理，各省、自治区、直辖市、计划单列市行政区域内设立的运营机构不得超过一家。由此，证券交易场所主要指证券交易所、国务院批准的其他全国性证券交易场所和按照国务院规定设立的区域性股权市场。证券交易场所的性质为，实行自律管理，依法登记，取得法人资格的法人。主要职责为，为证券集中交易提供场所和设施，组织和监督证券交易。

2.证券交易场所的管理权

根据《证券法》第九十六条第二款和第三款的规定，证券交易所、国务院批准的其他全国性证券交易场所的设立、变更和解散由国务院决定。国务院批准的其他全国性证券交易场所的组织机构、管理办法等，由国务院规定。另据《区域性股权市场监督管理试行办法》的规定，区域性股权市场及其运营机构由省级人民政府依法管理。

---

① 《证券法》第九十五条第一款和第二款就投资者提起虚假陈述等证券民事赔偿诉讼还有如下规定：投资者提起虚假陈述等证券民事赔偿诉讼时，诉讼标的是同一种类，且当事人一方人数众多的，可以依法推选代表人进行诉讼。对按照前款规定提起的诉讼，可能存在有相同诉讼请求的其他众多投资者的，人民法院可以发出公告，说明该诉讼请求的案件情况，通知投资者在一定期间向人民法院登记。人民法院做出的判决、裁定，对参加登记的投资者发生效力。

② 参见《证券法》第九十六条第一款、第九十七条以及第九十八条。

### (二)证券交易所

1.证券交易所的组织管理

证券交易所是为证券集中交易提供场所和设施,组织和监督证券交易,实行自律管理的法人。根据《证券法》第九十九条和第一百条的规定,证券交易所履行自律管理职能,应当遵守社会公共利益优先原则,维护市场的公平、有序、透明。设立证券交易所必须制定章程。证券交易所章程的制定和修改,必须经国务院证券监督管理机构批准。证券交易所必须在其名称中标明证券交易所字样。其他任何单位或者个人不得使用证券交易所或者近似的名称。

证券交易所的组织形式有会员制和公司制两种形式,目前我国两家证券交易所为会员制,即为会员制事业法人形式。根据《证券法》第一百零二条的规定,实行会员制的证券交易所须设理事会和监事会,并设总经理一人,由国务院证券监督管理机构任免。

2.证券交易所的人员管理

(1)负责人的资格规定。

《证券法》第一百零三条规定,有《公司法》第一百四十六条①规定的情形或者下列情形之一的,不得担任证券交易所的负责人:①因违法行为或者违纪行为被解除职务的证券交易场所、证券登记结算机构的负责人或者证券公司的董事、监事、高级管理人员,自被解除职务之日起未逾5年;②因违法行为或者违纪行为被吊销执业证书或者被取消资格的律师、注册会计师或者其他证券服务机构的专业人员,自被吊销执业证书或者被取消资格之日起未逾5年。

(2)从业人员的资格规定。

《证券法》第一百零四条规定,因违法行为或者违纪行为被开除的证券交易场所、证券公司、证券登记结算机构、证券服务机构的从业人员和被开除的国家机关工作人员,不得招聘为证券交易所的从业人员。

(3)职务回避规定。

《证券法》第一百一十六条规定,证券交易所的负责人和其他从业人员执行与证券交易有关的职务时,与其本人或者其亲属有利害关系的,应当回避。

3.证券交易所的交易规则

(1)会员制规则。

会员制规则,即进入实行会员制的证券交易所参与集中交易的,必须是证券交易所的会员。《证券法》第一百零五条明确规定,证券交易所不得允许非会员直接参与股票的集中交易。

---

① 《公司法》第一百四十六:有下列情形之一的,不得担任公司的董事、监事、高级管理人员:(一)无民事行为能力或者限制民事行为能力;(二)因贪污、贿赂、侵占财产、挪用财产或者破坏社会主义市场经济秩序,被判处刑罚,执行期满未逾5年,或者因犯罪被剥夺政治权利,执行期满未逾5年;(三)担任破产清算的公司、企业的董事或者厂长、经理,对该公司、企业的破产负有个人责任的,自该公司、企业破产清算完结之日起未逾3年;(四)担任因违法被吊销营业执照、责令关闭的公司、企业的法定代表人,并负有个人责任的,自该公司、企业被吊销营业执照之日起未逾3年;(五)个人所负数额较大的债务到期未清偿。公司违反前款规定选举、委派董事、监事或者聘任高级管理人员的,该选举、委派或者聘任无效。董事、监事、高级管理人员在任职期间出现本条第一款所列情形的,公司应当解除其职务。

(2)委托代理交易规则。

委托代理交易规则,即投资者不能直接进入证券交易所交易,只能委托证券公司代理交易。为此,《证券法》①专门规定了如下投资者与证券公司的委托代理规则:①投资者应当与证券公司签订证券交易委托协议,并在证券公司实名开立账户,以书面、电话、自助终端、网络等方式,委托该证券公司代其买卖证券。②证券公司为投资者开立账户,应当按照规定对投资者提供的身份信息进行核对。证券公司不得将投资者的账户提供给他人使用。投资者应当使用实名开立的账户进行交易。③证券公司根据投资者的委托,按照证券交易规则提出交易申报,参与证券交易所场内的集中交易,并根据成交结果承担相应的清算交收责任。证券登记结算机构根据成交结果,按照清算交收规则,与证券公司进行证券和资金的清算交收,并为证券公司客户办理证券的登记过户手续。

(3)依法承担交易结果规则。

依法承担交易结果规则,即交易者需依法承担交易结果,违规交易需依法承担相应责任。《证券法》第一百一十七条规定,按照依法制定的交易规则进行的交易,不得改变其交易结果,但《证券法》第一百一十一条第二款②规定的除外。对交易中违规交易者应负的民事责任不得免除;在违规交易中所获利益,依照有关规定处理。

4.证券交易所的职能

根据《证券法》的规定③,证券交易所具有如下服务与管理职能:

(1)提供交易保障、实时公布交易即时行情。即证券交易所应当为组织公平的集中交易提供保障,实时公布证券交易即时行情,并按交易日制作证券市场行情表,予以公布。证券交易即时行情的权益由证券交易所依法享有。未经证券交易所许可,任何单位和个人不得发布证券交易即时行情。

(2)决定上市交易股票的停、复牌。即上市公司可以向证券交易所申请其上市交易股票的停牌或者复牌,但不得滥用停牌或者复牌损害投资者的合法权益。证券交易所可以按照业务规则的规定,决定上市交易股票的停牌或者复牌。

(3)维护证券交易正常秩序和市场公平。即因不可抗力、意外事件、重大技术故障、重大人为差错等突发性事件而影响证券交易正常进行时,为维护证券交易正常秩序和市场公平,证券交易所可以按照业务规则采取技术性停牌、临时停市等处置措施,并应当及时向国务院证券监督管理机构报告。因前述规定的突发性事件导致证券交易结果出现重大异常,按交易结果进行交收将对证券交易正常秩序和市场公平造成重大影响的,证券交易所按照业务规则可以采取取消交易、通知证券登记结算机构暂缓交收等措施,并应当及时向国务院证券监督管理机构报告并公告。证券交易所对其依照本条规定采取措施造成的

① 参见《证券法》第一百零六至一百零八条。

② 《证券法》第一百一十一条第二款:因前款规定的突发性事件(不可抗力、意外事件、重大技术故障、重大人为差错等突发性事件,编者注)导致证券交易结果出现重大异常,按交易结果进行交收将对证券交易正常秩序和市场公平造成重大影响的,证券交易所按照业务规则可以采取取消交易、通知证券登记结算机构暂缓交收等措施,并应当及时向国务院证券监督管理机构报告并公告。

③ 参见《证券法》第一百零九条至第一百一十二条、第一百一十五条。

损失，不承担民事赔偿责任，但存在重大过错的除外。

(4)实时监控证券交易。即证券交易所对证券交易实行实时监控，并按照国务院证券监督管理机构的要求，对异常的交易情况提出报告。证券交易所根据需要，可以按照业务规则对出现重大异常交易情况的证券账户的投资者限制交易，并及时报告国务院证券监督管理机构。

(5)制定与证券交易有关的各项规则。即证券交易所依照法律、行政法规和国务院证券监督管理机构的规定，制定上市规则、交易规则、会员管理规则和其他有关业务规则，并报国务院证券监督管理机构批准。在证券交易所从事证券交易，应当遵守证券交易所依法制定的业务规则。违反业务规则的，由证券交易所给予纪律处分或者采取其他自律管理措施。

5.证券交易所的费用与财产支配

《证券法》第一百零一条规定，证券交易所可以自行支配的各项费用收入，应当首先用于保证其证券交易场所和设施的正常运行并逐步改善。实行会员制的证券交易所的财产积累归会员所有，其权益由会员共同享有，在其存续期间，不得将其财产积累分配给会员。

6.证券交易所的风险防范

证券法主要从如下两个方面对证券交易所防范风险做出规定：

(1)加强风险监测，维护市场稳定。《证券法》第一百一十三条规定，证券交易所应当加强对证券交易的风险监测，出现重大异常波动的，证券交易所可以按照业务规则采取限制交易、强制停牌等处置措施，并向国务院证券监督管理机构报告；严重影响证券市场稳定的，证券交易所可以按照业务规则采取临时停市等处置措施并公告。证券交易所对其依照本条规定采取措施造成的损失，不承担民事赔偿责任，但存在重大过错的除外。

(2)设立风险基金，提高抵御风险能力。《证券法》第一百一十四条规定，证券交易所应当从其收取的交易费用和会员费、席位费中提取一定比例的金额设立风险基金。风险基金由证券交易所理事会管理。风险基金提取的具体比例和使用办法，由国务院证券监督管理机构会同国务院财政部门规定。证券交易所应当将收存的风险基金存入开户银行专门账户，不得擅自使用。

## 二、证券公司

### (一)证券公司的设立与变更

1.证券公司的设立条件

证券公司是指依法设立并经营证券业务以及相关业务的金融机构。根据《证券法》的规定[①]，设立证券公司，必须经国务院证券监督管理机构审查批准。未经国务院证券监督管理机构批准，任何单位和个人不得以证券公司名义开展证券业务活动。设立证券公司，应当具备下列条件：

(1)有符合法律、行政法规规定的公司章程。

(2)主要股东及公司的实际控制人具有良好的财务状况和诚信记录，最近3年无重大违法违规记录。

① 参见《证券法》第一百一十八、一百二十一条。

(3)有符合证券法规定的公司注册资本。具体规定如下:①经营证券经纪、证券投资咨询、与证券交易以及证券投资活动有关的财务顾问业务的,注册资本最低限额为人民币5000万元;②经营证券承销与保荐、证券融资融券、证券做市交易、证券自营以及其他证券业务之一的,注册资本最低限额为人民币1亿元;③经营证券承销与保荐、证券融资融券、证券做市交易、证券自营以及其他证券业务中两项以上的,注册资本最低限额为人民币5亿元。证券公司的注册资本应当是实缴资本。国务院证券监督管理机构根据审慎监管原则和各项业务的风险程度,可以调整注册资本最低限额,但不得少于前述规定的限额。

(4)董事、监事、高级管理人员、从业人员符合证券法规定的条件。

(5)有完善的风险管理与内部控制制度。

(6)有合格的经营场所、业务设施和信息技术系统。

(7)法律、行政法规和经国务院批准的国务院证券监督管理机构规定的其他条件。

2.证券公司的设立程序

《证券法》第一百一十九条规定,国务院证券监督管理机构应当自受理证券公司设立申请之日起6个月内,依照法定条件和法定程序并根据审慎监管原则进行审查,做出批准或者不予批准的决定,并通知申请人,不予批准的,应当说明理由。证券公司设立申请获得批准的,申请人应当在规定的期限内向公司登记机关申请设立登记,领取营业执照。证券公司应当自领取营业执照之日起15日内,向国务院证券监督管理机构申请经营证券业务许可证。未取得经营证券业务许可证,证券公司不得经营证券业务。由此,证券公司的设立程序可以概括为:申请—审查—登记-领取业务许可证。

3.证券公司的变更、停业与破产

证券公司的变更,主要指证券公司业务范围、主要股东或者公司的实际控制人等发生变化。由于证券公司的变更以及公司合并、分立、停业、解散、破产等对证券市场与投资人有较大影响,所以《证券法》第一百二十二条规定,证券公司变更证券业务范围,变更主要股东或者公司的实际控制人,合并、分立、停业、解散、破产,应当经国务院证券监督管理机构核准。

**(二)证券公司的人员管理**

1.董事、监事、高级管理人员的任职管理规定

《证券法》第一百二十四条规定:①证券公司的董事、监事、高级管理人员,应当正直诚实、品行良好,熟悉证券法律、行政法规,具有履行职责所需的经营管理能力。②证券公司任免董事、监事、高级管理人员,应当报国务院证券监督管理机构备案。③有《公司法》第一百四十六条规定(参见本书217页脚注)的情形或者下列情形之一的,不得担任证券公司的董事、监事、高级管理人员:①因违法行为或者违纪行为被解除职务的证券交易场所、证券登记结算机构的负责人或者证券公司的董事、监事、高级管理人员,自被解除职务之日起未逾5年;②因违法行为或者违纪行为被吊销执业证书或者被取消资格的律师、注册会计师或者其他证券服务机构的专业人员,自被吊销执业证书或者被取消资格之日起未逾5年。

2.从业人员的从业管理规定

根据《证券法》第一百二十五条的规定:①证券公司从事证券业务的人员应当品行良好,具备从事证券业务所需的专业能力。②因违法行为或者违纪行为被开除的证券交易

场所、证券公司、证券登记结算机构、证券服务机构的从业人员和被开除的国家机关工作人员，不得招聘为证券公司的从业人员。③国家机关工作人员和法律、行政法规规定的禁止在公司中兼职的其他人员，不得在证券公司中兼任职务。

### （三）证券公司的业务与经营规则

1.证券公司的业务范围

《证券法》第一百二十条规定，经国务院证券监督管理机构核准，取得经营证券业务许可证，证券公司可以经营下列部分或者全部证券业务：①证券经纪；②证券投资咨询；③与证券交易、证券投资活动有关的财务顾问；④证券承销与保荐；⑤证券融资融券；⑥证券做市交易；⑦证券自营；⑧其他证券业务。国务院证券监督管理机构应当自受理前述规定事项申请之日起3个月内，依照法定条件和程序进行审查，做出核准或者不予核准的决定，并通知申请人；不予核准的，应当说明理由。证券公司经营证券资产管理业务的，应当符合《证券投资基金法》等法律、行政法规的规定。除证券公司外，任何单位和个人不得从事证券承销、证券保荐、证券经纪和证券融资融券业务。证券公司从事证券融资融券业务，应当采取措施，严格防范和控制风险，不得违反规定向客户出借资金或者证券。

2.证券公司的经营规则

《证券法》规定[①]，证券公司经营中应当遵循如下规则：

（1）证券公司的自营业务必须以自己的名义进行，不得假借他人名义或者以个人名义进行。证券公司的自营业务必须使用自有资金和依法筹集的资金。证券公司不得将其自营账户借给他人使用。

（2）证券公司应当依法审慎经营，勤勉尽责，诚实守信。证券公司的业务活动，应当与其治理结构、内部控制、合规管理、风险管理以及风险控制指标、从业人员构成等情况相适应，符合审慎监管和保护投资者合法权益的要求。证券公司依法享有自主经营的权利，其合法经营不受干涉。

（3）证券公司客户的交易结算资金应当存放在商业银行，以每个客户的名义单独立户管理。证券公司不得将客户的交易结算资金和证券归入其自有财产。禁止任何单位或者个人以任何形式挪用客户的交易结算资金和证券。证券公司破产或者清算时，客户的交易结算资金和证券不属于其破产财产或者清算财产。非因客户本身的债务或者法律规定的其他情形，不得查封、冻结、扣划或者强制执行客户的交易结算资金和证券。

（4）证券公司办理经纪业务，应当置备统一制定的证券买卖委托书，供委托人使用。采取其他委托方式的，必须做出委托记录。客户的证券买卖委托，不论是否成交，其委托记录应当按照规定的期限，保存于证券公司。

（5）证券公司接受证券买卖的委托，应当根据委托书载明的证券名称、买卖数量、出价方式、价格幅度等，按照交易规则代理买卖证券，如实进行交易记录；买卖成交后，应当按照规定制作买卖成交报告单交付客户。证券交易中确认交易行为及其交易结果的对账单必须真实，保证账面证券余额与实际持有的证券相一致。

---

① 参见《证券法》第一百二十九至一百三十八条。

(6)证券公司办理经纪业务,不得接受客户的全权委托而决定证券买卖、选择证券种类、决定买卖数量或者买卖价格。证券公司不得允许他人以证券公司的名义直接参与证券的集中交易。

(7)证券公司不得对客户证券买卖的收益或者赔偿证券买卖的损失做出承诺。

(8)证券公司的从业人员在证券交易活动中,执行所属的证券公司的指令或者利用职务违反交易规则的,由所属的证券公司承担全部责任。证券公司的从业人员不得私下接受客户委托买卖证券。

(9)证券公司应当建立客户信息查询制度,确保客户能够查询其账户信息、委托记录、交易记录以及其他与接受服务或者购买产品有关的重要信息。证券公司应当妥善保存客户开户资料,委托记录,交易记录和与内部管理、业务经营有关的各项信息,任何人不得隐匿、伪造、篡改或者毁损。上述信息的保存期限不得少于20年。

(10)证券公司应当按照规定向国务院证券监督管理机构报送业务、财务等经营管理信息和资料。国务院证券监督管理机构有权要求证券公司及其主要股东、实际控制人在指定的期限内提供有关信息、资料。证券公司及其主要股东、实际控制人向国务院证券监督管理机构报送或者提供的信息、资料,必须真实、准确、完整。

**(四)证券公司的风险控制**

对证券公司的风险控制,《证券法》做了如下规定①:

(1)国务院证券监督管理机构应当对证券公司净资本和其他风险控制指标做出规定。证券公司除依照规定为其客户提供融资融券外,不得为其股东或者股东的关联人提供融资或者担保。

(2)证券公司从每年的业务收入中提取交易风险准备金,用于弥补证券经营的损失,其提取的具体比例由国务院证券监督管理机构会同国务院财政部门规定。

(3)证券公司应当建立健全内部控制制度,采取有效隔离措施,防范公司与客户之间、不同客户之间的利益冲突。证券公司必须将其证券经纪业务、证券承销业务、证券自营业务、证券做市业务和证券资产管理业务分开办理,不得混合操作。

(4)国务院证券监督管理机构认为有必要时,可以委托会计师事务所、资产评估机构对证券公司的财务状况、内部控制状况、资产价值进行审计或者评估。具体办法由国务院证券监督管理机构会同有关主管部门制定。

(5)证券公司的治理结构、合规管理、风险控制指标不符合规定的,国务院证券监督管理机构应当责令其限期改正;逾期未改正,或者其行为严重危及该证券公司的稳健运行、损害客户合法权益的,国务院证券监督管理机构可以区别情形,对其采取下列措施:①限制业务活动,责令暂停部分业务,停止核准新业务;②限制分配红利,限制向董事、监事、高级管理人员支付报酬、提供福利;③限制转让财产或者在财产上设定其他权利;④责令更换董事、监事、高级管理人员或者限制其权利;⑤撤销有关业务许可;⑥认定负有责任的董事、监事、高级管理人员为不适当人选;⑦责令负有责任的股东转让股权,限制负有责任的

① 参见《证券法》第一百二十三、一百二十七、一百二十八、一百三十九至一百四十四条。

股东行使股东权利。证券公司整改后，应当向国务院证券监督管理机构提交报告。国务院证券监督管理机构经验收，治理结构、合规管理、风险控制指标符合规定的，应当自验收完毕之日起3日内解除对其采取的前款规定的有关限制措施。

(6)证券公司的股东有虚假出资、抽逃出资行为的，国务院证券监督管理机构应当责令其限期改正，并可责令其转让所持证券公司的股权。在前述规定的股东按照要求改正违法行为、转让所持证券公司的股权前，国务院证券监督管理机构可以限制其股东权利。

(7)证券公司的董事、监事、高级管理人员未能勤勉尽责，致使证券公司存在重大违法违规行为或者重大风险的，国务院证券监督管理机构可以责令证券公司予以更换。

(8)证券公司违法经营或者出现重大风险，严重危害证券市场秩序、损害投资者利益的，国务院证券监督管理机构可以对该证券公司采取责令停业整顿、指定其他机构托管、接管或者撤销等监管措施。

(9)在证券公司被责令停业整顿、被依法指定托管、接管或者清算期间，或者出现重大风险时，经国务院证券监督管理机构批准，可以对该证券公司直接负责的董事、监事、高级管理人员和其他直接责任人员采取以下措施：①通知出境入境管理机关依法阻止其出境；②申请司法机关禁止其转移、转让或者以其他方式处分财产，或者在财产上设定其他权利。

## 三、证券登记结算机构

### (一)证券登记结算机构的设立与解散

证券登记结算机构是为证券交易提供集中登记、存管与结算服务，不以营利为目的，依法登记，取得法人资格的法人。根据《证券法》第一百四十五条和第一百四十六条的规定，在我国设立证券登记结算机构必须经国务院证券监督管理机构批准，并应当具备下列条件：①自有资金不少于人民币2亿元；②具有证券登记、存管和结算服务所必须的场所和设施；③国务院证券监督管理机构规定的其他条件。除此，证券登记结算机构的名称中应当标明证券登记结算字样。另据《证券法》第一百五十六条的规定，证券登记结算机构申请解散，也应当经国务院证券监督管理机构批准。

### (二)证券登记结算机构的职能

《证券法》第一百四十七条规定，证券登记结算机构履行下列职能：①证券账户、结算账户的设立；②证券的存管和过户；③证券持有人名册登记；④证券交易的清算和交收；⑤受发行人的委托派发证券权益；⑥办理与上述业务有关的查询、信息服务；⑦国务院证券监督管理机构批准的其他业务。

### (三)证券登记结算机构的业务规则

《证券法》第一百四十八条和第一百四十九条规定，在证券交易所和国务院批准的其他全国性证券交易场所交易的证券的登记结算，应当采取全国集中统一的运营方式。前述规定以外的证券，其登记、结算可以委托证券登记结算机构或者其他依法从事证券登记、结算业务的机构办理。证券登记结算机构应当依法制定章程和业务规则，并经国务院证券监督管理机构批准。证券登记结算业务参与人应当遵守证券登记结算机构制定的业务规则。

根据《证券法》的规定[①]，证券登记结算机构的业务规则主要包括：

(1)在证券交易所或者国务院批准的其他全国性证券交易场所交易的证券，应当全部存管在证券登记结算机构。证券登记结算机构不得挪用客户的证券。

(2)证券登记结算机构应当向证券发行人提供证券持有人名册及有关资料。证券登记结算机构应当根据证券登记结算的结果，确认证券持有人持有证券的事实，提供证券持有人登记资料。证券登记结算机构应当保证证券持有人名册和登记过户记录真实、准确、完整，不得隐匿、伪造、篡改或者毁损。

(3)证券登记结算机构应当采取下列措施保证业务的正常进行：①具有必备的服务设备和完善的数据安全保护措施；②建立完善的业务、财务和安全防范等管理制度；③建立完善的风险管理系统。

(4)证券登记结算机构应当妥善保存登记、存管和结算的原始凭证及有关文件和资料。其保存期限不得少于20年。

(5)投资者委托证券公司进行证券交易，应当通过证券公司申请在证券登记结算机构开立证券账户。证券登记结算机构应当按照规定为投资者开立证券账户。投资者申请开立账户，应当持有证明中华人民共和国公民、法人、合伙企业身份的合法证件。国家另有规定的除外。

(6)证券登记结算机构作为中央对手方提供证券结算服务的，是结算参与人共同的清算交收对手，进行净额结算，为证券交易提供集中履约保障。证券登记结算机构为证券交易提供净额结算服务时，应当要求结算参与人按照货银对付的原则，足额交付证券和资金，并提供交收担保。在交收完成之前，任何人不得动用用于交收的证券、资金和担保物。结算参与人未按时履行交收义务的，证券登记结算机构有权按照业务规则处理前述财产。

(7)证券登记结算机构按照业务规则收取的各类结算资金和证券，必须存放于专门的清算交收账户，只能按业务规则用于已成交的证券交易的清算交收，不得被强制执行。

**(四)证券结算风险基金的设立与管理**

证券结算风险基金，是证券登记结算机构依法设立的用于补偿证券登记结算机构损失的一种基金。对证券结算风险基金的设立与管理《证券法》有如下规定[②]：

(1)证券登记结算机构应当设立证券结算风险基金，用于垫付或者弥补因违约交收、技术故障、操作失误、不可抗力造成的证券登记结算机构的损失。

(2)证券结算风险基金从证券登记结算机构的业务收入和收益中提取，并可以由结算参与人按照证券交易业务量的一定比例缴纳。

(3)证券结算风险基金的筹集、管理办法，由国务院证券监督管理机构会同国务院财政部门规定。

(4)证券结算风险基金应当存入指定银行的专门账户，实行专项管理。

(5)证券登记结算机构以证券结算风险基金赔偿后，应当向有关责任人追偿。

---

① 参见《证券法》第一百五十至一百五十三条、一百五十七至一百五十七条。

② 参见《证券法》第一百五十四、一百五十五条。

### 四、证券服务机构

#### (一)证券服务机构的概念

证券服务机构，是指从事证券投资咨询、信用评级、会计事务、资产评估等证券服务业务，且依法成立的法人机构，主要包括从事证券服务的投资咨询机构、财务顾问机构、资信评级机构、资产评估机构、会计师事务所以及律师事务所等。

《证券法》第一百六十条第二款规定，从事证券投资咨询服务业务，应当经国务院证券监督管理机构核准；未经核准，不得为证券的交易及相关活动提供服务。从事其他证券服务业务，应当报国务院证券监督管理机构和国务院有关主管部门备案。

#### (二)证券服务机构的业务规则

根据《证券法》第一百六十条第一款的规定，会计师事务所、律师事务所以及从事证券投资咨询、资产评估、资信评级、财务顾问、信息技术系统服务的证券服务机构，应当勤勉尽责、恪尽职守，按照相关业务规则为证券的交易及相关活动提供服务。证券服务机构的业务规则主要包括①：

(1)证券投资咨询机构及其从业人员从事证券服务业务不得有下列行为：①代理委托人从事证券投资；②与委托人约定分享证券投资收益或者分担证券投资损失；③买卖本证券投资咨询机构提供服务的证券；④法律、行政法规禁止的其他行为。有前述所列行为之一，给投资者造成损失的，应当依法承担赔偿责任。

(2)证券服务机构应当妥善保存客户委托文件、核查和验证资料、工作底稿以及与质量控制、内部管理、业务经营有关的信息和资料，任何人不得泄露、隐匿、伪造、篡改或者毁损。上述信息和资料的保存期限不得少于10年，自业务委托结束之日起算。

(3)证券服务机构为证券的发行、上市、交易等证券业务活动制作，出具审计报告及其他鉴证报告、资产评估报告、财务顾问报告、资信评级报告或者法律意见书等文件，应当勤勉尽责，对所依据的文件资料内容的真实性、准确性、完整性进行核查和验证。其制作、出具的文件有虚假记载、误导性陈述或者重大遗漏，给他人造成损失的，应当与委托人承担连带赔偿责任，但是能够证明自己没有过错的除外。

## 第八节　证券业的自律组织与监管机构

### 一、证券业协会

#### (一)证券业协会的性质

根据《证券法》的规定②，证券业协会是证券业的自律性组织，是社会团体法人。证券业协会设理事会，理事会成员依章程的规定由选举产生。证券公司应当加入证券业协会。证券业协会的权力机构为全体会员组成的会员大会。证券业协会章程由会员大会制定，并报国务院证券监督管理机构备案。

---

① 参见《证券法》第一百六十一至一百六十三条。

② 参见《证券法》第一百六十四、一百六十五、一百六十七条。

### (二)证券业协会的职责

《证券法》第一百六十六条规定，证券业协会履行如下职责：①教育和组织会员及其从业人员遵守证券法律、行政法规，组织开展证券行业诚信建设，督促证券行业履行社会责任；②依法维护会员的合法权益，向证券监督管理机构反映会员的建议和要求；③督促会员开展投资者教育和保护活动，维护投资者合法权益；④制定和实施证券行业自律规则，监督、检查会员及其从业人员行为，对违反法律、行政法规、自律规则或者协会章程的，按照规定给予纪律处分或者实施其他自律管理措施；⑤制定证券行业业务规范，组织从业人员的业务培训；⑥组织会员就证券行业的发展、运作及有关内容进行研究，收集整理、发布证券相关信息，提供会员服务，组织行业交流，引导行业创新发展；⑦对会员之间、会员与客户之间发生的证券业务纠纷进行调解；⑧证券业协会章程规定的其他职责。

## 二、证券监督管理机构

### (一)证券监督管理机构的性质与职责

1. 证券监督管理机构的性质

证券监管机构，是指依法设置的对证券发行与交易实施监督管理的政府机构。即证券监管机构性质上属于政府公共管理机构。《证券法》规定[①]，国务院证券监督管理机构依法对证券市场实行监督管理，维护证券市场公开、公平、公正，防范系统性风险，维护投资者合法权益，促进证券市场健康发展。国务院证券监督管理机构依法履行职责，被检查、调查的单位和个人应当配合，如实提供有关文件和资料，不得拒绝、阻碍和隐瞒。

2. 证券监督管理机构的职责

《证券法》第一百六十九条规定，国务院证券监督管理机构在对证券市场实施监督管理中履行下列职责：①依法制定有关证券市场监督管理的规章、规则，并依法进行审批、核准、注册，办理备案；②依法对证券的发行、上市、交易、登记、存管、结算等行为进行监督管理；③依法对证券发行人、证券公司、证券服务机构、证券交易场所、证券登记结算机构的证券业务活动进行监督管理；④依法制定从事证券业务人员的行为准则，并监督实施；⑤依法监督检查证券发行、上市、交易的信息披露；⑥依法对证券业协会的自律管理活动进行指导和监督；⑦依法监测并防范、处置证券市场风险；⑧依法开展投资者教育；⑨依法对证券违法行为进行查处；⑩法律、行政法规规定的其他职责。

### (二)证券监督管理机构的监管措施与调查终止

1. 监管机构的监管措施

《证券法》第一百七十条规定，国务院证券监督管理机构依法履行职责时，有权采取下列措施：①对证券发行人、证券公司、证券服务机构、证券交易场所、证券登记结算机构进行现场检查；②进入涉嫌违法行为发生场所调查取证；③询问当事人和与被调查事件有关的单位和个人，要求其对与被调查事件有关的事项做出说明；或者要求其按照指定的方式报送与被调查事件有关的文件和资料；④查阅、复制与被调查事件有关的财产权登记、通

① 参见《证券法》第一百六十八、一百七十三条。

讯记录等文件和资料;⑤查阅、复制当事人和与被调查事件有关的单位和个人的证券交易记录、登记过户记录、财务会计资料及其他相关文件和资料;对可能被转移、隐匿或者毁损的文件和资料,可以予以封存、扣押;⑥查询当事人和与被调查事件有关的单位和个人的资金账户、证券账户、银行账户以及其他具有支付、托管、结算等功能的账户信息,可以对有关文件和资料进行复制;对有证据证明已经或者可能转移或者隐匿违法资金、证券等涉案财产或者隐匿、伪造、毁损重要证据的,经国务院证券监督管理机构主要负责人或者其授权的其他负责人批准,可以冻结或者查封,期限为 6 个月;因特殊原因需要延长的,每次延长期限不得超过 3 个月,冻结、查封期限最长不得超过 2 年;⑦在调查操纵证券市场、内幕交易等重大证券违法行为时,经国务院证券监督管理机构主要负责人或者其授权的其他负责人批准,可以限制被调查的当事人的证券买卖,但限制的期限不得超过 3 个月;案情复杂的,可以延长 3 个月;⑧通知出境入境管理机关依法阻止涉嫌违法人员、涉嫌违法单位的主管人员和其他直接责任人员出境。除此,为防范证券市场风险,维护市场秩序,国务院证券监督管理机构可以采取责令改正、监管谈话、出具警示函等措施。

2. 监管机构调查中止与终止的规定

《证券法》第一百七十一条规定,国务院证券监督管理机构对涉嫌证券违法的单位或者个人进行调查期间,被调查的当事人书面申请,承诺在国务院证券监督管理机构认可的期限内纠正涉嫌违法行为,赔偿有关投资者损失,消除损害或者不良影响的,国务院证券监督管理机构可以决定中止调查。被调查的当事人履行承诺的,国务院证券监督管理机构可以决定终止调查;被调查的当事人未履行承诺或者有国务院规定的其他情形的,应当恢复调查。具体办法由国务院规定。国务院证券监督管理机构决定中止或者终止调查的,应当按照规定公开相关信息。

**(三)证券监督管理机构的监管规则**

根据《证券法》的规定①,证券监督管理机构及其工作人员在履行监管职责的过程中应当遵循以下规则:

(1)国务院证券监督管理机构依法履行职责,进行监督检查或者调查,其监督检查、调查的人员不得少于 2 人,并应当出示合法证件和监督检查、调查通知书或者其他执法文书。监督检查、调查的人员少于 2 人或者未出示合法证件和监督检查、调查通知书或者其他执法文书的,被检查、调查的单位和个人有权拒绝。

(2)国务院证券监督管理机构制定的规章、规则和监督管理工作制度应当依法公开。国务院证券监督管理机构依据调查结果,对证券违法行为做出的处罚决定,应当公开。

(3)国务院证券监督管理机构应当与国务院其他金融监督管理机构建立监督管理信息共享机制。国务院证券监督管理机构依法履行职责,进行监督检查或者调查时,有关部门应当予以配合。

① 参见《证券法》第一百七十二、一百七十四至一百七十九条。

(4)对涉嫌证券违法、违规行为,任何单位和个人有权向国务院证券监督管理机构举报。对涉嫌重大违法、违规行为的实名举报线索经查证属实的,国务院证券监督管理机构按照规定给予举报人奖励。国务院证券监督管理机构应当对举报人的身份信息保密。

(5)国务院证券监督管理机构可以和其他国家或者地区的证券监督管理机构建立监督管理合作机制,实施跨境监督管理。境外证券监督管理机构不得在中华人民共和国境内直接进行调查取证等活动。未经国务院证券监督管理机构和国务院有关主管部门同意,任何单位和个人不得擅自向境外提供与证券业务活动有关的文件和资料。

(6)国务院证券监督管理机构依法履行职责,发现证券违法行为涉嫌犯罪的,应当依法将案件移送司法机关处理;发现公职人员涉嫌职务违法或者职务犯罪的,应当依法移送监察机关处理。

(7)国务院证券监督管理机构工作人员必须忠于职守、依法办事、公正廉洁,不得利用职务便利牟取不正当利益,不得泄露所知悉的有关单位和个人的商业秘密。国务院证券监督管理机构工作人员在任职期间,或者离职后在《中华人民共和国公务员法》规定的期限内,不得到与原工作业务直接相关的企业或者其他营利性组织任职,不得从事与原工作业务直接相关的营利性活动。

## 第九节　法律责任

《证券法》第十三章对违反证券法律法规应该承担的法律责任进行了如下规定。

### 一、违反证券发行规定的法律责任

#### (一)发行人违反发行规定的法律责任

1.发行人擅自公开发行证券的法律责任

违反证券法的规定,擅自公开或者变相公开发行证券的,责令停止发行,退还所募资金并加算银行同期存款利息,处以非法所募资金金额5%以上50%以下的罚款;对擅自公开或者变相公开发行证券设立的公司,由依法履行监督管理职责的机构或者部门会同县级以上地方人民政府予以取缔。对直接负责的主管人员和其他直接责任人员给予警告,并处以50万元以上500万元以下的罚款。

2.发行人发行公告造假的法律责任

发行人在其公告的证券发行文件中隐瞒重要事实或者编造重大虚假内容,尚未发行证券的,处以200万元以上2000万元以下的罚款;已经发行证券的,处以非法所募资金金额10%以上1倍以下的罚款。对直接负责的主管人员和其他直接责任人员,处以100万元以上1000万元以下的罚款。发行人的控股股东、实际控制人组织、指使从事前述违法行为的,没收违法所得,并处以违法所得10%以上1倍以下的罚款;没有违法所得或者违法所得不足2000万元的,处以200万元以上2000万元以下的罚款。对直接负责的主管人员和其他直接责任人员,处以100万元以上1000万元以下的罚款。

3. 发行人擅自改变募集资金用途的法律责任

发行人违反《证券法》第十四条①、第十五条②的规定，擅自改变公开发行证券所募集资金的用途的，责令改正，处以 50 万元以上 500 万元以下的罚款；对直接负责的主管人员和其他直接责任人员给予警告，并处以 10 万元以上 100 万元以下的罚款。发行人的控股股东、实际控制人从事或者组织、指使从事前款违法行为的，给予警告，并处以 50 万元以上 500 万元以下的罚款；对直接负责的主管人员和其他直接责任人员，处以 10 万元以上 100 万元以下的罚款。

**(二)保荐人违反发行规定的法律责任**

保荐人出具有虚假记载、误导性陈述或者重大遗漏的保荐书，或者不履行其他法定职责的，责令改正，给予警告，没收业务收入，并处以业务收入 1 倍以上 10 倍以下的罚款；没有业务收入或者业务收入不足 100 万元的，处以 100 万元以上 1000 万元以下的罚款；情节严重的，并处暂停或者撤销保荐业务许可。对直接负责的主管人员和其他直接责任人员给予警告，并处以 50 万元以上 500 万元以下的罚款。

**(三)承销人违反承销规定的法律责任**

1. 承销擅自公开发行证券的法律责任

证券公司承销或者销售擅自公开发行或者变相公开发行的证券的，责令停止承销或者销售，没收违法所得，并处以违法所得 1 倍以上 10 倍以下的罚款；没有违法所得或者违法所得不足 100 万元的，处以 100 万元以上 1000 万元以下的罚款；情节严重的，并处暂停或者撤销相关业务许可。给投资者造成损失的，应当与发行人承担连带赔偿责任。对直接负责的主管人员和其他直接责任人员给予警告，并处以 50 万元以上 500 万元以下的罚款。

2. 承销行为违法的法律责任

证券公司承销证券违反《证券法》第二十九条③规定的，责令改正，给予警告，没收违法所得，可以并处 50 万元以上 500 万元以下的罚款；情节严重的，暂停或者撤销相关业务许可。对直接负责的主管人员和其他直接责任人员给予警告，可以并处 20 万元以上 200 万元以下的罚款；情节严重的，并处以 50 万元以上 500 万元以下的罚款。

---

① 《证券法》第十四条：公司对公开发行股票所募集资金，必须按照招股说明书或者其他公开发行募集文件所列资金用途使用；改变资金用途，必须经股东大会做出决议。擅自改变用途，未做纠正的，或者未经股东大会认可的，不得公开发行新股。

② 《证券法》第十五条：公开发行公司债券，应当符合下列条件：(一)具备健全且运行良好的组织机构；(二)最近三年平均可分配利润足以支付公司债券一年的利息；(三)国务院规定的其他条件。公开发行公司债券筹集的资金，必须按照公司债券募集办法所列资金用途使用；改变资金用途，必须经债券持有人会议做出决议。公开发行公司债券筹集的资金，不得用于弥补亏损和非生产性支出。上市公司发行可转换为股票的公司债券，除应当符合第一款规定的条件外，还应当遵守本法第十二条第二款的规定。但是，按照公司债券募集办法，上市公司通过收购本公司股份的方式进行公司债券转换的除外。

③ 《证券法》第二十九条：证券公司承销证券，应当对公开发行募集文件的真实性、准确性、完整性进行核查。发现有虚假记载、误导性陈述或者重大遗漏的，不得进行销售活动；已经销售的，必须立即停止销售活动，并采取纠正措施。证券公司承销证券，不得有下列行为：(一)进行虚假的或者误导投资者的广告宣传或者其他宣传推介活动；(二)以不正当竞争手段招揽承销业务；(三)其他违反证券承销业务规定的行为。证券公司有前款所列行为，给其他证券承销机构或者投资者造成损失的，应当依法承担赔偿责任。

## 二、违反证券交易规定的法律责任

### (一)交易人违法参与证券交易的法律责任

1. 限制期内违法转让证券的法律责任

上市公司持有5%以上股份的股东、实际控制人、董事、监事、高级管理人员，以及其他持有发行人首次公开发行前发行的股份或者上市公司向特定对象发行的股份的股东，在限制转让期内转让证券，或者转让股票不符合法律、行政法规和国务院证券监督管理机构规定的，责令改正，给予警告，没收违法所得，并处以买卖证券等值以下的罚款。

2. 禁止交易人员违法参与交易的法律责任

证券交易场所、证券公司和证券登记结算机构的从业人员，证券监督管理机构的工作人员以及法律、行政法规规定禁止参与股票交易的其他人员，在任期或者法定限期内规定，直接或者以化名、借他人名义持有、买卖股票或者其他具有股权性质的证券的，责令依法处理非法持有的股票、其他具有股权性质的证券，没收违法所得，并处以买卖证券等值以下的罚款；属于国家工作人员的，还应当依法给予处分。

3. 证券服务机构及其从业人员违法买卖证券的法律责任

证券服务机构及其从业人员，违反《证券法》第四十二条①的规定买卖证券的，责令依法处理非法持有的证券，没收违法所得，并处以买卖证券等值以下的罚款。

4. 上市公司董事、监事、高管以及大股东违法买卖证券的法律责任

上市公司、股票在国务院批准的其他全国性证券交易场所交易的公司的董事、监事、高级管理人员、持有该公司5%以上股份的股东，违反《证券法》第四十四条②的规定，买卖该公司股票或者其他具有股权性质的证券的，给予警告，并处以10万元以上100万元以下的罚款。

### (二)实施违法交易行为的法律责任

1. 程序化交易的法律责任

违反证券法规定采取程序化交易影响证券交易所系统安全或者正常交易秩序的，责令改正，并处以50万元以上500万元以下的罚款。对直接负责的主管人员和其他直接责任人员给予警告，并处以10万元以上100万元以下的罚款。

---

① 《证券法》第四十二条：为证券发行出具审计报告或者法律意见书等文件的证券服务机构和人员，在该证券承销期内和期满后6个月内，不得买卖该证券。除前款规定外，为发行人及其控股股东、实际控制人，或者收购人、重大资产交易方出具审计报告或者法律意见书等文件的证券服务机构和人员，自接受委托之日起至上述文件公开后5日内，不得买卖该证券。实际开展上述有关工作之日早于接受委托之日的，自实际开展上述有关工作之日起至上述文件公开后5日内，不得买卖该证券。

② 《证券法》第四十四条：上市公司、股票在国务院批准的其他全国性证券交易场所交易的公司持有5%以上股份的股东、董事、监事、高级管理人员，将其持有的该公司的股票或者其他具有股权性质的证券在买入后6个月内卖出，或者在卖出后6个月内又买入，由此所得收益归该公司所有，公司董事会应当收回其所得收益。但是，证券公司因购入包销售后剩余股票而持有5%以上股份，以及有国务院证券监督管理机构规定的其他情形的除外。前款所称董事、监事、高级管理人员、自然人股东持有的股票或者其他具有股权性质的证券，包括其配偶、父母、子女持有的及利用他人账户持有的股票或者其他具有股权性质的证券。公司董事会不按照第一款规定执行的，股东有权要求董事会在30日内执行。公司董事会未在上述期限内执行的，股东有权为了公司的利益以自己的名义直接向人民法院提起诉讼。公司董事会不按照第一款的规定执行的，负有责任的董事依法承担连带责任。

2. 内幕交易的法律责任

证券交易内幕信息的知情人或者非法获取内幕信息的人违反证券法的规定从事内幕交易的，责令依法处理非法持有的证券，没收违法所得，并处以违法所得 1 倍以上 10 倍以下的罚款；没有违法所得或者违法所得不足 50 万元的，处以 50 万元以上 500 万元以下的罚款。单位从事内幕交易的，还应当对直接负责的主管人员和其他直接责任人员给予警告，并处以 20 万元以上 200 万元以下的罚款。国务院证券监督管理机构工作人员从事内幕交易的，从重处罚。证券交易场所、证券公司、证券登记结算机构、证券服务机构和其他金融机构的从业人员、有关监管部门或者行业协会的工作人员，利用未公开信息进行交易的，依照前述的规定处罚。

3. 操纵证券市场的法律责任

违法操纵证券市场的，责令依法处理其非法持有的证券，没收违法所得，并处以违法所得 1 倍以上 10 倍以下的罚款；没有违法所得或者违法所得不足 100 万元的，处以 100 万元以上 1000 万元以下的罚款。单位操纵证券市场的，还应当对直接负责的主管人员和其他直接责任人员给予警告，并处以 50 万元以上 500 万元以下的罚款。

4. 虚假陈述或信息误导的法律责任

违反证券法的规定，编造、传播虚假信息或者误导性信息，扰乱证券市场的，没收违法所得，并处以违法所得 1 倍以上 10 倍以下的罚款；没有违法所得或者违法所得不足 20 万元的，处以 20 万元以上 200 万元以下的罚款。违反证券法的规定，在证券交易活动中做出虚假陈述或者信息误导的，责令改正，处以 20 万元以上 200 万元以下的罚款；属于国家工作人员的，还应当依法给予处分。传播媒介及其从事证券市场信息报道的工作人员违反证券法的规定，从事与其工作职责发生利益冲突的证券买卖的，没收违法所得，并处以买卖证券等值以下的罚款。

5. 损害客户利益的法律责任

证券公司及其从业人员违反证券法的规定，有损害客户利益的行为的，给予警告，没收违法所得，并处以违法所得 1 倍以上 10 倍以下的罚款；没有违法所得或者违法所得不足 10 万元的，处以 10 万元以上 100 万元以下的罚款；情节严重的，暂停或者撤销相关业务许可。

6. 违法使用证券账户的法律责任

违反证券法的规定，出借自己的证券账户或者借用他人的证券账户从事证券交易的，责令改正，给予警告，可以处 50 万元以下的罚款。

## 三、违反上市公司收购规定的法律责任

收购人未按照证券法规定履行上市公司收购的公告、发出收购要约义务的，责令改正，给予警告，并处以 50 万元以上 500 万元以下的罚款。对直接负责的主管人员和其他直接责任人员给予警告，并处以 20 万元以上 200 万元以下的罚款。收购人及其控股股东、实际控制人利用上市公司收购，给被收购公司及其股东造成损失的，应当依法承担赔偿责任。

## 四、违反信息披露规定的法律责任

### (一)未履行信息披露义务的法律责任

信息披露义务人未按照证券法规定报送有关报告或者履行信息披露义务的,责令改正,给予警告,并处以50万元以上500万元以下的罚款;对直接负责的主管人员和其他直接责任人员给予警告,并处以20万元以上200万元以下的罚款。发行人的控股股东、实际控制人组织、指使从事上述违法行为,或者隐瞒相关事项导致发生上述情形的,处以50万元以上500万元以下的罚款;对直接负责的主管人员和其他直接责任人员,处以20万元以上200万元以下的罚款。

### (二)信息披露不实的法律责任

信息披露义务人报送的报告或者披露的信息有虚假记载、误导性陈述或者重大遗漏的,责令改正,给予警告,并处以100万元以上1000万元以下的罚款;对直接负责的主管人员和其他直接责任人员给予警告,并处以50万元以上500万元以下的罚款。发行人的控股股东、实际控制人组织、指使从事上述违法行为,或者隐瞒相关事项导致发生上述情形的,处以100万元以上1000万元以下的罚款;对直接负责的主管人员和其他直接责任人员,处以50万元以上500万元以下的罚款。

## 五、违反投资者保护规定的法律责任

### (一)证券公司违反投资者适当性管理义务的负责

投资者适当性管理,就是证券公司应当根据所了解的客户情况,把适当的产品或服务以适当的方式和程序提供给适当的投资者。我国证券法规定,证券公司违反《证券法》第八十八条的规定①,未履行或者未按照规定履行投资者适当性管理义务的,责令改正,给予警告,并处以10万元以上100万元以下的罚款。对直接负责的主管人员和其他直接责任人员给予警告,并处以20万元以下的罚款。

### (二)违反股东权利征集规定的法律责任

违反证券法的规定征集股东权利的,责令改正,给予警告,可以处50万元以下的罚款。

## 六、证券机构违反规定的法律责任

### (一)非法设立证券机构及非法经营证券业务的法律责任

1.非法开设证券交易场所的法律责任

非法开设证券交易场所的,由县级以上人民政府予以取缔,没收违法所得,并处以违法所得1倍以上10倍以下的罚款;没有违法所得或者违法所得不足100万元的,处以100万元以上1000万元以下的罚款。对直接负责的主管人员和其他直接责任人员给予

① 《证券法》第八十八条:证券公司向投资者销售证券、提供服务时,应当按照规定充分了解投资者的基本情况、财产状况、金融资产状况、投资知识和经验、专业能力等相关信息;如实说明证券、服务的重要内容,充分揭示投资风险;销售、提供与投资者上述状况相匹配的证券、服务。投资者在购买证券或者接受服务时,应当按照证券公司明示的要求提供前款所列真实信息。拒绝提供或者未按照要求提供信息的,证券公司应当告知其后果,并按照规定拒绝向其销售证券、提供服务。证券公司违反第一款规定导致投资者损失的,应当承担相应的赔偿责任。

警告，并处以 20 万元以上 200 万元以下的罚款。证券交易所违反证券法的规定，允许非会员直接参与股票的集中交易的，责令改正，可以并处 50 万元以下的罚款。

2. 擅自设立证券公司非法经营证券业务的法律责任

违反证券法规定，擅自设立证券公司、非法经营证券业务或者未经批准以证券公司名义开展证券业务活动的，责令改正，没收违法所得，并处以违法所得 1 倍以上 10 倍以下的罚款；没有违法所得或者违法所得不足 100 万元的，处以 100 万元以上 1000 万元以下的罚款。对直接负责的主管人员和其他直接责任人员给予警告，并处以 20 万元以上 200 万元以下的罚款。对擅自设立的证券公司，由国务院证券监督管理机构予以取缔。

3. 骗取证券公司设立许可和业务许可的法律责任

提交虚假证明文件或者采取其他欺诈手段骗取证券公司设立许可、业务许可或者重大事项变更核准的，撤销相关许可，并处以 100 万元以上 1000 万元以下的罚款。对直接负责的主管人员和其他直接责任人员给予警告，并处以 20 万元以上 200 万元以下的罚款。

4. 擅自设立证券登记结算机构的法律责任

违反证券法规定，擅自设立证券登记结算机构的，由国务院证券监督管理机构予以取缔，没收违法所得，并处以违法所得 1 倍以上 10 倍以下的罚款；没有违法所得或者违法所得不足 50 万元的，处以 50 万元以上 500 万元以下的罚款。对直接负责的主管人员和其他直接责任人员给予警告，并处以 20 万元以上 200 万元以下的罚款。

**（二）证券公司及其人员违法经营的法律责任**

1. 违反投资者账户管理规定的法律责任

证券公司违反证券法规定，未对投资者开立账户提供的身份信息进行核对的，责令改正，给予警告，并处以 5 万元以上 50 万元以下的罚款。对直接负责的主管人员和其他直接责任人员给予警告，并处以 10 万元以下的罚款。将投资者的账户提供给他人使用的，责令改正，给予警告，并处以 10 万元以上 100 万元以下的罚款。对直接负责的主管人员和其他直接责任人员给予警告，并处以 20 万元以下的罚款。

2. 违法提供融资融券服务的法律责任

证券公司违反证券法规定提供证券融资融券服务的，没收违法所得，并处以融资融券等值以下的罚款；情节严重的，禁止其在一定期限内从事证券融资融券业务。对直接负责的主管人员和其他直接责任人员给予警告，并处以 20 万元以上 200 万元以下的罚款。

3. 违法变更重大事项的法律责任

证券公司违反证券法的规定，未经核准变更证券业务范围，变更主要股东或者公司的实际控制人，合并、分立、停业、解散、破产的，责令改正，给予警告，没收违法所得，并处以违法所得 1 倍以上 10 倍以下的罚款；没有违法所得或者违法所得不足 50 万元的，处以 50 万元以上 500 万元以下的罚款；情节严重的，并处撤销相关业务许可。对直接负责的主管人员和其他直接责任人员给予警告，并处以 20 万元以上 200 万元以下的罚款。

4. 违法实施关联交易的法律责任

证券公司违反证券法的规定，为其股东或者股东的关联人提供融资或者担保的，责令改正，给予警告，并处以50万元以上500万元以下的罚款。对直接负责的主管人员和其他直接责任人员给予警告，并处以10万元以上100万元以下的罚款。股东有过错的，在按照要求改正前，国务院证券监督管理机构可以限制其股东权利；拒不改正的，可以责令其转让所持证券公司股权。

5. 违反内部控制制度混合操作的法律责任

证券公司违反证券法的规定，未采取有效隔离措施防范利益冲突，或者未分开办理相关业务、混合操作的，责令改正，给予警告，没收违法所得，并处以违法所得1倍以上10倍以下的罚款；没有违法所得或者违法所得不足50万元的，处以50万元以上500万元以下的罚款；情节严重的，并处撤销相关业务许可。对直接负责的主管人员和其他直接责任人员给予警告，并处以20万元以上200万元以下的罚款。

6. 违法从事证券自营业务的法律责任

证券公司违反证券法的规定从事证券自营业务的，责令改正，给予警告，没收违法所得，并处以违法所得1倍以上10倍以下的罚款；没有违法所得或者违法所得不足50万元的，处以50万元以上500万元以下的罚款；情节严重的，并处撤销相关业务许可或者责令关闭。对直接负责的主管人员和其他直接责任人员给予警告，并处以20万元以上200万元以下的罚款。

7. 非法挪用客户资金和证券的法律责任

违反证券法的规定，将客户的资金和证券归入自有财产，或者挪用客户的资金和证券的，责令改正，给予警告，没收违法所得，并处以违法所得1倍以上10倍以下的罚款；没有违法所得或者违法所得不足100万元的，处以100万元以上1000万元以下的罚款；情节严重的，并处撤销相关业务许可或者责令关闭。对直接负责的主管人员和其他直接责任人员给予警告，并处以50万元以上500万元以下的罚款。

8. 违法从事证券经纪业务及违法承诺损失和收益的法律责任

证券公司办理经纪业务时违反证券法的规定接受客户的全权委托买卖证券的，或者违反证券法的规定对客户的收益或者赔偿客户的损失做出承诺的，责令改正，给予警告，没收违法所得，并处以违法所得1倍以上10倍以下的罚款；没有违法所得或者违法所得不足50万元的，处以50万元以上500万元以下的罚款；情节严重的，并处撤销相关业务许可。对直接负责的主管人员和其他直接责任人员给予警告，并处以20万元以上200万元以下的罚款。

9. 违法允许他人借用自己名义直接参与证券集中交易的法律责任

证券公司违反证券法的规定，允许他人以证券公司的名义直接参与证券的集中交易的，责令改正，可以并处50万元以下的罚款。

10. 违法私下接受客户委托的法律责任

证券公司从业人员违反证券法的规定，私下接受客户委托买卖证券的，责令改正，给予警告，没收违法所得，并处以违法所得1倍以上10倍以下的罚款；没有违法所得的，处以50万元以下的罚款。

11. 违反信息资料报送规定的法律责任

证券公司及其主要股东、实际控制人违反证券法的规定，未报送、提供信息和资料，或者报送、提供的信息和资料有虚假记载、误导性陈述或者重大遗漏的，责令改正，给予警告，并处以100万元以下的罚款；情节严重的，并处撤销相关业务许可。对直接负责的主管人员和其他直接责任人员，给予警告，并处以50万元以下的罚款。

**（三）证券服务机构违法经营的法律责任**

证券投资咨询机构违反证券法的规定擅自从事证券服务业务，或者所从事证券服务业务有《证券法》第一百六十一条规定行为的[①]，责令改正，没收违法所得，并处以违法所得1倍以上10倍以下的罚款；没有违法所得或者违法所得不足50万元的，处以50万元以上500万元以下的罚款。对直接负责的主管人员和其他直接责任人员，给予警告，并处以20万元以上200万元以下的罚款。

会计师事务所、律师事务所以及从事资产评估、资信评级、财务顾问、信息技术系统服务的机构违反证券法的规定，从事证券服务业务未报备案的，责令改正，可以处20万元以下的罚款。

证券服务机构违反证券法的规定，为证券的发行、上市、交易等证券业务活动制作、出具审计报告及其他鉴证报告、资产评估报告、财务顾问报告、资信评级报告或者法律意见书等文件时，未勤勉尽责，所制作、出具的文件有虚假记载、误导性陈述或者重大遗漏的，责令改正，没收业务收入，并处以业务收入1倍以上10倍以下的罚款，没有业务收入或者业务收入不足50万元的，处以50万元以上500万元以下的罚款；情节严重的，并处暂停或者禁止从事证券服务业务。对直接负责的主管人员和其他直接责任人员给予警告，并处以20万元以上200万元以下的罚款。

**（四）证券机构未按规定保存文件资料的法律责任**

发行人、证券登记结算机构、证券公司、证券服务机构未按照规定保存有关文件和资料的，责令改正，给予警告，并处以10万元以上100万元以下的罚款；泄露、隐匿、伪造、篡改或者毁损有关文件和资料的，给予警告，并处以20万元以上200万元以下的罚款；情节严重的，处以50万元以上500万元以下的罚款，并处暂停、撤销相关业务许可或者禁止从事相关业务。对直接负责的主管人员和其他直接责任人员给予警告，并处以10万元以上100万元以下的罚款。

## 七、违反证券监管规定的法律责任

**（一）证券监管机构违反监管规定的法律责任**

国务院证券监督管理机构或者国务院授权的部门有下列情形之一的，对直接负责的主管人员和其他直接责任人员，依法给予处分：①对不符合证券法规定的发行证券、设立证券公司等申请予以核准、注册、批准的；②违反本法规定采取现场检查、调查取证、查询、冻结或者查封等措施的；③违反本法规定对有关机构和人员采取监督管理措施的；④违反

---

① 《证券法》第一百六十一条的规定行为包括：（一）代理委托人从事证券投资；（二）与委托人约定分享证券投资收益或者分担证券投资损失；（三）买卖本证券投资咨询机构提供服务的证券；（四）法律、行政法规禁止的其他行为。

本法规定对有关机构和人员实施行政处罚的;⑤其他不依法履行职责的行为。

**(二)证券监管机构工作人员滥用职权的法律责任**

国务院证券监督管理机构或者国务院授权的部门的工作人员,不履行证券法规定的职责,滥用职权,玩忽职守,利用职务便利牟取不正当利益,或者泄露所知悉的有关单位和个人的商业秘密的,依法追究法律责任。

**(三)抗拒证券监管的法律责任**

拒绝、阻碍证券监督管理机构及其工作人员依法行使监督检查、调查职权,由证券监督管理机构责令改正,处以10万元以上100万元以下的罚款,并由公安机关依法给予治安管理处罚。

## 八、其他规定

(1)国务院证券监督管理机构依法将有关市场主体遵守证券法的情况纳入证券市场诚信档案。

(2)违反证券法规定,构成犯罪的,依法追究刑事责任。

(3)违反证券法规定,应当承担民事赔偿责任和缴纳罚款、罚金、违法所得,违法行为人的财产不足以支付的,优先用于承担民事赔偿责任。依照证券法收缴的罚款和没收的违法所得,全部上缴国库。

(4)违反法律、行政法规或者国务院证券监督管理机构的有关规定,情节严重的,国务院证券监督管理机构可以对有关责任人员采取证券市场禁入的措施。前述证券市场禁入,是指在一定期限内直至终身不得从事证券业务、证券服务业务,不得担任证券发行人的董事、监事、高级管理人员,或者一定期限内不得在证券交易所、国务院批准的其他全国性证券交易场所交易证券的制度。

(5)当事人对证券监督管理机构或者国务院授权的部门的处罚决定不服的,可以依法申请行政复议,或者依法直接向人民法院提起诉讼。

### 思考练习题

1.《证券法》的基本原则有哪些?如何理解?

2.《证券法》对信息披露有哪些要求?

3.《证券法》禁止哪些证券交易行为?

4.《证券法》对上市公司收购有哪些规定?

4.《证券法》对投资者保护有哪些规定?

5.试述我国为什么要实施证券发行注册制改革。

# 第十一章　证券投资基金法律制度

**章前提要**

本章主要介绍了证券投资基金三方当事人的资格、职责、权利和义务；基金财产的构成与独立性特征；公开募集基金的募集，基金份额交易、申购与赎回，以及公开募集基金的投资、信息披露与合同终止；非公开募集基金的募集、基金的投资与基金合同内容；基金服务机构与基金行业协会的规则与职责；基金的监管与违反证券投资基金法应承担的法律责任。

## 第一节　证券投资基金法概述

### 一、证券投资基金的概念与种类

#### （一）证券投资基金的概念与特征

1.证券投资基金的概念

证券投资基金是一种基于信托原则的利益共享、风险共担的集合证券投资方式或投资制度。具体而言，就是通过发行基金单位募集资金，由基金管理人管理，基金托管人托管，为基金份额持有人的利益，以资产组合的方式从事股票、债券等证券投资活动的投资基金。

2.证券投资基金的特征

证券投资基金具有如下特点：

(1)组合投资，分散风险。证券投资基金通过汇集众多投资者的资金，再把这些资金按照不同的原则分散投资于不同的股票，使其中某些股票的投资损失由另一些股票的投资盈利抵补，形成风险对冲，使投资风险得以分散。

(2)专家理财，利益共享。证券投资基金由基金管理人运作，而基金管理人拥有一支具有相关专业知识和丰富投资经验的基金经理人团队，其所管理的每一只基金都是由这些基金经理或基金经理团队进行投资和基金组合的。证券投资基金的投资收益在扣除基金管理人佣金和各项费用后，其盈利归基金份额持有人所有，基金份额持有人按其所持基金份额享有和分配收益，同时也按其所持基金份额分担风险。

(3)方便投资，流动性高。因为投资证券投资基金所需资金相对较少，所以相较于股票等其他金融投资产品，证券投资基金的投资门槛低。除此，对于封闭式基金，投资者可以直接通过二级市场投资和交易，对于开放式基金，投资者既可以向基金管理人直接申购或赎回，也可以通过商业银行、证券公司等代理机构申购或赎回，所以相较于其他投资产品，证券投资基金投资更为方便，流动性也相对较高。

**（二）证券投资基金的种类**

证券投资基金根据不同的分类方法，可以划分为不同的类型：

1. 根据运作方式不同，可以分为封闭式基金和开放式基金

封闭式基金，是指经核准的基金份额总额在基金合同期限内固定不变，基金份额可以在依法设立的证券交易场所交易，但基金份额持有人不得申请赎回的基金。开放式基金，是指基金份额的总额与期限不固定，基金份额可以在基金合同约定的时间和场所申购或者赎回的基金。

封闭式基金与开放式基金的区别主要表现在以下四个方面：

(1)基金规模的状态不同。封闭式基金有固定的存续期，存续期间基金规模固定；开放式基金无固定存续期，基金规模不固定，规模因投资者的申购、赎回而随时变动。

(2)交易的场所不同。封闭式基金在证券交易场所上市交易，投资者通过证券二级市场买卖基金单位；开放式基金在销售机构的营业场所或商业银行、证券公司等代理机构销售及赎回，不上市交易。

(3)决定价格的因素不同。开放式基金的申购、赎回价格以每日公布的基金单位资产净值加、减一定的手续费计算，能一目了然地反映其投资价值；封闭式基金的交易价格主要受市场对该特定基金单位的供求关系影响。

(4)管理的要求与投资策略不同。一般而言，市场对开放式基金管理的要求高于封闭式基金。因为开放式基金随时面临赎回压力，须更注重流动性等风险管理，要求基金管理人具有更高的投资管理水平，投资策略上也要求有一定比例的资金投资于变现能力强的资产上。封闭式基金因不能随时被赎回，理论上募集到的资金可全部用于投资，基金管理公司可制定长期投资策略，取得长期收益。

2. 根据组织形式不同，可以分为契约型基金、公司型基金

契约型基金又称为信托制基金，是指由基金管理人、基金托管人和投资人三方通过签订基金契约(合同)设立的基金。公司型基金，是指以通过发行基金股份成立投资基金公司的形式设立的基金。公司型基金的基金份额持有人为公司股东，基金具有独立的法人资格。

契约型基金与公司型基金的区别主要表现在以下七个方面：

(1)法律依据不同。契约型基金的组建依照基金契约，以信托法为其设立的法律依据；公司型基金以公司法为其组建的依据。

(2)基金财产的法人资格不同。契约型基金没有法人资格；公司型基金具有法人资格。

(3)发行的凭证不同。契约型基金发行的是受益凭证即基金单位；公司型基金发行的是股票。

(4)投资者的地位不同。契约型基金的投资者购买基金后成为契约关系的当事人,其只有受益权,对资金的运用没有发言权;公司型基金的投资者为公司股东,其对公司的重大决策有权发表自己的意见,并可以参加股东大会,行使股东权利。

(5)基金资产运用依据不同。契约型基金依据契约运用基金资产;公司型基金依据公司章程的规定运用基金资产。

(6)融资渠道不同。契约型基金因没有法人资格,一般不能向银行借款;公司型基金具有法人资格,在一定情况下可以向银行申请借款。

(7)基金运营方式不同。契约型基金依据基金契约建立、运作,契约期满,基金运营相应终止;公司型基金,按照公司章程建立、运作,除非出现公司章程规定的解散事由,或因公司投资不善出现资不抵债,依据公司法的规定进行破产清算,否则公司型基金一般都具有永久性。

3.根据募集方式不同,可以分为公募基金、私募基金

公募基金,是指向不特定对象公开募集的基金。私募基金,是指以非公开形式设立,只能在有限范围内向特定对象募集的基金。

公募基金和私募基金的区别主要表现在以下五个方面:

(1)基金募集对象不同。公募基金的募集对象是社会公众,即不特定的对象;私募基金募集的对象是少数特定的投资者,包括机构和个人。

(2)基金募集方式不同。公募基金的募集是通过公开发售方式向全社会募集;私募基金则是通过非公开发售的方式向少数特定对象募集,这是两者最主要的区别。

(3)信息披露要求不同。公募基金有极为严格的信息披露要求,包括投资目标、投资组合等;私募基金仅要求对投资者披露相关信息,具有较强的保密性。

(4)投资限制不同。法律对公募基金的投资品种、投资比例、投资与基金类型的匹配等有严格的限制;私募基金的投资限制完全由协议约定。

(5)业绩报酬的影响结果不同。公募基金不提取业绩报酬,只收取管理费;私募基金通常收取业绩报酬而不收管理费。对公募基金而言,基金投资业绩通过影响基金管理人的业绩排名而对基金管理人新基金的募集产生影响;对私募基金而言,投资业绩是公司收取报酬和决定公司收益和存亡的基础。

**(三)我国证券投资基金的运作方式**

根据《证券投资基金法》第四十五条的规定,在我国,基金的运作方式可以采用封闭式、开放式或者其他方式。采用其他运作方式的基金的基金份额发售、交易、申购、赎回的办法,由国务院证券监督管理机构另行规定。另外,《证券投资基金法》第四十四条还规定,基金合同应当约定基金的运作方式。

## 二、证券投资基金法的概念与方法目的

**(一)证券投资基金法的概念**

证券投资基金法,是指调整证券投资基金法律关系,规范证券投资基金活动、保护投资人和相关当事人合法权益、促进证券投资基金业健康发展的法律规范的总称。

中国的证券投资基金法为《证券投资基金法》。《证券投资基金法》2003 年 10 月 28

日由第十届全国人民代表大会常务委员会第五次会议通过，2004年6月1日开始施行，2012年12月28日第十一届全国人民代表大会常务委员会第三十次会议通过修订，新修订的《证券投资基金法》于2013年6月1日起施行。2015年4月24日第十二届全国人民代表大会常务委员会第十四次会议通过《关于修改〈中华人民共和国港口法〉等七部法律的决定》，对《证券投资基金法》进行修正。

### （二）证券投资基金法的立法目的

投资基金1987年被引入我国。当年，中国人民银行和中国国际信托投资公司首开中国基金投资业务之先河，与国外一些机构合作推出了面向海外投资人的国家基金，这标志着中国投资基金业务开始出现。第一只中国概念基金——新鸿基中华基金——1989年5月由香港新鸿信托投资基金管理有限公司成立并推出。之后，一批海外基金纷纷设立，从而极大地推动了中国投资基金业的起步和发展。

中国基金业真正起步于20世纪90年代。1991年8月，珠海国际信托投资公司发起成立珠信基金，10月，武汉证券投资基金和南山风险投资基金分别经中国人民银行武汉市分行和深圳市南山区人民政府批准设立。到1993年，全国约成立了70家基金。1993年8月，淄博基金在上海证券交易所公开上市，以此为标志，我国基金进入了公开上市交易阶段。经过前期发展，到2001年，我国已有14家基金管理公司、34只封闭式证券投资基金。2001年9月，华安基金管理公司成立了我国第一支开放式证券投资基金——华安创新，至此我国基金业的发展又进入了一个崭新的阶段。

伴随着基金业的不断发展，国家及各地虽然先后出台了一系列法规、规章①，但是还缺乏一部专门规范基金管理人和基金托管人行为，规范基金募集、交易、申购与赎回以及基金投资活动、保护基金份额持有人权益、加强基金业监管、促进基金业和资本市场健康发展的基本规则，所以我国在2003年10月28日正式颁布了《证券投资基金法》，并在《证券投资基金法》第一条明确规定证券投资基金法的立法目的为：①规范证券投资基金活动；②保护投资人及相关当事人的合法权益；③促进证券投资基金和资本市场的健康发展。

## 三、证券投资基金法的适用范围与基本原则

### （一）证券投资基金法的适用范围

关于证券投资基金法的适用范围，《证券投资基金法》有如下规定②：

(1)在我国境内，公开或者非公开募集资金设立证券投资基金（以下简称基金），由基金管理人管理，基金托管人托管，为基金份额持有人的利益进行证券投资活动，适用证券投资基金法；证券投资基金法未规定的，适用我国《信托法》《证券法》和其他有关法律、行政法规的规定。

---

① 1992年6月29日，深圳市颁布《深圳市投资信托基金管理暂行规定》；1997年11月14日，国务院证券委发布《证券投资基金管理暂行办法》；1997年12月12日中国证监会发布《关于申请设立基金管理公司有关问题的通知》《关于申请设立证券投资基金有关问题的通知》；2000年10月12日，中国证监会发布《开放式证券投资基金试点办法》等。

② 参见《证券投资基金法》第二、一百五十二、一百五十三条。

(2)公开或者非公开募集资金，以进行证券投资活动为目的设立的公司或者合伙企业，资产由基金管理人或者普通合伙人管理的，其证券投资活动适用证券投资基金法。

(3)在我国境内募集投资境外证券的基金，以及合格境外投资者在境内进行证券投资，应当经国务院证券监督管理机构批准，具体办法由国务院证券监督管理机构会同国务院有关部门规定，报国务院批准。

**(二)证券投资基金法的基本原则**

证券投资基金法的基本原则是证券投资基金法的精神，是贯穿于证券投资基金法始终的，并且在开展证券投资基金活动中所必须遵循的准则。《证券投资基金法》第四条明确规定，从事证券投资基金活动应当遵循如下原则：①自愿原则，即基金管理人、基金托管人、基金份额持有人等证券市场的主体在从事证券投资基金活动时，完全出于自己的意思自治，任何单位和个人不得非法干预；②公平原则，即证券投资基金各参与主体的法律地位平等，各参与者应当在公平原则前提下确定各方的权利义务；③诚实信用原则，即参与证券投资基金的各方主体，在从事证券投资基金活动时，应当诚实守信，善意地行使权利、履行义务，必须如实遵守自己的诺言，恪守信用，不得弄虚作假，欺骗他人；④不得损害国家利益和社会公共利益原则，即从事证券投资基金活动，在谋取单位或者个人利益时，应当遵守国家的法律、法规，维护国家利益，尊重社会公德，不得扰乱社会经济秩序，损害社会公共利益。

### 四、中国证券投资基金法的基本框架

颁布于2003年10月28日的《证券投资基金法》，其内容共计12章103条。伴随着基金业的不断发展，原《证券投资基金法》部分内容已不适用，2012年12月28日第十一届全国人民代表大会常务委员会第三十次会议对《证券投资基金法》进行了修订。新修订的《证券投资基金法》共计15章155条。2015年4月24日第十二届全国人民代表大会常务委员会第十四次会议再次对新修订的《证券投资基金法》进行修正，删除了第十七条，修正后的《证券投资基金法》共计15章154条。各章依次为：总则；基金管理人；基金托管人；基金的运作方式和组织；基金的公开募集；公开募集基金的基金份额的交易、申购与赎回；公开募集基金的投资与信息披露；公开募集基金的基金合同的变更、终止与基金财产清算；公开募集基金的基金份额持有人权利行使；非公开募集基金；基金服务机构；基金行业协会；监督管理；法律责任；附则。

## 第二节　证券投资基金主体

### 一、证券投资基金主体及其关系

证券投资基金主体包含基金管理人、基金托管人和基金份额持有人。在我国基金管理人、基金托管人和基金份额持有人通过契约方式签订基金合同，并由此形成三方信托关系。其中：基金份额持有人出资，并以此享有收益和承担风险；基金管理人受托运用基金财产，进行证券投资；基金托管人受托保管基金财产和办理清算与交割手续。在这一信托关系中，基金管理人和基金托管人同时为基金份额持有人的受托人，基金管理人与基金托

管人再通过基金托管协议确定双方的责、权。

## 二、基金管理人

基金管理人，是指接受基金份额持有人的委托，对证券投资基金从事专业化管理和运作，为基金份额持有人谋取利益的人。《证券投资基金法》第十二条规定，基金管理人由依法设立的公司或者合伙企业担任。公开募集基金的基金管理人，由基金管理公司或者经国务院证券监督管理机构按照规定核准的其他机构担任。

### （一）基金管理公司的设立与变更

1. 基金管理公司的设立

《证券投资基金法》第十三条规定，设立管理公开募集基金的基金管理公司，应当具备下列条件，并经国务院证券监督管理机构批准：①有符合《证券投资基金法》和《公司法》规定的章程；②注册资本不低于1亿元人民币，且必须为实缴货币资本；③主要股东应当具有经营金融业务或者管理金融机构的良好业绩、良好的财务状况和社会信誉，资产规模达到国务院规定的标准，最近3年没有违法记录；④取得基金从业资格的人员达到法定人数；⑤董事、监事、高级管理人员具备相应的任职条件；⑥有符合要求的营业场所、安全防范设施和与基金管理业务有关的其他设施；⑦有良好的内部治理结构，完善的内部稽核监控制度、风险控制制度；⑧法律、行政法规规定的和经国务院批准的国务院证券监督管理机构规定的其他条件。

《证券投资基金法》第十四条规定，国务院证券监督管理机构应当自受理基金管理公司设立申请之日起6个月内依照《证券投资基金法》第十三条规定的条件和审慎监管原则进行审查，做出批准或者不予批准的决定，并通知申请人；不予批准的，应当说明理由。

2. 基金管理公司的变更

《证券投资基金法》第十四条规定，基金管理公司变更持有5%以上股权的股东，变更公司的实际控制人，或者变更其他重大事项，应当报经国务院证券监督管理机构批准。国务院证券监督管理机构应当自受理申请之日起60日内作出批准或者不予批准的决定，并通知申请人；不予批准的，应当说明理由。

### （二）公开募集基金的基金管理人规范

1. 基金管理人的高级管理人员及其他从业人员的任职规定

（1）董事、监事和高级管理人员的任职规定。

《证券投资基金法》对公开募集基金的基金管理人的董事、监事和高级管理人员的任职有如下规定[①]：①公开募集基金的基金管理人的董事、监事和高级管理人员，应当熟悉证券投资方面的法律、行政法规，具有3年以上与其所任职务相关的工作经历；高级管理人员还应当具备基金从业资格。②公开募集基金的基金管理人的董事、监事、高级管理人员和其他从业人员，其本人、配偶、利害关系人进行证券投资，应当事先向基金管理人申报，并不得与基金份额持有人发生利益冲突。公开募集基金的基金管理人应当建立上述规定人员进行证券投资的申报、登记、审查、处置等管理制度，并报国务院证券监督管理机

① 参见《证券投资基金法》第十六至十八条。

构备案。③公开募集基金的基金管理人的董事、监事、高级管理人员和其他从业人员，不得担任基金托管人或者其他基金管理人的任何职务，不得从事损害基金财产和基金份额持有人利益的证券交易及其他活动。

(2)基金从业人员的任职限制。

《证券投资基金法》第十五条规定，有下列情形之一的，不得担任公开募集基金的基金管理人的董事、监事、高级管理人员和其他从业人员：①因犯有贪污贿赂、渎职、侵犯财产罪或者破坏社会主义市场经济秩序罪，被判处刑罚的；②对所任职的公司、企业因经营不善破产清算或者因违法被吊销营业执照负有个人责任的董事、监事、厂长、高级管理人员，自该公司、企业破产清算终结或者被吊销营业执照之日起未逾 5 年的；③个人所负债务数额较大，到期未清偿的；④因违法行为被开除的基金管理人、基金托管人、证券交易所、证券公司、证券登记结算机构、期货交易所、期货公司及其他机构的从业人员和国家机关工作人员；⑤因违法行为被吊销执业证书或者被取消资格的律师、注册会计师和资产评估机构、验证机构的从业人员、投资咨询从业人员；⑥法律、行政法规规定不得从事基金业务的其他人员。

2.基金管理人的高级管理人员及其他从业人员的行为限制与未尽责处置

(1)行为限制。

《证券投资基金法》第二十条规定，公开募集基金的基金管理人及其董事、监事、高级管理人员和其他从业人员不得有下列行为：①将其固有财产或者他人财产混同于基金财产从事证券投资；②不公平地对待其管理的不同基金财产；③利用基金财产或者职务之便为基金份额持有人以外的人牟取利益；④向基金份额持有人违规承诺收益或者承担损失；⑤侵占、挪用基金财产；⑥泄露因职务便利获取的未公开信息、利用该信息从事或者明示、暗示他人从事相关的交易活动；⑦玩忽职守，不按照规定履行职责；⑧法律、行政法规和国务院证券监督管理机构规定禁止的其他行为。

(2)未尽责处置。

《证券投资基金法》第二十五条规定，公开募集基金的基金管理人的董事、监事、高级管理人员未能勤勉尽责，致使基金管理人存在重大违法违规行为或者重大风险的，国务院证券监督管理机构可以责令更换。

3.基金管理人的职责

《证券投资基金法》第十九条规定，公开募集基金的基金管理人应当履行下列职责：①依法募集资金，办理基金份额的发售和登记事宜；②办理基金备案手续；③对所管理的不同基金财产分别管理、分别记账，进行证券投资；④按照基金合同的约定确定基金收益分配方案，及时向基金份额持有人分配收益；⑤进行基金会计核算并编制基金财务会计报告；⑥编制中期和年度基金报告；⑦计算并公告基金资产净值，确定基金份额申购、赎回价格；⑧办理与基金财产管理业务活动有关的信息披露事项；⑨按照规定召集基金份额持有人大会；⑩保存基金财产管理业务活动的记录、账册、报表和其他相关资料；⑪以基金管理人名义，代表基金份额持有人利益行使诉讼权利或者实施其他法律行为；⑫国务院证券监督管理机构规定的其他职责。

4. 基金管理人的内部治理结构与风险准备计提

(1)内部治理结构。

《证券投资基金法》第二十一条规定,公开募集基金的基金管理人应当建立良好的内部治理结构,明确股东会、董事会、监事会和高级管理人员的职责权限,确保基金管理人独立运作。公开募集基金的基金管理人可以实行专业人士持股计划,建立长效激励约束机制。公开募集基金的基金管理人的股东、董事、监事和高级管理人员在行使权利或者履行职责时,应当遵循基金份额持有人利益优先的原则。

(2)风险准备计提。

《证券投资基金法》第二十二条规定,公开募集基金的基金管理人应当从管理基金的报酬中计提风险准备金。公开募集基金的基金管理人因违法违规、违反基金合同等原因给基金财产或者基金份额持有人合法权益造成损失,应当承担赔偿责任的,可以优先使用风险准备金予以赔偿。

5. 基金管理人的股东与实际控股人的行为禁止

《证券投资基金法》第二十三条规定,公开募集基金的基金管理人的股东、实际控制人应当按照国务院证券监督管理机构的规定及时履行重大事项报告义务,并不得有下列行为:①虚假出资或者抽逃出资;②未依法经股东会或者董事会决议擅自干预基金管理人的基金经营活动;③要求基金管理人利用基金财产为自己或者他人牟取利益,损害基金份额持有人利益;④国务院证券监督管理机构规定禁止的其他行为。公开募集基金的基金管理人的股东、实际控制人有上述行为或者股东不再符合法定条件的,国务院证券监督管理机构应当责令其限期改正,并可视情节责令其转让所持有或者控制的基金管理人的股权。在上述规定的股东、实际控制人按照要求改正违法行为、转让所持有或者控制的基金管理人的股权前,国务院证券监督管理机构可以限制有关股东行使股东权利。

6. 基金管理人违法违规处置规定

《证券投资基金法》对公开募集基金的基金管理人的违法违规行为处置有如下规定①:

(1)公开募集基金的基金管理人违法违规,或者其内部治理结构、稽核监控和风险控制管理不符合规定的,国务院证券监督管理机构应当责令其限期改正;逾期未改正,或者其行为严重危及该基金管理人的稳健运行、损害基金份额持有人合法权益的,国务院证券监督管理机构可以区别情形,对其采取下列措施:①限制业务活动,责令暂停部分或者全部业务;②限制分配红利,限制向董事、监事、高级管理人员支付报酬、提供福利;③限制转让固有财产或者在固有财产上设定其他权利;④责令更换董事、监事、高级管理人员或者限制其权利;⑤责令有关股东转让股权或者限制有关股东行使股东权利。公开募集基金的基金管理人整改后,应当向国务院证券监督管理机构提交报告。国务院证券监督管理机构经验收,符合有关要求的,应当自验收完毕之日起 3 日内解除对其采取的有关措施。

(2)公开募集基金的基金管理人违法经营或者出现重大风险,严重危害证券市场秩

① 参见《证券投资基金法》第二十四、二十六、二十七条。

序、损害基金份额持有人利益的，国务院证券监督管理机构可以对该基金管理人采取责令停业整顿、指定其他机构托管、接管、取消基金管理资格或者撤销等监管措施。

(3)在公开募集基金的基金管理人被责令停业整顿、被依法指定托管、接管或者清算期间，或者出现重大风险时，经国务院证券监督管理机构批准，可以对该基金管理人直接负责的董事、监事、高级管理人员和其他直接责任人员采取下列措施：①通知出境管理机关依法阻止其出境；②申请司法机关禁止其转移、转让或者以其他方式处分财产，或者在财产上设定其他权利。

7. 基金管理人的职责终止

《证券投资基金法》对公开募集基金的基金管理人的职责终止有如下规定[①]：

(1)有下列情形之一的，公开募集基金的基金管理人职责终止：①被依法取消基金管理资格；②被基金份额持有人大会解任；③依法解散、被依法撤销或者被依法宣告破产；④基金合同约定的其他情形。

(2)公开募集基金的基金管理人职责终止的，基金份额持有人大会应当在6个月内选任新基金管理人；新基金管理人产生前，由国务院证券监督管理机构指定临时基金管理人。

(3)公开募集基金的基金管理人职责终止的，应当妥善保管基金管理业务资料，及时办理基金管理业务的移交手续，新基金管理人或者临时基金管理人应当及时接收。

(4)公开募集基金的基金管理人职责终止的，应当按照规定聘请会计师事务所对基金财产进行审计，并将审计结果予以公告，同时报国务院证券监督管理机构备案。

#### (三)非公开募集基金的基金管理人规范

《证券投资基金法》第三十一条规定，对非公开募集基金的基金管理人进行规范的具体办法，由国务院金融监督管理机构依照《证券投资基金法》第二章的原则制定。

### 三、基金托管人

基金托管人，是指依法保管基金财产并为基金财产的清算交割提供服务的机构。《证券投资基金法》第三十二条规定，基金托管人由依法设立的商业银行或者其他金融机构担任。商业银行担任基金托管人的，由国务院证券监督管理机构会同国务院银行业监督管理机构核准；其他金融机构担任基金托管人的，由国务院证券监督管理机构核准。《证券投资基金法》第三十五条规定，基金托管人与基金管理人不得为同一机构，不得相互出资或者持有股份。

#### (一)基金托管人的条件

《证券投资基金法》第三十三条规定，担任基金托管人，应当具备下列条件：①净资产和风险控制指标符合有关规定；②设有专门的基金托管部门；③取得基金从业资格的专职人员达到法定人数；④有安全保管基金财产的条件；⑤有安全高效的清算、交割系统；⑥有符合要求的营业场所、安全防范设施和与基金托管业务有关的其他设施；⑦有完善的内部稽核监控制度和风险控制制度；⑧法律、行政法规规定的和经国务院批准的国务院证券监

① 参见《证券投资基金法》第二十八至三十条。

督管理机构、国务院银行业监督管理机构规定的其他条件。

**(二)基金托管人的专门基金托管部门的高级管理人员及其他从业人员的任职规定**

《证券投资基金法》第三十四条规定:“本法第十五条、第十八条、第十九条的规定,适用于基金托管人的专门基金托管部门的高级管理人员和其他从业人员。本法第十六条的规定,适用于基金托管人的专门基金托管部门的高级管理人员。”据此,针对基金托管人的专门基金托管部门的高级管理人员及其他从业人员的任职,《证券投资基金法》有如下规定:

(1)有下列情形之一的,不得担任基金托管人的专门基金托管部门的董事、监事、高级管理人员和其他从业人员:①因犯有贪污贿赂、渎职、侵犯财产罪或者破坏社会主义市场经济秩序罪,被判处刑罚的;②对所任职的公司、企业因经营不善破产清算或者因违法被吊销营业执照负有个人责任的董事、监事、厂长、高级管理人员,自该公司、企业破产清算终结或者被吊销营业执照之日起未逾5年的;③个人所负债务数额较大,到期未清偿的;④因违法行为被开除的基金管理人、基金托管人、证券交易所、证券公司、证券登记结算机构、期货交易所、期货公司及其他机构的从业人员和国家机关工作人员;⑤因违法行为被吊销执业证书或者被取消资格的律师、注册会计师和资产评估机构、验证机构的从业人员、投资咨询从业人员;⑥法律、行政法规规定不得从事基金业务的其他人员。

(2)基金管理人的董事、监事、高级管理人员和其他从业人员,不得担任基金托管人及其专门基金托管部门的任何职务,不得从事损害基金财产和基金份额持有人利益的证券交易及其他活动。

(3)基金托管人的专门基金托管部门的董事、监事和高级管理人员,应当熟悉证券投资方面的法律、行政法规,具有3年以上与其所任职务相关的工作经历;高级管理人员还应当具备基金从业资格。

**(三)基金托管人的职责**

基金托管人主要有服务(或商业)和监管两项职责。

1.基金托管人的服务职责

服务职责也可称为商业职责,指基金托管人为基金财产提供保管服务,为基金份额交易办理清算交割等事宜,以获取服务报酬的职责,是托管人的主要职责。根据《证券投资基金法》第三十六条规定,基金托管人应当履行如下商业职责:①安全保管基金财产;②按照规定开设基金财产的资金账户和证券账户;③对所托管的不同基金财产分别设置账户,确保基金财产的完整与独立;④保存基金托管业务活动的记录、账册、报表和其他相关资料;⑤按照基金合同的约定,根据基金管理人的投资指令,及时办理清算、交割事宜;⑥办理与基金托管业务活动有关的信息披露事项;⑦对基金财务会计报告、中期和年度基金报告出具意见;⑧复核、审查基金管理人计算的基金资产净值和基金份额申购、赎回价格;⑨按照规定召集基金份额持有人大会;⑩按照规定监督基金管理人的投资运作;⑪国务院证券监督管理机构规定的其他职责。

2.基金托管人的监督职责

基金托管人在上述服务职责外,还兼有对基金管理人的监督职责。《证券投资基金法》第三十七条规定,基金托管人发现基金管理人的投资指令违反法律、行政法规和其他有关规定，或者违反基金合同约定的，应当拒绝执行，立即通知基金管理人，并及时向国务院证券监督管理机构报告。基金托管人发现基金管理人依据交易程序已经生效的投资指令违反法律、行政法规和其他有关规定，或者违反基金合同约定的，应当立即通知基金管理人，并及时向国务院证券监督管理机构报告。

**(四)基金托管人的内部治理**

《证券投资基金法》第三十八条规定："本法第二十一条、第二十三条的规定，适用于基金托管人。"。据此，《证券投资基金法》对托管人的内部治理有如下规定：

(1)基金托管人应当建立良好的内部治理结构，明确股东会、董事会、监事会和高级管理人员的职责权限，确保基金托管人独立运作。基金托管人可以实行专业人士持股计划，建立长效激励约束机制。基金托管人的股东、董事、监事和高级管理人员在行使权利或者履行职责时，应当遵循基金份额持有人利益优先的原则。

(2)基金托管人的股东、实际控制人应当按照国务院证券监督管理机构的规定及时履行重大事项报告义务，并不得有下列行为：①虚假出资或者抽逃出资；②未依法经股东会或者董事会决议擅自干预基金托管人的基金经营活动；③要求基金托管人利用基金财产为自己或者他人牟取利益，损害基金份额持有人利益；④国务院证券监督管理机构规定禁止的其他行为。基金托管人的股东、实际控制人有前述行为或者股东不再符合法定条件的，国务院证券监督管理机构应当责令其限期改正，并可视情节责令其转让所持有或者控制的基金托管人的股权。在前述规定的股东、实际控制人按照要求改正违法行为、转让所持有或者控制的基金托管人的股权前，国务院证券监督管理机构可以限制有关股东行使股东权利。

**(五)基金托管人失职的处置**

基金托管人如果已不再具备证券投资基金法规定的条件，或者未能勤勉尽责，在履行托管职责时出现失职，不但会给基金投资人和基金管理人造成损失，也会加大金融市场风险，所以《证券投资基金法》第三十九条规定，基金托管人不再具备证券投资基金法规定的条件，或者未能勤勉尽责，在履行证券投资基金法规定的职责时存在重大失误的，国务院证券监督管理机构、国务院银行业监督管理机构应当责令其改正；逾期未改正，或者其行为严重影响所托管基金的稳健运行、损害基金份额持有人利益的，国务院证券监督管理机构、国务院银行业监督管理机构可以区别情形，对其采取下列措施：①限制业务活动，责令暂停办理新的基金托管业务；②责令更换负有责任的专门基金托管部门的高级管理人员。基金托管人整改后，应当向国务院证券监督管理机构、国务院银行业监督管理机构提交报告；经验收，符合有关要求的，应当自验收完毕之日起 3 日内解除对其采取的有关措施。

**(六)基金托管人职责的取消与终止**

1.基金托管人职责的取消

《证券投资基金法》第四十条规定，国务院证券监督管理机构、国务院银行业监督管理机构对有下列情形之一的基金托管人，可以取消其基金托管资格：①连续 3 年没有开展基金托管业务的；②违反证券投资基金法规定，情节严重的；③法律、行政法规规定的其他情形。

2.基金托管人职责终止的条件与基金财产的保管和审计

《证券投资基金法》第四十一条至四十三条对基金托管人职责终止的条件以及职责终

止后基金财产的保管与审计做出如下规定：

（1）基金托管人有下列情形之一的职责终止：①被依法取消基金托管资格；②被基金份额持有人大会解任；③依法解散、被依法撤销或者被依法宣告破产；④基金合同约定的其他情形。

（2）基金托管人职责终止的，基金份额持有人大会应当在6个月内选任新基金托管人；新基金托管人产生前，由国务院证券监督管理机构指定临时基金托管人。基金托管人职责终止的，应当妥善保管基金财产和基金托管业务资料，及时办理基金财产和基金托管业务的移交手续，新基金托管人或者临时基金托管人应当及时接收。

（3）基金托管人职责终止的，应当按照规定聘请会计师事务所对基金财产进行审计，并将审计结果予以公告，同时报国务院证券监督管理机构备案。

## 四、基金份额持有人

基金份额持有人亦称基金投资者，是指投资证券投资基金、拥有证券投资基金财产、享有证券基金投资收益的受益人。

### （一）基金份额持有人的权利

《证券投资基金法》第四十六条规定，基金份额持有人享有下列权利：①分享基金财产收益；②参与分配清算后的剩余基金财产；③依法转让或者申请赎回其持有的基金份额；④按照规定要求召开基金份额持有人大会或者召集基金份额持有人大会；⑤对基金份额持有人大会审议事项行使表决权；⑥对基金管理人、基金托管人、基金服务机构损害其合法权益的行为依法提起诉讼；⑦基金合同约定的其他权利。除此，公开募集基金的基金份额持有人有权查阅或者复制公开披露的基金信息资料；非公开募集基金的基金份额持有人对涉及自身利益的情况，有权查阅基金的财务会计账簿等财务资料。

### （二）基金份额持有人大会

#### 1.基金份额持有人大会的组成与职权

《证券投资基金法》第四十七规定，基金份额持有人大会由全体基金份额持有人组成，行使下列职权：①决定基金扩募或者延长基金合同期限；②决定修改基金合同的重要内容或者提前终止基金合同；③决定更换基金管理人、基金托管人；④决定调整基金管理人、基金托管人的报酬标准；⑤基金合同约定的其他职权。

#### 2.基金份额持有人大会日常机构的职权

《证券投资基金法》第四十八条和第四十九条规定，按照基金合同约定，基金份额持有人大会可以设立日常机构，行使下列职权：①召集基金份额持有人大会；②提请更换基金管理人、基金托管人；③监督基金管理人的投资运作、基金托管人的托管活动；④提请调整基金管理人、基金托管人的报酬标准；⑤基金合同约定的其他职权。上述规定的日常机构，由基金份额持有人大会选举产生的人员组成；其议事规则，由基金合同约定。基金份额持有人大会及其日常机构不得直接参与或者干涉基金的投资管理活动。

### （三）公开募集基金基金份额持有人的权力行使

《证券投资基金法》第九章专门对公开募集基金的基金份额持有人的权利行使进行了如下规范：

(1)基金份额持有人大会由基金管理人召集,基金份额持有人大会设立日常机构的,由该日常机构召集;该日常机构未召集的,由基金管理人召集。基金管理人未按规定召集或者不能召开的,由基金托管人召集。代表基金份额10%以上的基金份额持有人就同一事项要求召开基金份额持有人大会,而基金份额持有人大会的日常机构、基金管理人、基金托管人都不召集的,代表基金份额10%以上的基金份额持有人有权自行召集,并报国务院证券监督管理机构备案。

(2)召开基金份额持有人大会,召集人应当至少提前30公告基金份额持有人大会的召开时间、会议形式、审议事项、议事程序和表决方式等事项。基金份额持有人大会不得就未经公告的事项进行表决。

(3)基金份额持有人大会可以采取现场方式召开,也可以采取通信等方式召开。每1基金份额具有1票表决权,基金份额持有人可以委托代理人出席基金份额持有人大会并行使表决权。

(4)基金份额持有人大会应当有代表1/2以上基金份额的持有人参加,方可召开。参加基金份额持有人大会的持有人的基金份额低于前述规定比例的,召集人可以在原公告的基金份额持有人大会召开时间的3个月以后、6个月以内,就原定审议事项重新召集基金份额持有人大会。重新召集的基金份额持有人大会应当有代表1/3以上基金份额的持有人参加,方可召开。基金份额持有人大会就审议事项作出决定,应当经参加大会的基金份额持有人所持表决权的1/2以上通过;但是,转换基金的运作方式、更换基金管理人或者基金托管人、提前终止基金合同、与其他基金合并,应当经参加大会的基金份额持有人所持表决权的2/3以上通过。基金份额持有人大会决定的事项,应当依法报国务院证券监督管理机构备案,并予以公告。

**(四)基金份额持有人的风险与收益**

《证券投资基金法》第三条第三款规定,公开募集基金的基金份额持有人按其所持基金份额享受收益和承担风险;非公开募集基金的收益分配和风险承担由基金合同约定。

## 第三节　基金财产

### 一、基金财产的概念与构成

基金财产,是指基金管理人在设立基金时依法募集的财产以及基金在运作中依法取得的财产。

基金财产由两部分构成:一部分为通过发售基金份额,依法募集的财产;另一部分为基金管理人、基金托管人因基金财产的管理、运用或者其他情形而取得的财产和收益归入基金财产,包括运用基金财产买入的证券、因为卖出证券获得的收益、通过基金财产储蓄获得的利息、基金财产因灭失而获得的赔偿金等。

### 二、基金财产的独立性

基金财产的独立性是基金财产的一个重要特征。只有基金资产实现独立,才能保障基金资产的安全,保护基金投资人的利益。

根据《证券投资基金法》第五条至第七条的规定，基金财产的独立性特征主要表现在如下三个方面：

(1)基金财产独立于基金管理人、基金托管人的固有财产。具体表现：①基金管理人、基金托管人不得将基金财产归入其固有财产；②基金管理人、基金托管人因基金财产的管理、运用或者其他情形而取得的财产和收益，归入基金财产；③金管理人、基金托管人因依法解散、被依法撤销或者被依法宣告破产等原因进行清算的，基金财产不属于其清算财产。

(2)基金财产的债权债务独立。具体表现为：①基金财产的债权不得与基金管理人、基金托管人固有财产的债务相抵销；②不同基金财产的债权债务，不得相互抵销。

(3)非因基金财产本身承担的债务不得对基金财产强制执行。具体表现为：无论是基金份额持有人，还是基金管理人或基金托管人，其债权人均不能要求执行基金财产偿还其债务。

### 三、基金财产的债务与税收承担

#### (一)基金财产的债务承担

《证券投资基金法》第五条规定，基金财产的债务由基金财产本身承担，基金份额持有人以其出资为限对基金财产的债务承担责任。但基金合同依照证券投资基金法另有约定的，从其约定。

#### (二)基金财产的税收承担

《证券投资基金法》第八条规定，基金财产投资的相关税收，由基金份额持有人承担，基金管理人或者其他扣缴义务人按照国家有关税收征收的规定代扣代缴。

### 四、基金管理人、基金托管人对基金财产的义务

《证券投资基金法》第九条规定，基金管理人、基金托管人管理、运用基金财产，基金服务机构从事基金服务活动，应当恪尽职守，履行诚实信用、谨慎勤勉的义务；基金管理人运用基金财产进行证券投资，应当遵守审慎经营规则，制定科学合理的投资策略和风险管理制度，有效防范和控制风险；基金从业人员应当具备基金从业资格，遵守法律、行政法规，恪守职业道德和行为规范。

## 第四节 公开募集基金的法律规定

### 一、基金公开募集的法律规定

#### (一)基金的公开募集与募集程序

1.基金的公开募集

基金的公开募集，指向不特定对象募集资金、向特定对象募集资金累计超过 200 人，以及法律、行政法规规定的其他情形。《证券投资基金法》第五十条规定，公开募集基金，应当经国务院证券监督管理机构注册。未经注册，不得公开或者变相公开募集基金。公开募集基金应当由基金管理人管理，基金托管人托管。

2.募集程序

公开募集基金的募集程序包括注册、审查、发售、备案四个环节。

(1)注册。即由拟任基金管理人向国务院证券监督管理机构提交注册所需文件,进行注册申请。《证券投资基金法》第五十一条规定,注册公开募集基金,拟任基金管理人应当向国务院证券监督管理机构提交下列文件:①申请报告;②基金合同草案;③基金托管协议草案;④招募说明书草案;⑤律师事务所出具的法律意见书;⑥国务院证券监督管理机构规定提交的其他文件。

(2)审查。即国务院证券监督管理机构对注册申请进行审查。《证券投资基金法》第五十四条规定,国务院证券监督管理机构在自受理公开募集基金的募集注册申请之日起6个月内依照法律、行政法规及国务院证券监督管理机构的规定进行审查,做出注册或者不予注册的决定,并通知申请人;不予注册的,应当说明理由。

(3)发售。即面向社会公众发售基金。《证券投资基金法》第五十五条、第五十六条规定:①基金募集申请经注册后,方可发售基金份额。基金份额的发售,由基金管理人或者其委托的基金销售机构办理。②基金管理人应当在基金份额发售的3日前公布招募说明书、基金合同及其他有关文件。上述规定的文件应当真实、准确、完整。对基金募集所进行的宣传推介活动,应当符合有关法律、行政法规的规定,不得有《证券投资基金法》第七十七条所列行为①。另外,《证券投资基金法》第五十七条还规定,基金管理人应当自收到准予注册文件之日起6个月内进行基金募集。超过6个月开始募集,原注册的事项未发生实质性变化的,应当报国务院证券监督管理机构备案;发生实质性变化的,应当向国务院证券监督管理机构重新提交注册申请。基金募集不得超过国务院证券监督管理机构准予注册的基金募集期限。基金募集期限自基金份额发售之日起计算。

(4)备案。即发售期满基金管理人就发售情况向国务院证券监督管理机构提交报告进行备案。关于公募基金发售备案,《证券投资基金法》第五十八条有如下规定:基金募集期限届满,封闭式基金募集的基金份额总额达到准予注册规模的80%以上,开放式基金募集的基金份额总额超过准予注册的最低募集份额总额,并且基金份额持有人人数符合国务院证券监督管理机构规定的,基金管理人应当自募集期限届满之日起10日内聘请法定验资机构验资,自收到验资报告之日起10日内,向国务院证券监督管理机构提交验资报告,办理基金备案手续,并予以公告。

**(二)公开募集基金的基金合同**

1.基金合同的内容

《证券投资基金法》第五十二条规定,公开募集基金的基金合同应当包括下列内容:①募集基金的目的和基金名称;②基金管理人、基金托管人的名称和住所;③基金的运作方式;④封闭式基金的基金份额总额和基金合同期限,或者开放式基金的最低募集份额总

① 《证券投资基金法》第七十七条:公开披露基金信息,不得有下列行为:(一)虚假记载、误导性陈述或者重大遗漏;(二)对证券投资业绩进行预测;(三)违规承诺收益或者承担损失;(四)诋毁其他基金管理人、基金托管人或者基金销售机构;(五)法律、行政法规和国务院证券监督管理机构规定禁止的其他行为。

额;⑤确定基金份额发售日期、价格和费用的原则;⑥基金份额持有人、基金管理人和基金托管人的权利、义务;⑦基金份额持有人大会召集、议事及表决的程序和规则;⑧基金份额发售、交易、申购、赎回的程序、时间、地点、费用计算方式,以及给付赎回款项的时间和方式;⑨基金收益分配原则、执行方式;⑩基金管理人、基金托管人报酬的提取、支付方式与比例;⑪与基金财产管理、运用有关的其他费用的提取、支付方式;⑫基金财产的投资方向和投资限制;⑬基金资产净值的计算方法和公告方式;⑭基金募集未达到法定要求的处理方式;⑮基金合同解除和终止的事由、程序以及基金财产清算方式;⑯争议解决方式;⑰当事人约定的其他事项。

2.基金合同的成立与生效

《证券投资基金法》第六十条第一款规定,投资人交纳认购的基金份额的款项时,基金合同成立;基金管理人依照《证券投资基金法》第五十八条的规定向国务院证券监督管理机构办理基金备案手续,基金合同生效。

3.基金合同不能生效时基金管理人的责任

《证券投资基金法》第六十条第二款规定,基金募集期限届满,不能满足证券投资基金法第五十八条规定的条件的,基金管理人应当承担下列责任:①以其固有财产承担因募集行为而产生的债务和费用;②在基金募集期限届满后30日内返还投资人已交纳的款项,并加计银行同期存款利息。

**(三)公开募集基金的基金招募说明书**

《证券投资基金法》第五十三条规定,公开募集基金的基金招募说明书应当包括下列内容:①基金募集申请的准予注册文件名称和注册日期;②基金管理人、基金托管人的基本情况;③基金合同和基金托管协议的内容摘要;④基金份额的发售日期、价格、费用和期限;⑤基金份额的发售方式、发售机构及登记机构名称;⑥出具法律意见书的律师事务所和审计基金财产的会计师事务所的名称和住所;⑦基金管理人、基金托管人报酬及其他有关费用的提取、支付方式与比例;⑧风险警示内容;⑨国务院证券监督管理机构规定的其他内容。

**(四)公开募集基金募集期间的资金管理规定**

《证券投资基金法》第五十九条规定,基金募集期间募集的资金应当存入专门账户,在基金募集行为结束前,任何人不得动用。

## 二、公开募集基金的基金份额的交易、申购与赎回

**(一)基金份额的上市交易**

1.上市交易的规则和条件

《证券投资基金法》第六十一条至六十三条规定,申请基金份额上市交易,基金管理人应当向证券交易所提出申请,证券交易所依法审核同意的,双方应当签订上市协议。基金份额上市交易,应当符合下列条件:①基金的募集符合证券投资基金法规定;②基金合同期限为5年以上;③基金募集金额不低于2亿元人民币;④基金份额持有人不少于1000人;⑤基金份额上市交易规则规定的其他条件。基金份额上市交易规则由证券交易所制定,报国务院证券监督管理机构批准。

2. 终止上市交易的情形

《证券投资基金法》第六十四条规定，基金份额上市交易后，有下列情形之一的，由证券交易所终止其上市交易，并报国务院证券监督管理机构备案：①不再具备《证券投资基金法》第六十三条规定的上市交易条件；②基金合同期限届满；③基金份额持有人大会决定提前终止上市交易；④基金合同约定的或者基金份额上市交易规则规定的终止上市交易的其他情形。

### （二）基金份额的申购与赎回

1. 基金份额申购与赎回的成立与生效

《证券投资基金法》第六十五条和第六十六条规定，开放式基金的基金份额的申购、赎回、登记，由基金管理人或者其委托的基金服务机构办理。基金管理人应当在每个工作日办理基金份额的申购、赎回业务；基金合同另有约定的，从其约定。投资人交付申购款项，申购成立；基金份额登记机构确认基金份额时，申购生效。基金份额持有人递交赎回申请，赎回成立；基金份额登记机构确认赎回时，赎回生效。

2. 基金份额申购与赎回价格的确定

《证券投资基金法》第六十九条和第七十规定，基金份额的申购、赎回价格，依据申购、赎回日基金份额净值加、减有关费用计算。基金份额净值计价出现错误时，基金管理人应当立即纠正，并采取合理的措施防止损失进一步扩大。计价错误达到基金份额净值0.5%时，基金管理人应当公告，并报国务院证券监督管理机构备案。因基金份额净值计价错误造成基金份额持有人损失的，基金份额持有人有权要求基金管理人、基金托管人予以赔偿。

3. 不能按时支付赎回款项的法定情形

基金管理人应当按时支付赎回款项，但《证券投资基金法》第六十七条规定，有下列情形除外：①因不可抗力导致基金管理人不能支付赎回款项；②证券交易场所依法决定临时停市，导致基金管理人无法计算当日基金资产净值；③基金合同约定的其他特殊情形。发生上述情形之一的，基金管理人应当在当日报国务院证券监督管理机构备案。上述规定的情形消失后，基金管理人应当及时支付赎回款项。

4. 备付赎回款项的规定

由于开放式基金，基金份额持有人可以在交易时间随时赎回基金，为了保证基金份额持有人能够随时赎回基金，《证券投资基金法》第六十八条规定，开放式基金应当保持足够的现金或者政府债券，以备支付基金份额持有人的赎回款项。基金财产中应当保持的现金或者政府债券的具体比例，由国务院证券监督管理机构规定。

## 三、公开募集基金的投资与信息披露

### （一）公开募集基金的投资规则

1. 基金财产的投资方式

基金财产的投资方式不仅影响基金的安全，也影响基金的盈利。所以《证券投资基金法》第七十一条规定，基金管理人运用基金财产进行证券投资，除国务院证券监督管理机构另有规定外，应当采用资产组合的方式。资产组合的具体方式和投资比例，依照证券投资基金法和国务院证券监督管理机构的规定在基金合同中约定。

2.基金财产的投资对象

《证券投资基金法》第七十二条规定，基金财产应当用于下列投资：①上市交易的股票、债券；②国务院证券监督管理机构规定的其他证券及其衍生品种。

3.基金财产禁止的投资或活动

《证券投资基金法》第七十三条第一款规定：基金财产不得用于下列投资或者活动：①承销证券；②违反规定向他人贷款或者提供担保；③从事承担无限责任的投资；④买卖其他基金份额，但是国务院证券监督管理机构另有规定的除外；⑤向基金管理人、基金托管人出资；⑥从事内幕交易、操纵证券交易价格及其他不正当的证券交易活动；⑦法律、行政法规和国务院证券监督管理机构规定禁止的其他活动。

4.关联交易规则

《证券投资基金法》第七十三条第二款规定：运用基金财产买卖基金管理人、基金托管人及其控股股东、实际控制人或者与其有其他重大利害关系的公司发行的证券或承销期内承销的证券，或者从事其他重大关联交易的，应当遵循基金份额持有人利益优先的原则，防范利益冲突，符合国务院证券监督管理机构的规定，并履行信息披露义务。

**(二)公开募集基金的信息披露**

1.信息披露原则

根据《证券投资基金法》第七十四条和第七十五条的规定，基金信息披露应坚持如下原则：

(1)依法披露原则。即基金管理人、基金托管人和其他基金信息披露义务人应当依法披露基金信息，并保证所披露信息的真实性、准确性和完整性。

(2)按时披露原则。即基金信息披露义务人应当确保应予披露的基金信息在国务院证券监督管理机构规定时间内披露，并保证投资人能够按照基金合同约定的时间和方式查阅或者复制公开披露的信息资料。

2.信息披露内容

根据《证券投资基金法》第七十六条规定，公开披露的基金信息应该包括如下内容：①基金招募说明书、基金合同、基金托管协议；②基金募集情况；③基金份额上市交易公告书；④基金资产净值、基金份额净值；⑤基金份额申购、赎回价格；⑥基金财产的资产组合季度报告、财务会计报告及中期和年度基金报告；⑦临时报告；⑧基金份额持有人大会决议；⑨基金管理人、基金托管人的专门基金托管部门的重大人事变动；⑩涉及基金财产、基金管理业务、基金托管业务的诉讼或者仲裁；⑪国务院证券监督管理机构规定应予披露的其他信息。

3.信息披露中被禁止的行为

根据《证券投资基金法》第七十七条的规定，公开披露基金信息，不得有下列行为：①虚假记载、误导性陈述或者重大遗漏；②对证券投资业绩进行预测；③违规承诺收益或者承担损失；④诋毁其他基金管理人、基金托管人或者基金销售机构；⑤法律、行政法规和国务院证券监督管理机构规定禁止的其他行为。

## 四、公开募集基金的基金合同的变更与终止

**(一)基金合同的变更**

基金合同的变更主要指改变基金运作方式、与其他金合并或基金规模、基金合同期限

等基金合同内容的改变。根据《证券投资基金法》第七十八条和第七十九条规定，按照基金合同的约定或者基金份额持有人大会的决议，基金可以转换运作方式或者与其他基金合并。但是，封闭式基金扩募或者延长基金合同期限，需要符合下列条件，并报国务院证券监督管理机构备案：①基金运营业绩良好；②基金管理人最近2年内没有因违法违规行为受到行政处罚或者刑事处罚；③基金份额持有人大会决议通过；④《证券投资基金法》规定的其他条件。

**(二)基金合同的终止**

1.基金合同终止的法定情形

《证券投资基金法》第八十条规定，有下列情形之一的，基金合同终止：①基金合同期限届满而未延期；②基金份额持有人大会决定终止；③基金管理人、基金托管人职责终止，在6个月内没有新基金管理人、新基金托管人承接；④基金合同约定的其他情形。

2.基金财产的清算

《证券投资基金法》第八十一条规定，基金合同终止时，基金管理人应当组织清算组对基金财产进行清算。清算组由基金管理人、基金托管人以及相关的中介服务机构组成。清算组做出的清算报告经会计师事务所审计，律师事务所出具法律意见书后，报国务院证券监督管理机构备案并公告。

3.剩余基金财产的分配

《证券投资基金法》第八十二条规定，清算后的剩余基金财产，应当按照基金份额持有人所持份额比例进行分配。

## 第五节　非公开募集基金的法律规定

### 一、非公开募集基金的募集

根据《证券投资基金法》的规定①，非公开募集基金的募集应遵循如下规则：

(1)只能向合格投资者募集。即非公开募集基金应当向合格投资者募集，不得向合格投资者之外的单位和个人募集资金。合格投资者累计不得超过200人。上述所称合格投资者，是指达到规定资产规模或者收入水平，并且具备相应的风险识别能力和风险承担能力、其基金份额认购金额不低于规定限额的单位和个人。合格投资者的具体标准由国务院证券监督管理机构规定②。

---

①　参见《证券投资基金法》第八十七至第九十一条以及第九十四条第一款。

②　中国人民银行、中国银行保险监督管理委员会、中国证券监督管理委员会、国家外汇管理局2018年4月28日联合发布的《资管新规》第五条规定：合格投资者是指具备相应风险识别能力和风险承担能力，投资于单只资产管理产品不低于一定金额且符合下列条件的自然人和法人或者其他组织。(一)具有2年以上投资经历，且满足以下条件之一：家庭金融净资产不低于300万元，家庭金融资产不低于500万元，或者近3年本人年均收入不低于40万元。(二)最近1年末净资产不低于1000万元的法人单位。(三)金融管理部门视为合格投资者的其他情形。合格投资者投资于单只固定收益类产品的金额不低于30万元，投资于单只混合类产品的金额不低于40万元，投资于单只权益类产品、单只商品及金融衍生品类产品的金额不低于100万元。投资者不得使用贷款、发行债券等筹集的非自有资金投资资产管理产品。

(2)由基金托管人托管。即除基金合同另有约定外,非公开募集基金应当由基金托管人托管。

(3)向基金行业协会登记。担任非公开募集基金的基金管理人,应当按照规定向基金行业协会履行登记手续,报送基本情况。未经登记,任何单位或者个人不得使用“基金”或者“基金管理”字样或者近似名称进行证券投资活动;但是,法律、行政法规另有规定的除外。

(4)不得公开宣传和推介。非公开募集基金,不得通过报刊、电台、电视台、互联网等公众传播媒体或者讲座、报告会、分析会等方式向不特定对象宣传推介。

(5)募集结束向基金行业协会备案。非公开募集基金募集完毕,基金管理人应当向基金行业协会备案。对募集的资金总额或者基金份额持有人的人数达到规定标准的基金,基金行业协会应当向国务院证券监督管理机构报告。

## 二、非公开募集基金的基金合同

### (一)基金合同的内容

《证券投资基金法》第九十二条规定,非公开募集基金,应当制定并签订基金合同。基金合同应当包括下列内容:①基金份额持有人、基金管理人、基金托管人的权利、义务;②基金的运作方式;③基金的出资方式、数额和认缴期限;④基金的投资范围、投资策略和投资限制;⑤基金收益分配原则、执行方式;⑥基金承担的有关费用;⑦基金信息提供的内容、方式;⑧基金份额的认购、赎回或者转让的程序和方式;⑨基金合同变更、解除和终止的事由、程序;⑩基金财产清算方式;⑪当事人约定的其他事项。基金份额持有人转让基金份额的,应当符合《证券投资基金法》第八十七条[①]、第九十一条的规定[②]。

### (二)基金份额持有人作为基金管理人的基金合同应记载的事项

《证券投资基金法》第九十三条规定,按照基金合同约定,非公开募集基金可以由部分基金份额持有人作为基金管理人负责基金的投资管理活动,并在基金财产不足以清偿其债务时对基金财产的债务承担无限连带责任。上述规定的非公开募集基金,其基金合同还应载明:①承担无限连带责任的基金份额持有人和其他基金份额持有人的姓名或者名称、住所;②承担无限连带责任的基金份额持有人的除名条件和更换程序;③基金份额持有人增加、退出的条件、程序以及相关责任;④承担无限连带责任的基金份额持有人和其他基金份额持有人的转换程序。

## 三、非公开募集基金的基金投资对象

《证券投资基金法》第九十四条第二款规定,非公开募集基金的基金财产可以投资的证券,包括买卖公开发行的股份有限公司股票、债券、基金份额,以及国务院证券监督管理机构规定的其他证券及其衍生品种。

---

① 《证券投资基金法》第八十七条:非公开募集基金应当向合格投资者募集,合格投资者累计不得超过200人。前款所称合格投资者,是指达到规定资产规模或者收入水平,并且具备相应的风险识别能力和风险承担能力、其基金份额认购金额不低于规定限额的单位和个人。合格投资者的具体标准由国务院证券监督管理机构规定。

② 《证券投资基金法》第九十一条:非公开募集基金,不得向合格投资者之外的单位和个人募集资金,不得通过报刊、电台、电视台、互联网等公众传播媒体或者讲座、报告会、分析会等方式向不特定对象宣传推介。

### 四、非公开募集基金的基金信息提供与管理人公开募集基金业务的管理

《证券投资基金法》第九十五条和第九十六条对非公开募集基金的基金信息提供以及非公开募集基金管理人从事公开募集基金业务的管理做出如下规定：

(1)基金管理人、基金托管人应当按照基金合同的约定，向基金份额持有人提供基金信息。

(2)专门从事非公开募集基金管理业务的基金管理人，其股东、高级管理人员、经营期限、管理的基金资产规模等符合规定条件的，经国务院证券监督管理机构核准，可以从事公开募集基金管理业务。

## 第六节　基金服务机构与基金行业协会

### 一、基金服务机构

#### (一)基金服务机构的概念

基金服务机构，是指从事基金的销售、销售支付、份额登记、估值、投资顾问、评价、信息技术系统服务等基金服务业务的机构，包括基金销售机构、基金销售支付机构、基金份额登记机构、基金投资顾问机构和基金评价机构。广义上，为有关基金业务活动出具法律意见书、审计报告、内部控制评价报告等文件的律师事务所、会计师事务所等也属于基金服务机构。

《证券投资基金法》第九十七条规定，从事公开募集基金的销售、销售支付、份额登记、估值、投资顾问、评价、信息技术系统服务等基金服务业务的机构，应当按照国务院证券监督管理机构的规定进行注册或者备案。

#### (二)基金服务机构应遵守的规则

根据《证券投资基金法》第十一章的规定[①]，基金服务机构在开展基金服务业务时应遵守如下规则：

(1)向投资人充分揭示投资风险。即基金销售机构应当向投资人充分揭示投资风险，并根据投资人的风险承担能力销售不同风险等级的基金产品。

(2)保证基金销售结算资金安全和及时划付。即基金销售支付机构应当按照规定办理基金销售结算资金的划付，确保基金销售结算资金安全、及时划付。

(3)基金销售结算资金和基金份额独立。即基金销售结算资金、基金份额独立于基金销售机构、基金销售支付机构或者基金份额登记机构的自有财产。基金销售机构、基金销售支付机构或者基金份额登记机构破产或者清算时，基金销售结算资金、基金份额不属于其破产财产或者清算财产。非因投资人本身的债务或者法律规定的其他情形，不得查封、冻结、扣划或者强制执行基金销售结算资金、基金份额。基金销售机构、基金销售支付机构、基金份额登记机构应当确保基金销售结算资金、基金份额的安全、独立，禁止任何单位或者个人以任何形式挪用基金销售结算资金、基金份额。

---

① 参见《证券投资基金法》第九十八至一百、一百零二至一百零七条。

(4)妥善保存登记数据并保证数据的真实、准确、完整。即基金份额登记机构应当妥善保存登记数据，并将基金份额持有人名称、身份信息及基金份额明细等数据备份至国务院证券监督管理机构认定的机构。其保存期限自基金账户销户之日起不得少于20年。基金份额登记机构应当保证登记数据的真实、准确、完整，不得隐匿、伪造、篡改或者毁损。

(5)不得承诺或者保证投资收益。即基金投资顾问机构及其从业人员提供基金投资顾问服务，应当具有合理的依据，对其服务能力和经营业绩进行如实陈述，不得以任何方式承诺或者保证投资收益，不得损害服务对象的合法权益。

(6)禁止误导投资人。即基金评价机构及其从业人员应当客观公正，按照依法制定的业务规则开展基金评价业务，禁止误导投资人，防范可能发生的利益冲突。

(7)信息技术系统符合要求。即基金管理人、基金托管人、基金服务机构的信息技术系统，应当符合规定的要求。国务院证券监督管理机构可以要求信息技术系统服务机构提供该信息技术系统的相关资料。

(8)禁止虚假记载、误导性陈述。即律师事务所、会计师事务所接受基金管理人、基金托管人的委托，为有关基金业务活动出具法律意见书、审计报告、内部控制评价报告等文件，应当勤勉尽责，对所依据的文件资料内容的真实性、准确性、完整性进行核查和验证。其制作、出具的文件有虚假记载、误导性陈述或者重大遗漏，给他人财产造成损失的，应当与委托人承担连带赔偿责任。

(9)信息保密。即基金服务机构应当勤勉尽责、恪尽职守，建立应急等风险管理制度和灾难备份系统，不得泄露与基金份额持有人、基金投资运作相关的非公开信息。

#### (三)其他相关规定

《证券投资基金法》第一百零一条和第一百零二条还就基金服务机构的业务代理以及基金份额的质押做出如下规定：

(1)基金管理人可以委托基金服务机构代为办理基金的份额登记、核算、估值、投资顾问等事项，基金托管人可以委托基金服务机构代为办理基金的核算、估值、复核等事项，但基金管理人、基金托管人依法应当承担的责任不因委托而免除。

(2)基金份额登记机构以电子介质登记的数据，是基金份额持有人权利归属的根据，基金份额持有人以基金份额出质的，质权自基金份额登记机构办理出质登记时设立。

### 二、基金行业协会

#### (一)基金行业协会的性质与架构

1.基金行业协会的职能与性质

基金行业协会是证券投资基金行业的自律性组织，是社会团体法人。根据《证券投资基金法》第十条和第一百零八条的规定，基金管理人、基金托管人和基金服务机构，应当依照证券投资基金法成立证券投资基金行业协会，进行行业自律，协调行业关系，提供行业服务，促进行业发展。基金管理人、基金托管人应当加入基金行业协会，基金服务机构可以加入基金行业协会。

2.基金行业协会的架构

根据《证券投资基金法》第一百零九条和第一百一十条的规定，基金行业协会的权力机构为全体会员组成的会员大会。基金行业协会设理事会。理事会成员依章程的规定由选举产生。基金行业协会章程由会员大会制定，并报国务院证券监督管理机构备案。

**（二）基金行业协会的职责**

根据《证券投资基金法》第一百一十一条的规定，基金行业协会应当履行下列职责：①教育和组织会员遵守有关证券投资的法律、行政法规，维护投资人合法权益；②依法维护会员的合法权益，反映会员的建议和要求；③制定和实施行业自律规则，监督、检查会员及其从业人员的执业行为，对违反自律规则和协会章程的，按照规定给予纪律处分；④制定行业执业标准和业务规范，组织基金从业人员的从业考试、资质管理和业务培训；⑤提供会员服务，组织行业交流，推动行业创新，开展行业宣传和投资人教育活动；⑥对会员之间、会员与客户之间发生的基金业务纠纷进行调解；⑦依法办理非公开募集基金的登记、备案；⑧协会章程规定的其他职责。

# 第七节　监督管理

## 一、监管机构的监管职责与监管措施

**（一）监管机构及其监管职责**

根据《证券投资基金法》第十一条和第一百一十二条的规定，国务院证券监督管理机构依法对证券投资基金活动实施监督管理；其派出机构依照授权履行职责。国务院证券监督管理机构主要有下列职责：①制定有关证券投资基金活动监督管理的规章、规则，并行使审批、核准或者注册权；②办理基金备案；③对基金管理人、基金托管人及其他机构从事证券投资基金活动进行监督管理，对违法行为进行查处，并予以公告；④制定基金从业人员的资格标准和行为准则，并监督实施；⑤监督检查基金信息的披露情况；⑥指导和监督基金行业协会的活动；⑦法律、行政法规规定的其他职责。

除此，《证券投资基金法》第一百一十七条还规定，国务院证券监督管理机构依法履行职责，发现违法行为涉嫌犯罪的，应当将案件移送司法机关处理。

**（二）监管机构的监管措施**

《证券投资基金法》第一百一十三条规定，国务院证券监督管理机构依法履行职责，有权采取下列措施：

（1）对基金管理人、基金托管人、基金服务机构进行现场检查，并要求其报送有关的业务资料。

（2）进入涉嫌违法行为发生场所调查取证。

（3）询问当事人和与被调查事件有关的单位和个人，要求其对与被调查事件有关的事项做出说明。

（4）查阅、复制与被调查事件有关的财产权登记、通信记录等资料。

（5）查阅、复制当事人和与被调查事件有关的单位和个人的证券交易记录、登记过户记录、财务会计资料及其他相关文件和资料；对可能被转移、隐匿或者毁损的文件和资料，可以予以封存。

(6)查询当事人和与被调查事件有关的单位和个人的资金账户、证券账户和银行账户;对有证据证明已经或者可能转移或者隐匿违法资金、证券等涉案财产或者隐匿、伪造、毁损重要证据的,经国务院证券监督管理机构主要负责人批准,可以冻结或者查封。

(7)在调查操纵证券市场、内幕交易等重大证券违法行为时,经国务院证券监督管理机构主要负责人批准,可以限制被调查事件当事人的证券买卖,但限制的期限不得超过15个交易日;案情复杂的,可以延长15个交易日。

### 二、监管机构工作人员履责的法律规定

根据《证券投资基金法》的规定①,监管机构工作人员在依法履行职责时应遵守如下规定:

(1)工作人员依法履行职责,进行调查或者检查时,不得少于2人,并应当出示合法证件;对调查或者检查中知悉的商业秘密负有保密的义务。

(2)工作人员应当忠于职守,依法办事,公正廉洁,接受监督,不得利用职务牟取私利。

(3)工作人员在任职期间,或者离职后在《公务员法》规定的期限内,不得在被监管的机构中担任职务。

### 三、被监管对象的义务

《证券投资基金法》第一百一十六条规定,国务院证券监督管理机构依法履行职责时,被调查、检查的单位和个人应当配合,如实提供有关文件和资料,不得拒绝、阻碍和隐瞒。

## 第八节 法律责任

### 一、法律责任的类型

《证券投资基金法》第十四章规定的违法责任包括刑事责任、民事责任和行政责任。

#### (一)刑事责任

刑事法律责任,是指行为人触犯国家刑事法律,由国家司法机关给予相应的刑事制裁。《证券投资基金法》第一百四十九条规定,违反证券投资基金法规定,构成犯罪的,依法追究刑事责任。

#### (二)民事责任

民事法律责任,是指民事主体由于违反合同,不履行其他民事义务,或者侵害国家的、集体的财产,侵害他人的人身财产、人身权利所应承担的法律后。《证券投资基金法》第一百五十条和第一百五十一条规定,违反证券投资基金法规定,应当承担民事赔偿责任和缴纳罚款、罚金,其财产不足以同时支付时,先承担民事赔偿责任。依照证券投资基金法规定,基金管理人、基金托管人、基金服务机构应当承担的民事赔偿责任和缴纳的罚款、罚金,由基金管理人、基金托管人、基金服务机构以其固有财产承担。依法收缴的罚款、罚金和没收的违法所得,应当

① 参见《证券投资基金法》第一百一十四、一百一十五、一百一十八条。

全部上缴国库。

#### (三)行政责任

行政法律责任,是指由国家行政机关或者国家授权的有关单位对违反行政管理法规的单位或个人依法采取的行政制裁。《证券投资基金法》第一百一十九至第一百四十八条中,关于对违法机构及其人员做出的罚款、警告、取缔等制裁,均属于其承担的行政责任。

### 二、违法设立、变更基金管理公司及其重大事项的法律责任

#### (一)违法设立基金管理公司的法律责任

违反证券投资基金法规定,未经批准擅自设立基金管理公司或者未经核准从事公开募集基金管理业务的,由证券监督管理机构予以取缔或者责令改正,没收违法所得,并处违法所得1倍以上5倍以下罚款;没有违法所得或者违法所得不足100万元的,并处10万元以上100万元以下罚款。对直接负责的主管人员和其他直接责任人员给予警告,并处3万元以上30万元以下罚款。

#### (二)违法变更基金管理公司重大事项的法律责任

基金管理公司违反证券投资基金法规定,擅自变更持有5%以上股权的股东、实际控制人或者其他重大事项的,责令改正,没收违法所得,并处违法所得1倍以上5倍以下罚款;没有违法所得或者违法所得不足50万元的,并处5万元以上50万元以下罚款。对直接负责的主管人员给予警告,并处3万元以上10万元以下罚款。

### 三、基金管理人与基金托管人的违法责任

#### (一)基金管理人与托管人从业人员的违法责任

(1)基金管理人的董事、监事、高级管理人员和其他从业人员,基金托管人的专门基金托管部门的高级管理人员和其他从业人员,未按照《证券投资基金法》第十七条第一款①规定申报的,责令改正,处3万元以上10万元以下罚款。基金管理人、基金托管人违反《证券投资基金法》第十七条第二款规定②的,责令改正,处10万元以上100万元以下罚款;对直接负责的主管人员和其他直接责任人员给予警告,暂停或者撤销基金从业资格,并处3万元以上30万元以下罚款。

(2)基金管理人的董事、监事、高级管理人员和其他从业人员,基金托管人的专门基金托管部门的高级管理人员和其他从业人员违反《证券投资基金法》第十八条规定③的,责令改正,没收违法所得,并处违法所得1倍以上5倍以下罚款;没有违法所得或者违法所得不足100万元的,并处10万元以上100万元以下罚款;情节严重的,撤销基金从业资格。

---

① 《证券投资基金法》第十七条第一款:公开募集基金的基金管理人的董事、监事、高级管理人员和其他从业人员,其本人、配偶、利害关系人进行证券投资,应当事先向基金管理人申报,并不得与基金份额持有人发生利益冲突。

② 《证券投资基金法》第十七条第二款:公开募集基金的基金管理人应当建立前款规定人员进行证券投资的申报、登记、审查、处置等管理制度,并报国务院证券监督管理机构备案。

③ 《证券投资基金法》第十八条:公开募集基金的基金管理人的董事、监事、高级管理人员和其他从业人员,不得担任基金托管人或者其他基金管理人的任何职务,不得从事损害基金财产和基金份额持有人利益的证券交易及其他活动。

(3)基金管理人、基金托管人违反证券投资基金法规定，未对基金财产实行分别管理或者分账保管，责令改正，处5万元以上50万元以下罚款；对直接负责的主管人员和其他直接责任人员给予警告，暂停或者撤销基金从业资格，并处3万元以上30万元以下罚款。

(4)基金管理人、基金托管人及其董事、监事、高级管理人员和其他从业人员有《证券投资基金法》第二十条[①]所列行为之一的，责令改正，没收违法所得，并处违法所得1倍以上5倍以下罚款；没有违法所得或者违法所得不足100万元的，并处10万元以上100万元以下罚款；基金管理人、基金托管人有上述行为的，还应当对其直接负责的主管人员和其他直接责任人员给予警告，暂停或者撤销基金从业资格，并处3万元以上30万元以下罚款。基金管理人、基金托管人及其董事、监事、高级管理人员和其他从业人员侵占、挪用基金财产而取得的财产和收益，归入基金财产。但是，法律、行政法规另有规定的，依照其规定。

**(二)基金管理人的股东、实际控制人的违法责任**

基金管理人的股东、实际控制人违反《证券投资基金法》第二十三条[②]规定的，责令改正，没收违法所得，并处违法所得1倍以上5倍以下罚款；没有违法所得或者违法所得不足100万元的，并处10万元以上100万元以下罚款；对直接负责的主管人员和其他直接责任人员给予警告，暂停或者撤销基金或证券从业资格，并处3万元以上30万元以下罚款。

**(三)基金管理人与托管人违法相互出资的法律责任**

基金管理人、基金托管人违反证券投资基金法规定，相互出资或者持有股份的，责令改正，可以处10万元以下罚款。

**(四)违法动用募集资金的法律责任**

违反《证券投资基金法》第五十九条规定[③]，动用募集的资金的，责令返还，没收违法所得，并处违法所得1倍以上5倍以下罚款；没有违法所得或者违法所得不足50万元的，

---

① 《证券投资基金法》第二十条：公开募集基金的基金管理人及其董事、监事、高级管理人员和其他从业人员不得有下列行为：(一)将其固有财产或者他人财产混同于基金财产从事证券投资；(二)不公平地对待其管理的不同基金财产；(三)利用基金财产或者职务之便为基金份额持有人以外的人牟取利益；(四)向基金份额持有人违规承诺收益或者承担损失；(五)侵占、挪用基金财产；(六)泄露因职务便利获取的未公开信息、利用该信息从事或者明示、暗示他人从事相关的交易活动；(七)玩忽职守，不按照规定履行职责；(八)法律、行政法规和国务院证券监督管理机构规定禁止的其他行为。

② 《证券投资基金法》第二十三条：公开募集基金的基金管理人的股东、实际控制人应当按照国务院证券监督管理机构的规定及时履行重大事项报告义务，并不得有下列行为：(一)虚假出资或者抽逃出资；(二)未依法经股东会或者董事会决议擅自干预基金管理人的基金经营活动；(三)要求基金管理人利用基金财产为自己或者他人牟取利益，损害基金份额持有人利益；(四)国务院证券监督管理机构规定禁止的其他行为。公开募集基金的基金管理人的股东、实际控制人有前款行为或者股东不再符合法定条件的，国务院证券监督管理机构应当责令其限期改正，并可视情节责令其转让所持有或者控制的基金管理人的股权。在前款规定的股东、实际控制人按照要求改正违法行为、转让所持有或者控制的基金管理人的股权前，国务院证券监督管理机构可以限制有关股东行使股东权利。

③ 《证券投资基金法》第五十九条：基金募集期间募集的资金应当存入专门账户，在基金募集行为结束前，任何人不得动用。

并处5万元以上50万元以下罚款；对直接负责的主管人员和其他直接责任人员给予警告，并处3万元以上30万元以下罚款。

### （五）基金管理人与托管人的其他违法责任

（1）基金管理人、基金托管人有《证券投资基金法》第七十三条第一款第一项至第五项和第七项所列行为之一①，或者违反《证券投资基金法》第七十三条第二款规定的②，责令改正，处10万元以上100万元以下罚款；对直接负责的主管人员和其他直接责任人员给予警告，暂停或者撤销基金从业资格，并处3万元以上30万元以下罚款。基金管理人、基金托管人有前款行为，运用基金财产而取得的财产和收益，归入基金财产。但是，法律、行政法规另有规定的，依照其规定。

（2）基金管理人、基金托管人有《证券投资基金法》第七十三条第一款第六项规定行为的，除依照我国《证券法》的有关规定处罚外，对直接负责的主管人员和其他直接责任人员暂停或者撤销基金从业资格。

（3）基金信息披露义务人不依法披露基金信息或者披露的信息有虚假记载、误导性陈述或者重大遗漏的，责令改正，没收违法所得，并处10万元以上100万元以下罚款；对直接负责的主管人员和其他直接责任人员给予警告，暂停或者撤销基金从业资格，并处3万元以上30万元以下罚款。

（4）基金管理人或者基金托管人不按照规定召集基金份额持有人大会的，责令改正，可以处5万元以下罚款；对直接负责的主管人员和其他直接责任人员给予警告，暂停或者撤销基金从业资格。

（5）违反证券投资基金法规定，给基金财产、基金份额持有人或者投资人造成损害的，依法承担赔偿责任。基金管理人、基金托管人在履行各自职责的过程中，违反证券投资基金法规定或者基金合同约定，给基金财产或者基金份额持有人造成损害的，应当分别对各自的行为依法承担赔偿责任；因共同行为给基金财产或者基金份额持有人造成损害的，应当承担连带赔偿责任。

## 四、非公开募集基金活动中的违法责任

### （一）基金募集完毕未备案的法律责任

违反证券投资基金法规定，非公开募集基金募集完毕，基金管理人未备案的，处10万元以上30万元以下罚款。对直接负责的主管人员和其他直接责任人员给予警告，并处3万元以上10万元以下罚款。

---

① 《证券投资基金法》第七十三条第一款：基金财产不得用于下列投资或者活动：（一）承销证券；（二）违反规定向他人贷款或者提供担保；（三）从事承担无限责任的投资；（四）买卖其他基金份额，但是国务院证券监督管理机构另有规定的除外；（五）向基金管理人、基金托管人出资；（六）从事内幕交易、操纵证券交易价格及其他不正当的证券交易活动；（七）法律、行政法规和国务院证券监督管理机构规定禁止的其他活动。

② 《证券投资基金法》第七十三条第二款：运用基金财产买卖基金管理人、基金托管人及其控股股东、实际控制人或者与其有其他重大利害关系的公司发行的证券或承销期内承销的证券，或者从事其他重大关联交易的，应当遵循基金份额持有人利益优先的原则，防范利益冲突，符合国务院证券监督管理机构的规定，并履行信息披露义务。

### （二）向合格投资者之外的人募集或转让非公开募集基金的法律责任

违反证券投资基金法规定，向合格投资者之外的单位或者个人非公开募集资金或者转让基金份额的，没收违法所得，并处违法所得 1 倍以上 5 倍以下罚款；没有违法所得或者违法所得不足 100 万元的，并处 10 万元以上 100 万元以下罚款。对直接负责的主管人员和其他直接责任人员给予警告，并处 3 万元以上 30 万元以下罚款。

### （三）擅自从事公开募集基金业务的法律责任

违反证券投资基金法规定，擅自从事公开募集基金的基金服务业务的，责令改正，没收违法所得，并处违法所得 1 倍以上 5 倍以下罚款；没有违法所得或者违法所得不足 30 万元的，并处 10 万元以上 30 万元以下罚款。对直接负责的主管人员和其他直接责任人员给予警告，并处 3 万元以上 10 万元以下罚款。

## 五、违法从事基金业务的法律责任

### （一）擅自从事基金托管业务的法律责任

未经核准，擅自从事基金托管业务的，责令停止，没收违法所得，并处违法所得 1 倍以上 5 倍以下罚款；没有违法所得或者违法所得不足 100 万元的，并处 10 万元以上 100 万元以下罚款；对直接负责的主管人员和其他直接责任人员给予警告，并处 3 万元以上 30 万元以下罚款。

### （二）擅自公开或者变相公开募集基金的法律责任

违反证券投资基金法规定，擅自公开或者变相公开募集基金的，责令停止，返还所募资金和加计的银行同期存款利息，没收违法所得，并处所募资金金额 1%以上 5%以下罚款。对直接负责的主管人员和其他直接责任人员给予警告，并处 5 万元以上 50 万元以下罚款。

### （三）违法使用“基金”或者“基金管理”字样的法律责任

违反证券投资基金法规定，未经登记，使用“基金”或者“基金管理”字样或者近似名称进行证券投资活动的，没收违法所得，并处违法所得 1 倍以上 5 倍以下罚款；没有违法所得或者违法所得不足 100 万元的，并处 10 万元以上 100 万元以下罚款。对直接负责的主管人员和其他直接责任人员给予警告，并处 3 万元以上 30 万元以下罚款。

## 六、基金服务机构的违法责任

（1）基金销售机构未向投资人充分揭示投资风险并误导其购买与其风险承担能力不相当的基金产品的，处 10 万元以上 30 万元以下罚款；情节严重的，责令其停止基金服务业务。对直接负责的主管人员和其他直接责任人员给予警告，撤销基金从业资格，并处 3 万元以上 10 万元以下罚款。

（2）基金销售支付机构未按照规定划付基金销售结算资金的，处 10 万元以上 30 万元以下罚款；情节严重的，责令其停止基金服务业务。对直接负责的主管人员和其他直接责任人员给予警告，撤销基金从业资格，并处 3 万元以上 10 万元以下罚款。

（3）挪用基金销售结算资金或者基金份额的，责令改正，没收违法所得，并处违法所得 1 倍以上 5 倍以下罚款；没有违法所得或者违法所得不足 100 万元的，并处 10 万元以上 100 万元以下罚款。对直接负责的主管人员和其他直接责任人员给予警告，并处 3 万元以上 30 万元以下罚款。

(4)基金份额登记机构未妥善保存或者备份基金份额登记数据的,责令改正,给予警告,并处10万元以上30万元以下罚款;情节严重的,责令其停止基金服务业务。对直接负责的主管人员和其他直接责任人员给予警告,撤销基金从业资格,并处3万元以上10万元以下罚款。基金份额登记机构隐匿、伪造、篡改、毁损基金份额登记数据的,责令改正,处10万元以上100万元以下罚款,并责令其停止基金服务业务。对直接负责的主管人员和其他直接责任人员给予警告,撤销基金从业资格,并处3万元以上30万元以下罚款。

(5)基金投资顾问机构、基金评价机构及其从业人员违反证券投资基金法规定开展投资顾问、基金评价服务的,处10万元以上30万元以下罚款;情节严重的,责令其停止基金服务业务。对直接负责的主管人员和其他直接责任人员给予警告,撤销基金从业资格,并处3万元以上10万元以下罚款。

(6)信息技术系统服务机构未按照规定向国务院证券监督管理机构提供相关信息技术系统资料,或者提供的信息技术系统资料虚假、有重大遗漏的,责令改正,处3万元以上10万元以下罚款。对直接负责的主管人员和其他直接责任人员给予警告,并处1万元以上3万元以下罚款。

(7)会计师事务所、律师事务所未勤勉尽责,所出具的文件有虚假记载、误导性陈述或者重大遗漏的,责令改正,没收业务收入,暂停或者撤销相关业务许可,并处业务收入1倍以上5倍以下罚款。对直接负责的主管人员和其他直接责任人员给予警告,并处3万元以上10万元以下罚款。

(8)基金服务机构未建立应急等风险管理制度和灾难备份系统,或者泄露与基金份额持有人、基金投资运作相关的非公开信息的,处10万元以上30万元以下罚款;情节严重的,责令其停止基金服务业务。对直接负责的主管人员和其他直接责任人员给予警告,撤销基金从业资格,并处3万元以上10万元以下罚款

## 七、证券投资基金监管中的违法责任

(1)证券监督管理机构工作人员玩忽职守、滥用职权、徇私舞弊或者利用职务上的便利索取或者收受他人财物的,依法给予行政处分。

(2)拒绝、阻碍证券监督管理机构及其工作人员依法行使监督检查、调查职权未使用暴力、威胁方法的,依法给予治安管理处罚。

(3)违反法律、行政法规或者国务院证券监督管理机构的有关规定,情节严重的,国务院证券监督管理机构可以对有关责任人员采取证券市场禁入的措施。

### 思考练习题

1. 简述开放式基金和封闭式基金的区别。
2. 简述基金财产的独立性。
3. 简述基金管理人和基金托管人的资格和条件。

# 第十二章　期货法律制度

## 章前提要

本章主要介绍期货交易的种类与特征；期货法的调整对象；期货交易原则与交易规则；期货交易所的职责、风险管理与异常情况的紧急处理制度；期货公司的设立、变更、终止以及业务许可与内部控制；期货业协会的性质与主要职责；期货监管与违反期货法应承担的法律责任。

## 第一节　期货法概述

### 一、期货交易的概念、种类与特征

#### (一)期货与期货交易的概念

期货是商品交易发展到一定程度的产物，成熟的市场以期货和现货相伴相生为标志。现货是指可以随时在市场上买卖并在短期内进行现实交割和消费的产品；期货是指在特定市场买卖，并在一定时期之后才能进行交割的产品。期货产生的根原是为规避现货价格风险。

期货交易，是指在固定场所内集中买卖某种期货合约的交易活动。期货合约则是“将来某一时间以约定价格买入或卖出某一资产的合约”①。期货交易的最终目的主要是通过买卖期货合约，回避现货价格风险。

#### (二)期货交易的种类

期货交易的种类主要有商品期货交易和金融期货交易两大类。

1. 商品期货交易

商品期货交易是指合约标的物为普通商品的期货交易。目前，商品期货交易中的合约标的主要有农产品、工业品、能源和其他商品。

2. 金融期货交易

金融期货交易是指合约标的物为金融商品的期货交易。目前金融期货交易中的合约标的主要有货币、利率、股票、股指、债券、黄金等。

---

① 赫尔. 期权与期货市场基本原理[M]. 王勇，袁俊，译. 北京：机械工业出版社，2011.

### (三)期货交易的法律特征

期货交易主要具有以下法律特征:

(1)交易主体具有法定性。即只有取得期货交易所会员资格的人才能直接进场交易。不具备会员资格的人只能通过期货经纪公司间接从事期货交易。目前世界上大多数国家均规定,期货交易主体必须具备法定资格。我国法律对期货交易主体应具备的法定条件也作了严格的限定。

(2)交易标的具有特殊性。即期货交易的标的不是普通意义上的商品,而是一种标准化的合约。

(3)交易地点具有固定性。即期货交易只能在期货交易所以公开竞价的方式进行,一般不能进行场外交易。这主要是为了加强期货市场管理,维护期货市场秩序,保护投资者的合法权益。

(4)交易关系具有独特性。即期货市场上的交易后果不直接对委托人(期货投资者)产生效力。因为期货交易主体的法定性要求,使期货市场上的期货交易直接发生在两个期货经纪公司之间,期货经纪公司在接受投资者委托以后,是以自己的名义在交易所内进行交易,由此带来的法律后果也首先直接由期货经纪公司承担,然后期货经纪公司才根据自己与委托人之间的协议将交易后果转移给委托人。

(5)交易合同成立无须明示承诺。即期货市场上交易双方的竞价申报即为要约行为,交易系统配对撮合成功,要约即相互到达要约相对人。因为期货交易双方的竞价申报实为交叉要约,因此要约到达要约相对人时合同即成立、交易亦成立,交易双方相互之间无须再对要约进行承诺并送达对方。

## 二、期货法的概念与调整对象

### (一)期货法的概念

期货法是指调整由期货交易引起的各种社会关系的法律规范的总称。由期货交易引起的社会关系主要有期货交易关系和期货监管关系。

### (二)期货法的调整对象

期货交易所引起的社会关系决定了期货法的调整对象,由此期货法的调整对象就主要包括期货交易关系和期货监管关系。

1.期货交易关系

期货交易关系,是指由期货交易引发的各交易参与主体之间的关系,主要包括期货交易(买卖)关系、期货经纪关系、期货交易委托代理关系、期货投资咨询关系等。这些关系表现为平等主体之间的交易关系,主要受期货法、证券法、信托法、合同法等民商法的调整。期货交易关系具有各主体意思自治的特征。

2.期货监管关系

期货监管关系,是指监管当局为了维护期货市场秩序、防范和化解期货交易风险、保护期货交易各方当事人的合法权益和社会公共利益,在对期货交易行为和期货交易主体进行监管的过程中所形成的非平等主体之间的关系。期货监管关系主要包括对期货交易主体的监管关系和对期货交易行为的监管关系。

### 三、中国的期货立法与立法目的

20世纪80年代后期，计划经济逐步向社会主义市场经济过渡，供求双方在组织生产和销售时对远期价格信息产生需要。为满足这一需要，1988年，《政府工作报告》提出，要“加快商业体制改革，积极发展各类批发贸易市场，探索期货交易”。

1990年，以建立期货市场为目标的郑州粮食批发市场成立，之后，各地纷纷组建了带有期货交易性质的市场。1991年，深圳有色金属交易所最早以期货交易所形式进行期货交易，并推出了中国第一个商品期货标准合约——特级铝期货合约。在中国期货市场发展初期，由于没有明确行政主管部门，有关部门间缺乏协调，各自为政，配套法律、法规严重滞后，使得中国期货市场从一开始就出现了盲目发展的势头，表现为交易所数量过多、品种重复、法律滞后、管理运作不规范、盲目开展境外期货、地下期货和期货诈骗等。为制止市场盲目发展，1993年，国家工商行政管理局颁布了《期货经纪公司登记管理暂行办法》；国家外汇管理局发布了《外汇期货业务管理试行办法》；国务院发出了《国务院办公厅转发国务院证券委关于坚决制止期货市场盲目发展若干意见请示的通知》。1994年，中国证监会、国家外汇管理局、国家工商行政管理局、公安部又联合发出了《关于严厉查处非法外汇期货和外汇按金交易活动的通知》；中国证监会发布了《期货经营机构暂行办法》。1995年2月，中国证监会、财政部联合发布了《国债期货交易管理暂行办法》；同年5月，国务院发布了《暂停国债期货交易的通知》等等。

通过一系列规范整顿，到1997年底，中国期货交易所由最初的60多家减少到14家。与此同时，国家对期货经纪机构也进行了清理整顿，实行许可证制度。各类期货经纪公司由原来的近千家压缩到二百余家。随后，监管部门进一步展开规范市场工作，国务院发布了《关于进一步整顿和规范期货市场的通知》，对期货交易所进行整顿和撤并；取消部分商品期货交易品种，提高部分商品品种的期货交易保证金；取缔非法期货经纪活动，清理整顿期货经纪机构；严格控制境外期货交易；加快法规建设，进一步加强对期货市场的监管。在此背景下，1999年中国期货市场的法规建设迈出了重要步伐：1999年6月2日国务院颁布了《期货交易管理暂行条例》（同年9月1日正式实施）；1999年8月31日中国证券监督管理委员会制定了《期货交易所管理办法》《期货经纪公司管理办法》《期货业从业人员资格管理办法》以及《期货经纪公司高级管理人员任职资格管理办法》（均于同年9月1日正式实施）等。

虽然1999年6月2日国务院颁布的《期货交易管理暂行条例》对于加强期货交易监管，维护期货市场秩序，防范风险，促进期货市场积极稳妥发展起到了重要作用。但是，随着我国金融监管水平以及风险控制水平的不断提高和期货市场的不断发展，尤其是随着金融期货交易的推出，1999年颁布的《期货交易管理暂行条例》已严重滞后，于是2007年2月7日国务院第一百六十八次常务会议通过国务院第489号令，颁布了《期货交易管理条例》；同时废止了《期货交易管理暂行条例》），并在《期货交易管理条例》第一条明确给出制定本条例的目的为：规范期货交易行为，加强对期货交易的监督管理，维护期货市场秩序，防范风险，保护期货交易各方的合法权益和社会公共利益，促进期货市场积极稳妥发展。

随着我国金融监管水平的不断提高以及期货市场的不断发展，又对 2007 年颁布的《期货交易管理条例》分别根据 2012 年 10 月 24 日国务院第 627 号令、2013 年 7 月 18 日国务院第 638 号令、2016 年 2 月 6 日国务院第 666 号令和 2017 年 3 月 1 日国务院第 676 号令进行了四次修改。《期货交易所管理办法》也分别于 2002 年 5 月 17 日和 2007 年 4 月 5 日、2017 年 12 月 7 日进行了修订和修改。与此同时，证监会还颁布了《期货公司管理办法》(2007 年 4 月 9 日)、《期货公司金融期货结算业务试行办法》(2007 年 4 月 9 日)、《期货公司风险监管指标管理暂行办法》(2007 年 4 月 18 日)、《证券公司为期货公司提供中间介绍业务试行办法》(2007 年 4 月 20 日)、《期货公司董事、监事和高级管理人员任职资格管理办法》(2007 年 7 月 4 日)、《期货从业人员管理办法》(2007 年 7 月 4 日)、《期货公司监督管理办法》(2014 年 10 月 29 日发布、2019 年 6 月 4 日修订)。2007 年 4 月 19 日证监会、财政部联合发布了《期货投资者保障基金管理暂行办法》。

## 第二节　期货交易基本规则

### 一、期货交易的基本概念与交易原则

#### (一)我国《期货交易管理条例》对期货交易概念的界定

我国《期货交易管理条例》第二条对期货交易以及与期货交易相关的期货合约、期权合约进行了如下界定：

期货交易，是指采用公开的集中交易方式或者国务院期货监督管理机构批准的其他方式进行的以期货合约或者期权合约为交易标的的交易活动。

期货合约，是指期货交易场所统一制定的、规定在将来某一特定的时间和地点交割一定数量标的物的标准化合约。期货合约包括商品期货合约和金融期货合约及其他期货合约。依据《期货交易管理条例》第八十一条，商品期货合约，是指以农产品、工业品、能源和其他商品及其相关指数产品为标的物的期货合约；金融期货合约，是指以有价证券、利率、汇率等金融产品及其相关指数产品为标的物的期货合约。

期权合约，是指期货交易场所统一制定的、规定买方有权在将来某一时间以特定价格买入或者卖出约定标的物(包括期货合约)的标准化合约。

#### (二)期货交易原则

我国《期货交易管理条例》第三条和第四条对从事期货交易活动应当遵循的基本原则进行了明确规定。根据这一规定，从事期货交易活动，应当遵循的原则包括：①公开、公平、公正原则；②诚实信用原则；③禁止欺诈、内幕交易和操纵期货交易价格原则；④禁止场外交易原则，即期货交易应当在依法设立的期货交易所、国务院批准的或者国务院期货监督管理机构批准的其他期货交易场所进行交易，禁止在上述规定的期货交易场所之外进行期货交易。

### 二、期货交易规则

#### (一)交易会员制规则

我国《期货交易管理条例》第二十三条规定，在期货交易所进行期货交易的，应当是期

货交易所会员。符合规定条件的境外机构,可以在期货交易所从事特定品种的期货交易。具体办法由国务院期货监督管理机构制定。

**(二)投资者身份禁止规则**

我国《期货交易管理条例》第二十五条规定,下列单位和个人不得从事期货交易,期货公司不得接受委托为其进行期货交易:①国家机关和事业单位;②国务院期货监督管理机构、期货交易所、期货保证金安全存管监控机构和期货业协会的工作人员;③证券、期货市场禁止进入者;④未能提供开户证明材料的单位和个人;⑤国务院期货监督管理机构规定不得从事期货交易的其他单位和个人。

**(三)收取保证金规则**

保证金,是指为了结算和保证履约而由期货交易者按照规定交纳的资金或者提交的价值稳定、流动性强的标准仓单、国债等有价证券。标准仓单,是指交割仓库开具并经期货交易所认定的标准化提货凭证。

我国《期货交易管理条例》第二十八条规定,期货交易应当严格执行保证金制度。期货交易所向会员、期货公司向客户收取的保证金,不得低于国务院期货监督管理机构、期货交易所规定的标准,并应当与自有资金分开,专户存放。期货交易所向会员收取的保证金,属于会员所有,除用于会员的交易结算外,严禁挪作他用。期货公司向客户收取的保证金,属于客户所有,除下列可划转的情形外,严禁挪作他用:①依据客户的要求支付可用资金;②为客户交存保证金,支付手续费、税款;③国务院期货监督管理机构规定的其他情形。

**(四)账户、业务、资金分离规则**

我国《期货交易管理条例》第二十九条和第三十条规定,期货公司应当为每一个客户单独开立专门账户、设置交易编码,不得混码交易。期货公司经营期货经纪业务又同时经营其他期货业务的,应当严格执行业务分离和资金分离制度,不得混合操作。

**(五)交易结算规则**

结算,是指根据期货交易所公布的结算价格对交易双方的交易结果进行的资金清算和划转。

我国《期货交易管理条例》第三十三条规定,期货交易的结算,由期货交易所统一组织进行。期货交易所实行当日无负债结算制度。期货交易所应当在当日及时将结算结果通知会员。期货公司根据期货交易所的结算结果对客户进行结算,并应当将结算结果按照与客户约定的方式及时通知客户。客户应当及时查询并妥善处理自己的交易持仓。

当日无负债结算制度,是指每个交易日结束后,交易所根据当日结算价格核算当日每笔交易双方的盈亏,并在各自的保证金账户上进行调整(即将盈余划入账户贷方,将亏损计入账户借方),如果亏损方账户上的保证金金额低于最低保证金水平,该账户所有者就要在次日交易前补交差额保证金,否则次日不能进行期货交易的一种交易结算制度。

**（六）风险控制规则**

我国《期货交易管理条例》对期货交易风险控制规定了如下两项规则[①]：

（1）提取风险准备金规则。即期货交易所、期货公司、非期货公司结算会员应当按照国务院期货监督管理机构、财政部门的规定提取、管理和使用风险准备金，不得挪用。

（2）强制平仓规则。即期货交易所会员的保证金不足时，应当及时追加保证金或者自行平仓。会员未在期货交易所规定的时间内追加保证金或者自行平仓的，期货交易所应当将该会员的合约强行平仓，强行平仓的有关费用和发生的损失由该会员承担。客户保证金不足时，应当及时追加保证金或者自行平仓。客户未在期货公司规定的时间内及时追加保证金或者自行平仓的，期货公司应当将该客户的合约强行平仓，强行平仓的有关费用和发生的损失由该客户承担。

平仓，指期货投资者买入或者卖出与其所持期货合约的品种、数量及交割月份相同但交易方向相反的期货合约，以了结期货交易的行为。强制平仓，指当交易所会员或期货公司客户的交易保证金不足并未在规定时间内补足，或当会员或客户的持仓量超出规定的限额，或当会员或客户违规时，为了防止风险进一步扩大，交易所或期货公司对期货交易者的持仓进行反向操作，用所得资金补足保证金的行为。

**（七）交割与结算规则**

交割，是指合约到期时，按照期货交易所的规则和程序，交易双方通过该合约所载标的物所有权的转移，或者按照规定结算价格进行现金差价结算，了结到期未平仓合约的过程。我国《期货交易管理条例》对交割与结算规定有如下规则[②]：

（1）期货交易的交割，由期货交易所统一组织进行。交割仓库由期货交易所指定。期货交易所不得限制实物交割总量，并应当与交割仓库签订协议，明确双方的权利和义务。交割仓库不得有下列行为：①出具虚假仓单；②违反期货交易所业务规则，限制交割商品的入库、出库；③泄露与期货交易有关的商业秘密；④违反国家有关规定参与期货交易；⑤国务院期货监督管理机构规定的其他行为。

（2）期货交易所只对结算会员结算，非结算会员的结算由结算会员执行。在实行会员分级结算制度的期货交易所，应当向结算会员收取结算担保金。期货交易所只对结算会员结算，收取和追收保证金，交易所以结算担保金、风险准备金、自有资金代为承担违约责任，以及采取其他相关措施；对非结算会员的结算、收取和追收保证金、代为承担违约责任，以及采取其他相关措施，由结算会员执行。

分级结算制度，即交易所首先对其结算会员进行结算，结算会员再对非结算会员及其客户进行结算。结算会员指能够直接与交易所进行结算的会员；非结算会员指不能直接与交易所结算，而要通过结算会员进行结算的会员。

（3）期货交易所、期货公司和非期货公司结算会员应当保证期货交易、结算、交割资料的完整和安全。

---

① 参见《期货交易管理条例》第三十一、三十四条。

② 参见《期货交易管理条例》第三十五、三十七、三十八条。

### （八）境外期货交易规则

我国《期货交易管理条例》第四十一条和第四十二条对境外期货交易及其购汇、结汇规则做出如下规定：

（1）国有以及国有控股企业进行境内外期货交易，应当遵循套期保值的原则，严格遵守国务院国有资产监督管理机构以及其他有关部门关于企业以国有资产进入期货市场的有关规定。

（2）境外期货项下购汇、结汇以及外汇收支，应当符合国家外汇管理有关规定。境内单位或者个人从事境外期货交易的办法，由国务院期货监督管理机构会同国务院商务主管部门、国有资产监督管理机构、银行业监督管理机构、外汇管理部门等有关部门制订，报国务院批准后施行。

### （九）违约责任承担规则

我国《期货交易管理条例》第三十六条规定，会员在期货交易中违约的，期货交易所先以该会员的保证金承担违约责任；保证金不足的，期货交易所应当以风险准备金和自有资金代为承担违约责任，并由此取得对该会员的相应追偿权。客户在期货交易中违约的，期货公司先以该客户的保证金承担违约责任；保证金不足的，期货公司应当以风险准备金和自有资金代为承担违约责任，并由此取得对该客户的相应追偿权。

### （十）期货交易中的禁止性规则

我国《期货交易管理条例》对期货交易规定了如下禁止性规则①：

（1）期货公司不得未经客户委托或者不按照客户委托内容，擅自进行期货交易。期货公司不得向客户作获利保证；不得在经纪业务中与客户约定分享利益或者共担风险。

（2）期货公司不得隐瞒重要事项或者使用其他不正当手段诱骗客户发出交易指令。

（3）期货交易所不得发布价格预测信息。未经期货交易所许可，任何单位和个人不得发布期货交易即时行情。

（4）任何单位或者个人不得编造、传播有关期货交易的虚假信息，不得恶意串通、联手买卖或者以其他方式操纵期货交易价格。

（5）任何单位或者个人不得违规使用信贷资金、财政资金进行期货交易。银行业金融机构从事期货交易融资或者担保业务的资格，由国务院银行业监督管理机构批准。

### （十一）其他交易规则

我国《期货交易管理条例》对期货交易还规定有如下规则②：

（1）期货公司接受客户委托为其进行期货交易，应当事先向客户出示风险说明书，经客户签字确认后，与客户签订书面合同。期货公司不得未经客户委托或者不按照客户委托内容，擅自进行期货交易。

（2）客户可以通过书面、电话、互联网或者国务院期货监督管理机构规定的其他方式，

---

① 参见《期货交易管理条例》第二十四条第二款、第二十六条第二款、第二十七条第二款、第三十九、第四十条的。

② 参见《期货交易管理条例》第二十四条第一款、第二十六条第一款、第二十七条第一款、第三十二条。

向期货公司下达交易指令。客户的交易指令应当明确、全面。

(3)期货交易所应当及时公布上市品种合约的成交量、成交价、持仓量、最高价与最低价、开盘价与收盘价和其他应当公布的即时行情,并保证即时行情的真实、准确。期货交易所不得发布价格预测信息。

(4)期货交易的收费项目、收费标准和管理办法由国务院有关主管部门统一制定并公布。

## 第三节 期货交易机构与期货业协会法律制度

### 一、期货交易所

期货交易所,是依法设立,不以营利为目的,按照章程和交易规则实行自律管理的法人组织。目前我国规范期货交易所的法规主要有证监会颁布的《期货交易所管理办法》(2007 年 4 月 9 日证监会令第 42 号公布,2017 年 12 月 7 日证监会第 137 号令修改)和国务院颁布的《期货交易管理条例》。

根据我国《期货交易管理条例》的规定①,在我国设立期货交易所,应由国务院期货监督管理机构审批。未经国务院批准或者国务院期货监督管理机构批准,任何单位或者个人不得设立期货交易场所或者以任何形式组织期货交易及其相关活动。期货交易所不以营利为目的,按照其章程的规定实行自律管理。期货交易所的所得收益按照国家有关规定管理和使用,但应当首先用于保证期货交易场所、设施的运行和改善。期货交易所以其全部财产承担民事责任,负责人由国务院期货监督管理机构任免。期货交易所可以实行会员分级结算制度。会员应当是在中华人民共和国境内登记注册的企业法人或者其他经济组织。实行会员分级结算制度的期货交易所会员由结算会员和非结算会员组成。结算会员指能够直接与交易所进行结算的会员;非结算会员指不能直接与交易所结算,而要通过结算会员进行结算的会员。

#### (一)期货交易所的组织形式

根据我国《期货交易所管理办法》的规定②,经中国证监会批准,期货交易所可以采取会员制或者公司制的组织形式。

1.会员制期货交易所

会员制期货交易所是由交易所会员共同组成的非营利的期货交易机构。会员制期货交易所的注册资本划分为均等份额,由会员出资认缴。会员制期货交易所设会员大会,会员大会是期货交易所的权力机构,由全体会员组成。

---

① 参见《期货交易管理条例》第六至八条、第十四条。

② 参见《期货交易所管理办法》第四、十九、三十六条。

2. 公司制期货交易所

公司制期货交易所是由股东出资以股份有限公司或有限责任公司形式成立的企业法人。公司制期货交易所采用股份有限公司的组织形式。公司制期货交易所设股东大会，股东大会是期货交易所的权力机构，由全体股东组成。

目前，我国上海期货交易所，郑州商品交易所，大连商品交易所，三家期货交易所都实行会员制，而中国金融期货交易所实行公司制。

**（二）期货交易所负责人与财会人员的资格禁止**

我国《期货交易管理条例》第九条规定，有《公司法》第一百四十七条①规定的情形或者下列情形之一的，不得担任期货交易所的负责人、财务会计人员：①因违法行为或者违纪行为被解除职务的期货交易所、证券交易所、证券登记结算机构的负责人，或者期货公司、证券公司的董事、监事、高级管理人员，以及国务院期货监督管理机构规定的其他人员，自被解除职务之日起未逾5年；②因违法行为或者违纪行为被撤销资格的律师、注册会计师或者投资咨询机构、财务顾问机构、资信评级机构、资产评估机构、验证机构的专业人员，自被撤销资格之日起未逾5年。

**（三）期货交易所的职责**

根据我国《期货交易管理条例》第十条的规定，期货交易所应建立、健全各项规章制度，加强对交易活动的风险控制和对会员以及交易所工作人员的监督管理，并履行下列职责：①提供交易的场所、设施和服务；②设计合约，安排合约上市；③组织并监督交易、结算和交割；④为期货交易提供集中履约担保；⑤按照章程和交易规则对会员进行监督管理；⑥国务院期货监督管理机构规定的其他职责。期货交易所不得直接或者间接参与期货交易。未经国务院期货监督管理机构审核并报国务院批准，期货交易所不得从事信托投资、股票投资、非自用不动产投资等与其职责无关的业务。

**（四）期货交易所的风险管理制度与异常情况紧急处理措施**

1. 风险管理制度

根据我国《期货交易管理条例》第十一条的规定，期货交易所应当按照国家有关规定建立、健全下列风险管理制度：①保证金制度；②当日无负债结算制度；③涨跌停板制度；④持仓限额和大户持仓报告制度；⑤风险准备金制度；⑥国务院期货监督管理机构规定的其他风险管理制度。实行会员分级结算制度的期货交易所，还应当建立、健全结算担保金制度。

---

① 2018年10月26日第十三届全国人民代表大会常务委员会第六次会议通过《关于修改〈中华人民共和国公司法的决定》，对《公司法》进行了第四次修正，经过第四次修正后《公司法》原第一百四十七条变为第一百四十六条。《公司法》第一百四十六条为：有下列情形之一的，不得担任公司的董事、监事、高级管理人员：（一）无民事行为能力或者限制民事行为能力；（二）因贪污、贿赂、侵占财产、挪用财产或者破坏社会主义市场经济秩序，被判处刑罚，执行期满未逾5年，或者因犯罪被剥夺政治权利，执行期满未逾5年；（三）担任破产清算的公司、企业的董事或者厂长、经理，对该公司、企业的破产负有个人责任的，自该公司、企业破产清算完结之日起未逾3年；（四）担任因违法被吊销营业执照、责令关闭的公司、企业的法定代表人，并负有个人责任的，自该公司、企业被吊销营业执照之日起未逾3年；（五）个人所负数额较大的债务到期未清偿。公司违反前款规定选举、委派董事、监事或者聘任高级管理人员的，该选举、委派或者聘任无效。董事、监事、高级管理人员在任职期间出现本条第一款所列情形的，公司应当解除其职务。

2.异常情况紧急处理措施

根据我国《期货交易管理条例》第十二条的规定，当期货市场出现异常情况时，期货交易所可以按照其章程规定的权限和程序，决定采取下列紧急措施，并应当立即报告国务院期货监督管理机构：①提高保证金；②调整涨跌停板幅度；③限制会员或者客户的最大持仓量；④暂时停止交易；⑤采取其他紧急措施。前述异常情况，是指在交易中发生操纵期货交易价格的行为或者发生不可抗拒的突发事件以及国务院期货监督管理机构规定的其他情形。异常情况消失后，期货交易所应当及时取消紧急措施。

**(五)期货交易所需要报批的事项**

根据我国《期货交易管理条例》第十三条的规定，期货交易所办理下列事项，应当经国务院期货监督管理机构批准：①制定或者修改章程、交易规则；②上市、中止、取消或者恢复交易品种；③国务院期货监督管理机构规定的其他事项。国务院期货监督管理机构批准期货交易所上市新的交易品种，应当征求国务院有关部门的意见。

## 二、期货公司

期货公司是经营期货业务的金融机构。目前我国规范期货公司的法规主要有《公司法》以及证监会颁布的《期货公司管理办法》(2007 年 4 月 9 日证监会第 43 号令公布)、《期货公司监督管理办法》(2019 年 6 月 4 日证监会第 155 号令公布)和国务院颁布的《期货交易管理条例》等。

根据《期货管理条例》第十五条的规定，在我国设立期货公司，应当在公司登记机关登记注册，并经国务院期货监督管理机构批准。未经国务院期货监督管理机构批准，任何单位或者个人不得设立或者变相设立期货公司，经营期货业务。

**(一)期货公司的设立、变更与注销**

1.期货公司的设立

我国《期货交易管理条例》第十六条对期货公司的设立做出了如下规定：

申请设立期货公司，应当符合《公司法》的规定，并具备下列条件：①注册资本最低限额为人民币 3000 万元。国务院期货监督管理机构根据审慎监管原则和各项业务的风险程度，可以提高注册资本最低限额。注册资本应当是实缴资本。股东应当以货币或者期货公司经营必需的非货币财产出资，货币出资比例不得低于 85%。②董事、监事、高级管理人员具备任职条件，从业人员具有期货从业资格。③有符合法律、行政法规规定的公司章程。④主要股东以及实际控制人具有持续盈利能力，信誉良好，最近 3 年无重大违法违规记录。⑤有合格的经营场所和业务设施。⑥有健全的风险管理和内部控制制度。⑦国务院期货监督管理机构规定的其他条件。国务院期货监督管理机构根据审慎监管原则和各项业务的风险程度，可以提高注册资本最低限额。注册资本应当是实缴资本。股东应当以货币或者期货公司经营必需的非货币财产出资，货币出资比例不得低于 85%。国务院期货监督管理机构应当在受理期货公司设立申请之日起 6 个月内，根据审慎监管原则进行审查，作出批准或者不批准的决定。未经国务院期货监督管理机构批准，任何单位和个人不得委托或者接受他人委托持有或者管理期货公司的股权。

2019 年新修订的《期货公司监督管理办法》第六条规定，申请设立期货公司，除应当符合《期货交易管理条例》第十六条规定的条件外，还应当具备下列条件：①注册资本不低于人民币1亿元；②具有期货从业人员资格的人员不少于15人；③具备任职条件的高级管理人员不少于3人。

2.期货公司的变更

期货公司的变更主要指公司组织、业务范围、注册资本、股东与股权结构等发生变化。我国《期货交易管理条例》第十九条规定，期货公司办理下列事项，应当经国务院期货监督管理机构批准：①合并、分立、停业、解散或者破产；②变更业务范围；③变更注册资本且调整股权结构；④新增持有5%以上股权的股东或者控股股东发生变化；⑤国务院期货监督管理机构规定的其他事项。上述第③项、第⑤项所列事项，国务院期货监督管理机构应当自受理申请之日起20日内做出批准或者不批准的决定；前述所列其他事项，国务院期货监督管理机构应当自受理申请之日起2个月内做出批准或者不批准的决定。

3.期货公司业务许可证的注销

期货公司业务许可证的注销即是注销其开办期货业务的资格。我国《期货交易管理条例》第二十条对期货公司注销业务许可证有如下规定：期货公司或者其分支机构有《中华人民共和国行政许可法》第七十条[①]规定的情形或者下列情形之一的，国务院期货监督管理机构应当依法办理期货业务许可证注销手续：①营业执照被公司登记机关依法注销；②成立后无正当理由超过3个月未开始营业，或者开业后无正当理由停业连续3个月以上；③主动提出注销申请；④国务院期货监督管理机构规定的其他情形。期货公司在注销期货业务许可证前，应当结清相关期货业务，并依法返还客户的保证金和其他资产。期货公司分支机构在注销经营许可证前，应当终止经营活动，妥善处理客户资产。

**(二)期货公司的业务与内部控制**

1.期货公司许可的业务

我国《期货交易管理条例》规定[②]，期货公司业务实行许可制度，由国务院期货监督管理机构按照其商品期货、金融期货业务种类颁发许可证。期货公司除申请经营境内期货经纪业务外，还可以申请经营境外期货经纪、期货投资咨询以及国务院期货监督管理机构规定的其他期货业务。期货公司从事经纪业务，接受客户委托，应以自己的名义为客户进行期货交易，交易结果由客户承担。从事期货投资咨询业务的其他期货经营机构应当取得国务院期货监督管理机构批准的业务资格，具体管理办法由国务院期货监督管理机构制定。

2.期货公司不得从事的业务

我国《期货交易管理条例》规定[③]，期货公司不得从事与期货业务无关的活动，法律、

---

① 《中华人民共和国行政许可法》第七十条：有下列情形之一的，行政机关应当依法办理有关行政许可的注销手续：(一)行政许可有效期届满未延续的；(二)赋予公民特定资格的行政许可，该公民死亡或者丧失行为能力的；(三)法人或者其他组织依法终止的；(四)行政许可依法被撤销、撤回，或者行政许可证件依法被吊销的；(五)因不可抗力导致行政许可事项无法实施的；(六)法律、法规规定的应当注销行政许可的莫他情形。

② 参见《期货交易管理条例》第十七条第一款、第十八条、第二十二条。

③ 参见《期货交易管理条例》第十七条第二至四款。

行政法规或者国务院期货监督管理机构另有规定的除外。期货公司不得从事或者变相从事期货自营业务。期货公司不得为其股东、实际控制人或者其他关联人提供融资，不得对外担保。

3.期货公司的内部控制

我国《期货交易管理条例》第二十一条规定，期货公司应当建立、健全并严格执行业务管理规则、风险管理制度，遵守信息披露制度，保障客户保证金的存管安全，按照期货交易所的规定，向期货交易所报告大户名单、交易情况。

### 三、期货业协会

我国《期货交易管理条例》第四十三条至第四十五条专门对期货业协会进行了规定。根据规定，期货业协会是期货业的自律性组织，是社会团体法人。期货公司以及其他专门从事期货经营的机构应当加入期货业协会，并缴纳会员费。

期货业协会的权力机构为全体会员组成的会员大会。期货业协会的章程由会员大会制定，并报国务院期货监督管理机构备案。期货业协会设理事会。理事会成员按照章程的规定选举产生。

期货业协会履行下列职责：①教育和组织会员遵守期货法律法规和政策；②制定会员应当遵守的行业自律性规则，监督、检查会员行为，对违反协会章程和自律性规则的，按照规定给予纪律处分；③负责期货从业人员资格的认定、管理以及撤销工作；④受理客户与期货业务有关的投诉，对会员之间、会员与客户之间发生的纠纷进行调解；⑤依法维护会员的合法权益，向国务院期货监督管理机构反映会员的建议和要求；⑥组织期货从业人员的业务培训，开展会员间的业务交流；⑦组织会员就期货业的发展、运作以及有关内容进行研究；⑧期货业协会章程规定的其他职责。期货业协会的业务活动应当接受国务院期货监督管理机构的指导和监督。

## 第四节　期货管理法律制度

### 一、监管机构及其监管职责、措施与权利

我国《期货交易管理条例》第五条规定，国务院期货监督管理机构对期货市场实行集中统一的监督管理。国务院期货监督管理机构的派出机构依照期货管理条例的有关规定和国务院期货监督管理机构的授权，履行监督管理职责。

#### （一）监管机构的监管职责

我国《期货交易管理条例》第四十六条规定，国务院期货监督管理机构对期货市场实施监督管理，依法履行下列职责：①制定有关期货市场监督管理的规章、规则，并依法行使审批权；②对品种的上市、交易、结算、交割等期货交易及其相关活动，进行监督管理；③对期货交易所、期货公司及其他期货经营机构、非期货公司结算会员、期货保证金安全存管监控机构、期货保证金存管银行、交割仓库等市场相关参与者的期货业务活动，进行监督管理；④制定期货从业人员的资格标准和管理办法，并监督实施；⑤监督检查期货交易的信息公开情况；⑥对期货业协会的活动进行指导和监督；⑦对违反期货市场监督管理法

律、行政法规的行为进行查处；⑧开展与期货市场监督管理有关的国际交流、合作活动；⑨法律、行政法规规定的其他职责。

**（二）监管机构的监管措施**

我国《期货交易管理条例》第四十七条规定，国务院期货监督管理机构依法履行职责时，可以采取下列措施：①对期货交易所、期货公司及其他期货经营机构、非期货公司结算会员、期货保证金安全存管监控机构和交割仓库进行现场检查；②进入涉嫌违法行为发生场所调查取证；③询问当事人和与被调查事件有关的单位和个人，要求其对与被调查事件有关的事项作出说明；④查阅、复制与被调查事件有关的财产权登记等资料；⑤查阅、复制当事人和与被调查事件有关的单位和个人的期货交易记录、财务会计资料以及其他相关文件和资料；对可能被转移、隐匿或者毁损的文件和资料，可以予以封存；⑥查询与被调查事件有关的单位的保证金账户和银行账户；⑦在调查操纵期货交易价格、内幕交易等重大期货违法行为时，经国务院期货监督管理机构主要负责人批准，可以限制被调查事件当事人的期货交易，但限制的时间不得超过15个交易日；案情复杂的，可以延长至30个交易日；⑧法律、行政法规规定的其他措施。

**（三）监管机构的监管职权**

我国《期货交易管理条例》第五十三条至第五十九条规定，国务院期货监管机构在执行监管任务、履行监管职责中有如下监管权力：

（1）有权对期货交易所和期货保证金安全存管监控机构的董事、监事、高级管理人员的资格进行管理。

（2）有权制定期货公司持续性经营规则，对期货公司的净资本与净资产的比例，净资本与境内期货经纪、境外期货经纪等业务规模的比例，流动资产与流动负债的比例等风险监管指标做出规定；对期货公司及其分支机构的经营条件、风险管理、内部控制、保证金存管、关联交易等方面提出要求。

（3）当期货公司及其分支机构不符合持续性经营规则或者出现经营风险时，国务院期货监督管理机构可以对期货公司及其董事、监事和高级管理人员采取谈话、提示、记入信用记录等监管措施或者责令期货公司限期整改，并对其整改情况进行检查验收。期货公司逾期未改正，其行为严重危及期货公司的稳健运行、损害客户合法权益，或者涉嫌严重违法违规正在被期货监管机构调查的，国务院期货监管机构还有权区别情形，对其采取下列措施：①限制或者暂停部分期货业务；②停止批准新增业务；③限制分配红利，限制向董事、监事、高级管理人员支付报酬、提供福利；④限制转让财产或者在财产上设定其他权利；⑤责令更换董事、监事、高级管理人员或者有关业务部门、分支机构的负责人员，或者限制其权利；⑥限制期货公司自有资金或者风险准备金的调拨和使用；⑦责令控股股东转让股权或者限制有关股东行使股东权利。对经过整改符合有关法律、行政法规规定以及持续性经营规则要求的期货公司，国务院期货监管机构应当自验收完毕之日起3日内解除对其采取的有关措施。对经过整改仍未达到持续性经营规则要求，严重影响正常经营的期货公司，国务院期货监管机构有权撤销其部分或者全部期货业务许可、关闭其分支机构。

（4）当期货公司违法经营或者出现重大风险，严重危害期货市场秩序、损害客户利益时，国务院期货监管机构可以对该期货公司采取责令停业整顿、指定其他机构托管或者接管等监管措施。经过批准还可以对该期货公司直接负责的董事、监事、高级管理人员和其他直接责任人员采取以下措施：①通知出境管理机关依法阻止其出境；②申请司法机关禁止其转移、转让或者以其他方式处分财产，或者在财产上设定其他权利。

(5)当期货公司的股东有虚假出资或者抽逃出资行为时，国务院期货监管机构应当责令其限期改正，并可责令其转让所持期货公司的股权。在股东按照上述要求改正违法行为、转让所持期货公司的股权前，国务院期货监管机构可以限制其股东权利。

(6)当期货市场出现异常情况时，国务院期货监管机构可以采取必要的风险处置措施。

(7)期货公司的交易软件、结算软件，应当满足期货公司审慎经营和风险管理以及国务院期货监督管理机构有关保证金安全存管监控规定的要求。期货公司的交易软件、结算软件不符合要求的，国务院期货监管机构有权要求期货公司予以改进或者更换。国务院期货监管机构可以要求期货公司的交易软件、结算软件的供应商提供该软件的相关资料，供应商应当予以配合。国务院期货监督管理机构对供应商提供的相关资料负有保密义务。

### 二、期货投资者保障基金的监管规定

期货投资者保障基金，是在期货公司严重违法违规或者风险控制不力等导致保证金出现缺口，可能严重危及社会稳定和期货市场安全时，补偿投资者保证金损失的专项基金。为了促进期货市场健康发展，我国《期货交易管理条例》规定，建立期货投资者保障基金，并对期货投资者保障基金的设立与监管做出如下规定[①]：

(1)期货投资者保障基金的筹集、管理和使用的具体办法，由国务院期货监管机构会同国务院财政部门制定。

(2)国务院期货监管机构应当建立、健全保证金安全存管监控制度，设立期货保证金安全存管监控机构。客户和期货交易所、期货公司及其他期货经营机构、非期货公司结算会员以及期货保证金存管银行，应当遵守国务院期货监管机构有关保证金安全存管监控的规定。

(3)期货保证金安全存管监控机构依照有关规定对保证金安全实施监控，进行每日稽核，发现问题应当立即报告国务院期货监管机构。国务院期货监管机构应当根据不同情况，依照《期货交易管理条例》有关规定及时处理。

### 三、其他监管规定

我国《期货交易管理条例》第六章对期货监管还做出如下规定[②]：

(1)期货交易所、期货公司及其他期货经营机构、期货保证金安全存管监控机构，应当向国务院期货监管机构报送财务会计报告、业务资料和其他有关资料。对期货公司及其他期货经营机构报送的年度报告，国务院期货监管机构应当指定专人进行审核，并制作审核报告。审核人员应当在审核报告上签字。审核中发现问题的，国务院期货

① 参见《期货交易管理条例》第五十至五十二条。

② 参见《期货交易管理条例》第四十八、四十九条；第六十至六十三条。

监管机构应当及时采取相应措施。必要时，国务院期货监管机构可以要求非期货公司结算会员、交割仓库，以及期货公司股东、实际控制人或者其他关联人报送相关资料。

(2)国务院期货监管机构依法履行职责，进行监督检查或者调查时，被检查、调查的单位和个人应当配合，如实提供有关文件和资料，不得拒绝、阻碍和隐瞒；其他有关部门和单位应当给予支持和配合。

(3)期货公司涉及重大诉讼、仲裁，或者股权被冻结或者用于担保，以及发生其他重大事件时，期货公司及其相关股东、实际控制人应当自该事件发生之日起5日内向国务院期货监管机构提交书面报告。

(4)会计师事务所、律师事务所、资产评估机构等中介服务机构向期货交易所和期货公司等市场相关参与者提供相关服务时，应当遵守期货法律、行政法规以及国家有关规定，并按照国务院期货监管机构的要求提供相关资料。

(5)国务院期货监管机构应当与有关部门建立监督管理的信息共享和协调配合机制。国务院期货监管机构可以和其他国家或者地区的期货监督管理机构建立监督管理合作机制，实施跨境监督管理。

(6)国务院期货监管机构、期货交易所、期货保证金安全存管监控机构和期货保证金存管银行等相关单位的工作人员，应当忠于职守，依法办事，公正廉洁，保守国家秘密和有关当事人的商业秘密，不得利用职务便利牟取不正当的利益。

## 第五节 法律责任

### 一、法律责任的类型

我国《期货交易管理条例》第七章专门对期货业务活动中的违法行为所应承担的法律责任进行了规定。根据这些规定，违反期货法应承担的责任包括民事责任、行政责任和刑事责任。

民事责任是指期货交易主体在期货业务中出现了财产纠纷所应承担的财产性责任，主要由民法调节。

刑事责任是指期货业务主体在期货业务中触犯了刑法所应承担刑罚责任。我国《期货交易管理条例》第七十九条规定："违反本条例规定，构成犯罪的，依法追究刑事责任。"

行政责任是指期货业务主体在期货业务活动中违反了行政法规所应承担的行政处罚责任。我国《期货交易管理条例》第七章所规定的法律责任主要为行政责任。

### 二、期货服务机构的违法责任

#### (一)期货交易所、非期货公司结算会员的违法责任

(1)期货交易所、非期货公司结算会员有下列行为之一的，责令改正，给予警告，没收违法所得：①违反规定接纳会员的；②违反规定收取手续费的；③违反规定使用、分配收益的；④不按照规定公布即时行情的，或者发布价格预测信息的；⑤不按照规定向国务院期货监督管理机构履行报告义务的；⑥不按照规定向国务院期货监督管理机构报送有关文

件、资料的；⑦不按照规定建立、健全结算担保金制度的；⑧不按照规定提取、管理和使用风险准备金的；⑨违反国务院期货监督管理机构有关保证金安全存管监控规定的；⑩限制会员实物交割总量的；⑪任用不具备资格的期货从业人员的；⑫违反国务院期货监督管理机构规定的其他行为。有上述所列行为之一的，对直接负责的主管人员和其他直接责任人员给予纪律处分，处 1 万元以上 10 万元以下的罚款。有上述第②项所列行为的，应当责令退还多收取的手续费。

(2)期货交易所有下列行为之一的，责令改正，给予警告，没收违法所得，并处违法所得 1 倍以上 5 倍以下的罚款；没有违法所得或者违法所得不满 10 万元的，并处 10 万元以上 50 万元以下的罚款；情节严重的，责令停业整顿：①未经批准，擅自办理《期货管理条例》第十三条[①]所列事项的；②允许会员在保证金不足的情况下进行期货交易的；③直接或者间接参与期货交易，或者违反规定从事与其职责无关的业务的；④违反规定收取保证金，或者挪用保证金的；⑤伪造、涂改或者不按照规定保存期货交易、结算、交割资料的；⑥未建立或者未执行当日无负债结算、涨跌停板、持仓限额和大户持仓报告制度的；⑦拒绝或者妨碍国务院期货监督管理机构监督检查的；⑧违反国务院期货监督管理机构规定的其他行为。有上述所列行为之一的，对直接负责的主管人员和其他直接责任人员给予纪律处分，处 1 万元以上 10 万元以下的罚款。

(3)非期货公司结算会员有下列行为之一的，责令改正，给予警告，没收违法所得，并处违法所得 1 倍以上 5 倍以下的罚款；没有违法所得或者违法所得不满 10 万元的，并处 10 万元以上 50 万元以下的罚款；情节严重的，责令停业整顿：①允许会员在保证金不足的情况下进行期货交易的；②违反规定收取保证金，或者挪用保证金的；③违反国务院期货监督管理机构规定的其他行为。有上述所列行为之一的，对直接负责的主管人员和其他直接责任人员给予纪律处分，处 1 万元以上 10 万元以下的罚款。

**(二)期货保证金安全存管监控机构与存管银行的违法责任**

(1)期货保证金安全存管监控机构有如下行为的，责令改正，给予警告，没收违法所得，并对直接负责的主管人员和其他直接责任人员给予纪律处分，处 1 万元以上 10 万元以下的罚款：①不按照规定向国务院期货监督管理机构履行报告义务的；②不按照规定向国务院期货监督管理机构报送有关文件、资料的；③违反国务院期货监督管理机构有关保证金安全存管监控规定的；④任用不具备资格的期货从业人员的；⑤违反国务院期货监督管理机构规定的其他行为。

(2)期货保证金安全存管监控机构有下列行为的，责令改正，给予警告，没收违法所得，并处违法所得 1 倍以上 5 倍以下的罚款；没有违法所得或者违法所得不满 10 万元的，并处 10 万元以上 50 万元以下的罚款；情节严重的，责令停业整顿：①直接或者间接参与期货交易，或者违反规定从事与其职责无关的业务的；②拒绝或者妨碍国务院期货监督管理

① 《期货管理条例》第十三条：期货交易所办理下列事项，应当经国务院期货监督管理机构批准：(一)制定或者修改章程、交易规则；(二)上市、中止、取消或者恢复交易品种；(三)国务院期货监督管理机构规定的其他事项。国务院期货监督管理机构批准期货交易所上市新的交易品种，应当征求国务院有关部门的意见。

机构监督检查的；③违反国务院期货监督管理机构规定的其他行为。有上述行为的，对直接负责的主管人员和其他直接责任人员给予纪律处分，处1万元以上10万元以下的罚款。

(3)期货保证金存管银行有下列行为的，责令改正，给予警告，没收违法所得，并对直接负责的主管人员和其他直接责任人员给予纪律处分，处1万元以上10万元以下的罚款：①违反国务院期货监督管理机构有关保证金安全存管监控规定的；②违反国务院期货监督管理机构规定的其他行为。

### 三、非法设立期货市场和期货机构以及非法组织交易的法律责任

非法设立期货交易场所或者以其他形式组织期货交易活动的，由所在地县级以上地方人民政府予以取缔，没收违法所得，并处违法所得1倍以上5倍以下的罚款；没有违法所得或者违法所得不满20万元的，处20万元以上100万元以下的罚款。对单位直接负责的主管人员和其他直接责任人员给予警告，并处1万元以上10万元以下的罚款。

非法设立期货公司及其他期货经营机构，或者擅自从事期货业务的，予以取缔，没收违法所得，并处违法所得1倍以上5倍以下的罚款；没有违法所得或者违法所得不满20万元的，处20万元以上100万元以下的罚款。对单位直接负责的主管人员和其他直接责任人员给予警告，并处1万元以上10万元以下的罚款。

### 四、期货经营机构违法经营的法律责任

期货公司有下列行为之一的，责令改正，给予警告，没收违法所得，并处违法所得1倍以上3倍以下的罚款；没有违法所得或者违法所得不满10万元的，并处10万元以上30万元以下的罚款；情节严重的，责令停业整顿或者吊销期货业务许可证：①接受不符合规定条件的单位或者个人委托的；②允许客户在保证金不足的情况下进行期货交易的；③未经批准，擅自办理本条例第十九条所列事项的；④违反规定从事与期货业务无关的活动的；⑤从事或者变相从事期货自营业务的；⑥为其股东、实际控制人或者其他关联人提供融资，或者对外担保的；⑦违反国务院期货监督管理机构有关保证金安全存管监控规定的；⑧不按照规定向国务院期货监督管理机构履行报告义务或者报送有关文件、资料的；⑨交易软件、结算软件不符合期货公司审慎经营和风险管理以及国务院期货监督管理机构有关保证金安全存管监控规定的要求的；⑩不按照规定提取、管理和使用风险准备金的；⑪伪造、涂改或者不按照规定保存期货交易、结算、交割资料的；⑫任用不具备资格的期货从业人员的；⑬伪造、变造、出租、出借、买卖期货业务许可证或者经营许可证的；⑭进行混码交易的；⑮拒绝或者妨碍国务院期货监督管理机构监督检查的；⑯违反国务院期货监督管理机构规定的其他行为。期货公司有上述所列行为之一的，对直接负责的主管人员和其他直接责任人员给予警告，并处1万元以上5万元以下的罚款；情节严重的，暂停或者撤销期货从业人员资格。

期货公司之外的其他期货经营机构有上述第⑧项、第⑫项、第⑬项、第⑮项、第⑯项所列行为的，责令改正，给予警告，没收违法所得，并处违法所得1倍以上3倍以下的罚款；没有违法所得或者违法所得不满10万元的，并处10万元以上30万元以下的罚款；情节严重的，责令停业整顿或者吊销期货业务许可证；对直接负责的主管人员和其他直接责任人员给予警告，并处1万元以上5万元以下的罚款；情节严重的，暂停或者撤销期货从业人员资格。

期货公司的股东、实际控制人或者其他关联人未经批准擅自委托他人或者接受他人

委托持有或者管理期货公司股权的，拒不配合国务院期货监督管理机构的检查，拒不按照规定履行报告义务、提供有关信息和资料，或者报送、提供的信息和资料有虚假记载、误导性陈述或者重大遗漏的，责令改正，给予警告，没收违法所得，并处违法所得 1 倍以上 3 倍以下的罚款；没有违法所得或者违法所得不满 10 万元的，并处 10 万元以上 30 万元以下的罚款；情节严重的，责令停业整顿或者吊销期货业务许可证；对直接负责的主管人员和其他直接责任人员给予警告，并处 1 万元以上 5 万元以下的罚款；情节严重的，暂停或者撤销期货从业人员资格。

## 五、期货经营机构欺诈客户的法律责任

(1)期货公司有下列欺诈客户行为之一的，责令改正，给予警告，没收违法所得，并处违法所得 1 倍以上 5 倍以下的罚款；没有违法所得或者违法所得不满 10 万元的，并处 10 万元以上 50 万元以下的罚款；情节严重的，责令停业整顿或者吊销期货业务许可证：①向客户作获利保证或者不按照规定向客户出示风险说明书的；②在经纪业务中与客户约定分享利益、共担风险的；③不按照规定接受客户委托或者不按照客户委托内容擅自进行期货交易的；④隐瞒重要事项或者使用其他不正当手段，诱骗客户发出交易指令的；⑤向客户提供虚假成交回报的；⑥未将客户交易指令下达到期货交易所的；⑦挪用客户保证金的；⑧不按照规定在期货保证金存管银行开立保证金账户，或者违规划转客户保证金的；⑨国务院期货监督管理机构规定的其他欺诈客户的行为。期货公司有上述所列行为之一的，对直接负责的主管人员和其他直接责任人员给予警告，并处 1 万元以上 10 万元以下的罚款；情节严重的，暂停或者撤销期货从业人员资格。任何单位或者个人编造并且传播有关期货交易的虚假信息，扰乱期货交易市场的，责令改正，给予警告，没收违法所得，并处违法所得 1 倍以上 5 倍以下的罚款；没有违法所得或者违法所得不满 10 万元的，并处 10 万元以上 50 万元以下的罚款；情节严重的，责令停业整顿或者吊销期货业务许可证；对直接负责的主管人员和其他直接责任人员给予警告，并处 1 万元以上 10 万元以下的罚款；情节严重的，暂停或者撤销期货从业人员资格。

(2)期货公司及其他期货经营机构、非期货公司结算会员、期货保证金存管银行提供虚假申请文件或者采取其他欺诈手段隐瞒重要事实骗取期货业务许可的，撤销其期货业务许可，没收违法所得。

## 六、内幕交易与操纵价格的法律责任

### (一)内幕交易的法律责任

内幕交易，是指内幕信息的知情人员，利用内幕信息进行的交易。我国《期货交易管理条例》第八十一条规定："内幕信息，是指可能对期货交易价格产生重大影响的尚未公开的信息，包括：国务院期货监督管理机构以及其他相关部门制定的对期货交易价格可能发生重大影响的政策，期货交易所作出的可能对期货交易价格发生重大影响的决定，期货交易所会员、客户的资金和交易动向以及国务院期货监督管理机构认定的对期货交易价格有显著影响的其他重要信息。""内幕信息的知情人员，是指由于其管理地位、监督地位或者职业地位，或者作为雇员、专业顾问履行职务，能够接触或者获得内幕信息的人员，包括：期货交易所的管理人员以及其他由于任职可获取内幕信息的从业人员，国务院期货监

督管理机构和其他有关部门的工作人员以及国务院期货监督管理机构规定的其他人员。”

针对期货内幕交易，我国《期货交易管理条例》第六十九条规定，期货交易内幕信息的知情人或者非法获取期货交易内幕信息的人，在对期货交易价格有重大影响的信息尚未公开前，利用内幕信息从事期货交易，或者向他人泄露内幕信息，使他人利用内幕信息进行期货交易的，没收违法所得，并处违法所得1倍以上5倍以下的罚款；没有违法所得或者违法所得不满10万元的，处10万元以上50万元以下的罚款。单位从事内幕交易的，还应当对直接负责的主管人员和其他直接责任人员给予警告，并处3万元以上30万元以下的罚款。国务院期货监督管理机构、期货交易所和期货保证金安全存管监控机构的工作人员进行内幕交易的，从重处罚。

**（二）操纵期货交易价格的法律责任**

操纵期货交易价格，是指以获取不当利益或转嫁风险为目的，利用其资金、信息等优势或者滥用职权操纵市场，影响期货交易价格，制造期货市场假象，诱导或者致使投资者在不了解事实真相的情况下作出期货投资决定，扰乱期货市场秩序的行为。我国《期货交易管理条例》第七十条规定，任何单位或者个人有下列操纵期货交易价格行为之一的，责令改正，没收违法所得，并处违法所得1倍以上5倍以下的罚款；没有违法所得或者违法所得不满20万元的，处20万元以上100万元以下的罚款：①单独或者合谋，集中资金优势、持仓优势或者利用信息优势联合或者连续买卖合约，操纵期货交易价格的；②蓄意串通，按事先约定的时间、价格和方式相互进行期货交易，影响期货交易价格或者期货交易量的；③以自己为交易对象，自买自卖，影响期货交易价格或者期货交易量的；④为影响期货市场行情囤积现货的；⑤国务院期货监管机构规定的其他操纵期货交易价格的行为。单位有上述所列行为之一的，对直接负责的主管人员和其他直接责任人员给予警告，并处1万元以上10万元以下的罚款。

## 八、其他违法责任

（1）交割仓库有《期货交易管理条例》第三十五条第二款[①]所列行为之一的，责令改正，给予警告，没收违法所得，并处违法所得1倍以上5倍以下的罚款；没有违法所得或者违法所得不满10万元的，并处10万元以上50万元以下的罚款；情节严重的，责令期货交易所暂停或者取消其交割仓库资格。对直接负责的主管人员和其他直接责任人员给予警告，并处1万元以上10万元以下的罚款。

（2）国有以及国有控股企业违反《期货交易管理条例》和国务院国有资产监督管理机构以及其他有关部门关于企业以国有资产进入期货市场的有关规定进行期货交易，或者单位、个人违规使用信贷资金、财政资金进行期货交易的，给予警告，没收违法所得，并处违法所得1倍以上5倍以下的罚款；没有违法所得或者违法所得不满10万元的，并处10万元以上50万元以下的罚款。对直接负责的主管人员和其他直接责任人员给予降级直

---

① 《期货交易管理条例》第三十五条第二款：交割仓库由期货交易所指定。期货交易所不得限制实物交割总量，并应当与交割仓库签订协议，明确双方的权利和义务。交割仓库不得有下列行为：（一）出具虚假仓单；（二）违反期货交易所业务规则，限制交割商品的入库、出库；（三）泄露与期货交易有关的商业秘密；（四）违反国家有关规定参与期货交易；（五）国务院期货监督管理机构规定的其他行为。

至开除的纪律处分。

(3)境内单位或者个人违反规定从事境外期货交易的,责令改正,给予警告,没收违法所得,并处违法所得1倍以上5倍以下的罚款;没有违法所得或者违法所得不满20万元的,并处20万元以上100万元以下的罚款;情节严重的,暂停其境外期货交易。对单位直接负责的主管人员和其他直接责任人员给予警告,并处1万元以上10万元以下的罚款。

(4)期货公司的交易软件、结算软件供应商拒不配合国务院期货监督管理机构调查,或者未按照规定向国务院期货监督管理机构提供相关软件资料,或者提供的软件资料有虚假、重大遗漏的,责令改正,处3万元以上10万元以下的罚款。对直接负责的主管人员和其他直接责任人员给予警告,并处1万元以上5万元以下的罚款。

(5)会计师事务所、律师事务所、资产评估机构等中介服务机构未勤勉尽责,所出具的文件有虚假记载、误导性陈述或者重大遗漏的,责令改正,没收业务收入,暂停或者撤销相关业务许可,并处业务收入1倍以上5倍以下的罚款。对直接负责的主管人员和其他直接责任人员给予警告,并处3万元以上10万元以下的罚款。

(6)国务院期货监管机构、期货交易所、期货保证金安全存管监控机构和期货保证金存管银行等相关单位的工作人员,泄露知悉的国家秘密或者会员、客户商业秘密,或者徇私舞弊、玩忽职守、滥用职权、收受贿赂的,依法给予行政处分或者纪律处分。

除此,我国《期货交易管理条例》还规定,任何单位或者个人违反《期货交易管理条例》规定,情节严重的,由国务院期货监督管理机构宣布该个人、该单位或者该单位的直接责任人员为期货市场禁止进入者。对《期货交易管理条例》规定的违法行为的行政处罚,除该条例已有规定的外,由国务院期货监管机构决定;涉及其他有关部门法定职权的,国务院期货监管机构应当会同其他有关部门处理;属于其他有关部门法定职权的,国务院期货监管机构应当移交其他有关部门处理。

## 思考练习题

1. 简述期货交易的法律特征。
2. 简述期货交易原则。
3. 试述期货交易风险控制规则。
4. 试述期货交易中被禁止的事项。
5. 试述期货交易所有哪些风险管理制度。
6. 试述期货交易所有哪些异常情况紧急处理制度。
7. 试述期货监管机构的监管职责。

# 第十三章　保险法律制度

**章前提要**

本章主要介绍保险法的概念、性质、适用范围；保险合同的订立、变更、终止以及保险合同主体等保险合同的一般规定；人身保险合同与财产保险合同当事人的权利、义务及其他规则；保险公司的设立、业务范围和经营规则；保险中介机构的概念、基本条件与行为规则；保险业的监督管理；保险活动当事人的法律责任。

## 第一节　保险法概述

### 一、保险与保险法

#### （一）保险与保险法的基本概念

保险，是指投保人根据合同约定，向保险人支付保险费，保险人对于合同约定的可能发生的事故因其发生所造成的财产损失承担赔偿保险金责任，或者当被保险人死亡、伤残、疾病或者达到合同约定的年龄、期限等条件时承担给付保险金责任的商业保险行为。

保险法，是调整保险关系的法律规范的总称。保险法有狭、广两义。狭义的保险法，是指以“保险法”命名的法律文件，在我国指 1995 年 6 月 30 日颁布的《保险法》。广义的保险法，指所有规定保险关系的法律规范，即在狭义保险法之外，还包括其他法律、法规中关于保险的规定。

#### （二）保险法的性质与特征

1. 保险法的性质

由于保险关系属于商事关系，所以从传统部门法意义上看，调整保险关系的保险法属于商法范畴。由于保险法具有极强的专业性特征，而从其所属专业看，保险法又属于金融法的构成部分，但是保险法的金融性特征并不改变其商法的性质。另外，伴随着政府对金融业调控与监管的加强，保险法又具有了经济法的特征。因此，从性质上看，保险法兼具商法和经济法的双重性质，但以商法性质为本，经济法性质仅表现在政府对经济金融的调控、干预方面。

2. 保险法的特征

保险法具有如下特征：

(1)社会性。这是由保险的社会性决定的。由于保险的参加人众多,社会覆盖面大,所以保险法直接涉及经济和社会的稳定,因此保险法必须充分体现社会利益,充分保障参加保险的社会成员的利益。

(2)强制性。由于保险法具有社会性,涉及社会公众利益,所以保险法中有许多强制性规定不容变更或由当事人约定。

(3)伦理性。由于保险行为是一种射幸行为,保险的射幸性有诱发道德风险的可能,为防止道德风险,各国法律均要求以最大善意订立保险契约。法律对保险契约的这种最大善意要求,即是保险法伦理性的体现。

(4)技术性。这是由保险的技术性决定的。由于各类风险与费率的计算以及事故损失的估算等不仅涉及概率、大数法则等数理、统计方面的知识与技术,还涉及相关领域的专业知识与技术,所以调整保险关系的保险法也具有技术性。

(5)国际性。为了方便不同国家当事人之间处理因保险而引发的争议,长期以来经过协商,国际上已经形成了一些国际通行的保险规则与保险公约,例如《海牙规则》《约克-安特卫普规则》等,各国在制定本国的保险法时大都遵循和参照这些规则,所以保险法具有国际趋同性。

## 二、保险法的立法目的与基本原则

### (一)保险法的立法目的

1949 年 10 月 20 日,新中国刚成立就设立了中国人民保险公司,之后陆续登记复业了多家保险机构。但是 1958 年以后,受左的思想干扰,保险业陷入停顿状态,直到 1980 年,中国人民保险公司恢复办理国内保险业务,并大力开展社会保险活动,中国保险事业开始得以恢复和发展,尤其是 1993 年以后,保险业改革步伐进一步加快,中国人民保险公司完成了财险、寿险和再保险业务的分离工作,改组设立了中国人民保险(集团)公司,下含中保财产保险公司、中保人寿保险公司和中保再保险公司三家公司,其他保险公司也开始大量涌现,保险业在中国蓬勃发展。

随着保险业的不断发展,迫切需要对保险业和保险活动进行规范和监管。虽然早在 1981 年 12 月 31 日颁布的《中华人民共和国经济合同法》(以下简称《经济合同法》,1999 年 10 月 1 日废止)对财产保险合同做了原则性规定;1983 年 9 月 1 日,国务院颁布的《财产保险合同条例》,对《经济合同法》中关于保险合同的规定进行了具体化;1985 年 3 月 3 日,国务院颁布的《保险企业管理暂行条例》(2001 年 10 月 6 日废止),加强了国家对保险业的管理;1992 年 11 月 7 日,颁布的《中华人民共和国海商法》(以下简称《海商法》),第一次以法律形式对海上保险做了明确规定,但是,中国还缺乏一部规范保险活动、保护保险当事人合法权益、加强保险业监管、促进保险事业健康发展的保险基本法。所以 1995 年 6 月 30 日,第八届全国人大常委会第十四次会议通过了我国第一部保险基本法——《保险法》,1995 年 10 月 1 日起正式实施,并在《保险法》第一条明确规定保险法的立法目的为:①规范保险活动,保护保险活动当事人的合法权益;②加强对保险业的监督管理,维护社会经济秩序和社会公共利益;③促进保险事业的健康发展。

### (二)保险法的基本原则

保险法的基本原则,是保险法基本精神的体现,是开展保险活动的基本准则。《保险法》在总则[①]中明确规定了保险法的基本原则。这些原则可以归纳为:

(1)合法原则。即从事保险活动必须遵守法律、行政法规,尊重社会公德,不得损害社会公共利益。

(2)诚实信用原则。即保险活动当事人行使权利、履行义务应当遵循诚实信用原则。

(3)保险专营原则。即保险业务由依照保险法设立的保险公司以及法律、行政法规规定的其他保险组织经营,其他单位和个人不得经营保险业务。

(4)强制境内保险原则。即在我国境内的法人和其他组织需要办理境内保险的,应当向我国境内的保险公司投保。

(5)分业经营原则。即保险业和银行业、证券业、信托业实行分业经营、分业管理,保险公司与银行、证券、信托业务机构分别设立。国家另有规定的除外。

## 三、保险法的适用范围与基本框架

### (一)保险法的适用范围

《保险法》第三条规定,在我国境内从事保险活动,适用保险法。另据《保险法》第一百八十一条至第一百八十三条的规定,保险公司以外的其他依法设立的保险组织经营的商业保险业务,适用保险法;海上保险适用我国《海商法》的有关规定,《海商法》未规定的,适用保险法的有关规定;中外合资保险公司、外资独资保险公司、外国保险公司分公司适用保险法规定,法律、行政法规另有规定的,适用其规定。

### (二)保险法的基本框架

1995 年 6 月 30 日第八届全国人民代表大会常务委员会第十四次会议通过的《保险法》,截至目前共进行了三次修正或修改、一次修订:2002 年 10 月 28 日,根据第九届全国人民代表大会常务委员会第三十次会议进行修正;2009 年 2 月 28 日,根据第十一届全国人民代表大会常务委员会第七次会议进行修订;2014 年 8 月 31 日,根据中华人民共和国第十二届全国人民代表大会常务委员会第十次会议通过的《全国人民代表大会常务委员会关于修改〈中华人民共和国保险法〉等五部法律的决定》进行修正;2015 年 4 月 24 日,根据中华人民共和国第十二届全国人民代表大会常务委员会第十四次会议通过的《全国人民代表大会常务委员会关于修改〈中华人民共和国计量法〉等五部法律的决定》进行修改,并自公布之日起施行。经过三次修正或修改、一次修订的现行《保险法》共计 8 章 185 条。各章依次为:总则;保险合同(包括四节:一般规定、人身保险合同、财产保险合同);保险公司;保险经营规则;保险代理人和保险经纪人;保险业监督管理;法律责任;附则。

---

① 参见《保险法》第四至八条。

# 第二节　保险合同

## 一、保险合同的概念、特征与订立原则

### (一)保险合同的概念与特征

1.保险合同的概念

保险合同是投保人与保险人约定保险权利义务关系的协议。其中,投保人是指与保险人订立保险合同,并按照合同约定负有支付保险费义务的人。保险人是指与投保人订立保险合同,并按照合同约定承担赔偿或者给付保险金责任的保险公司。

2.保险合同的特征

保险合同具有如下特征:

(1)保险合同为双务有偿合同。即保险人和投保人互付义务;其次,投保人要依约支付保险费,而保险人要在投保人出险后依约支付赔偿金。

(2)保险合同为诺诚合同。即保险合同的成立,取决于投保人与保险人之间就保险合同条款达成合意,不以保险费的交付为条件。

(3)保险合同为附和合同。即保险合同的主要条款基本由保险人事先拟定,投保人只能决定是否接受这些条款,却不能要求对这些条款进行磋商。附和合同即格式合同。

(4)保险合同为射幸合同。射幸合同是以机会作为标的的合同,即合同当事人一方支付代价所获得的只是一个机会。这个机会对于投保人而言即是在合同有效期内有可能获得远大于自身所付保费的收益;对保险人而言,即是可能只收取保险费而没有承担赔付保险金的责任。

### (二)保险合同的订立原则

《保险法》第十一条和第十二条规定,订立保险合同要遵循如下原则:

(1)公平、自愿原则。即订立保险合同,应当协商一致,在公平原则上确定各方的权利和义务。除法律、行政法规规定必须保险的外,保险合同自愿订立。

(2)保险利益原则。即订立保险合同时,人身保险的投保人和财产保险的被保险人对保险标的应当具有保险利益。保险利益,是指投保人或者被保险人对保险标的具有的法律上承认的利益。另据《保险法》第三十一条第三款和第四十八条的规定,订立合同时,投保人对被保险人不具有保险利益的合同无效;保险事故发生时,被保险人对保险标的不具有保险利益的,不得向保险人请求赔偿保险金。

## 二、保险合同的一般规定

### (一)保险合同的主体

保险合同主体主要包括保险合同当事人、保险合同关系人、保险合同辅助人。

1.保险合同当事人

保险合同当事人,是指因订立保险合同而享有保险权利和承担保险义务的人,包括投保人、保险人。

投保人,是指与保险人订立保险合同,并按照合同约定负有支付保险费义务的人。投

保人自己可以为被保险人。

保险人，是指与投保人订立保险合同，并按照合同约定承担赔偿或者给付保险金责任的保险公司。

2. 保险合同关系人

保险合同关系人，是指对保险人享有保险金给付请求权的人，包括被保险人和保险受益人。

被保险人，是指财产或人身受保险合同保障，享有保险金请求权的人。被保险人可以是投保人自己，也可以是投保人以外的第三人。

保险受益人，是指人身保险合同中由被保险人或者投保人指定的具有保险金请求权的人。投保人，被保险人或者第三人可以为受益人。

3. 保险合同辅助人

保险合同辅助人，即保险中介人，指订立、履行保险合同过程中起辅助作用的人，包括保险代理人、保险经纪人和保险公估人。

保险代理人，是指根据保险合同的委托，向保险人收取代理手续费、并在保险人授权范围内代为办理保险业务的人。

保险经纪人，是指基于投保人的利益，为投保人与保险人订立保险合同提供中介服务、收取佣金的机构。

保险公估人，是指受保险人、投保人或被保险人委托，办理保险标的的评估、勘验、鉴定、估损以及赔偿的理算，并向委托人收取酬金的单位。

### (二)保险合同的客体与保险利益

1. 保险合同的客体

保险合同的客体，即保险标的，是指保险合同当事人权利和义务共同指向的对象。人身保险以人的寿命和身体为保险客体；财产保险是以财产及其有关利益为保险客体。保险合同的客体是保险合同的核心，也是确定保险条件、保险金额、保费费率和保险赔偿标准的依据。保险合同的客体与保险利益密切相关。

2. 保险利益

保险利益，是指投保人或者被保险人对保险标的具有的法律上承认的利益。订立保险合同时，人身保险的投保人和财产保险的被保险人对保险标的应当具有保险利益。

根据《保险法》第三十一条第一款和第二款的规定，人身保险合同中，投保人对下列人员具有保险利益：①本人；②配偶、子女、父母；③前项以外与投保人有抚养、赡养或者扶养关系的家庭其他成员、近亲属；④与投保人有劳动关系的劳动者。除上述规定外，被保险人同意投保人为其订立合同的，视为投保人对被保险人具有保险利益。

财产保险合同中，凡是因财产发生危险事故而可能遭受损失的人均为对该项财产具有一定保险利益的人，包括财产所有人、经营管理人或对某项财产有直接利害关系的人。

### (三)保险合同的订立、成立与生效

1. 保险合同的订立

保险合同的订立同样要经过“要约”和“承诺”两个阶段，其中要约即为投保人投保，承

诺即为保险人承保。

2.保险合同的成立与生效

根据《保险法》第十三条第一款和第三款的规定，投保人提出保险要求，经保险人同意承保，保险合同成立。依法成立的保险合同，自成立时生效。投保人和保险人也可以对合同的效力约定附条件或者附期限。

**(四)保险合同的形式与内容**

1.保险合同的形式

《保险法》第十三条第二款规定，保险合同的形式包括保险单、保险凭证以及其他书面形式。

(1)保险单。保险单又称保单，指投保人与保险人签订的正式书面保险合同。

(2)保险凭证。保险凭证又称小保单，是一种内容与格式被简化了保单。通常凭证上只记载当事人约定的主要内容，例如保险期限、金额等。

(3)其他书面形式。其他书面形式主要包括投保单、暂保单等。其中：投保单又称要保书，是投保人向保险人提出签订保险合同的书面申请，是由保险人准备的格式统一的书面单据，投保单本身并非合同的正式文本，但一经保险人签章接受后，即成为保险合同的一部分，以补充保险单的漏洞；暂保单又称临时保单，是保险人签发正式保险单之前发出的一种临时保险凭证，一般由保险代理人或经纪人向投保人出具，表示保险代理人或保险经纪人已接受投保人的要求及按所列事项办理保险手续，也可能由保险人的分支机构出具，表明保险人的分支机构已接受投保人的要求及按所列事项办理保险手续，正待上级公司或总公司批准。在法律效力上，由于暂保单载明了保险合同的主要内容，所以与正式保单并无二致，但其规定比较简单，并且期限较短，在正式保单交付时暂保单自动失效。

2.保险合同的内容

《保险法》第十八条规定，保险合同应当包括下列事项：①保险人的名称和住所；②投保人、被保险人的姓名或者名称、住所，以及人身保险的受益人的姓名或者名称、住所；③保险标的；④保险责任和责任免除；⑤保险期间和保险责任开始时间；⑥保险金额，即保险人承担赔偿或者给付保险金责任的最高限额；⑦保险费以及支付办法；⑧保险金赔偿或者给付办法；⑨违约责任和争议处理；⑩订立合同的年、月、日。投保人和保险人可以约定与保险有关的其他事项。

**(五)保险合同的说明与告知义务**

由于保险合同是最大诚信合同，当事人在订立保险合同时必须履行说明和告知义务。当事人的说明告知义务为先合同义务。

1.保险人的说明义务

《保险法》第十七条规定，订立保险合同，采用保险人提供的格式条款的，保险人向投保人提供的投保单应当附格式条款，保险人应当向投保人说明合同的内容。对保险合同中免除保险人责任的条款，保险人在订立合同时应当在投保单、保险单或者其他保险凭证上做出足以引起投保人注意的提示，并对该条款的内容以书面或者口头形式向投保人做出明确说明；未做提示或者明确说明的，该条款不产生效力。

2.投保人的告知义务

《保险法》第十六条第一款规定,订立保险合同,保险人就保险标的或者被保险人的有关情况提出询问的,投保人应当如实告知。

**(六)保险合同义务的履行**

1.投保人、被保险人或保险受益人义务的履行

投保人、被保险人或保险受益人应履行如下义务:

(1)缴纳保费。《保险法》第十四条规定,保险合同成立后,投保人按照约定交付保险费,保险人按照约定的时间开始承担保险责任。

(2)出险通知。《保险法》第二十一条规定,投保人、被保险人或者受益人知道保险事故发生后,应当及时通知保险人。故意或者因重大过失未及时通知,致使保险事故的性质、原因、损失程度等难以确定的,保险人对无法确定的部分,不承担赔偿或者给付保险金的责任,但保险人通过其他途径已经及时知道或者应当及时知道保险事故发生的除外。

(3)协助理赔。《保险法》第二十二条规定,保险事故发生后,按照保险合同请求保险人赔偿或者给付保险金时,投保人、被保险人或者受益人应当向保险人提供其所能提供的与确认保险事故的性质、原因、损失程度等有关的证明和资料。同时,保险人按照合同约定,认为有关的证明和资料不完整的,应当及时一次性通知投保人、被保险人或者受益人补充提供。

2.保险人义务的履行

保险人义务的履行主要表现为赔付保险金。根据《保险法》第二十三条的规定,保险人收到被保险人或者受益人的赔偿或者给付保险金的请求后,应当及时做出核定;情形复杂的,应当在30日内作出核定,但合同另有约定的除外。保险人应当将核定结果通知被保险人或者受益人;对属于保险责任的,在与被保险人或者受益人达成赔偿或者给付保险金的协议后10日内,履行赔偿或者给付保险金义务。保险合同对赔偿或者给付保险金的期限有约定的,保险人应当按照约定履行赔偿或者给付保险金义务。保险人未及时履行前述规定义务的,除支付保险金外,应当赔偿被保险人或者受益人因此受到的损失。任何单位和个人不得非法干预保险人履行赔偿或者给付保险金的义务,也不得限制被保险人或者受益人取得保险金的权利。

除上述规定外,《保险法》第二十四条和第二十五条还规定:保险人依照保险法的规定对赔偿或者给付保险金的请求作出核定后,对不属于保险责任的,应当自做出核定之日起3日内向被保险人或者受益人发出拒绝赔偿或者拒绝给付保险金通知书,并说明理由。保险人自收到赔偿或者给付保险金的请求和有关证明、资料之日起60日内,对其赔偿或者给付保险金的数额不能确定的,应当根据已有证明和资料可以确定的数额先予支付;保险人最终确定赔偿或者给付保险金的数额后,应当支付相应的差额。

**(七)保险合同的变更与解除**

1.保险合同的变更

保险合同的变更,指保险合同内容发生变化。《保险法》第二十条规定,投保人和保险人可以协商变更合同内容。变更保险合同的,应当由保险人在保险单或者其他保险凭证

上批注或者附贴批单，或者由投保人和保险人订立变更的书面协议。

2. 保险合同的解除

保险合同的解除，指保险合同成立以后，基于法定的或合同约定的事由，保险人或投保人行使解除权从而使保险合同发生自始无效的后果的单方法律行为。《保险法》第十五条规定，除保险法另有规定或者保险合同另有约定外，保险合同成立后，投保人可以解除合同，保险人不得解除合同。

我国保险法规定的保险人解除保险合同的情形包括：

(1)投保人故意或者因重大过失未履行前述规定的如实告知义务，足以影响保险人决定是否同意承保或者提高保险费率的，保险人有权解除合同。上述规定的合同解除权，自保险人知道有解除事由之日起，超过 30 日不行使而消灭。自合同成立之日起超过 2 年的，保险人不得解除合同；发生保险事故[①]的，保险人应当承担赔偿或者给付保险金的责任。投保人故意不履行如实告知义务的，保险人对于合同解除前发生的保险事故，不承担赔偿或者给付保险金的责任，并不退还保险费。投保人因重大过失未履行如实告知义务，对保险事故的发生有严重影响的，保险人对于合同解除前发生的保险事故，不承担赔偿或者给付保险金的责任，但应当退还保险费。保险人在合同订立时已经知道投保人未如实告知的情况的，保险人不得解除合同；发生保险事故的，保险人应当承担赔偿或者给付保险金的责任[②]。

(2)未发生保险事故，被保险人或者受益人谎称发生了保险事故，向保险人提出赔偿或者给付保险金请求的，保险人有权解除合同，并不退还保险费；投保人、被保险人故意制造保险事故的，保险人有权解除合同，不承担赔偿或者给付保险金的责任，除《保险法》第四十三条[③]规定外，不退还保险费。投保人、被保险人或者受益人有前述规定行为之一，致使保险人支付保险金或者支出费用的，应当退回或者赔偿[④]。

此外，保险法还专门就人身保险与财产保险中保险人解除保险合同的情形做了详细规定，具体内容将在下面的人身保险合同与财产保险合同中介绍，此处不再赘述。

**(八)保险法关于保险合同的其他规定**

1. 诉讼时效规定

《保险法》第二十六条规定，人寿保险以外的其他保险的被保险人或者受益人，向保险人请求赔偿或者给付保险金的诉讼时效期间为 2 年，自其知道或者应当知道保险事故发生之日起计算。人寿保险的被保险人或者受益人向保险人请求给付保险金的诉讼时效期间为 5 年，自其知道或者应当知道保险事故发生之日起计算。

---

① 保险事故，是指保险合同约定的保险责任范围内的事故。

② 参见《保险法》第十六条第二至六款规定。

③ 《保险法》第四十三条：投保人故意造成被保险人死亡、伤残或者疾病的，保险人不承担给付保险金的责任。投保人已交足 2 年以上保险费的，保险人应当按照合同约定向其他权利人退还保险单的现金价值。受益人故意造成被保险人死亡、伤残、疾病的，或者故意杀害被保险人未遂的，该受益人丧失受益权。

④ 参见《保险法》第二十七条第一、二、四款规定。

2.投保人、被保险人编造事故原因和夸大损失的处理规定

《保险法》第二十七条第三款和第四款规定，保险事故发生后，投保人、被保险人或者受益人以伪造、变造的有关证明、资料或者其他证据，编造虚假的事故原因或者夸大损失程度的，保险人对其虚报的部分不承担赔偿或者给付保险金的责任。投保人、被保险人或者受益人的上述行为致使保险人支付保险金或者支出费用的，应当退回或者赔偿。

3.格式条款的效力与解释规定

格式条款又称为标准条款，是指当事人为了重复使用而预先拟定、并在订立合同时未与对方协商的条款，保险合同条款为典型的格式条款。由于格式条款合同中合同一方失去了协商的机会，所以为了维护公平，需要对格式条款的内容有必要的约束和限制，基此《保险法》第十九条规定，采用保险人提供的格式条款订立的保险合同中的下列条款无效：①免除保险人依法应承担的义务或者加重投保人、被保险人责任的；②排除投保人、被保险人或者受益人依法享有的权利的。第三十条规定，采用保险人提供的格式条款订立的保险合同，保险人与投保人、被保险人或者受益人对合同条款有争议的，应当按照通常理解予以解释。对合同条款有两种以上解释的，人民法院或者仲裁机构应当作出有利于被保险人和受益人的解释。

4.再保险规定

再保险指保险人将其承担的保险业务，以分保形式部分转移给其他保险人。《保险法》第二十八条和第二十九条规定，应再保险接受人的要求，再保险分出人应当将其自负责任及原保险的有关情况书面告知再保险接受人。再保险接受人不得向原保险的投保人要求支付保险费。原保险的被保险人或者受益人不得向再保险接受人提出赔偿或者给付保险金的请求。再保险分出人不得以再保险接受人未履行再保险责任为由，拒绝履行或者迟延履行其原保险责任。

## 三、人身保险合同

### (一)当事人的权利与义务

1.投保人和被保险人的权利与义务

(1)投保人和被保险人的权利。

根据我国保险法的规定，人身保险合同的投保人和被保险人享有如下权利：

①选择保费支付方式的权利。《保险法》第三十五条规定，投保人可以按照合同约定向保险人一次支付全部保险费或者分期支付保险费。

②指定受益人的权利。《保险法》第三十九条和第四十条的第一款规定，人身保险的受益人由被保险人或者投保人指定。被保险人或者投保人可以指定一人或者数人为受益人。

③确定受益人顺序和受益份额的权利。《保险法》第四十条的第二款规定，受益人为数人的，被保险人或者投保人可以确定受益顺序和受益份额；未确定受益份额的，受益人按照相等份额享有受益权。

④变更受益人的权利。《保险法》第四十一条规定，被保险人或者投保人可以变更受益人并书面通知保险人。保险人收到变更受益人的书面通知后，应当在保险单或者其他保险凭证上批注或者附贴批单。

(2)投保人和被保险人权利的限制性规定。

在人身保险业务中,保险法虽赋予投保人和被保险人一定权利,但鉴于人身保险是以人的寿命和身体为保险标的,我国保险法对人身保险合同中投保人和被保险人的权利有如下限制性规定:

①投保死亡保险的限制规定。《保险法》第三十三条规定,投保人不得为无民事行为能力人投保以死亡为给付保险金条件的人身保险,保险人也不得承保。父母为其未成年子女投保的人身保险,不受上述规定限制。但是,因被保险人死亡给付的保险金总和不得超过国务院保险监督管理机构规定的限额。

②指定受益人的限制规定。《保险法》第三十九条规定,投保人指定受益人时须经被保险人同意;投保人为与其有劳动关系的劳动者投保人身保险,不得指定被保险人及其近亲属以外的人为受益人;被保险人为无民事行为能力人或者限制民事行为能力人的,可以由其监护人指定受益人。

③变更受益人的限制规定。《保险法》第四十一条第二款规定,投保人变更受益人时须经被保险人同意。

(3)投保人和被保险人的义务。

投保人和被保险人的义务主要表现为按期缴纳保费和如实告知义务——如实告知被保险人的年龄、身体状况等。

2.保险人的权利、义务与责任免除

(1)保险人的权利。

①解除合同的权利。《保险法》第三十二条第一款规定,在投保人申报的被保险人年龄不真实,并且其真实年龄不符合合同约定的年龄限制的,保险人可以解除合同,并按照合同约定退还保险单的现金价值。保险人行使合同解除权,适用《保险法》第十六条第三款和第六款的规定[①]。《保险法》第三十七条规定,保险合同效力依《保险法》第三十六条[②]中止的,经保险人与投保人协商并达成协议,在投保人补交保险费后,合同效力恢复。但是,自合同效力中止之日起满2年双方未达成协议的,保险人有权解除合同。

②要求被保险人更正年龄并补交保险费的权利。《保险法》第三十二条第二款规定,投保人申报的被保险人年龄不真实,致使投保人支付的保险费少于应付保险费的,保险人有权更正并要求投保人补交保险费,或者在给付保险金时按照实付保险费与应付保险费的比例支付。

---

① 《保险法》第十六条第三款:合同解除权,自保险人知道有解除事由之日起,超过30日不行使而消灭。自合同成立之日起超过2年的,保险人不得解除合同;发生保险事故的,保险人应当承担赔偿或者给付保险金的责任。《保险法》第十六条第六款:保险人在合同订立时已经知道投保人未如实告知的情况的,保险人不得解除合同;发生保险事故的,保险人应当承担赔偿或者给付保险金的责任。

② 《保险法》第三十六条:合同约定分期支付保险费,投保人支付首期保险费后,除合同另有约定外,投保人自保险人催告之日起超过30日未支付当期保险费,或者超过约定的期限60日未支付当期保险费的,合同效力中止,或者由保险人按照合同约定的条件减少保险金额。被保险人在前款规定期限内发生保险事故的,保险人应当按照合同约定给付保险金,但可以扣减欠交的保险费。

(2)保险人权利的限制。

我国保险法对保险人的权利有如下限制性规定[①]:

①保险人对人寿保险的保险费,不得用诉讼方式要求投保人支付。

②被保险人因第三者的行为而发生死亡、伤残或者疾病等保险事故的,保险人向被保险人或者受益人给付保险金后,不享有向第三者追偿的权利,但被保险人或者受益人仍有权向第三者请求赔偿。

(3)保险人的义务。

①给付保险金义务。即保险人在保险合同约定的保险事故发生后依照保险法的规定,以及人身保险合同的约定向保险受益人给付保险金的义务,这也是保险人最基本的义务。除此,《保险法》第四十二条规定,被保险人死亡后,有下列情形之一的,保险金作为被保险人的遗产,由保险人依照《继承法》[②]的规定履行给付保险金的义务:第一,没有指定受益人,或者受益人指定不明无法确定的;第二,受益人先于被保险人死亡,没有其他受益人的;第三,受益人依法丧失受益权或者放弃受益权,没有其他受益人的。受益人与被保险人在同一事件中死亡,且不能确定死亡先后顺序的,推定受益人死亡在先。

②退还多收保费义务。《保险法》第三十二条第三款规定,投保人申报的被保险人年龄不真实,致使投保人支付的保险费多于应付保险费的,保险人应当将多收的保险费退还投保人。

(4)保险人的责任免除与保单处理规定。

我国保险法对人身保险合同中保险人的责任免除以及保单处理有如下规定[③]:

①投保人故意造成被保险人死亡、伤残或者疾病的,保险人不承担给付保险金的责任。投保人已交足2年以上保险费的,保险人应当按照合同约定向其他权利人退还保险单的现金价值。受益人故意造成被保险人死亡、伤残、疾病的,或者故意杀害被保险人未遂的,该受益人丧失受益权。

②以被保险人死亡为给付保险金条件的合同,自合同成立或者合同效力恢复之日起2年内,被保险人自杀的,保险人不承担给付保险金的责任,但被保险人自杀时为无民事行为能力人的除外。保险人依照上述规定不承担给付保险金责任的,应当按照合同约定退还保险单的现金价值。

③因被保险人故意犯罪或者抗拒依法采取的刑事强制措施导致其伤残或者死亡的,保险人不承担给付保险金的责任。投保人已交足2年以上保险费的,保险人应当按照合同约定退还保险单的现金价值。

**(二)其他规定**

1.未按期缴纳保费的处理规定

根据《保险法》第三十六条的规定,人身保险合同约定分期支付保险费,投保人支付首

① 参见《保险法》第三十八、四十六条。

② 2020年5月28日,十三届全国人大三次会议表决通过了《中华人民共和国民法典》,自2021年1月1日起施行。继承法、婚姻法、民法通则、收养法、担保法、合同法、物权法、侵权责任法、民法总则同时废止。

③ 参见《保险法》第四十三至四十五条。

期保险费后，除合同另有约定外，投保人自保险人催告之日起超过 30 日未支付当期保险费，或者超过约定的期限 60 日未支付当期保险费的，合同效力中止，或者由保险人按照合同约定的条件减少保险金额。被保险人在前述规定期限内发生保险事故的，保险人应当按照合同约定给付保险金，但可以扣减欠交的保险费。

2. 保险人解除合同的保单处理规定

通常保险人不能随意解除保险合同，但《保险法》第三十七条第二款规定，人身保险合同因投保人未如期缴纳保费而中止，且自合同效力中止之日起满 2 年双方未达成协议，保险人因此而解除合同的，应当按照合同约定退还保险单的现金价值。

3. 投保人解除合同的保单处理规定

《保险法》第四十七条规定，投保人解除人身保险合同的，保险人应当自收到解除合同通知之日起 30 日内，按照合同约定退还保险单的现金价值。

## 四、财产保险合同

### （一）当事人的权利与义务

1. 被保险人的权利、义务

（1）被保险人的权利。

根据我国保险法的规定，在财产保险合同中，被保险人享有转让保险标的、解除保险合同的权利。同时《保险法》第四十九条第一款和第二款规定，保险标的转让的，保险标的的受让人承继被保险人的权利和义务。保险标的转让的，被保险人或者受让人应当及时通知保险人，但货物运输保险合同和另有约定的合同除外。第五十条规定，货物运输保险合同和运输工具航程保险合同，保险责任开始后，合同当事人不得解除合同。

（2）被保险人的义务。

根据我国保险法的规定，在财产保险合同中，被保险人承担如下义务：

①依约交纳保费的义务。这是被保险人最基本的义务。

②维护保险标的安全的义务。《保险法》第五十一条第一款规定，被保险人应当遵守国家有关消防、安全、生产操作、劳动保护等方面的规定，维护保险标的的安全。

③危险通知义务。《保险法》第五十二条第一款规定，在合同有效期内，保险标的的危险程度显著增加的，被保险人应当按照合同约定及时通知保险人。

④防止或减少损失的义务。《保险法》第五十七条第一款规定，保险事故发生时，被保险人应当尽力采取必要的措施，防止或者减少损失。

⑤对保险人代位权行使的协助义务。《保险法》第六十三条规定，保险人向第三者行使代位请求赔偿的权利时，被保险人应当向保险人提供必要的文件和所知道的有关情况。

2. 保险人的权利、义务与责任免除

（1）保险人的权利。

保险合同中保险人享有如下权利：

①维护保险标的安全的权利。《保险法》第五十一条第二款和第四款规定，保险人可以按照合同约定对保险标的的安全状况进行检查，及时向投保人、被保险人提出消除不安全因素和隐患的书面建议。保险人为维护保险标的的安全，经被保险人同意，可以采取安

全预防措施。

②要求增加保险费或解除合同的权利。《保险法》规定[①]：因保险标的转让导致危险程度显著增加的，保险人自收到保险标的转让通知之日起30日内，可以按照合同约定增加保险费或者解除合同；投保人、被保险人未按照约定履行其对保险标的的安全应尽责任的，保险人有权要求增加保险费或者解除合同；在合同有效期内，保险标的的危险程度显著增加的，保险人可以按照合同约定增加保险费或者解除合同。

③代位行使被保险人对第三者请求赔偿的权利。《保险法》第六十条规定，因第三者对保险标的的损害而造成保险事故的，保险人自向被保险人赔偿保险金之日起，在赔偿金额范围内有代位行使被保险人对第三者请求赔偿的权利。上述规定的保险事故发生后，被保险人已经从第三者取得损害赔偿的，保险人赔偿保险金时，可以相应扣减被保险人从第三者已取得的赔偿金额。保险人依照前述规定行使代位请求赔偿的权利，不影响被保险人就未取得赔偿的部分向第三者请求赔偿的权利。

(2)保险人的义务。

保险人的义务主要为，在保险合同约定的保险事故发生后，依照保险法的规定以及财产保险合同的约定，向保险受益人给付保险金的义务。

(3)保险人的责任免除。

我国保险法对财产保险合同中保险人的责任免除以及保单处理有如下规定[②]：

①保险标的转让，被保险人、受让人未按保险法的规定通知保险人，因转让导致保险标的危险程度显著增加而发生的保险事故，保险人不承担赔偿保险金的责任。

②合同有效期内，保险标的的危险程度显著增加，被保险人未按保险法规定及时通知保险人，因保险标的的危险程度显著增加而发生的保险事故，保险人不承担赔偿保险金的责任。

③保险事故发生后，保险人未赔偿保险金之前，被保险人放弃对第三者请求赔偿的权利的，保险人不承担赔偿保险金的责任。

**(二)保险人解除财产保险合同的规定**

1.转让保险标的的合同解除规定

《保险法》第四十九条第三款规定，因保险标的的转让导致危险程度显著增加的，保险人自收到被保险人或者受让人通知之日起30日内，可以按照合同约定增加保险费或者解除合同。保险人解除合同的，应当将已收取的保险费，按照合同约定扣除自保险责任开始之日起至合同解除之日止应收的部分后，退还投保人。

2.货物运输类保险合同解除权的禁止规定

《保险法》第50条规定，货物运输保险合同和运输工具航程保险合同，保险责任开始后，合同当事人不得解除合同。

---

① 参见《保险法》第四十九条第三款、第五十一条第三款、第五十二条第一款。

② 参见《保险法》第四十九条第四款、第五十二条第二款、第六十一条第一款。

3. 未履行安全尽责的合同解除规定

《保险法》第五十一条第三款规定，投保人、被保险人未按照约定履行其对保险标的的安全应尽责任的，保险人有权要求增加保险费或者解除合同。

4. 保险标的危险程度显著增加的合同解除规定

《保险法》第五十二条规定，在合同有效期内，保险标的的危险程度显著增加的，保险人可以按照合同约定增加保险费或者解除合同。保险人解除合同的，应当将已收取的保险费，按照合同约定扣除自保险责任开始之日起至合同解除之日止应收的部分后，退还投保人。被保险人未履行上述规定的通知义务的，因保险标的的危险程度显著增加而发生的保险事故，保险人不承担赔偿保险金的责任。

5. 保险标的部分损失的合同解除规定

《保险法》第五十八条规定，保险标的发生部分损失的，自保险人赔偿之日起 30 日内，投保人可以解除合同；除合同另有约定外，保险人也可以解除合同，但应当提前 15 日通知投保人。合同解除的，保险人应当将保险标的未受损失部分的保险费，按照合同约定扣除自保险责任开始之日起至合同解除之日止应收的部分后，退还投保人。

**(三)重复保险与责任保险的相关规定**

1. 重复保险规定

重复保险，是指投保人对同一保险标的、同一保险利益、同一保险事故分别与两个以上保险人订立保险合同，且保险金额总和超过保险价值的保险。

《保险法》第五十六条规定，重复保险的投保人应当将重复保险的有关情况通知各保险人。重复保险的各保险人赔偿保险金的总和不得超过保险价值。除合同另有约定外，各保险人按照其保险金额与保险金额总和的比例承担赔偿保险金的责任。重复保险的投保人可以就保险金额总和超过保险价值的部分，请求各保险人按比例返还保险费。

2. 责任保险规定

责任保险，是指以被保险人对第三者依法应负的赔偿责任为保险标的的保险。

《保险法》第六十五条和第六十六条规定，保险人对责任保险的被保险人给第三者造成的损害，可以依照法律的规定或者合同的约定，直接向该第三者赔偿保险金。责任保险的被保险人给第三者造成损害，被保险人对第三者应负的赔偿责任确定的，根据被保险人的请求，保险人应当直接向该第三者赔偿保险金。被保险人怠于请求的，第三者有权就其应获赔偿部分直接向保险人请求赔偿保险金。责任保险的被保险人给第三者造成损害，被保险人未向该第三者赔偿的，保险人不得向被保险人赔偿保险金。责任保险的被保险人因给第三者造成损害的保险事故而被提起仲裁或者诉讼的，被保险人支付的仲裁或者诉讼费用以及其他必要的、合理的费用，除合同另有约定外，由保险人承担。

**(四)其他有关规定**

1. 减收保费的规定

《保险法》第五十三条规定，有下列情形之一的，除合同另有约定外，保险人应当降低保险费，并按日计算退还相应的保险费：①据以确定保险费率的有关情况发生变化，保险标的的危险程度明显减少的；②保险标的的保险价值明显减少的。

2. 投保人解除合同的保费处理规定

《保险法》第五十四条规定，保险责任开始前，投保人要求解除合同的，应当按照合同约定向保险人支付手续费，保险人应当退还保险费。保险责任开始后，投保人要求解除合同的，保险人应当将已收取的保险费，按照合同约定扣除自保险责任开始之日起至合同解除之日止应收的部分后，退还投保人。

3. 定值与不定值保险以及超额与不足额保险的效力与赔偿规定

《保险法》第五十五条规定，投保人和保险人约定保险标的的保险价值并在合同中载明的，保险标的发生损失时，以约定的保险价值为赔偿计算标准。投保人和保险人未约定保险标的的保险价值的，保险标的发生损失时，以保险事故发生时保险标的的实际价值为赔偿计算标准。保险金额不得超过保险价值。超过保险价值的，超过部分无效，保险人应当退还相应的保险费。保险金额低于保险价值的，除合同另有约定外，保险人按照保险金额与保险价值的比例承担赔偿保险金的责任。

4. 被保险人防止与减少保险标的损失所支费用的承担规定

《保险法》第五十七条第二款规定，保险事故发生后，被保险人为防止或者减少保险标的的损失所支付的必要的、合理的费用，由保险人承担；保险人所承担的费用数额在保险标的损失赔偿金额以外另行计算，最高不超过保险金额的数额。

5. 事故发生后保险标的权利归属的规定

《保险法》第五十九条规定，保险事故发生后，保险人已支付了全部保险金额，并且保险金额等于保险价值的，受损保险标的的全部权利归于保险人；保险金额低于保险价值的，保险人按照保险金额与保险价值的比例取得受损保险标的的部分权利。

6. 被保险人追偿权的放弃与限制规定

《保险法》第六十一条第二款和第三款规定，保险人向被保险人赔偿保险金后，被保险人未经保险人同意放弃对第三者请求赔偿的权利的，该行为无效。被保险人故意或者因重大过失致使保险人不能行使代位请求赔偿的权利的，保险人可以扣减或者要求返还相应的保险金。

7. 保险人代位权行使的禁止规定

《保险法》第六十二条规定，除被保险人的家庭成员或者其组成人员故意造成《保险法》第六十条第一款①规定的保险事故外，保险人不得对被保险人的家庭成员或者其组成人员行使代位请求赔偿的权利。

8. 查明和确定保险事故所支费用的承担规定

《保险法》第六十四条规定，保险人、被保险人为查明和确定保险事故的性质、原因和保险标的的损失程度所支付的必要的、合理的费用，由保险人承担。

---

① 《保险法》第六十条第一款：因第三者对保险标的的损害而造成保险事故的，保险人自向被保险人赔偿保险金之日起，在赔偿金额范围内代位行使被保险人对第三者请求赔偿的权利。

# 第三节　保险公司及其经营规则

## 一、保险公司

在我国规范保险公司的法律制度除《保险法》以外，还有 2009 年 9 月 25 日原保监会发布的《保险公司管理规定》(2015 年 10 月 19 日修订)等。

### (一)保险公司的设立

《保险法》第六十七条规定，设立保险公司应当经国务院保险监管机构批准。国务院保险监管机构审查保险公司的设立申请时，应当考虑保险业的发展和公平竞争的需要。

1.保险公司设立的条件

保险公司，是采用公司组织形式、经营保险业务的保险人。保险公司依据保险法和公司法设立。

根据《保险法》第六十八条和第六十九条的规定，设立保险公司应当具备下列条件：①主要股东具有持续盈利能力，信誉良好，最近 3 年内无重大违法违规记录，净资产不低于人民币 2 亿元。②有符合保险法和我国《公司法》规定的章程。③有符合保险法规定的注册资本。设立保险公司，其注册资本的最低限额为人民币 2 亿元。国务院保险监管机构根据保险公司的业务范围、经营规模，可以调整其注册资本的最低限额，但不得低于上述规定的限额。保险公司的注册资本必须为实缴货币资本。④有具备任职专业知识和业务工作经验的董事、监事和高级管理人员。⑤有健全的组织机构和管理制度。⑥有符合要求的营业场所和与经营业务有关的其他设施。⑦法律、行政法规和国务院保险监管机构规定的其他条件。

2.保险公司设立的程序

(1)筹建申请。根据《保险法》第七十条的规定，申请设立保险公司，应当向国务院保险监管机构提出书面申请，并提交下列材料：①设立申请书，申请书应当载明拟设立的保险公司的名称、注册资本、业务范围等；②可行性研究报告；③筹建方案；④投资人的营业执照或者其他背景资料，经会计师事务所审计的上一年度财务会计报告；⑤投资人认可的筹备组负责人和拟任董事长、经理名单及本人认可证明；⑥国务院保险监管机构规定的其他材料。

(2)审查与批准。根据《保险法》第七十一条的规定，国务院保险监管机构应当对设立保险公司的申请进行审查，自受理之日起 6 个月内做出批准或者不批准筹建的决定，并书面通知申请人。决定不批准的，应当书面说明理由。

(3)筹建。根据《保险法》第七十二条的规定，申请人应当自收到批准筹建通知之日起 1 年内完成筹建工作；筹建期间不得从事保险经营活动。

(4)开业申请与审批。根据《保险法》第七十三条的规定，筹建工作完成后，申请人具备保险法规定的设立条件的，可以向国务院保险监管机构提出开业申请。国务院保险监管机构应当自受理开业申请之日起 60 日内，做出批准或者不批准开业的决定。决定批准的，颁发经营保险业务许可证；决定不批准的，应当书面通知申请人并说明理由。

3. 保险公司设立分支机构的规定

(1)保险公司设立境内分支机构的规定。

《保险法》对保险公司设立境内分支机构有如下规定[①]：

①保险公司在我国境内设立分支机构，应当经保险监管机构批准。保险公司分支机构不具有法人资格，其民事责任由保险公司承担。

②保险公司申请设立分支机构，应当向保险监管机构提出书面申请，并提交下列材料：A. 设立申请书；B. 拟设机构 3 年业务发展规划和市场分析材料；C. 拟任高级管理人员的简历及相关证明材料；D. 国务院保险监管机构规定的其他材料。

③保险监管机构应当对保险公司设立分支机构的申请进行审查，自受理之日起 60 日内做出批准或者不批准的决定。决定批准的，颁发分支机构经营保险业务许可证；决定不批准的，应当书面通知申请人并说明理由。

④经批准设立的保险公司及其分支机构，凭经营保险业务许可证向工商行政管理机关办理登记，领取营业执照。

⑤保险公司及其分支机构自取得经营保险业务许可证之日起 6 个月内，无正当理由未向工商行政管理机关办理登记的，其经营保险业务许可证失效。

(2)保险公司设立境外分支机构以及外国保险机构在我国境内设立分支机构的规定。

《保险法》就保险公司在境外设立分支机构以及外国保险机构在我国境内设立分支机构做出如下规定[②]：

①保险公司在我国境外设立子公司、分支机构，应当经国务院保险监管机构批准。

②外国保险机构在我国境内设立代表机构，应当经国务院保险监管机构批准。代表机构不得从事保险经营活动。

**(二)保险公司高级管理人员的任职规定**

我国保险法对保险公司高级管理人员的任职条件与违法履职损害赔偿有如下规定：

1. 高级管理人员的积极任职条件

《保险法》第八十一条规定，保险公司的董事、监事和高级管理人员，应当品行良好，熟悉与保险相关的法律、行政法规，具有履行职责所需的经营管理能力，并在任职前取得保险监管机构核准的任职资格。保险公司高级管理人员的范围由国务院保险监管机构规定。

2. 高级管理人员的消极任职条件

《保险法》第八十二条规定，有《公司法》第一百四十六条规定[③]的情形或者下列情形

---

① 参见《保险法》第七十四至七十八条。

② 参见《保险法》第七十九、八十条。

③ 《公司法》第一百四十六条：有下列情形之一的，不得担任公司的董事、监事、高级管理人员：(一)无民事行为能力或者限制民事行为能力；(二)因贪污、贿赂、侵占财产、挪用财产或者破坏社会主义市场经济秩序，被判处刑罚，执行期满未逾 5 年，或者因犯罪被剥夺政治权利，执行期满未逾 5 年；(三)担任破产清算的公司、企业的董事或者厂长、经理，对该公司、企业的破产负有个人责任的，自该公司、企业破产清算完结之日起未逾 3 年；(四)担任因违法被吊销营业执照、责令关闭的公司、企业的法定代表人，并负有个人责任的，自该公司、企业被吊销营业执照之日起未逾 3 年；(五)个人所负数额较大的债务到期未清偿。公司违反前款规定选举、委派董事、监事或者聘任高级管理人员的，该选举、委派或者聘任无效。董事、监事、高级管理人员在任职期间出现本条第一款所列情形的，公司应当解除其职务。

之一的，不得担任保险公司的董事、监事、高级管理人员：①因违法行为或者违纪行为被金融监督管理机构取消任职资格的金融机构的董事、监事、高级管理人员，自被取消任职资格之日起未逾5年的；②因违法行为或者违纪行为被吊销执业资格的律师、注册会计师或者资产评估机构、验证机构等机构的专业人员，自被吊销执业资格之日起未逾5年的。

3. 高级管理人员违法履职损害赔偿责任

《保险法》第八十三条规定，保险公司的董事、监事、高级管理人员执行公司职务时违反法律、行政法规或者公司章程的规定，给公司造成损失的，应当承担赔偿责任。

**（三）保险公司的变更与终止**

1. 保险公司的变更

保险公司变更，指保险公司名称、注册资本、大股东、分支机构、公司章程等重大事项变动以及公司的分立与合并。根据《保险法》第八十四条的规定，保险公司有下列情形之一的，应当经保险监管机构批准：①变更名称；②变更注册资本；③变更公司或者分支机构的营业场所；④撤销分支机构；⑤公司分立或者合并；⑥修改公司章程；⑦变更出资额占有限责任公司资本总额5%以上的股东，或者变更持有股份有限公司股份5%以上的股东；⑧国务院保险监管机构规定的其他情形。

2. 保险公司的终止

保险公司的终止，指保险公司因解散、破产、撤销等原因而失去法人资格。我国保险法对保险公司的解散、破产、撤销等终止事项有如下规定：

（1）解散与解散限制规定。

《保险法》第八十九条规定，保险公司因分立、合并需要解散，或者股东会、股东大会决议解散，或者公司章程规定的解散事由出现，经国务院保险监管机构批准后解散。经营有人寿保险业务的保险公司，除因分立、合并或者被依法撤销外，不得解散。保险公司解散，应当依法成立清算组进行清算。

（2）重整与破产清算规定。

《保险法》第九十条规定，保险公司有《破产法》第二条[①]规定情形的，经国务院保险监管机构同意，保险公司或者其债权人可以依法向人民法院申请重整、和解或者破产清算；国务院保险监管机构也可以依法向人民法院申请对该保险公司进行重整或者破产清算。

（3）破产清偿顺序规定。

《保险法》第九十一条规定，破产财产在优先清偿破产费用和共益债务后，按照下列顺序清偿：①所欠职工工资和医疗、伤残补助、抚恤费用，所欠应当划入职工个人账户的基本养老保险、基本医疗保险费用，以及法律、行政法规规定应当支付给职工的补偿金；②赔偿或者给付保险金；③保险公司欠缴的除第①项规定以外的社会保险费用和所欠税款；④普通破产债权。破产财产不足以清偿同一顺序的清偿要求的，按照比例分配。破产保险公

① 《破产法》第二条：企业法人不能清偿到期债务，并且资产不足以清偿全部债务或者明显缺乏清偿能力的，依照本法规定清理债务。企业法人有前款规定情形，或者有明显丧失清偿能力可能的，可以依照本法规定进行重整。

司的董事、监事和高级管理人员的工资，按照该公司职工的平均工资计算。

(4)寿险公司撤销与破产的保险合同处理规定。

《保险法》第九十二条规定，经营有人寿保险业务的保险公司被依法撤销或者被依法宣告破产的，其持有的人寿保险合同及责任准备金，必须转让给其他经营有人寿保险业务的保险公司；不能同其他保险公司达成转让协议的，由国务院保险监管机构指定经营有人寿保险业务的保险公司接受转让。转让或者由国务院保险监管机构指定接受转让前述规定的人寿保险合同及责任准备金的，应当维护被保险人、受益人的合法权益。

(5)注销业务许可证规定。

《保险法》第九十三条规定，保险公司依法终止其业务活动，应当注销其经营保险业务许可证。

## 二、保险公司的内部控制

我国保险法对保险公司的内部控制与监管报告的报送有如下规定①。

(1)保险公司应当聘用专业人员，建立精算报告制度和合规报告制度。

(2)保险公司应当按照保险监管机构的规定，报送有关报告、报表、文件和资料。保险公司的偿付能力报告、财务会计报告、精算报告、合规报告及其他有关报告、报表、文件和资料必须如实记录保险业务事项，不得有虚假记载、误导性陈述和重大遗漏。

(3)保险公司应当按照国务院保险监管机构的规定妥善保管业务经营活动的完整账簿、原始凭证和有关资料。前述规定的账簿、原始凭证和有关资料的保管期限，自保险合同终止之日起计算，保险期间在1年以下的不得少于5年，保险期间超过1年的不得少于10年。

(4)保险公司聘请或者解聘会计师事务所、资产评估机构、资信评级机构等中介服务机构，应当向保险监督管理机构报告；解聘会计师事务所、资产评估机构、资信评级机构等中介服务机构，应当说明理由。

## 三、保险公司的业务与经营规则

### (一)保险公司的业务范围

根据《保险法》第九十五条第一款和第九十六条的规定，保险公司的业务范围包括：①人身保险业务，包括人寿保险、健康保险、意外伤害保险等保险业务。②财产保险业务，包括财产损失保险、责任保险、信用保险、保证保险等保险业务。③国务院保险监管机构批准的与保险有关的其他业务。④再保险业务，包括前三项保险业务的分出保险与分入保险业务。

### (二)保险公司的经营原则

根据《保险法》的规定②，保险公司开展保险业务应遵循如下原则：

(1)分业经营原则。即保险公司不得兼营人身保险业务和财产保险业务。但是，经营财产保险业务的保险公司经国务院保险监管机构批准，可以经营短期健康保险业务和意

① 参见《保险法》第八十五至八十八条。

② 参见《保险法》第九十五条第二、三款以及第一百一十四、一百一十五条。

外伤害保险业务。

(2)在批准的业务范围内开展业务原则。即保险公司应当在国务院保险监管机构依法批准的业务范围内从事保险经营活动。

(3)公平、合理拟订保险条款和保险费率原则。即保险公司应当按照国务院保险监管机构的规定,公平、合理拟订保险条款和保险费率,不得损害投保人、被保险人和受益人的合法权益。保险公司应当按照合同约定和保险法规定,及时履行赔偿或者给付保险金义务。

(4)公平竞争原则。即保险公司开展业务,应当遵循公平竞争的原则,不得从事不正当竞争。

**(三)保险公司的经营规则**

我国保险法规定保险公司在经营过程中必须遵循如下规则①:

(1)提取保险保证金规则。即保险公司应当按照其注册资本总额的20%提取保证金,存入国务院保险监管机构指定的银行,除公司清算时用于清偿债务外,不得动用。

(2)提取责任准备金规则。即保险公司应当根据保障被保险人利益、保证偿付能力的原则,提取各项责任准备金。保险公司提取和结转责任准备金的具体办法,由国务院保险监管机构制定。

(3)提取公积金规则。即保险公司应当依法提取公积金。

(4)缴纳保险保障基金规则。保险保障基金是保险机构为有足够能力应付可能发生的巨额赔款,从年终结余中专门提存的后备基金。我国保险法规定,保险公司应当缴纳保险保障基金,保险保障基金实行集中管理,并在下列情形下统筹使用:①在保险公司被撤销或者被宣告破产时,向投保人、被保险人或者受益人提供救济;②在保险公司被撤销或者被宣告破产时,向依法接受其人寿保险合同的保险公司提供救济;③国务院规定的其他情形。保险保障基金筹集、管理和使用的具体办法,由国务院制定。

(5)保证最低偿付能力规则。保险公司应当具有与其业务规模和风险程度相适应的最低偿付能力。保险公司的认可资产减去认可负债的差额不得低于国务院保险监督管理机构规定的数额;低于规定数额的,应当按照国务院保险监督管理机构的要求采取相应措施达到规定的数额。

(6)保险费自留限额规则。经营财产保险业务的保险公司当年自留保险费,不得超过其实有资本金加公积金总和的4倍。

(7)最大赔偿责任及分保规则。保险公司对每一危险单位,即对一次保险事故可能造成的最大损失范围所承担的责任,不得超过其实有资本金加公积金总和的10%;超过的部分应当办理再保险。保险公司对危险单位的划分应当符合国务院保险监督管理机构的规定。

(8)危险单位的划分与巨灾风险安排规则。保险公司对危险单位的划分方法和巨灾风险安排方案,应当报国务院保险监管机构备案。

---

①　参见《保险法》第九十七至一百一十条、第一百一十三条。

(9)再保险规则。保险公司应当按照国务院保险监管机构的规定办理再保险,并审慎选择再保险接受人。

(10)保险资金运用规则。保险公司的资金运用必须稳健,遵循安全性原则。保险公司的资金运用限于下列形式:①银行存款;②买卖债券、股票、证券投资基金份额等有价证券;③投资不动产;④国务院规定的其他资金运用形式。保险公司资金运用的具体管理办法,由国务院保险监管机构依照前述规定制定。

(11)保险资产管理公司的设立及其活动规则。经国务院保险监管机构会同国务院证券监管机构批准,保险公司可以设立保险资产管理公司。保险资产管理公司从事证券投资活动,应当遵守《证券法》等法律、行政法规的规定。保险资产管理公司的管理办法,由国务院保险监管机构会同国务院有关部门制定。

(12)关联交易的管理规则。保险公司应当按照国务院保险监管机构的规定,建立对关联交易的管理和信息披露制度;保险公司的控股股东、实际控制人、董事、监事、高级管理人员不得利用关联交易损害公司的利益。

(13)信息披露规则。保险公司应当按照国务院保险监管机构的规定,真实、准确、完整地披露财务会计报告、风险管理状况、保险产品经营情况等重大事项。

(14)合法使用保险业务许可证规则。保险公司及其分支机构应当依法使用经营保险业务许可证,不得转让、出租、出借经营保险业务许可证。

**(四)保险公司工作人员的从业条件与行为限制**

1.保险销售人员的从业条件

《保险法》第一百一十一条规定,保险公司从事保险销售的人员应当品行良好,具有保险销售所需的专业能力。保险销售人员的行为规范和管理办法,由国务院保险监管机构规定。

2.保险公司及其工作人员的行为限制

《保险法》第一百一十六条规定,保险公司及其工作人员在保险业务活动中不得有下列行为:①欺骗投保人、被保险人或者受益人;②对投保人隐瞒与保险合同有关的重要情况;③阻碍投保人履行本法规定的如实告知义务,或者诱导其不履行保险法规定的如实告知义务;④给予或者承诺给予投保人、被保险人、受益人保险合同约定以外的保险费回扣或者其他利益;⑤拒不依法履行保险合同约定的赔偿或者给付保险金义务;⑥故意编造未曾发生的保险事故、虚构保险合同或者故意夸大已经发生的保险事故的损失程度进行虚假理赔,骗取保险金或者牟取其他不正当利益;⑦挪用、截留、侵占保险费;⑧委托未取得合法资格的机构从事保险销售活动;⑨利用开展保险业务为其他机构或者个人牟取不正当利益;⑩利用保险代理人、保险经纪人或者保险评估机构,从事以虚构保险中介业务或者编造退保等方式套取费用等违法活动;⑪以捏造、散布虚假事实等方式损害竞争对手的商业信誉,或者以其他不正当竞争行为扰乱保险市场秩序;⑫泄露在业务活动中知悉的投保人、被保险人的商业秘密;⑬违反法律、行政法规和国务院保险监督管理机构规定的其他行为。

另外,《保险法》第一百一十二条还规定,保险公司应当建立保险代理人登记管理制度，加强对保险代理人的培训和管理，不得唆使、诱导保险代理人进行违背诚信义务的活动。

## 第四节　保险中介机构法律制度

### 一、保险代理人与保险经纪人

#### (一)保险代理人与保险经纪人的概念

保险代理人，是根据保险人的委托，向保险人收取佣金，并在保险人授权的范围内代为办理保险业务的机构或者个人。保险代理机构包括专门从事保险代理业务的保险专业代理机构和兼营保险代理业务的保险兼业代理机构。

保险经纪人，是基于投保人的利益，为投保人与保险人订立保险合同提供中介服务，并依法收取佣金的机构。

在我国除了《保险法》以外，规范保险代理人与保险经纪人的法律法规还有原中国保监会发布的《保险专业代理机构监管规定》、《保险经纪机构监管规定》(2009 年 9 月 25 日发布，2013 年 4 月 27 日第一次修订，2015 年 10 月 19 日第二次修订)、《保险销售人员监管办法》(2012 年 12 月 21 日发布)等规章。

#### (二)保险代理机构与保险经纪人的基本条件

根据《保险法》的规定①，从事保险中介的保险代理机构与保险经纪人需要满足如下基本条件：

(1)取得业务许可证。即保险代理机构、保险经纪人应当具备国务院保险监管机构规定的条件，取得保险监管机构颁发的经营保险代理业务许可证、保险经纪业务许可证。

(2)注册资本符合要求。即以公司形式设立保险专业代理机构、保险经纪人，其注册资本最低限额适用《公司法》的规定。国务院保险监管机构根据保险专业代理机构、保险经纪人的业务范围和经营规模，可以调整其注册资本的最低限额，但不得低于《公司法》规定的限额。保险专业代理机构、保险经纪人的注册资本或者出资额必须为实缴货币资本。

(3)高级管理人员符合任职条件。即保险专业代理机构、保险经纪人的高级管理人员，应当品行良好，熟悉保险法律、行政法规，具有履行职责所需的经营管理能力，并在任职前取得保险监管机构核准的任职资格。

(4)从业人员具备从业条件。即个人保险代理人、保险代理机构的代理从业人员、保险经纪人的经纪从业人员，应当品行良好，具有从事保险代理业务或者保险经纪业务所需的专业能力。

(5)有经营场所并以账簿记载业务收支。即保险代理机构、保险经纪人应当有自己的经营场所，设立专门账簿记载保险代理业务、经纪业务的收支情况。

(6)缴存保证金或投保职业责任保险。即保险代理机构、保险经纪人应当按照国务院

---

① 参见《保险法》第一百一十九至一百二十四条。

保险监管机构的规定缴存保证金或者投保职业责任保险。

另外，根据《保险法》第一百三十二条的规定，保险代理机构和保险经纪人应当依法使用经营保险代理业务许可证、保险经纪业务许可证，不得转让、出租、出借经营保险代理业务许可证、保险经纪业务许可证。保险代理机构和保险经纪人还应当按照保险监督管理机构的规定，报送有关报告、报表、文件和资料。

**(三)保险代理人、保险经纪人及其从业人员的行为限制**

《保险法》第一百三十一条规定，保险代理人、保险经纪人及其从业人员在办理保险业务活动中不得有下列行为：①欺骗保险人、投保人、被保险人或者受益人；②隐瞒与保险合同有关的重要情况；③阻碍投保人履行保险法规定的如实告知义务，或者诱导其不履行保险法规定的如实告知义务；④给予或者承诺给予投保人、被保险人或者受益人保险合同约定以外的利益；⑤利用行政权力、职务或者职业便利以及其他不正当手段强迫、引诱或者限制投保人订立保险合同；⑥伪造、擅自变更保险合同，或者为保险合同当事人提供虚假证明材料；⑦挪用、截留、侵占保险费或者保险金；⑧利用业务便利为其他机构或者个人牟取不正当利益；⑨串通投保人、被保险人或者受益人，骗取保险金；⑩泄露在业务活动中知悉的保险人、投保人、被保险人的商业秘密。

**(四)其他法律规定**

《保险法》还对保险代理人、保险经纪人的行为、权利、义务以及责任做了如下规定①：

(1)个人保险代理人在代为办理人寿保险业务时，不得同时接受两个以上保险人的委托。

(2)保险人委托保险代理人代为办理保险业务，应当与保险代理人签订委托代理协议，依法约定双方的权利和义务。

(3)保险代理人根据保险人的授权代为办理保险业务的行为，由保险人承担责任。保险代理人没有代理权、超越代理权或者代理权终止后以保险人名义订立合同，使投保人有理由相信其有代理权的，该代理行为有效。保险人可以依法追究越权的保险代理人的责任。

(4)保险经纪人因过错给投保人、被保险人造成损失的，依法承担赔偿责任。

(5)保险佣金只限于向保险代理人、保险经纪人支付，不得向其他人支付。

## 二、保险公估人

保险公估人，指接受委托，对保险标的或者保险事故进行评估、勘验、鉴定、估损理算以及相关风险评估的评估机构。保险公估机构包括保险公估公司和保险公估合伙企业。《保险法》第一百二十九条规定，保险活动当事人可以委托保险公估机构等依法设立的独立评估机构或者具有相关专业知识的人员，对保险事故进行评估和鉴定。接受委托对保险事故进行评估和鉴定的机构和人员，应当依法、独立、客观、公正地进行评估和鉴定，任何单位和个人不得干涉。前述规定的机构和人员，因故意或者过失给保险人或者被保险

① 参见《保险法》第一百二十五至一百二十八条、第一百三十条。

人造成损失的，依法承担赔偿责任。同时，《保险公估人监管规定》[①]也规定，保险公估人及其从业人员应当遵守法律、行政法规和保险监督管理机构有关规定，遵循独立、客观、公正的原则。保险公估人及其从业人员依法从事保险公估业务受法律保护，任何单位和个人不得干涉。

## 第五节　保险业监督管理

### 一、保险业监督管理机构的职权与履责规定

#### (一)保险业监督管理机构及其监管原则

《保险法》第九条规定，国务院保险监管机构依法对保险业实施监督管理。国务院保险监管机构根据履行职责的需要设立派出机构。派出机构按照国务院保险监管机构的授权履行监督管理职责。国务院保险监管机构在 2018 年 4 月 8 日之前为保险监督管理委员会，现为中国银行保险监督管理委员会(简称“银保监会”)。

根据《保险法》第一百三十三条的规定，保险监督管理机构应遵循如下监管原则：①依法监管原则；②公开、公正的原则；③维护市场秩序、保护投保人、被保险人和受益人合法权益原则。

#### (二)保险业监督管理机构的职权

根据《保险法》的规定[②]，国务院保险监管机构有如下职责与权利：

(1)依照法律、行政法规制定并发布有关保险业监督管理的规章。

(2)要求保险公司股东、实际控制人在指定的期限内提供有关信息和资料。

(3)保险公司的股东利用关联交易严重损害公司利益，危及公司偿付能力的，由国务院保险监管机构责令改正。在按照要求改正前，国务院保险监管机构可以限制其股东权利；拒不改正的，可以责令其转让所持的保险公司股权。

(4)保险监管机构根据履行监督管理职责的需要，可以与保险公司董事、监事和高级管理人员进行监督管理谈话，要求其就公司的业务活动和风险管理的重大事项作出说明。

(5)保险公司在整顿、接管、撤销清算期间，或者出现重大风险时，国务院保险监管机构可以对该公司直接负责的董事、监事、高级管理人员和其他直接责任人员采取以下措施：①通知出境管理机关依法阻止其出境；②申请司法机关禁止其转移、转让或者以其他方式处分财产，或者在财产上设定其他权利。

(6)保险监管机构依法履行职责，可以采取下列措施：①对保险公司、保险代理人、保险经纪人、保险资产管理公司、外国保险机构的代表机构进行现场检查；②进入涉嫌违法行为发生场所调查取证；③询问当事人及与被调查事件有关的单位和个人，要求其对与被调查事件有关的事项作出说明；④查阅、复制与被调查事件有关的财产权登记等资料；

---

① 《保险公估人监管规定》由原保监会 2018 年 1 月 17 日发布，2018 年 5 月 1 日实施，原保监会 2009 年 9 月 25 日发布的《保险公估人监管规定》同时废止。

② 参见《保险法》第一百三十四条、第一百五十至一百五十四条。

⑤查阅、复制保险公司、保险代理人、保险经纪人、保险资产管理公司、外国保险机构的代表机构以及与被调查事件有关的单位和个人的财务会计资料及其他相关文件和资料；对可能被转移、隐匿或者毁损的文件和资料予以封存；⑥查询涉嫌违法经营的保险公司、保险代理人、保险经纪人、保险资产管理公司、外国保险机构的代表机构以及与涉嫌违法事项有关的单位和个人的银行账户；⑦对有证据证明已经或者可能转移、隐匿违法资金等涉案财产或者隐匿、伪造、毁损重要证据的，经保险监督管理机构主要负责人批准，申请人民法院予以冻结或者查封。保险监管机构采取前述第①项、第②项、第⑤项措施的，应当经保险监督管理机构负责人批准；采取第⑥项措施的，应当经国务院保险监管机构负责人批准。

**(三)监管机构及其工作人员的履责规定**

《保险法》对监管机构及其工作人员履行监管职责有如下规定①：

(1)保险监管机构应当与中国人民银行、国务院其他金融监督管理机构建立监督管理信息共享机制。

(2)保险监管机构依法进行监督检查或者调查，其监督检查、调查的人员不得少于2人，并应当出示合法证件和监督检查、调查通知书；监督检查、调查的人员少于2人或者未出示合法证件和监督检查、调查通知书的，被检查、调查的单位和个人有权拒绝。

(3)保险监管机构工作人员应当忠于职守，依法办事，公正廉洁，不得利用职务便利牟取不正当利益，不得泄露所知悉的有关单位和个人的商业秘密。

**(四)被监管者及其他部门的配合规定**

根据《保险法》的规定②，保险监管机构依法履行职责，进行监督检查、调查时，被检查、调查的单位和个人以及有关部门应当配合。

## 二、保险业务与经营的监管

**(一)保险条款与保险费率监管**

根据《保险法》第一百三十五条和第一百三十六条的规定，关系社会公众利益的保险险种、依法实行强制保险的险种和新开发的人寿保险险种等的保险条款和保险费率，应当报国务院保险监管机构批准。国务院保险监管机构审批时，应当遵循保护社会公众利益和防止不正当竞争的原则。其他保险险种的保险条款和保险费率，应当报保险监管机构备案。保险条款和保险费率审批、备案的具体办法，由国务院保险监管机构依照前述规定制定。保险公司使用的保险条款和保险费率违反法律、行政法规或者国务院保险监管机构的有关规定的，由保险监管机构责令停止使用，限期修改；情节严重的，可以在一定期限内禁止申报新的保险条款和保险费率。

**(二)偿付能力监管**

根据《保险法》第一百三十七条和第一百三十八条的规定，国务院保险监管机构应当建立健全保险公司偿付能力监管体系，对保险公司的偿付能力实施监控。对偿付能力不

---

① 参见《保险法》第一百五十七条第一款、第一百五十四条第三款、第一百五十六条。

② 参见《保险法》第一百五十五条、第一百五十七条第二款。

足的保险公司，国务院保险监管机构应当将其列为重点监管对象，并可以根据具体情况采取下列措施：①责令增加资本金、办理再保险；②限制业务范围；③限制向股东分红；④限制固定资产购置或者经营费用规模；⑤限制资金运用的形式、比例；⑥限制增设分支机构；⑦责令拍卖不良资产、转让保险业务；⑧限制董事、监事、高级管理人员的薪酬水平；⑨限制商业性广告；⑩责令停止接受新业务。

**(三)责任准备金、再保险及资金运用监管**

根据《保险法》第一百三十九条的规定，保险公司未依照保险法规定提取或者结转各项责任准备金，或者未依照保险法规定办理再保险，或者严重违反保险法关于资金运用的规定的，由保险监管机构责令限期改正，并可以责令调整负责人及有关管理人员。

## 三、保险机构的监管

**(一)保险公司的整顿**

保险公司的整顿，指保险监管部门对经营管理不善、或存在违规违法行为的保险公司所采取的，要求其改正违规违法行为、改善经营状况，以降低保险市场风险、预防保险公司破产的措施。《保险法》关于保险公司的整顿有如下规定[①]：

(1)保险监管机构依照保险法的规定对未提取或者结转各项责任准备金，或者未依保险法规定办理再保险，或者严重违反保险法关于资金运用规定的，做出限期改正决定后，保险公司逾期未改正的，国务院保险监管机构可以决定选派保险专业人员和指定该保险公司的有关人员组成整顿组，对公司进行整顿。整顿决定应当载明被整顿公司的名称、整顿理由、整顿组成员和整顿期限，并予以公告。

(2)整顿组有权监督被整顿保险公司的日常业务。被整顿公司的负责人及有关管理人员应当在整顿组的监督下行使职权。

(3)整顿过程中，被整顿保险公司的原有业务继续进行。但是，国务院保险监管机构可以责令被整顿公司停止部分原有业务、停止接受新业务，调整资金运用。

(4)被整顿保险公司经整顿已纠正其违反保险法规定的行为，恢复正常经营状况的，由整顿组提出报告，经国务院保险监管机构批准，结束整顿，并由保险监管机构予以公告。

**(二)保险公司的接管**

保险公司的接管，指保险监管机构委派接管组织直接介入保险公司的日常经营，并由接管组织负责保险公司的全部经营活动的行为。《保险法》对保险公司的接管有如下规定[②]：

(1)保险公司有下列情形之一的，国务院保险监管机构可以对其实行接管：①公司的偿付能力严重不足的；②违反保险法规定，损害社会公共利益，可能严重危及或者已经严重危及公司的偿付能力的。被接管的保险公司的债权债务关系不因接管而变化。

(2)接管组的组成和接管的实施办法，由国务院保险监管机构决定，并予以公告。

(3)接管期限届满，国务院保险监管机构可以决定延长接管期限，但接管期限最长不

---

① 参见《保险法》第一百四十至一百四十三条。

② 参见《保险法》第一百四十四至一百四十七条。

得超过2年。

(4)接管期限届满，被接管的保险公司已恢复正常经营能力的，由国务院保险监管机构决定终止接管，并予以公告。

**(三)保险公司的破产清算**

保险公司的破产，指保险公司不能清偿到期债务，经保险监管机构同意，由法院依法宣告破产，从而失去法人资格的一种法律行为。《保险法》对保险公司的破产清算有如下规定①：

(1)被整顿、被接管的保险公司有《破产法》第二条②规定情形的，国务院保险监管机构可以依法向人民法院申请对该保险公司进行重整或者破产清算。

(2)保险公司因违法经营被依法吊销经营保险业务许可证的，或者偿付能力低于国务院保险监管机构规定标准，不予撤销将严重危害保险市场秩序、损害公共利益的，由国务院保险监管机构予以撤销并公告，依法及时组织清算组进行清算。

## 第六节　法律责任

### 一、法律责任的类型

《保险法》第七章专门对违反保险法应承担的法律责任进行了规定。其中第一百七十五条和第一百七十九条明确规定：违反保险法规定，给他人造成损害的，依法承担民事责任；构成犯罪的，依法追究刑事责任。由此，根据违法情节的不同，违反保险法的责任人应承担的法律责任包括：刑事责任、行政责任和民事责任。

### 二、擅自设立保险机构、非法经营商业保险业务的法律责任

(1)擅自设立保险公司、保险资产管理公司或者非法经营商业保险业务的，由保险监督管理机构予以取缔，没收违法所得，并处违法所得1倍以上5倍以下的罚款；没有违法所得或者违法所得不足20万元的，处20万元以上100万元以下的罚款。

(2)擅自设立保险专业代理机构、保险经纪人，或者未取得经营保险代理业务许可证、保险经纪业务许可证从事保险代理业务、保险经纪业务的，由保险监督管理机构予以取缔，没收违法所得，并处违法所得1倍以上5倍以下的罚款；没有违法所得或者违法所得不足5万元的，处5万元以上30万元以下的罚款。

### 三、保险机构的违法责任

**(一)保险公司的违法责任**

(1)保险公司违反保险法规定，超出批准的业务范围经营的，由保险监督管理机构责令限期改正，没收违法所得，并处违法所得1倍以上5倍以下的罚款；没有违法所得或者违法所得不足10万元的，处10万元以上50万元以下的罚款。逾期不改正或者造成严重

---

① 参见《保险法》第一百四十八、一百四十九条。

② 《破产法》第二条：企业法人不能清偿到期债务，并且资产不足以清偿全部债务或者明显缺乏清偿能力的，依照本法规定清理债务。企业法人有前款规定情形，或者有明显丧失清偿能力可能的，可以依照本法规定进行重整。

后果的，责令停业整顿或者吊销业务许可证。

(2)保险公司有《保险法》第一百一十六条[①]规定行为之一的，由保险监督管理机构责令改正，处5万元以上30万元以下的罚款；情节严重的，限制其业务范围、责令停止接受新业务或者吊销业务许可证。

(3)保险公司违反《保险法》第八十四条[②]规定的，由保险监督管理机构责令改正，处1万元以上10万元以下的罚款。

(4)保险公司违反保险法规定，有下列行为之一的，由保险监督管理机构责令改正，处5万元以上30万元以下的罚款：①超额承保，情节严重的；②为无民事行为能力人承保以死亡为给付保险金条件的保险的。

(5)违反保险法规定，有下列行为之一的，由保险监督管理机构责令改正，处5万元以上30万元以下的罚款；情节严重的，可以限制其业务范围、责令停止接受新业务或者吊销业务许可证：①未按照规定提存保证金或者违反规定动用保证金的；②未按照规定提取或者结转各项责任准备金的；③未按照规定缴纳保险保障基金或者提取公积金的；④未按照规定办理再保险的；⑤未按照规定运用保险公司资金的；⑥未经批准设立分支机构的；⑦未按照规定申请批准保险条款、保险费率的。

(6)违反保险法规定，聘任不具有任职资格的人员的，由保险监督管理机构责令改正，处2万元以上10万元以下的罚款。

(7)违反保险法规定，转让、出租、出借业务许可证的，由保险监督管理机构处1万元以上10万元以下的罚款；情节严重的，责令停业整顿或者吊销业务许可证。

(8)违反保险法规定，有下列行为之一的，由保险监督管理机构责令限期改正；逾期不改正的，处1万元以上10万元以下的罚款：①未按照规定报送或者保管报告、报表、文件、资料的，或者未按照规定提供有关信息、资料的；②未按照规定报送保险条款、保险费率备案的；③未按照规定披露信息的。

(9)违反保险法规定，有下列行为之一的，由保险监督管理机构责令改正，处10万元以上50万元以下的罚款；情节严重的，可以限制其业务范围、责令停止接受新业务或者吊

---

① 《保险法》第一百一十六条：保险公司及其工作人员在保险业务活动中不得有下列行为：(一)欺骗投保人、被保险人或者受益人；(二)对投保人隐瞒与保险合同有关的重要情况；(三)阻碍投保人履行本法规定的如实告知义务，或者诱导其不履行本法规定的如实告知义务；(四)给予或者承诺给予投保人、被保险人、受益人保险合同约定以外的保险费回扣或者其他利益；(五)拒不依法履行保险合同约定的赔偿或者给付保险金义务；(六)故意编造未曾发生的保险事故、虚构保险合同或者故意夸大已经发生的保险事故的损失程度进行虚假理赔，骗取保险金或者牟取其他不正当利益；(七)挪用、截留、侵占保险费；(八)委托未取得合法资格的机构从事保险销售活动；(九)利用开展保险业务为其他机构或者个人牟取不正当利益；(十)利用保险代理人、保险经纪人或者保险评估机构，从事以虚构保险中介业务或者编造退保等方式套取费用等违法活动；(十一)以捏造、散布虚假事实等方式损害竞争对手的商业信誉，或者以其他不正当竞争行为扰乱保险市场秩序；(十二)泄露在业务活动中知悉的投保人、被保险人的商业秘密；(十三)违反法律、行政法规和国务院保险监督管理机构规定的其他行为。

② 《保险法》第八十四条：保险公司有下列情形之一的，应当经保险监督管理机构批准：(一)变更名称；(二)变更注册资本；(三)变更公司或者分支机构的营业场所；(四)撤销分支机构；(五)公司分立或者合并；(六)修改公司章程；(七)变更出资额占有限责任公司资本总额百分之五以上的股东，或者变更持有股份有限公司股份5%以上的股东；(八)国务院保险监督管理机构规定的其他情形。

销业务许可证：①编制或者提供虚假的报告、报表、文件、资料的；②拒绝或者妨碍依法监督检查的；③未按照规定使用经批准或者备案的保险条款、保险费率的。

**（二）保险中介机构的违法责任**

（1）保险代理机构、保险经纪人有《保险法》第一百三十一条[①]规定行为之一的，由保险监督管理机构责令改正，处5万元以上30万元以下的罚款；情节严重的，吊销业务许可证。

（2）保险代理机构、保险经纪人违反保险法规定，有下列行为之一的，由保险监督管理机构责令改正，处2万元以上10万元以下的罚款；情节严重的，责令停业整顿或者吊销业务许可证：①未按照规定缴存保证金或者投保职业责任保险的；②未按照规定设立专门账簿记载业务收支情况的。

**（三）违法直接责任人的法律责任**

（1）保险公司、保险资产管理公司、保险专业代理机构、保险经纪人违反保险法规定的，保险监督管理机构除分别依照《保险法》第一百六十条至第一百七十条的规定对该单位给予处罚外，对其直接负责的主管人员和其他直接责任人员给予警告，并处1万元以上10万元以下的罚款；情节严重的，撤销任职资格。

（2）个人保险代理人违反保险法规定的，由保险监督管理机构给予警告，可以并处2万元以下的罚款；情节严重的，处2万元以上10万元以下的罚款。

**（四）外国保险机构的违法责任**

（1）外国保险机构未经国务院保险监督管理机构批准，擅自在中华人民共和国境内设立代表机构的，由国务院保险监督管理机构予以取缔，处5万元以上30万元以下的罚款。

（2）外国保险机构在我国境内设立的代表机构从事保险经营活动的，由保险监督管理机构责令改正，没收违法所得，并处违法所得1倍以上5倍以下的罚款；没有违法所得或者违法所得不足20万元的，处20万元以上100万元以下的罚款；对其首席代表可以责令撤换；情节严重的，撤销其代表机构。

### 四、投保人、被保险人和受益人违反保险法的法律责任

投保人、被保险人或者受益人有下列行为之一，进行保险诈骗活动，尚不构成犯罪的，依法给予行政处罚：①投保人故意虚构保险标的，骗取保险金的；②编造未曾发生的保险事故，或者编造虚假的事故原因或者夸大损失程度，骗取保险金的；③故意造成保险事故，骗取保险金的。保险事故的鉴定人、评估人、证明人故意提供虚假的证明文件，为投保人、被保险人或者受益人进行保险诈骗提供条件的，依照前述规定给予处罚。

---

① 《保险法》第一百三十一条：保险代理人、保险经纪人及其从业人员在办理保险业务活动中不得有下列行为：（一）欺骗保险人、投保人、被保险人或者受益人；（二）隐瞒与保险合同有关的重要情况；（三）阻碍投保人履行本法规定的如实告知义务，或者诱导其不履行本法规定的如实告知义务；（四）给予或者承诺给予投保人、被保险人或者受益人保险合同约定以外的利益；（五）利用行政权力、职务或者职业便利以及其他不正当手段强迫、引诱或者限制投保人订立保险合同；（六）伪造、擅自变更保险合同，或者为保险合同当事人提供虚假证明材料；（七）挪用、截留、侵占保险费或者保险金；（八）利用业务便利为其他机构或者个人牟取不正当利益；（九）串通投保人、被保险人或者受益人，骗取保险金；（十）泄露在业务活动中知悉的保险人、投保人、被保险人的商业秘密。

## 五、违反保险监管规定的法律责任

### (一)被监管者抗拒保险监管的法律责任

(1)拒绝、阻碍保险监督管理机构及其工作人员依法行使监督检查、调查职权,未使用暴力、威胁方法的,依法给予治安管理处罚。

(2)违反法律、行政法规的规定,情节严重的,国务院保险监督管理机构可以禁止有关责任人员一定期限直至终身进入保险业。

### (二)保险监管者违反保险法的法律责任

保险监督管理机构从事监督管理工作的人员有下列情形之一的,依法给予处分:①违反规定批准机构的设立的;②违反规定进行保险条款、保险费率审批的;③违反规定进行现场检查的;④违反规定查询账户或者冻结资金的;⑤泄露其知悉的有关单位和个人的商业秘密的;⑥违反规定实施行政处罚的;⑦滥用职权、玩忽职守的其他行为。

### 思考练习题

1. 简述保险法的原则。
2. 简述保险法的性质与特点。
3. 人身保险合同中对被保险人具有保险利益的人有哪些?
4. 简述保险合同的性质和特点。
4. 什么是保险价值? 什么是保险金额? 两者有何关系?
5. 简述保险公司的业务范围与经营规则。

# 第十四章　金融租赁法律制度

章前提要

本章主要介绍金融租赁的类型、法律特征；融资租赁合同及其法律特征，融资租赁合同条款，合同当事人的权利、义务与责任免除；金融租赁机构的设立、变更与终止；金融租赁机构的业务范围与经营规则；金融租赁机构的监督与管理。

## 第一节　金融租赁法概述

### 一、金融租赁的概念与种类

#### （一）金融租赁的概念

金融租赁亦称融资租赁，是指出租人根据承租人对租赁物和供货人的选择或认可，将其从供货人处取得的租赁物按合同约定出租给承租人占有、使用，向承租人收取租金的交易活动。

#### （二）金融租赁的类型

金融租赁主要有直接租赁、转租赁、回租租赁和杠杆租赁四种形式。

1. 直接租赁

直接租赁指出租人筹集资金，按承租人的要求向供货商或制造商购进设备后直接出租给承租人的租赁形式。

2. 转租赁

转租赁是出租人先作为承租人向其他租赁机构租入设备，再将该设备出租给实际使用设备的单位的一种租赁方式。转租赁业务通常用于租赁国外大型、先进设备。

3. 回租租赁

回租租赁也称为售后回租，指承租人将自有设备按照账面价格或重估价格出卖给出租人的同时与出租人签订租赁合同，再将该设备从出租人处租回的租赁方式。售后回租业务是承租人和供货人为同一人的融资租赁方式。承租人进行回租租赁的目的通常是为了盘活占用在固定资产上的资金。

4. 杠杆租赁

杠杆租赁也称为衡平租赁，指出租人只出占全部出租设备价格 20%～40%的资金，再以出租设备为抵押从其他金融机构融通80%～60%的资金购买承租人指定的设备并取得该设备的所有权，然后再将该设备出租给承租者的租赁方式。杠杆租赁通常用于租赁设备价格较高、一家租赁公司无力或不愿承担全部价款的情况。

## 二、金融租赁的法律特征

金融租赁具有如下法律特征：

(1)融资与融物相结合。融资租赁是以融物的形式进行融资，表现为借物还钱。承租人表面上是融物，实际上是融资；金融租赁机构表面上是为承租人提供设备，实际是为承租人提供贷款。

(2)租赁财产的使用权与所有权相分离。在租赁期内租赁财产的所有权归出租人，使用权归承租人。与普通商品租赁不同的是，租赁期满以后，承租人对租赁财产处理可以在留购、续租或退回中选择，具体选择哪一种方式应在合同中约定。

(3)涉及三方当事人两个合同。除去回租租赁，金融租赁一般涉及出租人、承租人和供货人三方当事人以及租赁合同和购买合同两个合同。

(4)承租人不可提前解约。因为在融资租赁中，租赁财产是由出租人根据承租人的指定所购置，财产通常具有专用性，所以在租赁期内承租人不能提前解约。

(5)出租人以租金形式收回本息。融资租赁虽是一种信用形式，但是与普通信用不同的是，普通信用通常采用一次还本、分次付息，或本息一次归还的本息收回方式，而融资租赁采用的是以租金形式分次还本(租赁设备价格)付息的本息收回方式。

(6)承租人承担租赁财产的责任。由于租赁财产是根据承租人的指定专为承租人购置，租期较长，且在整个租期内财产由承租人占有和使用，而出租人的义务仅是提供购买财产所需价款(提供融资)，所以在融资租赁中，出租人既无能力、也无义务对租赁财产的质量、规格、鉴定、验收以及使用中的保养、维修、保险等承担责任，上述责任要由承租人承担。

## 三、金融租赁法

### (一)金融租赁法的概念

金融租赁法，是调整融资租赁关系的法律规范的总称。金融租赁法调整的对象主要包括：

(1)金融租赁业务关系。该业务关系主要指在开展金融租赁业务过程中形成的各方当事人之间的关系，主要表现为金融租赁合同关系以及金融租赁业务中各方当事人之间的权力义务关系，主要由金融租赁法、合同法、民法等法律规范调整。金融租赁业务具有各主体意思自治的特征。

(2)金融租赁监管关系。其主要指监管当局为了维护金融租赁市场秩序、防范和化解风险、保护金融租赁各方当事人的合法权益和社会公共利益，在对金融租赁业务金融租赁主体进行监管的过程中所形成的非平等主体之间的关系。金融租赁监管关系主要包括金融租赁主体的监管关系和对金融租赁行为的监管关系。

### (二)中国的金融租赁立法

改革开放后，为扩大国际经济技术合作与交流，开辟利用外资的新渠道，吸收和引进国外的先进技术和设备，1980 年中国国际信托投资公司引进租赁方式。1981 年 4 月中国组建了第一家合资租赁公司中国东方租赁有限公司，同年 7 月，成立中国租赁公司。这些公司的成立，标志金融租赁业在中国诞生。

伴随着金融租赁业在中国的不断发展，为规范金融租赁合同，明确各方当事人的权利义务，1999 年 3 月颁布的《合同法》专设第十四章为“融资租赁合同”。2000 年 6 月中国人民银行颁布《金融租赁公司管理办法》，2009 年 8 月 18 日原中国银监会、中国人民银行联合发布《关于金融租赁公司和汽车金融公司发行金融债券的有关事宜的公告》，2014 年 7 月 11 日，原中国银监会发布《金融租赁公司专业子公司管理暂行规定》，2013 年 9 月 18 日，商务部发布《融资租赁企业监督管理办法》，2014 年 2 月 24 日，最高人民法院发布《关于审理融资租赁合同纠纷案件适用法律问题的解释》。

伴随着我国金融监管体制的不断发展、监管水平的不断提高以及金融租赁业务的发展，2000 年颁布的《金融租赁公司管理办法》严重滞后，2007 年 1 月 24 日和 2014 年 3 月 13 日原银监会分别对《金融租赁公司管理办法》进行了两次修订。2019 年，银保监会亦将《融资租赁企业监督管理办法》纳入修订计划。

## 第二节　融资租赁合同

### 一、融资租赁合同的概念与法律特征

1. 融资租赁合同的概念

《民法典》第三编第十五章专门对融资租赁合同进行了规范。根据《民法典》第七百三十五条的规定，融资租赁合同，是出租人根据承租人对出卖人、租赁物的选择，向出卖人购买租赁物，提供给承租人使用，承租人支付租金的合同。

2. 融资租赁合同的特征

融资租赁合同具有如下法律特征：

(1)融资租赁合同是双务合同，即当事人之间相互享有权利，承担义务。

(2)融资租赁合同是有偿合同，即当事人为享有权利而必须支付代价，如承租方要以支付租金为代价取得租赁物的使用权。

(3)融资租赁合同是诺成合同，即租赁当事人就租赁事项的意思表示一致合同即成立。

(4)融资租赁合同是要式合同，即应当采取书面形式。

(5)融资租赁合同是不可撤销合同，即租赁期间内租赁双方均无权终止和解除合同，尤其绝对禁止承租人解除合同，但承租人拒不按照合同约定缴纳租金，经催告后在合理期限内仍不支付租金的，出租人可以解除合同，收回租赁物。

### 二、融资租赁合同的条款及形式

《民法典》第七百三十六条规定，融资租赁合同的内容包括租赁物名称、数量、规格、技术性能、检验方法、租赁期限、租金构成及其支付期限和方式、币种、租赁期间届满租赁物的归属等条款。合同应当采用书面形式。

## 三、合同当事人的权利与义务

### (一)出租人的权利、义务与责任免除

1. 出租人的权利

《民法典》规定,出租人享有如下权利:

(1)租赁物的所有权。《民法典》在做出出租人对租赁物享有所有权的同时还规定①,出租人对租赁物的所有权,未经登记,不得对抗善意第三人。出租人和承租人可以约定租赁期限届满租赁物的归属;对租赁物的归属没有约定或者约定不明确,依据《民法典》第五百一十条②的规定仍不能确定的,租赁物的所有权归出租人。但是,如果当事人约定租赁期限届满,承租人仅需向出租人支付象征性价款的,视为约定的租金义务履行完毕后租赁物的所有权归承租人。

(2)解除合同的权利。《民法典》第七百五十二条和第七百五十三条规定,承租人未按照约定支付租金,承租人经催告后在合理期限内仍不支付租金的,出租人可以请求支付全部租金,也可以解除合同,收回租赁物;承租人未经出租人同意,将租赁物转让、抵押、质押、投资入股或者以其他方式处分的,出租人可以解除融资租赁合同。

(3)要求赔偿因合同解除而受损失的权利。《民法典》第七百五十五条规定,融资租赁合同因买卖合同解除、被确认无效或者被撤销而解除,出卖人、租赁物系由承租人选择的,出租人有权请求承租人赔偿相应损失;但是,因出租人原因致使买卖合同解除、被确认无效或者被撤销的除外。出租人的损失已经在买卖合同解除、被确认无效或者被撤销时获得赔偿的,承租人不再承担相应的赔偿责任。

(4)要求补偿租赁物损失的权利。《民法典》第七百五十六条和第七百五十八条第二款规定,融资租赁合同因租赁物交付承租人后意外毁损、灭失等不可归责于当事人的原因解除的,出租人可以请求承租人按照租赁物折旧情况给予补偿;当事人约定租赁期限届满租赁物归出租人所有,因租赁物毁损、灭失或者附合、混合于他物致使承租人不能返还的,出租人有权请求承租人给予合理补偿。

除上述权利外,《民法典》第七百五十一条还规定,承租人占有租赁物期间,租赁物毁损、灭失的,出租人有权请求承租人继续支付租金,但是法律另有规定或者当事人另有约定的除外。

2. 出租人的义务

《民法典》规定出租人应当履行如下义务:

(1)保证承租人占有和使用租赁物的义务。《民法典》第七百四十八条第一款规定,出租人应当保证承租人对租赁物的占有和使用。

(2)协助承租人向出卖人索赔的义务。《民法典》第七百四十一条规定,出卖人不履行买卖合同义务,承租人行使索赔权利时,出租人应当协助承租人索赔。

---

① 参见《民法典》第七百四十五条、第七百五十七条、第七百五十九条。

② 《民法典》第五百一十条:合同生效后,当事人就质量、价款或者报酬、履行地点等内容没有约定或者约定不明确的,可以协议补充;不能达成补充协议的,按照合同相关条款或者交易习惯确定。

3. 出租人的责任免除

《民法典》第七百四十七条和第七百四十九条对出租人的责任免除有如下规定：

(1)租赁物不符合约定或者不符合使用目的的，出租人不承担责任，但承租人依赖出租人的技能确定租赁物或者出租人干预选择租赁物的除外。租赁物不符合约定或者不符合使用目的的，出租人不承担责任，这是因为在金融租赁中，租赁物的技术参数以及供应商是由承租人指定的，对租赁物的收货、验货等也是由承租人完成的，所以出租人不承担责任。

(2)承租人占有租赁物期间，租赁物造成第三人的人身伤害或者财产损害的，出租人不承担责任。

**(二)承租人的权利与义务**

1. 承租人的权利

《民法典》规定承租人享有如下权利①：

(1)与受领标的物有关的买受人的权利。即出租人根据承租人对出卖人、租赁物的选择订立的买卖合同，出卖人应当按照约定向承租人交付标的物，承租人享有与受领标的物有关的买受人的权利。

(2)拒绝受领出卖人向其交付的标的物的权利。即出卖人违反向承租人交付标的物的义务，有下列情形之一的，承租人可以拒绝受领出卖人向其交付的标的物：①标的物严重不符合约定；②未按照约定交付标的物，经承租人或者出租人催告后在合理期限内仍未交付。承租人拒绝受领标的物的，应当及时通知出租人。

(3)请求减免相应租金的权利。承租人对出卖人行使索赔权利，不影响其履行支付租金的义务。但是，承租人依赖出租人的技能确定租赁物或者出租人干预选择租赁物的，承租人可以请求减免相应租金。

(4)请求出租人承担相应责任的权利。即出租人有下列情形之一，致使承租人对出卖人行使索赔权利失败的，承租人有权请求出租人承担相应的责任：①明知租赁物有质量瑕疵而不告知承租人；②承租人行使索赔权利时，未及时提供必要协助。出租人怠于行使只能由其对出卖人行使的索赔权利，造成承租人损失的，承租人有权请求出租人承担赔偿责任。

(5)请求出租人赔偿损失的权利。即出租人有下列情形之一的，承租人有权请求其赔偿损失：①无正当理由收回租赁物；②无正当理由妨碍、干扰承租人对租赁物的占有和使用；③因出租人的原因致使第三人对租赁物主张权利；④不当影响承租人对租赁物占有和使用的其他情形。

(6)请求返还相应租金的权利。即当事人约定租赁期限届满租赁物归承租人所有，承租人已经支付大部分租金，但是无力支付剩余租金，出租人因此解除合同收回租赁物，收回的租赁物的价值超过承租人欠付的租金以及其他费用的，承租人可以请求相应返还。

---

① 参见《民法典》第七百三十九条、第七百四十条、第七百四十二条、第七百四十三条、第七百四十八条第二款、第七百五十八条第一款。

2.承租人的义务

《民法典》规定承租人应当履行如下义务：

(1)妥善保管、使用和维修租赁物的义务。《民法典》第七百五十条规定，承租人应当妥善保管、使用租赁物。承租人应当履行占有租赁物期间的维修义务。

(2)合理补偿出租人损失的义务。《民法典》第七百六十条规定，融资租赁合同无效，当事人就该情形下租赁物的归属有约定的，按照其约定；没有约定或者约定不明确的，租赁物应当返还出租人。但是，因承租人原因致使合同无效，出租人不请求返还或者返还后会显著降低租赁物效用的，租赁物的所有权归承租人，由承租人给予出租人合理补偿。

### 四、其他规定

#### (一)合同效力的规定

《民法典》第七百三十七条和第七百三十八条对融资租赁合同的效力有如下规定：

(1)当事人以虚构租赁物方式订立的融资租赁合同无效。

(2)依照法律、行政法规的规定，对于租赁物的经营使用应当取得行政许可的，出租人未取得行政许可不影响融资租赁合同的效力。

#### (二)出租人不得任意变更合同内容的规定

《民法典》第七百四十四条规定，出租人根据承租人对出卖人、租赁物的选择订立的买卖合同，未经承租人同意，出租人不得变更与承租人有关的合同内容。

#### (三)租金确定规则的规定

《民法典》第七百四十六条规定，融资租赁合同的租金，除当事人另有约定外，应当根据购买租赁物的大部分或者全部成本以及出租人的合理利润确定。

#### (四)合同解除的规定

《民法典》第七百五十四条规定，有下列情形之一的，出租人或者承租人可以解除融资租赁合同：①出租人与出卖人订立的买卖合同解除、被确认无效或者被撤销，且未能重新订立买卖合同；②租赁物因不可归责于当事人的原因毁损、灭失，且不能修复或者确定替代物；③因出卖人的原因致使融资租赁合同的目的不能实现。

## 第三节　金融租赁机构的管理规定

### 一、金融租赁机构的设立、变更与终止

金融租赁机构在我国主要指金融租赁公司。我国《金融租赁公司管理办法》第二条规定，金融租赁公司，是指经银保监会①批准，以经营融资租赁业务为主的非银行金融机构。金融租赁公司名称中应当标明“金融租赁”字样。未经银保监会批准，任何单位不得在其名称中使用“金融租赁”字样。

① 此处《金融租赁公司管理办法》原文为银监会，鉴于2018年4月银监会与保监会合并成立银保监会，本书在此将“银监会”自动改为“银保监会”。下面相同，不再一一说明。

### (一)金融租赁公司的设立条件

根据我国《金融租赁公司管理办法》第七条的规定,申请设立金融租赁公司,应当具备以下条件:①有符合我国《公司法》和银保监会规定的公司章程;②有符合规定条件的发起人;③注册资本为一次性实缴货币资本,最低限额为1亿元人民币或等值的可自由兑换货币;④有符合任职资格条件的董事、高级管理人员,并且从业人员中具有金融或融资租赁工作经历3年以上的人员应当不低于总人数的50%;⑤建立了有效的公司治理、内部控制和风险管理体系;⑥建立了与业务经营和监管要求相适应的信息科技架构,具有支撑业务经营的必要、安全且合规的信息系统,具备保障业务持续运营的技术与措施;⑦有与业务经营相适应的营业场所、安全防范措施和其他设施;⑧银保监会规定的其他审慎性条件。

除上述规定外,我国《金融租赁公司管理办法》还规定[①],金融租赁公司至少应当有一名符合《金融租赁公司管理办法》第九条至第十一条规定的发起人[②],且其出资比例不低于拟设金融租赁公司全部股本的30%。金融租赁公司发起人应当在金融租赁公司章程中约定,在金融租赁公司出现支付困难时,给予流动性支持;当经营损失侵蚀资本时,及时补足资本金。金融租赁公司董事和高级管理人员实行任职资格核准制度。

根据《金融租赁公司管理办法》第十七条的规定,金融租赁公司根据业务发展的需要,经银保监会批准,可以设立分公司、子公司。设立分公司、子公司的具体条件由银保监会另行制定。

### (二)金融租赁公司发起人的资格和条件

1.发起人的资格

根据我国《金融租赁公司管理办法》第八条的规定,金融租赁公司的发起人可以是:在中国境内外注册的具有独立法人资格的商业银行,在中国境内注册的、主营业务为制造适合融资租赁交易产品的大型企业,在中国境外注册的融资租赁公司以及银保监会认可的其他发起人。

银保监会认可的其他发起人是指除符合《金融租赁公司管理办法》第九条至第十一条规定的发起人以外的其他境内法人机构和境外金融机构。

2.发起人的条件

(1)商业银行作为发起人的条件。

根据我国《金融租赁公司管理办法》第九条的规定,在中国境内外注册的具有独立法人资格的商业银行作为金融租赁公司发起人,应当具备以下条件:①满足所在国家或地区监管当局的审慎监管要求;②具有良好的公司治理结构、内部控制机制和健全的风险管理体系;③最近1年年末总资产不低于800亿元人民币或等值的可自由兑换货币;④财务状况良好,最近2个会计年度连续盈利;⑤为拟设金融租赁公司确定了明确的发展战略和清晰的盈利模式;⑥遵守注册地法律法规,最近2年内未发生重大案件或重大违法违规行

① 参见《金融租赁公司管理办法》第十二、十六、十八条。

② 具体参见下文中关于发起人条件的规定。

为;⑦境外商业银行作为发起人的,其所在国家或地区金融监管当局已经与银监会建立良好的监督管理合作机制;⑧入股资金为自有资金,不得以委托资金、债务资金等非自有资金入股;⑨承诺5年内不转让所持有的金融租赁公司股权、不将所持有的金融租赁公司股权进行质押或设立信托,并在拟设公司章程中载明;⑩银保监会规定的其他审慎性条件。

(2)大型企业作为发起人的条件。

根据我国《金融租赁公司管理办法》第十条的规定,在中国境内注册的、主营业务为制造适合融资租赁交易产品的大型企业作为金融租赁公司发起人,应当具备以下条件:①有良好的公司治理结构或有效的组织管理方式;②最近1年的营业收入不低于50亿元人民币或等值的可自由兑换货币;③财务状况良好,最近2个会计年度连续盈利;④最近1年年末净资产不低于总资产的30%;⑤最近1年主营业务销售收入占全部营业收入的80%以上;⑥为拟设金融租赁公司确定了明确的发展战略和清晰的盈利模式;⑦有良好的社会声誉、诚信记录和纳税记录;⑧遵守国家法律法规,最近2年内未发生重大案件或重大违法违规行为;⑨入股资金为自有资金,不得以委托资金、债务资金等非自有资金入股;⑩承诺5年内不转让所持有的金融租赁公司股权、不将所持有的金融租赁公司股权进行质押或设立信托,并在拟设公司章程中载明;⑪银保监会规定的其他审慎性条件。

(3)金融租赁公司作为发起人的条件。

根据我国《金融租赁公司管理办法》第十一条的规定,在中国境外注册的具有独立法人资格的融资租赁公司作为金融租赁公司发起人,应当具备以下条件:①具有良好的公司治理结构、内部控制机制和健全的风险管理体系;②最近1年年末总资产不低于100亿元人民币或等值的可自由兑换货币;③财务状况良好,最近2个会计年度连续盈利;④遵守注册地法律法规,最近2年内未发生重大案件或重大违法违规行为;⑤所在国家或地区经济状况良好;⑥入股资金为自有资金,不得以委托资金、债务资金等非自有资金入股;⑦承诺5年内不转让所持有的金融租赁公司股权、不将所持有的金融租赁公司股权进行质押或设立信托,并在拟设公司章程中载明;⑧银保监会规定的其他审慎性条件。

(4)其他境内法人机构作为发起人的条件。

根据我国《金融租赁公司管理办法》第十三条的规定,其他境内法人机构作为金融租赁公司发起人,应当具备以下条件:①有良好的公司治理结构或有效的组织管理方式;②有良好的社会声誉、诚信记录和纳税记录;③经营管理良好,最近2年内无重大违法违规经营记录;④财务状况良好,且最近2个会计年度连续盈利;⑤入股资金为自有资金,不得以委托资金、债务资金等非自有资金入股;⑥承诺5年内不转让所持有的金融租赁公司股权,不将所持有的金融租赁公司股权进行质押或设立信托,并在公司章程中载明;⑦银保监会规定的其他审慎性条件;其他境内法人机构为非金融机构的,最近1年年末净资产不得低于总资产的30%;其他境内法人机构为金融机构的,应当符合与该类金融机构有关的法律、法规、相关监管规定要求。

(5)其他境外金融机构作为发发起人的条件。

根据我国《金融租赁公司管理办法》第十四条的规定,其他境外金融机构作为金融租赁公司发起人,应当具备以下条件:①满足所在国家或地区监管当局的审慎监管要求;

②具有良好的公司治理结构、内部控制机制和健全的风险管理体系;③最近1年年末总资产原则上不低于10亿美元或等值的可自由兑换货币;④财务状况良好,最近2个会计年度连续盈利;⑤入股资金为自有资金,不得以委托资金、债务资金等非自有资金入股;⑥承诺5年内不转让所持有的金融租赁公司股权、不将所持有的金融租赁公司股权进行质押或设立信托,并在公司章程中载明;⑦所在国家或地区金融监管当局已经与银保监会建立良好的监督管理合作机制;⑧具有有效的反洗钱措施;⑨所在国家或地区经济状况良好;⑩银保监会规定的其他审慎性条件。

除上述积极条件以外,我国《金融租赁公司管理办法》第十五条还规定了发起人的消极条件,即有下列情形之一的企业不得作为金融租赁公司的发起人:①公司治理结构与机制存在明显缺陷;②关联企业众多、股权关系复杂且不透明、关联交易频繁且异常;③核心主业不突出且其经营范围涉及行业过多;④现金流量波动受经济景气影响较大⑤资产负债率、财务杠杆率高于行业平均水平;⑥其他对金融租赁公司产生重大不利影响的情况。

**(三)金融租赁公司的变更**

根据我国《金融租赁公司管理办法》第十九条和第二十条,金融租赁公司的变更需执行如下规定:

(1)融租赁公司有下列变更事项之一的,须报经银保监会或其派出机构批准:①变更公司名称;②变更组织形式;③调整业务范围;④变更注册资本;⑤变更股权或调整股权结构;⑥修改公司章程;⑦变更公司住所或营业场所;⑧变更董事和高级管理人员;⑨合并或分立;⑩银监会规定的其他变更事项。

(2)金融租赁公司变更股权及调整股权结构,拟投资入股的出资人需符合《金融租赁公司管理办法》第八条至第十六条规定的新设金融租赁公司发起人条件。

**(四)金融租赁公司的终止**

1.金融租赁公司的解散

根据我国《金融租赁公司管理办法》第二十一条的规定,金融租赁公司有以下情况之一的,经银保监会批准可以解散:①公司章程规定的营业期限届满或者公司章程规定的其他解散事由出现;②股东决定或股东(大)会决议解散;③因公司合并或者分立需要解散;④依法被吊销营业执照、责令关闭或者被撤销;⑤其他法定事由。

2.金融租赁公司的破产

我国《金融租赁公司管理办法》第二十三条规定,金融租赁公司不能清偿到期债务,并且资产不足以清偿全部债务或者明显缺乏清偿能力的,银监会可以向人民法院提出对该金融租赁公司进行重整或者破产清算的申请。

关于金融租赁公司申请破产的条件,《金融租赁公司管理办法》第二十二条规定,有以下情形之一的,经银保监会批准,即可以向法院申请破产:①不能支付到期债务,自愿或债权人要求申请破产的;②因解散或被撤销而清算,清算组发现财产不足以清偿债务,应当申请破产的。以上说明,我国金融租赁公司的破产,既可以在取得银保监会批准的情况下由金融租赁公司自己向法院申请,也可以由银保监会向法院申请。

## 二、金融租赁机构的业务范围与经营规则

### （一）金融租赁机构的业务范围

我国《金融租赁公司管理办法》第三章对金融租赁公司的业务范围进行了具体规定。根据规定，经银保监会批准，金融租赁公司可以经营下列部分或全部本外币业务：①融资租赁业务；②转让和受让融资租赁资产；③固定收益类证券投资业务；④接受承租人的租赁保证金；⑤吸收非银行股东3个月（含）以上定期存款；⑥同业拆借；⑦向金融机构借款；⑧境外借款；⑨租赁物变卖及处理业务；⑩经济咨询。

除上述规定的业务外，对于经营状况良好、符合条件的金融租赁公司，经银保监会批准，还可以开办下列部分或全部本外币业务：①发行债券；②在境内保税地区设立项目公司开展融资租赁业务；③资产证券化；④为控股子公司、项目公司对外融资提供担保；⑤银保监会批准的其他业务。金融租赁公司开办上述所列业务的具体条件和程序，按照有关规定执行。

### （二）金融租赁机构的经营规则

我国《金融租赁公司管理办法》第四章从如下五个方面对金融租赁公司的经营规则进行了规定。

1.公司治理规定

金融租赁公司应当建立以股东或股东（大）会、董事会、监事（会）、高级管理层等为主体的组织架构，明确职责划分，保证相互之间独立运行、有效制衡，形成科学高效的决策、激励和约束机制。

2.内部控制与风险管理规定

（1）金融租赁公司应当按照全面、审慎、有效、独立原则，建立健全内部控制制度，防范、控制和化解风险，保障公司安全稳健运行。

（2）金融租赁公司应当根据其组织架构、业务规模和复杂程度建立全面的风险管理体系，对信用风险、流动性风险、市场风险、操作风险等各类风险进行有效的识别、计量、监测和控制，同时还应当及时识别和管理与融资租赁业务相关的特定风险。

（3）金融租赁公司应当建立健全集中度风险管理体系，有效防范和分散经营风险。

3.租赁物与租赁资产管理规定

（1）金融租赁的租赁物应为固定资产，银保监会另有规定的除外①。

（2）金融租赁公司应当合法取得租赁物的所有权。

（3）租赁物属于国家法律法规规定所有权转移必须到登记部门进行登记的财产类别，金融租赁公司应当进行相关登记。租赁物不属于需要登记的财产类别，金融租赁公司应当采取有效措施保障对租赁物的合法权益。

（4）售后回租业务的租赁物必须由承租人真实拥有并有权处分。金融租赁公司不得接受已设置任何抵押、权属存在争议或已被司法机关查封、扣押的财产或所有权存在瑕疵的财产作为售后回租业务的租赁物。

（5）金融租赁公司应当在签订融资租赁合同或明确融资租赁业务意向的前提下，按照

---

① 参见《金融租赁公司管理办法》第四条。

承租人要求购置租赁物。特殊情况下需提前购置租赁物的，应当与自身现有业务领域或业务规划保持一致，且与自身风险管理能力和专业化经营水平相符。

(6)金融租赁公司应当建立健全租赁物价值评估和定价体系，根据租赁物的价值、其他成本和合理利润等确定租金水平。售后回租业务中，金融租赁公司对租赁物的买入价格应当有合理的、不违反会计准则的定价依据作为参考，不得低值高买。

(7)金融租赁公司应当重视租赁物的风险缓释作用，密切监测租赁物价值对融资租赁债权的风险覆盖水平，制定有效的风险应对措施。

(8)金融租赁公司应当加强租赁物未担保余值的估值管理，定期评估未担保余值，并开展减值测试。当租赁物未担保余值出现减值迹象时，应当按照会计准则要求计提减值准备。

(9)金融租赁公司应当加强未担保余值风险的限额管理，根据业务规模、业务性质、复杂程度和市场状况，对未担保余值比例较高的融资租赁资产设定风险限额。

(10)金融租赁公司应当加强对租赁期限届满返还或因承租人违约而取回的租赁物的风险管理，建立完善的租赁物处置制度和程序，降低租赁物持有期风险。

(11)金融租赁公司应当严格按照会计准则等相关规定，真实反映融资租赁资产转让和受让业务的实质和风险状况。

4. 关联交易管理规定

(1)金融租赁公司应当建立严格的关联交易管理制度，其关联交易应当按照商业原则，以不优于非关联方同类交易的条件进行。

(2)金融租赁公司与其设立的控股子公司、项目公司之间的交易，不适用《金融租赁公司管理办法》对关联交易的监管要求。

(3)金融租赁公司的重大关联交易应当经董事会批准。重大关联交易是指金融租赁公司与一个关联方之间单笔交易金额占金融租赁公司资本净额5%以上，或金融租赁公司与一个关联方发生交易后金融租赁公司与该关联方的交易余额占金融租赁公司资本净额10%以上的交易。

5. 证券业务规定

(1)金融租赁公司所开展的固定收益类证券投资业务，不得超过资本净额的20%。

(2)金融租赁公司开办资产证券化业务，可以参照信贷资产证券化相关规定。

## 三、金融租赁机构的监督管理

根据我国《金融租赁公司管理办法》第六条的规定，银保监会及其派出机构依法对金融租赁公司实施监督管理。除此，《金融租赁公司管理办法》第五章还对金融租赁公司的监管从如下几个方面做出规定：

### (一)监管指标规定

金融租赁公司应当遵守以下监管指标的规定，银保监会根据监管需要也可以对这些指标做出适当调整：

(1)资本充足率。金融租赁公司资本净额与风险加权资产的比例不得低于银监会的最低监管要求。

(2)单一客户融资集中度。金融租赁公司对单一承租人的全部融资租赁业务余额不得超过资本净额的30％。

(3)单一集团客户融资集中度。金融租赁公司对单一集团的全部融资租赁业务余额不得超过资本净额的50％。

(4)单一客户关联度。金融租赁公司对一个关联方的全部融资租赁业务余额不得超过资本净额的30％。

(5)全部关联度。金融租赁公司对全部关联方的全部融资租赁业务余额不得超过资本净额的50％。

(6)单一股东关联度。对单一股东及其全部关联方的融资余额不得超过该股东在金融租赁公司的出资额，且应同时满足《金融租赁公司管理办法》对单一客户关联度的规定。

(7)同业拆借比例。金融租赁公司同业拆入资金余额不得超过资本净额的100％。经银保监会认可，特定行业的单一客户融资集中度和单一集团客户融资集中度要求可以适当调整。

**(二)审慎性监管规定**

(1)金融租赁公司应当按照国务院监管机构的相关规定构建资本管理体系，合理评估资本充足状况，建立审慎、规范的资本补充、约束机制。

(2)金融租赁公司应当按照监管规定建立资产质量分类制度。

(3)金融租赁公司应当按照相关规定建立准备金制度，在准确分类的基础上及时足额计提资产减值损失准备，增强风险抵御能力；未提足准备的，不得进行利润分配。

(4)金融租赁公司应当建立健全内部审计制度，审查评价并改善经营活动、风险状况、内部控制和公司治理效果，促进合法经营和稳健发展。

(5)金融租赁公司应当执行国家统一的会计准则和制度，真实记录并全面反映财务状况和经营成果等信息。

(6)金融租赁公司应当按规定报送会计报表及银保监会及其派出机构要求的其他报表，并对所报报表、资料的真实性、准确性和完整性负责。

(7)金融租赁公司应当建立定期外部审计制度，并在每个会计年度结束后的4个月内，将经法定代表人签名确认的年度审计报告报送银保监会或其派出机构。

**(三)违规处罚规定**

(1)金融租赁公司违反《金融租赁公司管理办法》有关规定的，银保监会及其派出机构应当依法责令限期整改；逾期未整改的，或者其行为严重危及该金融租赁公司的稳健运行、损害客户合法权益的，可以区别情形，依照《银监法》等法律法规，采取暂停业务、限制股东权利等监管措施。

(2)金融租赁公司已经或者可能发生信用危机，严重影响客户合法权益的，银保监会依法对其实行托管或者督促其重组，问题严重的，有权予以撤销。

(3)凡违反《金融租赁公司管理办法》有关规定的，银保监会及其派出机构依照《银监法》等有关法律法规进行处罚。金融租赁公司对处罚决定不服的，可以依法申请行政复议或者向人民法院提起行政诉讼。

## 思考练习题

1. 试述金融租赁的种类及其法律特征。
2. 试述融资租赁合同的法律特征。
3. 试述融资租赁合同当事人的权利与义务。
4. 试述金融租赁的业务范围与经营规则。
5. 试述我国对金融租赁机构的监管规定。

# 第十五章　涉外金融法律制度

**章前提要**

本章主要介绍涉外金融法的地位与我国涉外金融立法；外资银行管理法律制度、外资证券机构管理法律制度、外资保险机构管理法律制度以及境外中资金融机构管理法律制度；境外贷款管理规定，境外发行债券管理规定，外债资金的使用、偿还和风险管理规定以及涉外票据的法律适用。

## 第一节　涉外金融法概述

### 一、涉外金融法的概念与调整对象

#### (一)涉外金融与涉外金融法

涉外金融，是指本国与他国之间的资金融通。

涉外金融法，是调整本国与他国资金融通过程中所发生的、具有涉外因素的社会关系的法律规范的总和，是调整本国具有涉外因素的金融关系的法律制度的总称。涉外因素，指主体、客体、内容中有一个或一个以上因素在国外。涉外金融法是我国金融法律制度的重要组成部分，属于国内专用实体法。

#### (二)涉外金融法的调整对象

涉外金融法的调整对象为涉外金融关系，主要包括两个层次：一是平等主体之间的资金融通关系，即在本国与别国(或地区)的资金融通中形成的中方主体与外方主体之间的社会关系；二是非平等主体之间的监督管理关系，即本国在对涉外金融活动的监督、调控、管理过程中所形成的中方监管主体与涉外金融主体之间的关系。具体而言，涉外金融法的调整对象包括以下几种：

1. 涉外资金融通关系

即本国政府、金融机构、非金融机构及自然人与外国政府、金融机构、非金融机构及自然人之间所发生的资金融通关系。具体包括：本国政府与外国政府之间的融资关系；本国金融机构与外国金融机构及非金融机构之间的融资关系；本国非金融机构与外国金融机构和非金融机构及自然人所发生的直接或间接融资关系。

2. 涉外金融服务关系

即本国金融机构与外国金融机构、非金融机构或自然人在资金融通活动过程中，因提供中介服务所形成的社会关系。具体包括本国金融机构、非金融机构、自然人与外国金融机构、非金融机构和自然人之间因发生跨国结算、汇兑、咨询以及代理等所形成的涉外金融中介服务关系。

3. 涉外金融监管关系

即涉外金融主管机关对本国与外国的货币流通与信用活动行使主权管辖过程中形成的社会关系。主要包括：对涉外金融机构主体合法性的认可管理；对涉外金融业务活动的规范；对涉外融资与境外发债的监控与管理；对涉外金融风险的防范与纠纷处理的管理；等等。

## 二、涉外金融法的地位

涉外金融法的地位，是指涉外金融法在一国法律体系中所处的位置。涉外金融法的地位是通过与国内金融法和国际金融法的比较中确定的。

根据金融活动存在的领域与范围不同，可以将金融分为国内金融、涉外金融与国际金融。国内金融，是指本国主体之间的资金融通活动，如国内贷款人向国内借款人提供资金；涉外金融，是本国当事人与外国当事人之间的跨国金融活动，如国内贷款人向国外借款人提供资金，或国外贷款人向国内借款人提供资金；国际金融，是国家与国家（或地区）之间的金融活动，既包括本国与外国之间的金融活动（涉外金融），也包括外国相互之间的金融。由此，金融法也就有国内金融法、涉外金融法与国际金融法之分。但是需要强调的是，涉外金融法本质上仍属于国内法，与国内金融法不同之处仅在调整对象上。国内金融法的调整对象是国内金融关系，主体、客体、内容等均不具有涉外因素，而涉外金融法的调整对象具有涉外因素。还有一点，涉外金融虽属国际金融的一个部分，但涉外金融法与国际金融法具有显著区别：国际金融法所依赖的是各国普遍遵守的共同国际金融规则，这些规则多由国际间缔结的有关信用、货币、结算、投资等方面的国际条约加以确立，所以国际金融法独立于一国金融法之上，属于国际经济法的范畴，但无超然的强制力约束执行，主要依赖于各缔约国对条约的遵守保证执行，并多以谈判、协商和国际仲裁作为救济手段；而涉外金融法属于国内法，具有强制约束力保证执行，并多以国内仲裁、诉讼等作为救济手段。

综上，法律地位上，涉外金融法属于国内金融法的有机组成部分。随着我国加入世贸组织以及“一带一路”倡议的推进，我国对外开放程度不断加深，涉外金融活动日益频繁，规模也在不断加大，涉外金额活动的规范与监管需求日益增大。由此，涉外金融法在我国金融法律制度中所占有的地位也越来越重要。

## 三、涉外金融法律体系

根据涉外金融法所规范的对象和内容，涉外金融法律体系包括三个部分。

### （一）涉外金融机构法律制度

涉外金融机构法律制度，即规范和管理涉外金融机构的法律制度。其主要包括外资金融机构法律制度、外国金融机构驻华代表处法律制度以及境外中资金融机构法律制度。

**(二)涉外融资法律制度**

涉外融资法律制度，即规范和管理涉外融资业务的法律制度。涉外融资业务，不仅包括以各类涉外贷款为代表的涉外间接融资业务，还包括以发行外债为代表的涉外直接融资业务。由此，涉外融资法律制度不仅包括规范和管理涉外间接融资的法律制度，还包括规范和管理涉外直接融资的法律制度。

**(三)涉外支付与结算法律制度**

涉外支付与结算法律制度，即规范和管理涉外支付与结算业务的法律制度，既包括涉外非票据支付结算法律制度，又包括涉外票据支付结算法律制度。

## 四、我国涉外金融立法

新中国建立后的较长时期内，由于国外封锁，中国对外经贸和金融发展缓慢，涉外金融法律制度滞后。1979 年改革开放以后，伴随着涉外贸易不断发展，涉外金融活动日益频繁，外资金融机构开始进入中国。与此同时，中国金融机构也不断走出国门。随着涉外金融机构的增多和涉外金融业务种类、规模的不断扩大，客观上需要对涉外金融机构及其业务加强规范和监管，于是从 20 世纪 90 年代开始我国逐步开始建立涉外金融法律制度。例如，1990 年 4 月 13 日人民银行发布《境外金融机构管理办法》(2011 年 1 月 8 日废止)，1991 年 6 月 1 日人民银行发布《中国人民银行关于外资金融机构在中国设立常驻代表机构的管理办法》(2014 年 12 月 22 日废止)，1994 年 2 月 25 日国务院发布《外资金融机构管理条例》(2002 年 2 月 1 日修订，2006 年 12 月 11 日废止)，2001 年 8 月 9 日发布《商业银行境外机构监管指引》(2010 年 10 月 26 日废止)。此后，随着涉外金融业务范围的不断扩大，涉外金融法律制度不断健全、完善。其中：

银行业法律制度方面，中国人民银行 1995 年 5 月 20 日发布《中外合资投资银行类机构管理办法》，1996 年 4 月 29 日发布《外国金融机构驻华代表机构的管理办法》(2002 年 6 月 13 日修订)；原银监会 2003 年 12 月 25 日发布《境外金融机构投资入股中资金融机构管理办法》，2004 年 3 月 8 日发布《外资银行并表监管管理办法》，2006 年 1 月 12 日发布《外资金融机构行政许可事项实施办法》，2006 年 11 月 24 日发布《外资银行管理条例实施细则》(2015 年 7 月 1 日第一次修订，2019 年 12 月 18 日第二次修订)，2015 年 2 月发布《中资商业银行行政许可事项实施办法》(2017 年 7 月 24 日修订)；国务院 2006 年 11 月 11 日发布《中华人民共和国外资银行管理条例》(2014 年 7 月 29 日修订，同年 11 月 27 日修改，2019 年 9 月 30 日第二次修订，简称《外资银行管理条例》)；金融稳定发展委员会 2019 年 7 月 20 日发布《关于进一步扩大金融业对外开放的有关举措》(简称“金融对外开放 11 条”)；等等。

保险业法律制度方面，国务院 2001 年 12 月 12 日发布《外资保险公司管理条例》(2013 年 5 月 30 日、2016 年 2 月 6 日和 2019 年 9 月 30 日三次修改)；原保监会 2004 年 1 月 15 日发布《外国保险机构驻华代表机构管理办法》(2006 年 7 月 12 日修订)，2004 年 5 月 13 日发布《外资保险公司管理条例实施细则》(2018 年 2 月 13 日修改，2019 年 11 月 29 日修订)，2006 年 7 月 31 日发布的《保险公司设立境外保险类机构管理办法》(2015 年 10 月 19 日修改)；等等。

证券业法律制度方面，证监会1999年4月22日发布《外国证券类机构驻华代表机构管理办法》，2002年6月1日发布《外资参股证券公司设立规则》（2007年12月28日第一次修改，2012年10月11日第二次修改），2012年7月27日发布《关于实施合格境外机构投资者境内证券投资管理办法有关问题的规定》，2013年3月1日发布《人民币合格境外机构投资者境内证券投资试点办法》，2018年9月25发布《证券公司和证券投资基金管理公司境外设立、收购、参股经营机构管理办法》；证监会、人民银行和国家外管局2002年11月5日联合发布《合格境外投资者境内证券投资管理办法》（2006年8月24日修订）；商务部、证监会、国家外管局等五部委2005年12月31日联合发布《外国投资者对上市公司战略投资管理办法》；商务部、证监会、国家外管局等六部委2006年8月8日联合发布《关于外国投资者并购境内企业的规定》（2009年6月22日商务部修改）；等等。

除此之外，我国还在《票据法》《金融租赁公司管理办法》等金融法律、规章中增加了规范和管理涉外业务的内容；在外汇、外债管理方面颁布了一系列法规、规章，例如《银行外汇业务管理规定》（外管局1993年1月1日发布，1998年1月1日修订）、《外汇管理条例》（1996年1月29日国务院发布，1997年1月14日第一次修订，2008年8月1日第二次修订）、《结汇、售汇及付汇管理规定》（人民银行1996年6月20日发布）、《离岸银行业务管理办法》（人民银行1997年10月23日发布）、《外债管理暂行办法》（财政部、外管局等2001年1月8日发布）、《外债统计监测暂行规定》（外汇管理局1987年8月27日公布）、《境内机构借用国际商业贷款管理办法》和《境内机构发行外币债券管理办法》（外汇管理局1997年9月24日发布）、《关于完善外债管理有关问题的通知》（外汇管理局2005年10月21日发布）、《境内机构对外担保管理办法》（人民银行1996年9月25日发布）、《外债管理暂行办法》（原国家计委、财政部、外管理局2003年1月8日联合发布）、《关于进一步加强对外发债管理的意见》（原国家计委、人民银行2000年2月23日联合发布）、《境内外资银行外债管理办法》（发改委、人民银行、中国银监会2004年5月27日联合发布的）等。限于篇幅不再一一列举。

## 第二节　涉外金融机构管理法律制度

### 一、涉外金融机构与涉外金融机构管理法律制度

#### （一）涉外金融机构的概念与分类

涉外金融机构，是指依法设立的具有涉外因素的金融机构。在我国，涉外金融机构包括外资金融机构和境外中资金融机构。

1. 外资金融机构

外资金融机构，是指由外国银行或非银行金融机构全部或部分投资，在我国境内设立的银行或非银行金融机构。外资金融机构又包括：①总部设在我国境内的外国在华独资金融机构；②总部设在境外的外国金融机构在华分支机构；③总部在境内的中外合资经营的金融机构；④外国金融机构在华代表机构，即外国银行或非银行金融机构在中国依法设立的从事咨询、联络、市场调查等非经营性活动的派出机构。

2. 境外中资金融机构

境外中资金融机构，是指中国在境外设立和收购的从事金融业务的机构。

**(二)涉外金融机构管理法律制度的概念**

涉外金融机构管理法律制度，是规范和管理涉外金融机构的法律制度的总称，它既规范涉外金融机构的性质、地位及其设立、变更与终止，还规范涉外金融机构的业务以及对涉外金融的监督管理。涉外金融机构管理法律制度属于普通银行法律制度和非银行金融机构法律制度的范畴，是一国金融机构法律制度中的重要组成部分。

## 二、外资银行管理法律制度

外资银行，是指依照我国有关法律、法规，经批准在我国境内设立的下列机构：①一家外国银行单独出资或者一家外国银行与其他外国金融机构共同出资设立的外商独资银行；②外国金融机构与中国的公司、企业共同出资设立的中外合资银行；③外国银行分行；④外国银行代表处。根据《外资银行管理条例》第二条的规定，上述第①项至第③项所列机构，统称“外资银行营业性机构”。外国金融机构，是指在我国境外注册并经所在国家或者地区金融监管当局批准或者许可的金融机构。外国银行，是指在我国境外注册并经所在国家或者地区金融监管当局批准或者许可的商业银行。

外资银行管理法，是规范和管理外资银行的法律规范的总称，它既规范外资银行的设立、变更与终止，还规范外资银行的业务以及对外资银行的监督管理。目前我国规范外资银行的法律制度主要有《外资银行管理条例》(国务院颁布)、《外资银行管理条例实施细则》(原银监会颁布)、《商业银行法》《银行业监督管理法》(全国人大常委会颁布)等。

**(一)外资银行的设立、变更与终止**

1. 外资银行的设立条件

(1)外商独资银行的设立条件。

①注册资本要求。《外资银行管理条例》第八条第一款规定，外商独资银行的注册资本最低限额为10亿元人民币或者等值的自由兑换货币。注册资本应当是实缴资本。

②股东应当具备的条件。《外资银行管理条例》第九条规定，拟设外商独资银行的股东应当具备下列条件：A. 具有持续盈利能力，信誉良好，无重大违法违规记录；B. 外方股东具有从事国际金融活动的经验；C. 具有有效的反洗钱制度；D. 外方股东受到所在国家或者地区金融监管当局的有效监管，并且其申请经所在国家或者地区金融监管当局同意；E. 国务院银行业监督管理机构规定的其他审慎性条件。除此，外方股东所在国家或者地区还应当具有完善的金融监督管理制度，并且其金融监管当局已经与我国国务院银行业监督管理机构建立了良好的监督管理合作机制。

③股东资格与控股股东的条件。《外资银行管理条例》第十条规定，拟设外商独资银行的股东应当为金融机构，除应当具上述《外资银行管理条例》第九条规定的条件外，其中唯一或者控股股东还应当具备下列条件：A. 为商业银行；B. 资本充足率符合所在国家或者地区金融监管当局以及国务院银行业监督管理机构的规定。

(2)中外合资银行的设立条件。

①注册资本要求。《外资银行管理条例》第八条第一款规定，中外合资银行的注册资

本最低限额为10亿元人民币或者等值的自由兑换货币。注册资本应当是实缴资本。

②股东应当具备的条件。《外资银行管理条例》第九条规定，拟设中外合资银行的股东应当具备下列条件：A. 具有持续盈利能力，信誉良好，无重大违法违规记录；B. 外方股东具有从事国际金融活动的经验；C. 具有有效的反洗钱制度；D. 外方股东受到所在国家或者地区金融监管当局的有效监管，并且其申请经所在国家或者地区金融监管当局同意；E. 国务院银行业监督管理机构规定的其他审慎性条件。除此，外方股东所在国家或者地区还应当具有完善的金融监督管理制度，并且其金融监管当局已经与我国国务院银行业监督管理机构建立了良好的监督管理合作机制。

③股东资格以及外方主要股东的条件。《外资银行管理条例》第十一条规定，拟设中外合资银行的股东除应当具备上述《外资银行管理条例》第九条规定的条件外，其中外方股东应当为金融机构，且外方唯一或者主要股东还应当具备下列条件：A. 为商业银行；B. 资本充足率符合所在国家或者地区金融监管当局以及国务院银行业监督管理机构的规定。

(3)外国银行在华设立分行的条件。

根据《外资银行管理条例》第十二条的规定，拟在我国境内设分行的外国银行除应当具备《外资银行管理条例》第九条规定的条件外，其资本充足率还应当符合所在国家或者地区金融监管当局以及国务院银行业监督管理机构的规定。

(4)外国银行在华设立代表处的条件。

根据《外资银行管理条例》第九条规定，拟在我国境内设代表处的外国银行应当具备下列条件：①具有持续盈利能力，信誉良好，无重大违法违规记录；②具有从事国际金融活动的经验；③具有有效的反洗钱制度；④受到所在国家或者地区金融监管当局的有效监管，并且其申请经所在国家或者地区金融监管当局同意；⑤国务院银行业监督管理机构规定的其他审慎性条件。除此，拟设代表处的外国银行所在国家或者地区应当具有完善的金融监督管理制度，并且其金融监管当局已经与我国国务院银行业监督管理机构建立良好的监督管理合作机制。

2. 外资银行的变更

根据《外资银行管理条例》第二十七条和第二十八条的规定，外资银行有下列情形之一的，应当经国务院银行业监督管理机构批准，并按照规定提交申请资料，依法向工商行政管理机关办理有关登记：①变更注册资本或者营运资金；②变更机构名称、营业场所或者办公场所；③调整业务范围；④变更股东或者调整股东持股比例；⑤修改章程；⑥国务院银行业监督管理机构规定的其他情形。除此，外资银行更换董事、高级管理人员、首席代表，应当报经国务院银行业监督管理机构核准其任职资格。外商独资银行、中外合资银行变更股东的，变更后的股东应当符合《外资银行管理条例》第九条、第十条或者第十一条关于股东的条件。

3. 外资银行的终止与清算

《外资银行管理条例》第五章对外资银行的终止与清算有如下规定：①外资银行营业性机构自行终止业务活动的，应当在终止业务活动30日前以书面形式向国务院银行业监督管理机构提出申请，经审查批准予以解散或者关闭并进行清算。②外资银行营业性机构已经或者可能发生信用危机，严重影响存款人和其他客户合法权益的，国务院银行业监督管理机构可以依法对该外资银行营业性机构实行接管或者促成机构重组。③外资银行营业性机构因解散、关闭、依法被撤销或者宣告破产而终止的，其清算的具体事宜，依照我国有关法律、法规的规定办理。④外资银行营业性机构清算终结，应当在法定期限内向原登记机关办理注销登记。⑤外国银行代表处自行终止活动的，应当经国务院银行业监督管理机构批准予以关闭，并在法定期限内向原登记机关办理注销登记。

**(二)外资银行的业务规则**

1. 外商独资银行和中外合资银行的业务范围与要求

(1)外商独资银行和中外合资银行的业务范围。

根据《外资银行管理条例》第二十九条的规定，外商独资银行和中外合资银行按照国务院银行业监督管理机构批准的业务范围，可以经营下列部分或者全部外汇业务和人民币业务：①吸收公众存款；②发放短期、中期和长期贷款；③办理票据承兑与贴现；④代理发行、代理兑付、承销政府债券；⑤买卖政府债券、金融债券，买卖股票以外的其他外币有价证券；⑥提供信用证服务及担保；⑦办理国内外结算；⑧买卖、代理买卖外汇；⑨代理收付款项及代理保险业务；⑩从事同业拆借；⑪从事银行卡业务；⑫提供保管箱服务；⑬提供资信调查和咨询服务；⑭经国务院银行业监督管理机构批准的其他业务。外商独资银行、中外合资银行经中国人民银行批准，可以经营结汇、售汇业务。

(2)外商独资银行和中外合资银行经营人民币业务的要求。

根据《外资银行管理条例》第三十四条，外商独资银行和中外合资银行经营性机构经营上述规定业务范围内的人民币业务的，应当符合国务院银行业监督管理机构规定的审慎性要求。

除此，《外资银行管理条例》第三十条规定，外商独资银行、中外合资银行的分支机构在总行授权范围内开展业务，其民事责任由总行承担。

2. 外国银行在华分行的业务范围和要求

(1)外国银行在华分行的业务范围。

根据《外资银行管理条例》第三十一条的规定，外国银行在华分行按照国务院银行业监督管理机构批准的业务范围，可以经营下列部分或者全部外汇业务，以及对除中国境内公民以外客户的人民币业务：①吸收公众存款；②发放短期、中期和长期贷款；③办理票据承兑与贴现；④代理发行、代理兑付、承销政府债券；⑤买卖政府债券、金融债券，买卖股票以外的其他外币有价证券；⑥提供信用证服务及担保；⑦办理国内外结算；⑧买卖、代理买卖外汇；⑨代理收付款项及代理保险业务；⑩从事同业拆借；⑪提供保管箱服务；⑫提供资信调查和咨询服务；⑬经国务院银行业监督管理机构批准的其他业务。外国银行分行可以吸收中国境内公民每笔不少于50万元人民币的定期存款。外国银行分行经中国人民银行批准，可以经营结汇、售汇业务。

(2)外国银行在华分行开展人民币业务的要求。

根据《外资银行管理条例》第三十四条的规定，外国银行在华分行经营上述规定业务范围内的人民币业务的,应当符合国务院银行业监督管理机构规定的审慎性要求。

同样,根据《外资银行管理条例》第三十二条的规定,外国银行分行及其分支机构的民事责任亦由其总行承担。

3. 外国银行代表处的业务规则

外国银行代表处为非营业性机构,不能在我国境内开展经营活动。根据《外资银行管理条例》第三十三条的规定,其只能从事与其代表的外国银行业务相关的联络、市场调查、咨询等非经营性活动。同时,外国银行代表处的行为所产生的民事责任,由其所代表的外国银行承担。

**(三)外资银行的监督管理**

为了避免系统性风险的爆发,《巴塞尔协议》强调外资银行不仅要接受母国的监管,更要接受东道国监管当局的监管。当然我国监管当局对在我国境内的外资银行进行监管,不仅是《巴塞尔协议》的要求,也是我国主权的体现。所以《外资银行管理条例》第四章专门对外资银行提出监管要求,且在第五十三条明确规定,“外资银行应当接受银行业监督管理机构依法进行的监督检查,不得拒绝、阻碍”。

1. 外商独资银行和中外合资银行的监管规定

对外商独资银行和中外合资银行的监管,《外资银行管理条例》有如下规定①:

(1)外商独资银行和中外合资银行经营性机构应当按照有关规定,制定本行的业务规则,建立、健全风险管理和内部控制制度,并遵照执行。

(2)外商独资银行和中外合资银行经营性机构应当遵守国家统一的会计制度和国务院银行业监督管理机构有关信息披露的规定。

(3)外商独资银行和中外合资银行经营性机构举借外债,应当按照国家有关规定执行。

(4)外商独资银行和中外合资银行经营性机构应当按照有关规定确定存款、贷款利率及各种手续费率。

(5)外商独资银行和中外合资银行经营性机构经营存款业务,应当按照中国人民银行的规定交存存款准备金。

(6)外商独资银行和中外合资银行应当遵守《商业银行法》关于资产负债比例管理的规定。外商银行分行变更的由其总行单独出资的外商独资银行以及《外资银行管理条例》施行前设立的外商独资银行、中外合资银行,其资产负债比例不符合规定的,应当在国务院银行业监督管理机构规定的期限内达到规定要求。国务院银行业监督管理机构可以要求风险较高、风险管理能力较弱的外商独资银行、中外合资银行提高资本充足率。

(7)外商独资银行和中外合资银行经营性机构应当按照规定计提呆账准备金。

(8)外商独资银行和中外合资银行应当遵守国务院银行业监督管理机构有关公司治理的规定以及有关关联交易的规定。

(9)外商独资银行和中外合资银行经营性机构应当按照国务院银行业监督管理机构

① 参见《外资银行管理条例》第三十五至四十三条、第四十九至五十二条、第五十四至五十六条。

的有关规定，向其所在地的银行业监督管理机构报告跨境大额资金流动和资产转移情况。

(10)国务院银行业监督管理机构根据外商独资银行和中外合资银行经营性机构的风险状况，可以依法采取责令暂停部分业务、责令撤换高级管理人员等特别监管措施。

(11)外商独资银行和中外合资银行经营性机构应当聘请在我国境内依法设立的会计师事务所对其财务会计报告进行审计，并应当向其所在地的银行业监督管理机构报告。解聘会计师事务所的，应当说明理由。

(12)外商独资银行和中外合资银行经营性机构应当按照规定向银行业监督管理机构报送财务会计报告、报表和有关资料。

(13)外商独资银行和中外合资银行应当设置独立的内部控制系统、风险管理系统、财务会计系统、计算机信息管理系统。

(14)外国银行在我国境内设立的外商独资银行、中外合资银行的董事长、高级管理人员和外国银行分行的高级管理人员不得相互兼职。

(15)外国银行在我国境内设立的外商独资银行、中外合资银行与外国银行分行之间进行的交易必须符合商业原则，交易条件不得优于与非关联方进行交易的条件。外国银行对其在我国境内设立的外商独资银行与外国银行分行之间的资金交易，应当提供全额担保。

2. 外国银行分行的监管规定

对外国银行分行的监管，我国《外资银行管理条例》有如下规定①：

(1)外国银行分行应当按照国务院银行业监督管理机构的规定，持有一定比例的生息资产。

(2)外国银行分行营运资金加准备金等项之和中的人民币份额与其人民币风险资产的比例不得低于8%。资本充足率持续符合所在国家或者地区金融监管当局以及国务院银行业监督管理机构规定的外国银行，其分行不受前述规定的限制。国务院银行业监督管理机构可以要求风险较高、风险管理能力较弱的外国银行分行提高前述规定的比例。

(3)外国银行分行应当确保其资产的流动性。流动性资产余额与流动性负债余额的比例不得低于25%。

(4)外国银行分行境内本外币资产余额不得低于境内本外币负债余额。

(5)在我国境内设立2家及2家以上分行的外国银行，应当授权其中1家分行对其他分行实施统一管理。国务院银行业监督管理机构对外国银行在我国境内设立的分行实行合并监管。

3. 外国银行代表处的监管规定

对外国银行代表处的监管，《外资银行管理条例》有如下规定②：

(1)外国银行代表处应当按照规定向银行业监督管理机构报送资料。

(2)外国银行代表处及其工作人员，不得从事任何形式的经营性活动。

---

① 参见《外资银行管理条例》第四十四至四十八条。

② 参见《外资银行管理条例》第五十二、五十七条。

## 三、外资证券类机构管理法律制度

在我国外资类证券机构主要有外资参股证券公司和外国证券类机构驻华代表机构。规范外资证券类机构的法规制度主要有《外资参股证券公司设立规则》《外国证券类机构驻华代表机构管理办法》《公司法》《证券法》等。

### (一)外资证券类机构的设立、变更与撤销

1. 外资证券类机构的设立

(1)外资参股证券公司的设立。

外资参股证券公司是指:境外股东与境内股东依法共同出资设立的证券公司;境外投资者依法受让、认购内资证券公司股权,内资证券公司依法变更的证券公司。

①外资参股证券公司的设立条件。根据《外资参股证券公司设立规则》第六条的规定,设立外资参股证券公司应当符合下列条件:A. 注册资本符合《证券法》的规定;B. 股东具备《外资参股证券公司设立规则》规定的资格条件,其出资比例、出资方式符合《外资参股证券公司设立规则》的规定;C. 按照中国证监会的规定取得证券从业资格的人员不少于 30 人,并有必要的会计、法律和计算机专业人员;D. 有健全的内部管理、风险控制和对承销、经纪、自营等业务在机构、人员、信息、业务执行等方面分开管理的制度,有适当的内部控制技术系统;E. 有符合要求的营业场所和合格的业务设施;F. 中国证监会规定的其他审慎性条件。

②外资参股证券公司的股东资格。我国《外资参股证券公司设立规则》分别对外资参股证券公司的境内、外股东资格提出了如下要求①:

首先,境外股东应当具备如下条件:A. 所在国家或者地区具有完善的证券法律和监管制度,已与中国证监会或者中国证监会认可的机构签订证券监管合作谅解备忘录,并保持着有效的监管合作关系;B. 在所在国家或者地区合法成立,至少有 1 名是具有合法的金融业务经营资格的机构;境外股东自参股之日起 3 年内不得转让所持有的外资参股证券公司股权;C. 持续经营 5 年以上,近 3 年未受到所在国家或者地区监管机构或者行政、司法机关的重大处罚;D. 近 3 年各项财务指标符合所在国家或者地区法律的规定和监管机构的要求;E. 具有完善的内部控制制度;F. 具有良好的声誉和经营业绩;G. 中国证监会规定的其他审慎性条件。

其次,境内股东应当具备如下条件:应当具备中国证监会规定的证券公司股东资格条件,且应当有 1 名是内资证券公司(但内资证券公司变更为外资参股证券公司的,不在此限)。

③外资参股证券公司股东出资方式和出资比例。我国《外资参股证券公司设立规则》对外资参股证券公司股东出资方式和出资比例作出如下规定②:A. 境内股东可以用现金、经营中必需的实物出资;境外股东应当以自由兑换货币出资。B. 境内股东中的内资证券公司,应当至少有 1 名的持股比例或者在外资参股证券公司中拥有的权益比例不低

---

① 参见《外资参股证券公司设立规则》第七、八条。

② 参见《外资参股证券公司设立规则》第九、十条和第二十五条第三款。

于49%。内资证券公司变更为外资参股证券公司后,应当至少有1名内资股东的持股比例不低于49%。境外股东持股比例或者在外资参股证券公司中拥有的权益比例,累计(包括直接持有和间接控制)不得超过49%。C.单个境外投资者持有(包括直接持有和间接控制)上市内资证券公司股份的比例不得超过20%;全部境外投资者持有(包括直接持有和间接控制)上市内资证券公司股份的比例不得超过25%。

除上述规定外,《外资参股证券公司设立规则》第十一条还规定,外资参股证券公司的董事、监事和高级管理人员应当具备中国证监会规定的任职资格条件。

(2)外国证券类机构驻华代表机构的设立。

①申请设立的条件。

外国证券类机构,指在我国境外依法设立的投资银行、商人银行、证券公司、基金管理公司等从事证券类业务的金融机构;外国证券类机构驻华代表机构,是指外国证券类机构在中国境内获准设立并从事咨询、联络、市场调查等非经营性活动的派出机构。

申请设立代表处,应当具备下列条件①:A.申请者所在国家或地区有完善的金融监督管理法律、法规;B.申请者是由其所在国或地区金融监管当局批准设立的从事证券类业务的金融机构;C.申请者合法经营、享有良好信誉并在过去3年内连续盈利。

②申请设立应当提交的文件。

申请设立代表处,申请者应当提交下列文件②:A.由董事长或总经理签署的致证监会主席的申请书;B.所在国或地区有关主管当局核发的营业执照(复印件)或合法开业证明;C.公司章程;D.董事会成员或主要合伙人名单;E.最近3年的年报;F.由所在国或地区监管当局出具的同意其在中国境内设立代表处的批准书或其他有关文件;G.证监会要求提交的其他文件。除第E项外,凡用外文书写的文件,均需附中文译本;其中"营业执照"或"开业证明"必须经所在国或地区认可的公证机构公证,或者经中国驻该国或该地区大使馆或领事馆认证。

2.外资证券类机构的变更

我国《外资参股证券公司设立规则》对内资证券公司申请变更为外资参股证券公司及外资参股证券公司的合并与分立有如下规定③:

(1)内资证券公司申请变更为外资参股证券公司,应当向中国证监会提交下列文件:①法定代表人签署的申请表;②股东会关于变更为外资参股证券公司的决议;③公司章程修改草案;④股权转让协议或者出资协议(股份认购协议);⑤拟在该证券公司任职的外国投资者委派人员的名单、简历以及相应的从业资格证明文件、任职资格证明文件;⑥境外股东的营业执照或者注册证书和相关业务资格证书复印件;⑦申请前3年境外股东经审计的财务报表;⑧境外股东所在国家或者地区相关监管机构或者中国证监会认可的境外机构出具的关于该境外股东是否具备《外资参股证券公司设立规则》第七条第二项至第四

① 参见《外国证券类机构驻华代表机构管理办法》第五条。

② 参见《外国证券类机构驻华代表机构管理办法》第六条。

③ 参见《外资参股证券公司设立规则》第十九、二十一、二十二、二十四、二十八条。

项规定条件[①]的说明函；⑨依法不能由外资参股证券公司经营的业务的清理方案；⑩由中国境内律师事务所出具的法律意见书；⑪中国证监会要求的其他文件。

(2)获准变更的证券公司，应自中国证监会的批准文件签发之日起6个月内，办理股权转让或者增资事宜，清理依法不能由外资参股证券公司经营的业务，并向工商行政管理机关申请变更登记，换领营业执照。

(3)获准变更的证券公司应自变更登记之日起15个工作日内，向中国证监会提交下列文件，申请换发《经营证券业务许可证》：①营业执照副本复印件；②外资参股证券公司章程；③公司原有经营证券业务许可证及其副本；④由中国境内具有证券相关业务资格的会计师事务所出具的验资报告；⑤依法不能由外资参股证券公司经营的业务的清理工作报告；⑥中国境内律师事务所和具有证券相关业务资格的会计师事务所对前项清理工作出具的法律意见书和验证报告。⑦中国证监会要求的其他文件。

(4)外资参股证券公司合并或者外资参股证券公司与内资证券公司合并后新设或者存续的证券公司，应当具备《外资参股证券公司设立规则》规定的外资参股证券公司的设立条件；其业务范围、境外股东所占的股权或者权益比例应当符合《外资参股证券公司设立规则》的规定。外资参股证券公司分立后设立的证券公司，股东中有境外股东的，其业务范围、境外股东所占的股权或者权益比例应当符合《外资参股证券公司设立规则》的规定。

3.外资证券类机构的撤销

我国《外国证券类机构驻华代表机构管理办法》第四章对外国证券类机构驻华代表机构的撤销进行了如下规定：

(1)撤销代表处，应提前向所在地证监会派出机构提交由其外国证券类机构董事长或总经理签署的申请，并由所在地证监会派出机构转报证监会。经证监会批准后，向工商行政管理机关申请注销登记，并到有关部门办理相关手续[②]。

(2)代表处升格为总代表处的，原代表处自行撤销，并向工商行政管理机关申请注销登记。

(3)代表处撤销后，凡设总代表处的，由其总代表处负责未了事宜；未设总代表处的，一切未了事宜由其外国证券类机构承担责任。

**(二)外资证券机构的业务规则**

1.外资参股证券公司的业务范围

根据《外资参股证券公司设立规则》第五条的规定，外资参股证券公司可以经营下列

---

① 《外资参股证券公司设立规则》第七条第二项至第四项规定条件：外资参股证券公司的境外股东，应当具备：(二)在所在国家或者地区合法成立，至少有1名是具有合法的金融业务经营资格的机构；境外股东自参股之日起3年内不得转让所持有的外资参股证券公司股权；(三)持续经营5年以上，近3年未受到所在国家或者地区监管机构或者行政、司法机关的重大处罚；(四)近3年各项财务指标符合所在国家或者地区法律的规定和监管机构的要求。

② 《国务院关于第三批取消和调整行政审批项目的决定》(国发〔2004〕16号)第38项，取消了"外资证券机构驻华代表处撤销核准"项目。现行管理方式：外国证券类机构撤销驻华代表处后，应在3个工作日内将有关注销证明文件向中国证监会报告。

业务：①股票（包括人民币普通股、外资股）和债券（包括政府债券、公司债券）的承销与保荐；②外资股的经纪；③债券（包括政府债券、公司债券）的经纪和自营；④中国证监会批准的其他业务。

2.外国证券类机构驻华代表机构的业务规则

外国证券类机构驻华代表机构在我国境内不得从事经营性活动，只能从事咨询、联络、市场调查等非经营性活动。

**（三）外资证券机构的监管规定**

我国《外国证券类机构驻华代表机构管理办法》第三章专门对外国证券类机构驻华代表机构的监管做出如下规定：

（1）代表处及其工作人员，不得与任何法人或自然人签订可能给代表处或所代表的机构带来收入的协议或契约，也不得从事其他经营性活动。

（2）首席代表不得由其总管理机构或地区总部有关部门负责人兼任，也不得在中国境内任何机构兼职；首席代表应当常驻代表处主持日常工作，离境时间超过1个月以上，应当指定专人代行其职，并报所在地证监会派出机构备案。

（3）代表处应当于每年2月底前向所在地证监会派出机构报送上1年度的工作报告，由所在地证监会派出机构转报证监会；工作报告应当按证监会规定的格式用中文填写。

（4）设立代表处的外国证券类机构发生下列重大事项，代表处应当在其外国证券类机构公告后的1个工作日内向证监会报告，同时抄报所在地证监会派出机构：①章程、注册资本或注册地址变更；②机构重组、合并或其主要负责人变动；③发生严重经营损失；④因违规行为受到处罚。

（5）代表处有下列情况之一的，应当向所在地证监会派出机构提出申请，并由所在地证监会派出机构报证监会批准：①更换首席代表。应当提交由其外国证券类机构董事长或总经理签署的申请书和授权书以及拟任首席代表的身份证明、学历证明和简历。②变更名称。应当提交由其外国证券类机构董事长或总经理签署的申请书[①]。③代表处展期。应当在代表处有效驻在期期满前2个月提交由其外国证券类机构董事长或总经理签署的申请书和由代表处首席代表签署的该代表处近3年的工作报告。经审核批准后，代表处展期6年[②]。

（6）代表处有下列情况之一的，应当报所在地证监会派出机构批准或备案：①更换或增减代表、副代表、外籍和港澳台工作人员。应提交由外国证券类机构主管部门负责人签署的申请书，以及被任命人员的身份证明和简历，由所在地证监会派出机构批准，并报证

① 《国务院关于第四批取消和调整行政审批项目的决定》（国发〔2007〕33号）调整第24项，将“外国证券机构驻华代表机构名称变更核准”下放证监会派出机构。现行管理方式：拟变更名称的代表处应向代表处所在地中国证监会派出机构提出变更申请，代表处所在地中国证监会派出机构应当在规定的期限内，按照相关要求对变更名称申请进行审核，作出批复或不予核准的决定，并抄送证监会相关部门。

② 《国务院关于取消第一批行政审批项目的决定》（国发〔2002〕24号）第611项，取消了“外国证券机构驻华代表处展期核准”项目。现行管理方式：中国证监会批准设立外国证券机构驻华代表处时不再规定有效期，原批文中有关有效期的规定不再有效。

监会备案①。②变更地址。应提交由其首席代表签署的地址迁移申请书,由所在地证监会派出机构批准,并报证监会备案②。③雇用中国公民担任一般工作人员,应符合中国的有关法律、法规和规章。代表处应提交被雇用中国公民的名单、身份证明和简历,报所在地证监会派出机构备案③。

## 四、外资保险机构管理法律制度

在我国外资保险机构主要有外资保险公司和外国保险机构驻华代表机构。规范外资保险机构的法律、法规主要有《外资保险公司管理条例》、《外国保险机构驻华代表机构管理办法》以及《保险法》、《保险公司管理规定》等。

### (一)外资保险机构的设立与终止

1. 外资保险机构的设立条件

(1)外资保险公司的设立条件。

外资保险公司,是指依照我国有关法律、行政法规的规定,经批准在中国境内设立和营业的下列保险公司:①外国保险公司同中国的公司、企业在中国境内合资经营的保险公司(以下简称"合资保险公司");②外国保险公司在中国境内投资经营的外国资本保险公司(以下简称"独资保险公司");③外国保险公司在中国境内的分公司(以下简称"外国保险公司分公司")。

根据《外资保险公司管理条例》第六条和第七条以及《关于进一步扩大金融业对外开放的有关举措》(国务院金融稳定发展委员会 2019 年 7 月 20 日发布)第六条的规定,设立经营人身保险业务的外资保险公司和经营财产保险业务的外资保险公司,其设立形式由国务院保险监督管理机构按照有关规定确定。合资保险公司、独资保险公司的注册资本最低限额为 2 亿元人民币或者等值的自由兑换货币;其注册资本最低限额必须为实缴货币资本。外国保险公司分公司应当由其总公司无偿拨给不少于 2 亿元人民币或者等值的自由兑换货币的营运资金。国务院保险监督管理机构根据外资保险公司业务范围、经营规模,可以提高上述规定的外资保险公司注册资本或者营运资金的最低限额。

根据《外资保险公司管理条例》第八条和《关于进一步扩大金融业对外开放的有关举措》第八条的规定,申请设立外资保险公司的外国保险公司,应当具备下列条件④:①在中

---

① 《国务院关于取消第二批行政审批项目和改变一批行政审批项目管理方式的决定》(国发〔2003〕5 号)第 301 项,取消了"外国证券机构驻华代表处更换或增减代表、副代表、外籍和港澳台工作人员核准"项目。现行管理方式:外资证券类机构驻华代表处更换或增减代表、副代表、外籍和港澳台工作人员后,应将上述人员的名单、身份证明和简历告知证监会和代表处所在地的证监会派出机构。

② 《国务院关于第五批取消和下放管理层级行政审批项目的决定》(国发〔2010〕21 号)第 84 项,取消了"外国证券机构驻华代表机构地址变更审批"项目。现行管理方式:外国证券类机构驻华代表机构变更地址的,应在完成工商地址变更登记后的 5 个工作日内向外资代表处所在地的证监会派出机构提交《外国证券类机构驻华代表机构地址变更备案书》。

③ 《国务院关于取消第二批行政审批项目和改变一批行政审批项目管理方式的决定》(国发〔2003〕5 号)第 302 项,取消了"外国证券机构驻华代表处雇用中国公民担任一般工作人员备案"项目。现行管理方式:外国证券类机构驻华代表处雇用中国公民担任一般工作人员后,应将上述人员的名单、身份证明和简历告知证监会和代表处所在地的证监会派出机构。

④ 参见《外资保险公司管理条例》第八条。

国境内已经设立代表机构2年以上；②提出设立申请前一年年末总资产不少于50亿美元；③所在国家或者地区有完善的保险监管制度，并且该外国保险公司已经受到所在国家或者地区有关主管当局的有效监管；④符合所在国家或者地区偿付能力标准；⑤所在国家或者地区有关主管当局同意其申请；⑥国务院保险监督管理机构规定的其他审慎性条件。

(2)外国保险机构驻华代表机构的设立条件。

外国保险机构，是指在中国境外注册的保险公司、再保险公司、保险中介机构、保险协会及其他保险组织。外国保险机构驻华代表机构，是指外国保险机构在中国境内获准设立并从事联络、市场调查等非经营性活动的代表处、总代表处。

根据《外国保险机构驻华代表机构管理办法》，申请设立代表处的外国保险机构（以下简称“申请者”）应当具备下列条件[①]：①经营状况良好；②外国保险机构经营有保险业务的，应当经营保险业务20年以上，没有经营保险业务的，应当成立20年以上；③申请之日前3年内无重大违法违规记录；④国务院保险监督管理机构规定的其他审慎性条件。上述所称经营保险业务20年以上，是指外国保险机构持续经营保险业务20年以上，外国保险机构吸收合并其他机构或者与其他机构合并设立新保险机构的，不影响其经营保险业务年限的计算。外国保险机构子公司经营保险业务的年限，自该子公司设立时开始计算。外国保险集团公司经营保险业务的年限，以下列两项时间中较早的一项时间开始计算：第一，该集团开始经营保险业务的时间；第二，该集团中经营保险业务的子公司开始经营保险业务的时间。

2.外资保险机构的终止与清算

《外资保险公司管理条例》第五章对外资保险公司的终止与清算有如下规定：①外资保险公司因分立、合并或者公司章程规定的解散事由出现，经国务院保险监督管理机构批准后解散。外资保险公司解散的，应当依法成立清算组，进行清算。经营人寿保险业务的外资保险公司，除分立、合并外，不得解散。②外资保险公司违反法律、行政法规，被国务院保险监督管理机构吊销经营保险业务许可证的，依法撤销，由国务院保险监督管理机构依法及时组织成立清算组进行清算。③外资保险公司因解散、依法被撤销而清算的，应当自清算组成立之日起60日内在报纸上至少公告3次。公告内容应当经国务院保险监督管理机构核准。④外资保险公司不能支付到期债务，经国务院保险监督管理机构同意，由人民法院依法宣告破产。外资保险公司被宣告破产的，由人民法院组织国务院保险监督管理机构等有关部门和有关人员成立清算组，进行清算。⑤外资保险公司解散、依法被撤销或者被宣告破产的，未清偿债务前，不得将其财产转移至中国境外。

**(二)外资保险机构的业务规则**

1.外资保险公司的业务规则

《外资保险公司管理条例》第三章对外资保险公司的业务有如下规定：

(1)外资保险公司按照国务院保险监督管理机构核定的业务范围，可以全部或者部分依法经营下列种类的保险业务：①财产保险业务，包括财产损失保险、责任保险、信用保险

---

① 参见《外国保险机构驻华代表机构管理办法》第五条。

等保险业务;②人身保险业务,包括人寿保险、健康保险、意外伤害保险等保险业务。外资保险公司经国务院保险监督管理机构按照有关规定核定,可以在核定的范围内经营大型商业风险保险业务、统括保单保险业务。

(2)同一外资保险公司不得同时兼营财产保险业务和人身保险业务。

(3)外资保险公司可以依法经营上述第①条规定的保险业务的下列再保险业务:①分出保险;②分入保险。

(4)外资保险公司的具体业务范围、业务地域范围和服务对象范围,由国务院保险监督管理机构按照有关规定核定。外资保险公司只能在核定的范围内从事保险业务活动。

2. 外国保险机构驻华代表机构的业务规则

外国保险机构驻华代表机构不得从事保险经营活动,只能从事联络、市场调查等非经营性活动。

### (三)外资保险机构的监管规定

《外资保险公司管理条例》第四章对外资保险公司的监督管理有如下规定:

(1)国务院保险监督管理机构有权检查外资保险公司的业务状况、财务状况及资金运用状况,有权要求外资保险公司在规定的期限内提供有关文件、资料和书面报告,有权对违法违规行为依法进行处罚、处理。外资保险公司应当接受国务院保险监督管理机构依法进行的监督检查,如实提供有关文件、资料和书面报告,不得拒绝、阻碍、隐瞒。

(2)除经国务院保险监督管理机构批准外,外资保险公司不得与其关联企业进行资产买卖或者其他交易:①再保险的分出或者分入业务;②资产买卖或者其他交易。前述关联企业,是指与外资保险公司有下列关系之一的企业:A. 在股份、出资方面存在控制关系;B. 在股份、出资方面同为第三人所控制;C. 在利益上具有其他相关联的关系。

(3)外国保险公司分公司应当于每一会计年度终了后 3 个月内,将该分公司及其总公司上一年度的财务会计报告报送国务院保险监督管理机构,并予公布。

(4)外国保险公司分公司的总公司有下列情形之一的,该分公司应当自各该情形发生之日起 10 日内,将有关情况向国务院保险监督管理机构提交书面报告:①变更名称、主要负责人或者注册地;②变更资本金;③变更持有资本总额或者股份总额 10%以上的股东;④调整业务范围;⑤受到所在国家或者地区有关主管当局处罚;⑥发生重大亏损;⑦分立、合并、解散、依法被撤销或者被宣告破产;⑧国务院保险监督管理机构规定的其他情形。

(5)外国保险公司分公司的总公司解散、依法被撤销或者被宣告破产的,国务院保险监督管理机构应当停止该分公司开展新业务。

(6)外资保险公司经营外汇保险业务的,应当遵守国家有关外汇管理的规定。除经国家外汇管理机关批准外,外资保险公司在中国境内经营保险业务的,应当以人民币计价结算。

(7)按照规定向国务院保险监督管理机构提交、报送文件、资料和书面报告的,应当提供中文本。

## 五、境外中资金融机构管理法律制度

境外中资金融机构,是指中资金融机构境外一级分支机构、全资附属或控股金融机构、代表机构，以及境外一级分支机构、全资子公司跨国（境）设立的金融机构。境外中资金融机构可以是中资独资，也可以是中外合资。

**（一）境外中资银行管理的主要规则**

目前规范境外中资银行的法规主要有《商业银行法》、《银行业监督管理法》以及原银监会 2015 年 6 月 5 日中国银监会令 2015 年第 2 号公布、2017 年 7 月 5 日第一次修正、2018 年 8 月 17 日第二次修正的《中资商业银行行政许可事项实施办法》等。

1. 中资商业银行申请投资设立、参股、收购境外机构的条件

根据《中资商业银行行政许可事项实施办法》第三十五条的规定，中资商业银行申请投资设立、参股、收购境外机构，申请人应当符合以下条件：①具有良好的公司治理结构，内部控制健全有效，业务条线管理和风险管控能力与境外业务发展相适应；②具有清晰的海外发展战略；③具有良好的并表管理能力；④主要审慎监管指标符合监管要求；⑤权益性投资余额原则上不超过其净资产的 50%（合并会计报表口径）；⑥最近 3 个会计年度连续盈利；⑦申请前一年年末资产余额达到 1000 亿元人民币以上；⑧具备与境外经营环境相适应的专业人才队伍；⑨银保监会规章规定的其他审慎性条件。

上述境外机构，是指中资商业银行境外一级分行、全资附属或控股金融机构、代表机构，以及境外一级分行、全资子公司跨国（境）设立的机构。

2. 中资商业银行境外机构变更与终止的规定

根据《中资商业银行行政许可事项实施办法》第五十四条的规定，中资商业银行境外机构升格、变更营运资金或注册资本、变更名称、重大投资事项、变更股权、分立、合并以及银保监会规定的其他事项，须经银行业监督管理机构许可。上述重大投资事项，指中资商业银行境外机构拟从事的投资额为 1 亿元人民币以上或者投资额占其注册资本或营运资金 5%以上的股权投资事项。

根据《中资商业银行行政许可事项实施办法》第六十条和第六十一条条规定，中资商业银行境外分支机构终止营业的（被依法撤销除外），应当提出终止营业申请。其中，国有商业银行、邮政储蓄银行、股份制商业银行境外机构的终止营业申请，由银保监会受理、审查并决定。银保监会自受理之日起 3 个月内做出批准或不批准的书面决定。城市商业银行境外机构的终止营业申请，由城市商业银行总行所在地银保监局受理、审查并决定。银保监局自受理之日起 3 个月内做出批准或不批准的书面决定。

**（二）境外中资证券、基金管理机构管理的主要规则**

目前我国规范境外中资证券、基金管理机构的法规主要为 2018 年 9 月 25 日证监会颁布的《证券公司和证券投资基金管理公司境外设立、收购、参股经营机构管理办法》。

1. 境外设立、收购、参股证券经营机构的条件

根据《证券公司和证券投资基金管理公司境外设立、收购、参股经营机构管理办法》第八条的规定，证券基金经营机构在境外设立、收购子公司或者参股经营机构，应当符合下列条件：①拟设立、收购子公司和参股经营机构所在国家或者地区具有完善的证券法律和监管制度，已与中国证监会或者中国证监会认可的机构签定监管合作谅解备忘录，并保持有效的监管合作关系；②最近 3 年未因重大违法违规行为受到行政或刑事处罚，最近 1 年

未因治理结构不健全、内部控制不完善等原因被采取重大监管措施，不存在因涉嫌重大违法违规行为正在被立案调查或者正处于整改期间的情形；③财务状况及资产流动性良好，证券公司净资产不低于60亿元人民币，证券投资基金管理公司净资产不低于6亿元人民币；原则上持续经营满2年；最近12个月各项风险控制指标（如有）持续符合规定，且在境外设立、收购子公司和参股经营机构后各项风险控制指标仍然符合规定；④法人治理结构健全，风险管理制度和内部控制机制完善且能够有效覆盖拟在境外设立、收购的子公司和参股的经营机构；⑤中国证监会规定的其他条件。

2.境外中资证券、基金管理机构管理规则的主要内容

《证券公司和证券投资基金管理公司境外设立、收购、参股经营机构管理办法》对境外中资证券和中资基金管理机构的管理规则主要有[①]：

（1）证券基金经营机构在境外设立、收购子公司或者参股经营机构，应当对境外市场状况、法律法规、监管环境等进行必要的调查研究，综合考虑自身财务状况、公司治理情况、内部控制和风险管理水平、对子公司的管理和控制能力、发展规划等因素，全面评估论证，合理审慎决策。

（2）证券基金经营机构在境外设立、收购子公司或者参股经营机构，不得从事危害中华人民共和国主权、安全和社会公共利益的行为，不得违反反洗钱等相关法律法规的规定。

（3）境外子公司、参股经营机构依照属地监管原则由境外监督管理机构监管。中国证监会与境外监督管理机构建立跨境监督管理合作机制，加强监管信息交流和执法合作，督促证券基金经营机构依法履行对境外子公司、参股经营机构的管理职责。

（4）证券基金经营机构在境外设立、收购子公司或者参股经营机构，应当经中国证监会批准。

（5）证券基金经营机构设立境外子公司的，应当全资设立，中国证监会认可的除外。

（6）境外子公司或者参股经营机构应当从事证券、期货、资产管理或者中国证监会认可的其他金融业务，以及金融业务中间介绍、金融信息服务、金融信息技术系统服务、为特定金融业务及产品提供后台支持服务等中国证监会认可的金融相关业务，不得从事与金融无关的业务。

（7）境外子公司不得直接或者间接在境内从事经营性活动，为境外子公司提供后台支持或者辅助等中国证监会认可的活动除外。境外子公司在境内设立机构，从事后台支持或者辅助等中国证监会认可活动的，证券基金经营机构应当事先报中国证监会备案。

**（三）境外中资保险类机构管理的主要规则**

境外中资保险类机构，是指保险公司的境外分支机构、境外保险公司和保险中介机构。其中保险中介机构，是指保险代理机构、保险经纪机构和保险公估机构。我国目前规范境外中资保险类机构的法律法规主要为原保监会2006年7月31日发布、2015年10月19日修改的《保险公司设立境外保险类机构管理办法》等。

---

① 参见《证券公司和证券投资基金管理公司境外设立、收购、参股经营机构管理办法》第三、四、五、七、九、十一、十三条。

1.保险公司设立境外保险类机构的条件

根据《保险公司设立境外保险类机构管理办法》第九条的规定，保险公司设立境外保险类机构的，应当具备下列条件：①开业2年以上；②上年末总资产不低于50亿元人民币；③上年末外汇资金不低于1500万美元或者其等值的自由兑换货币；④偿付能力额度符合中国银保监会有关规定；⑤内部控制制度和风险管理制度符合中国银保监会有关规定；⑥最近2年内无受重大处罚的记录；⑦拟设立境外保险类机构所在的国家或者地区金融监管制度完善，并与中国银保险监管机构保持有效的监管合作关系；⑧中国银保监会规定的其他条件。

设立境外保险类机构，是指保险公司的下列行为：①设立境外分支机构、境外保险公司和保险中介机构；②收购境外保险公司和保险中介机构。此处的收购，是指保险公司受让境外保险公司、保险中介机构的股权，且其持有的股权达到该机构表决权资本总额20%及以上或者虽不足20%但对该机构拥有实际控制权、共同控制权或者重大影响的行为①。

2.境外中资保险类机构管理规则的主要内容

《保险公司设立境外保险类机构管理办法》第三章对境外中资保险类机构的管理有如下规定②：

(1)保险公司应当对其设立的境外保险类机构进行有效的风险管理，并督促该类机构按照所在国法律和监管部门的相关规定，建立健全风险管理制度。

(2)保险公司应当严格控制其设立的境外保险类机构对外提供担保。保险公司在境外设立的分支机构确需对外提供担保的，应当取得被担保人的资信证明，并签署具有法律效力的反担保协议书。以财产抵押、质押等方式提供反担保协议的，提供担保的金额不得超过抵押、质押财产重估价值的60%。

(3)保险公司在境外设立的分支机构，除保单质押贷款外，不得对外贷款。

(4)保险公司应当对派往其设立的境外保险类机构的董事长和高级管理人员建立绩效考核制度、期中审计制度和离任审计制度。

(5)保险公司设立的境外保险类机构清算完毕后，应当将清算机构出具的经当地注册会计师验证的清算报告，报送中国银保监会。

## 第三节　外债管理法律制度

### 一、外债与外债管理法

#### (一)外债的概念与类型

1.外债的概念

外债，是指境内机构对非居民承担的以外币表示的债务。境内机构，是指在中国境内

---

① 参见《保险公司设立境外保险类机构管理办法》第四、五条。

② 参见《保险公司设立境外保险类机构管理办法》第三章。

依法设立的常设机构，包括但不限于政府机关、金融境内机构、企业、事业单位和社会团体。非居民，是指中国境外的机构、自然人及其在中国境内依法设立的非常设机构。

2. 外债的分类

我国《外债管理暂行办法》第五条和第六条对外债从以下两个方面进行了分类。

(1)按照债务类型划分。

按照债务类型划分，外债可分为外国政府贷款、国际金融组织贷款和国际商业贷款。

外国政府贷款，是指中国政府向外国政府举借的官方信贷。

国际金融组织贷款，是指中国政府向世界银行、亚洲开发银行、联合国农业发展基金会和其他国际性、地区性金融机构举借的非商业性信贷。

国际商业贷款，是指境内机构向非居民举借的商业性信贷。包括：①向境外银行和其他金融机构借款；②向境外企业、其他机构和自然人借款；③境外发行中长期债券(含可转换债券)和短期债券(含商业票据、大额可转让存单等)；④买方信贷、延期付款和其他形式的贸易融资；⑤国际融资租赁；⑥非居民外币存款；⑦补偿贸易中用现汇偿还的债务；⑧其他种类国际商业贷款。

(2)按照偿还责任划分。

按照偿还责任划分，外债分为主权外债和非主权外债。

主权外债，是指由国务院授权机构代表国家举借的、以国家信用保证对外偿还的外债。

非主权外债，是指除主权外债以外的其他外债。

### (二)外债管理法律制度

外债管理法律制度，是调整外债的规模、结构，外债的筹措和偿还，监督外债的使用，防范债务风险的法律规范的总称。

目前我国调整和规范外债的法规和规章制度主要有：国务院 2008 年 8 月修订发布的《外汇管理条例》；外汇管理局 1987 年 8 月 27 日公布的《外债统计监测暂行规定》，1997 年 9 月 24 日发布的《境内机构借用国际商业贷款管理办法》和《境内机构发行外币债券管理办法》，2005 年 10 月 21 日发布的《关于完善外债管理有关问题的通知》；人民银行 1996 年 9 月 25 日发布的《境内机构对外担保管理办法》；原国家计委(2003 年改组为发改委)、财政部、外管理局 2003 年 1 月 8 日联合发布的《外债管理暂行办法》；原国家计委、人民银行 2000 年 2 月 23 日联合发布的《关于进一步加强对外发债管理的意见》；发改委、人民银行、原中国银监会 2004 年 5 月 27 日联合发布的《境内外资银行外债管理办法》；等等。

## 二、境外贷款管理规定

境外贷款包括外国政府贷款、国际金融组织贷款和国际商业贷款。

### (一)国际金融组织贷款与外国政府贷款管理规定的主要内容

根据《外债管理暂行办法》第十二条的规定，国际金融组织贷款和外国政府贷款由国家统一对外举借。国家发改委会同财政部等有关部门制定世界银行、亚洲开发银行、联合国农业发展基金会和外国政府贷款备选项目规划，财政部根据规划组织对外谈判、磋商、签订借款协议和对国内债务人直接或通过有关金融机构转贷。其中，世界银行、亚洲开发银行、联合国农业发展基金会和重点国别外国政府贷款备选项目规划须经国务院批准。

**(二)国际商业贷款管理规定的主要内容**

1. 国际商业贷款的概念

我国《外债管理暂行办法》第五条将国际商业贷款的概念界定为:"境内机构向非居民举借的商业性信贷。包括:①向境外银行和其他金融机构借款;②向境外企业、其他机构和自然人借款;③境外发行中长期债券(含可转换债券)和短期债券(含商业票据、大额可转让存单等);④买方信贷、延期付款和其他形式的贸易融资;⑤国际融资租赁;⑥非居民外币存款;⑦补偿贸易中用现汇偿还的债务;⑧其他种类国际商业贷款。"根据这一界定,国际商业贷款既涵盖了对外间接融资,也涵盖了对外直接融资,所以这一概念属于相对广义的概念。

《境内机构借用国际商业贷款管理办法》第二条则将国际商业贷款界定为:"境内机构向中国境外的金融机构、企业、个人或者其他经济组织以及在中国境内的外资金融机构筹借的,以外国货币承担契约性偿还义务的款项。出口信贷、国际融资租赁、以外汇方式偿还的补偿贸易、境外机构和个人外汇存款(不包括在经批准经营离岸业务银行中的外汇存款)、项目融资、90 天以上的贸易项下融资以及其他形式的外汇贷款视同国际商业贷款管理。"根据这一界定,国际商业贷款只包含对外间接融资,因此这一概念是一个相对狭义的概念。

2. 国际商业贷款管理规定

根据《外债管理暂行办法》和《境内机构借用国际商业贷款管理办法》,我国对国际商业贷款的管理主要有如下几个方面的规定:

(1)国际商业贷款境内借款人资格的规定。

根据《境内机构借用国际商业贷款管理办法》第五条的规定,对外借用国际商业贷款的境内机构仅限于经国家外汇管理局批准经营外汇借款业务的中资金融机构和经国务院授权部门批准的非金融企业法人。

(2)国际商业贷款审批和监管机构的规定。

根据《境内机构借用国际商业贷款管理办法》第三条的规定,中国人民银行是境内机构借用国际商业贷款的审批机关。中国人民银行授权国家外汇管理局及其分局具体负责对境内机构借用国际商业贷款的审批、监督和管理。

(3)中长期国际商业贷款管理规定。

中长期国际商业贷款,是指 1 年期以上(不含 1 年)的国际商业贷款,包括 1 年期以上的远期信用证。根据《境内机构借用国际商业贷款管理办法》第二章的规定,境内机构借用中长期国际商业贷款,应当列入国家利用外资计划。境内机构借用中长期国际商业贷款,应当提交以下全部或者部分资料向外管局申请:①纳入国家利用外资计划的证明文件;②借款项目立项批准文件;③贷款条件意向书,包括债权人名称、贷款币种、金额、期限及宽限期、利率、费用、提前还款意向和其他金融条件;④还款资金来源及还款计划,外汇担保情况;⑤经会计师事务所验证的最近 3 年外汇或者人民币资产负债表及其他财务报表;⑥外汇局要求提交的其他资料。金融机构分支机构对外借用中长期国际商业贷款,除依上述规定外,还应当提交其总行(总公司)授权的有关文件。

(4)短期国际商业贷款管理规定。

短期国际商业贷款,是指1年期以内(含1年)的国际商业贷款,包括同业外汇拆借、出口押汇、打包放款、90天以上365天以下的远期信用证等。根据《境内机构借用国际商业贷款管理办法》第三章的规定,短期国际商业贷款不得用于长期项目投资、固定资产贷款和其他不正当用途。外汇局对境内机构借用短期国际商业贷款实行余额管理。境内机构的短期国际商业贷款余额控制指标(以下简称"短贷指标")由外汇局按年度进行核定。境内机构借用短期国际商业贷款余额不得超过核定的指标。全国性金融机构和非金融企业法人的短贷指标,由国家外汇管理局核定下达。地方性金融机构和非金融企业法人的短贷指标,由所在地外汇局在国家外汇管理局核定下达的短贷指标内进行审批。不实行短贷指标余额管理的非金融企业法人借用短期国际商业贷款,应当逐笔报外汇局批准,并占用所在地的短贷指标。

(5)境内中资机构举借贷款的管理规定。

根据《外债管理暂行办法》第十四条至第十六条的规定,我国对国有商业银行举借中长期国际商业贷款实行余额管理,余额由国家发改委会同有关部门审核后报国务院审批。境内中资企业等机构举借中长期国际商业贷款,须经国家发改委批准。境内中资机构举借短期国际商业贷款实行余额管理,余额由国家外汇管理局核定。

(6)境内外资机构举借贷款的管理规定。

根据《外债管理暂行办法》的第十七条和第十八条的规定,国家对境内外资金融机构举借外债实行总量控制,具体办法另行制定。外商投资企业举借的中长期外债累计发生额和短期外债余额之和应当控制在审批部门批准的项目总投资和注册资本之间的差额以内。在差额范围内,外商投资企业可自行举借外债。超出差额的,须经原审批部门重新核定项目总投资。

## 三、境外发行债券的管理规定

境外发债,是指我国境内机构,包括国家机关、金融机构及境内其他企事业单位和外商投资企业,在境外金融市场上发行的,以外币表示的,构成债权债务关系的有价证券。境内机构发行境外外币可转换债券、大额可转让存单、商业票据,视同对外发债进行管理。可转换债券,是指根据债权人的要求,按照发行时所定条件,可转换为公司股票或其他债券的有价证券。大额可转让存单,是指银行发行具有一定期限的、可以在金融市场上转让流通的银行存款凭证。商业票据,是指境内机构为满足流动资金需求,发行期限为2至270天、可流通转让的债务凭证。

### (一)境外发债审批的管理规定

根据《外债管理暂行办法》第十三条第十三条的规定,财政部代表国家在境外发行债券由财政部报国务院审批,并纳入国家借用外债计划。其他任何境内机构在境外发行中长期债券均由国家发改委会同国家外汇管理局审核后报国务院审批;在境外发行短期债券由国家外汇管理局审批,其中设定滚动发行的,由国家外汇管理局会同国家发改委审批。

根据《关于进一步加强对外发债管理的意见》，境外发债的审批管理主要包括如下三个方面的内容：

1. 发债资格的认定

我国对外发债实行资格审核批准制。境内机构（财政部除外）对外发债资格，由国家发改委会同人民银行和有关主管部门，借鉴国际惯例进行评审后报国务院批准。发债资格每2年评审1次。具体管理办法另行制定。

2. 对外发债的审批

（1）境内机构（财政部除外）对外发债，经国家发改委审核并会签国家外汇管理局后报国务院审批。国务院批准后，市场选择、入市时机等由国家外汇管理局审批。地方政府不得对外举债。

（2）境内机构发行商业票据由国家外汇管理局审批，并占用国家外汇管理局核定该机构的短期对外借款余额指标；发行前设定滚动连续发行的，由国家外汇管理局会签国家发改委后审批。

（3）境内机构为其海外分支机构境外发债进行融资担保，发债所筹资金不调入境内使用的，由国家外汇管理局按现行有关规定审批；若发债资金调入境内使用，按境内机构对外发债的审批程序办理。

（4）已上市外资股公司对外发行可转换债券，不实行资格审核批准制。国家发改委会同中国证监会根据外资股公司境外融资需求及市场条件，确定境外可转换债券年度发行规模，并纳入当年利用外资计划。在午度规模内，按境内机构对外发债的审批程序办理，发债说明书报中国证监会备案。

（5）境内机构对外发债后，要按照国家外汇管理局的规定办理外债登记。

3. 申请对外发债需报送的材料

境内机构申请对外发债应向主管机关报送以下资料：①最近3年的经营业绩、财务状况及相关财务报表；②发债所筹资金的投向、用途；③国家有关部门批复的项目可行性研究报告或利用外资方案，以及纳入国家利用外资计划的证明文件；④主管部门要求的其他文件。

**（二）境外发债的监督管理规定**

《关于进一步加强对外发债管理的意见》规定，为了把握境外筹资的有利时机，对外发债经国家批准后，境内机构在一定期限内自主确定承销商和发行成本等。有关发行条件和境外评级状况，由对外发债机构报国家发改委及国家外汇管理局备案。

对外发债机构要严格自律，发债资金要按照国家批准的用途专款专用，其中商业票据只能用于贸易性周转，不得短贷长用。同时，要落实偿债措施，防范外债风险，保证按期对外支付，维护对外信誉。

## 四、外债资金的使用、偿还和风险管理规定

**（一）外债资金使用的管理规定**

我国《外债管理暂行办法》第三章专门对外债资金的使用做了如下原则性规定：

（1）外债资金应当主要用于经济发展和存量外债的结构调整。

(2)国际金融组织贷款和外国政府贷款等中长期国外优惠贷款重点用于基础性和公益性建设项目,并向中西部地区倾斜。

(3)中长期国际商业贷款重点用于引进先进技术和设备,以及产业结构和外债结构调整。

(4)境内企业所借中长期外债资金,应当严格按照批准的用途合理使用,不得挪作他用;确需变更用途的,应当按照原程序报批。

(5)境内企业所借短期外债资金主要用作流动资金,不得用于固定资产投资等中长期用途。

(6)使用外债资金的固定资产投资项目应当实行项目法人责任制,由项目法人对外债资金的使用效益负责。依据《招投标法》和国外贷款机构有关规定需要进行招标采购的,应当严格按照规定执行。

(7)外债管理部门负责对外债资金使用进行管理和监督。

(8)国家发改委依据《国家重大建设项目稽察办法》的规定,向使用外债资金的国家重大建设项目派出稽察特派员,对项目的实施和资金使用情况进行稽察。

**(二)外债的偿还和风险管理规定**

我国《外债管理暂行办法》第四章专门对外债偿还和风险管理进行了规定。

1.外债偿还的规定

(1)主权外债由国家统一对外偿还。主权外债资金由财政部直接或通过金融机构转贷给国内债务人的,国内债务人应当对财政部或转贷金融机构承担偿还责任。

(2)非主权外债由债务人自担风险,自行偿还。

(3)债务人可以用自有外汇资金偿还外债,也可经外汇管理部门核准用人民币购汇偿还外债。

(4)债务人无法偿还的外债,有担保人的,应当由担保人负责偿还。

(5)担保人按照担保合同规定需要履行对外代偿义务时,应当到外汇管理部门办理对外担保履约核准手续。

2.风险管理规定

(1)债务人应当加强外债风险管理,适时调整和优化债务结构。在不扩大原有外债规模的前提下,经国家发改委核准,债务人可以通过借入低成本外债、偿还高成本外债等方式,降低外债成本,优化债务结构,其中,涉及主权外债的,需经财政部核准。

(2)债务人可以保值避险为目的,委托具有相关资格的金融机构运用金融工具规避外债的汇率和利率风险。

## 第四节　涉外票据的法律适用

### *一、涉外票据的概念与法律适用原则*

涉外票据,是指出票、背书、承兑、保证、付款等行为中,既有发生在我国境内又有发生在我国境外的票据。《票据法》第五章专门对涉外票据的法律适用进行了规定。

根据《票据法》第九十五条的规定，涉外票据的法律适用原则为：我国缔结或者参加的国际条约同我国票据法有不同规定的，适用国际条约的规定。但是，我国声明保留的条款除外。我国票据法和我缔结或者参加的国际条约没有规定的，可以适用国际惯例。

### 二、涉外票据当事人行为能力的法律适用

《票据法》第九十六条规定，票据债务人的民事行为能力，适用其本国法律；票据债务人的民事行为能力，依照其本国法律为无民事行为能力或者为限制民事行为能力而依照行为地法律为完全民事行为能力的，适用行为地法律。

### 三、涉外票据形式的法律适用

《票据法》第九十七条规定，汇票、本票出票时的记载事项，适用出票地法律。支票出票时的记载事项，适用出票地法律，经当事人协议，也可以适用付款地法律。

### 四、涉外票据行为的法律适用

《票据法》第九十八条规定，票据的背书、承兑、付款和保证行为，适用行为地法律。

### 五、涉外票据权利的法律适用

我国《票据法》第九十九条和第一百零一条分别对涉外票据追索权的行使期限、票据权利保全、保护的法律适用做出如下规定：

(1)票据追索权的行使期限，适用出票地法律。

(2)票据的提示期限、有关拒绝证明的方式、出具拒绝证明的期限，适用付款地法律。

(3)票据丧失时，失票人请求保全票据权利的程序，适用付款地法律。

## 第五节　法律责任

### 一、违反涉外金融机构管理法的法律责任

#### (一)违反涉外银行管理法的法律责任

《外资银行管理条例》第六章对违反外资银行管理规定应承担的法律责任做出如下规定：

(1)未经国务院银行业监督管理机构审查批准，擅自设立外资银行或者非法从事银行业金融机构的业务活动的，由国务院银行业监督管理机构予以取缔，自被取缔之日起5年内，国务院银行业监督管理机构不受理该当事人设立外资银行的申请；构成犯罪的，依法追究刑事责任；尚不构成犯罪的，由国务院银行业监督管理机构没收违法所得。

(2)外资银行营业性机构有下列情形之一的，由国务院银行业监督管理机构责令改正，没收违法所得，违法所得50万元以上的，并处违法所得1倍以上5倍以下罚款；没有违法所得或者违法所得不足50万元的，处50万元以上200万元以下罚款；情节特别严重或者逾期不改正的，可以责令停业整顿或者吊销其金融许可证；构成犯罪的，依法追究刑事责任：①未经批准设立分支机构的；②未经批准变更、终止的；③违反规定从事未经批准的业务活动的；④违反规定提高或者降低存款利率、贷款利率的。

(3)外资银行有下列情形之一的,由国务院银行业监督管理机构责令改正,处20万元以上50万元以下罚款;情节特别严重或者逾期不改正的,可以责令停业整顿、吊销其金融许可证、撤销代表处;构成犯罪的,依法追究刑事责任:①未按照有关规定进行信息披露的;②拒绝或者阻碍银行业监督管理机构依法进行的监督检查的;③提供虚假的或者隐瞒重要事实的财务会计报告、报表或者有关资料的;④隐匿、损毁监督检查所需的文件、证件、账簿、电子数据或者其他资料的;⑤未经任职资格核准任命董事、高级管理人员、首席代表的;⑥拒绝执行本条例第五十条规定的特别监管措施的。

(4)外资银行营业性机构违反《外资银行管理条例》有关规定,未按期报送财务会计报告、报表或者有关资料,或者未按照规定制定有关业务规则、建立健全有关管理制度的,由国务院银行业监督管理机构责令限期改正;逾期不改正的,处10万元以上30万元以下罚款。

(5)外资银行营业性机构违反监管规定从事经营或者严重违反其他审慎经营规则的,由国务院银行业监督管理机构责令改正,处20万元以上50万元以下罚款;情节特别严重或者逾期不改正的,可以责令停业整顿或者吊销其金融许可证。

(6)外资银行营业性机构违反《外资银行管理条例》规定,国务院银行业监督管理机构除依照上述(1)至(5)规定处罚外,还可以区别不同情形,采取下列措施:①责令外资银行营业性机构撤换直接负责的董事、高级管理人员和其他直接责任人员;②外资银行营业性机构的行为尚不构成犯罪的,对直接负责的董事、高级管理人员和其他直接责任人员给予警告,并处5万元以上50万元以下罚款;③取消直接负责的董事、高级管理人员一定期限直至终身在我国境内的任职资格,禁止直接负责的董事、高级管理人员和其他直接责任人员一定期限直至终身在我国境内从事银行业工作。

(7)外国银行代表处违反《外资银行管理条例》规定,从事经营性活动的,由国务院银行业监督管理机构责令改正,给予警告,没收违法所得,违法所得50万元以上的,并处违法所得1倍以上5倍以下罚款;没有违法所得或者违法所得不足50万元的,处50万元以上200万元以下罚款;情节严重的,由国务院银行业监督管理机构予以撤销;构成犯罪的,依法追究刑事责任。

(8)外国银行代表处有下列情形之一的,由国务院银行业监督管理机构责令改正,给予警告,并处10万元以上30万元以下罚款;情节严重的,取消首席代表一定期限在我国境内的任职资格或者要求其代表的外国银行撤换首席代表;情节特别严重的,由国务院银行业监督管理机构予以撤销:①未经批准变更办公场所的;②未按照规定向国务院银行业监督管理机构报送资料的;③违反《外资银行管理条例》或者国务院银行业监督管理机构的其他规定的。

(9)外资银行违反我国其他法律、法规的,由有关主管机关依法处理。

**(二)违反涉外证券类机构管理法的法律责任**

我国《外国证券类机构驻华代表机构管理办法》第五章规定,违反外国证券类机构驻华代表机构管理办法的,应受如下处罚:①未经批准擅自设立的代表处,由证监会予以取缔;当事人触犯刑法构成犯罪的,依法追究其刑事责任。②首席代表在其他机构兼职或未经备案擅自离境 1 个月以上的，证监会有权要求其外国证券类机构更换首席代表。③未按期报送有关文件的，在证监会责令其限期补报。④从事盈利性活动的，证监会视其情节轻重予以警告、罚款、没收违法所得直至撤销代表处。⑤未经批准擅自变更有关事项的，由证监会限期补报并处罚款。⑥违反《外国证券类机构驻华代表机构管理办法》其他规定，除按该办法及证监会其他有关规定予以处罚外，证监会视其情节轻重，予以警告、罚款直至撤销代表处。

**（三）违反涉外保险机构管理法的法律责任**

1. 违反外资保险公司管理法的法律责任

《外资保险公司管理条例》第六章对违反外资保险公司管理规定应承担的法律责任做出如下规定：

（1）擅自设立外资保险公司或者非法从事保险业务活动的，由中国保监会予以取缔；依照刑法关于擅自设立金融机构罪、非法经营罪或者其他罪的规定，依法追究刑事责任；尚不够刑事处罚的，由中国保监会没收违法所得，并处违法所得 1 倍以上 5 倍以下的罚款，没有违法所得或者违法所得不足 20 万元的，处 20 万元以上 100 万元以下的罚款。

（2）外资保险公司超出核定的业务范围、业务地域范围或者服务对象范围从事保险业务活动的，依照刑法关于非法经营罪或者其他罪的规定，依法追究刑事责任；尚不够刑事处罚的，由中国银保监会责令改正，责令退还收取的保险费，没收违法所得，并处违法所得 1 倍以上 5 倍以下的罚款，没有违法所得或者违法所得不足 10 万元的，处 10 万元以上 50 万元以下的罚款；逾期不改正或者造成严重后果的，责令限期停业或者吊销经营保险业务许可证。

（3）外资保险公司有下列行为之一的，由中国银保监会责令改正，处 5 万元以上 30 万元以下的罚款；情节严重的，可以责令停止接受新业务或者吊销经营保险业务许可证：①未按照规定提存保证金或者违反规定动用保证金的；②违反规定与其关联企业从事交易活动的；③未按照规定补足注册资本或者营运资金的。

（4）外资保险公司有下列行为之一的，由中国银保监会责令限期改正；逾期不改正的，处 1 万元以上 10 万元以下的罚款：①未按照规定提交、报送有关文件、资料和书面报告的；②未按照规定公告的。

（5）外资保险公司有下列行为之一的，由中国银保监会处 10 万元以上 50 万元以下的罚款：①提供虚假的文件、资料和书面报告的；②拒绝或者阻碍依法监督检查的。

（6）外资保险公司将其财产转移至中国境外的，由中国银保监会责令转回转移的财产，处转移财产金额 20%以上等值以下的罚款。

（7）外资保险公司违反中国有关法律、行政法规和《外资保险公司管理条例》规定的，中国银保监会可以取消该外资保险公司高级管理人员一定期限直至终身在中国的任职资格。

2. 违反外国保险机构驻华代表机构管理办法的法律责任

我国《外国保险机构驻华代表机构管理办法》第四章对违反外国保险机构驻华代表机构管理办法应承担的法律责任做出如下规定：

(1)未经批准擅自设立代表机构的,中国银保监会依法予以取缔。

(2)违反规定从事保险经营活动的,由中国银保监会按照有关法律、法规的规定予以处罚。

(3)未按照规定提交有关报告或者材料的,由中国银保监会或者当地中国银保监会派出机构责令限期改正,予以警告,情节严重的,处以1000元罚款。

(4)对代表机构违规从事保险经营活动的行为负有直接责任的代表机构工作人员,由中国银保监会予以警告,情节严重的,处以5000元以下罚款;对违规的其他非经营行为负有直接责任的代表机构工作人员,由中国银保监会予以警告,情节严重的,处以1000元以下罚款。

(5)代表机构提供虚假信息或者隐瞒重要事实的,予以警告。

(6)违反其他规定的,责令改正;逾期未改正的,予以警告。

(7)当地中国银保监会派出机构应当及时将对代表机构处罚的情况向中国保监会报告。代表机构受到中国银保监会或者当地中国银保监会派出机构3次以上行政处罚,或者从事、参与经营性活动违法所得数额巨大,危害严重的,中国银保监会可以将其受处罚的情况作为其所代表的外国保险机构申请在中国设立外资保险公司的审慎性条件予以考虑。

3.违反境外中资保险类机构管理法的法律责任

我国《保险公司设立境外保险类机构管理办法》第五章对违反境外中资保险类机构管理办法应承担的法律责任做出如下规定:

(1)未经中国银保监会批准,擅自设立境外保险类机构的,由中国银保监会责令改正,并处5万元以上30万元以下的罚款;情节严重的,可以限制业务范围、责令停止接受新业务或者吊销经营保险业务许可证。

(2)未按照规定报送有关报告、报表、文件和资料的,由中国银保监会责令改正,逾期不改正的,处以1万元以上10万元以下的罚款。

(3)提供虚假的报告、报表、文件和资料的,由中国银保监会责令改正,处以10万元以上50万元以下的罚款;情节严重的,可以限制业务范围、责令停止接受新业务或者吊销经营保险业务许可证。

## 二、违反外债管理法的法律责任

我国《境内机构借用国际商业贷款管理办法》第六章,对违反借用国际商业贷款管理办法的境内机构应承担的法律责任做出如下规定:

(1)境内机构未经批准,擅自借用国际商业贷款或者未按照规定办理保值业务的,由外汇局给予警告,通报批评,并处10万元以上50万元以下的人民币罚款;构成犯罪的,依法追究刑事责任。

(2)境内机构未经批准,擅自将借用的国际商业贷款存放境外或者在境外直接支付;未经批准,擅自将借用的国际商业贷款转换为人民币的,由外汇局责令改正,给予警告,通报批评,并处违法金额30%以上5倍以下的人民币罚款;构成犯罪的,依法追究刑事责任。

(3)境内机构的海外分支机构违反规定,擅自在境外融资的,由外管局对境内机构处以警告、通报批评,并处 10 万元以上 50 万元以下的人民币罚款。

(4)中资金融机构的海外分支机构违反规定,擅自将在境外所筹资金调入境内使用的,由外管局责令改正,对境内中资金融机构处以警告、通报批评,并处 10 万元以上 50 万元以下的人民币罚款。

(5)境内机构向外管局报送虚假、无效的文件和资料,骗取外管局批准的,由外管局收回批准文件,并给予警告,通报批评,处 10 万元以上 50 万元以下的人民币罚款;构成犯罪的,依法追究刑事责任。

(6)境内机构未按照规定报送报表和资料,或者不接受和配合外汇局检查的,由外管局处以警告、通报批评,并处 1 万元以上 3 万元以下的人民币罚款。

## 思考练习题

1. 什么是涉外金融机构? 详细说明涉外金融机构涵盖的范围。

2. 简述我国对短期国际商业贷款与中长期国际商业贷款在管理方面的区别。

3. 简述我国对外债资金使用的原则性规定。

# 参考文献


[1]朱大旗.金融法[M].北京:中国人民大学出版社,2015.

[2]刘定华.金融法教程[M].北京:中国金融出版社,2010.

[3]强力.金融法通论[M].北京:高等教育出版社,2014.

[4]强力,王志诚.中国金融法[M].北京:中国政法大学出版社,2010.

[5]徐梦洲.金融法[M].北京:高等教育出版社,2014.

[6]谷慎.当代金融法[M].北京:科学出版社,2004.

[7]吴志攀.金融法概论[M].北京:北京大学出版社,2011.

[8]吴志攀.金融法[M].北京:中国人民大学出版社,2001.

[9]朱崇实.金融法教程[M].北京:法律出版社,2011.

[10]吕春燕.经济法律原理与实务[M].北京:清华大学出版社,2002.

[11]潘静成,刘文华.经济法[M].北京:中国人民大学出版社 2008.

[12]魏振瀛.民法[M].4 版.北京:高等教育出版社,2010.

[13]王利明,崔建远.合同法新论总则[M].北京:中国人民大学出版社 2000.

[14]王胜明.中华人民共和国商业银行法释义[M].北京:法律出版社 2004.

[15]王林清,陈晓军.中华人民共和国银行业监督管理法释义[M].北京:法律出版社 2004.

[16]谢怀轼.票据法概论[M].北京:法律出版社,2017.

[17]中国保险学会.中华人民共和国保险法释义[M].北京:中国出版社,2009.

[18]卞耀武.中华人民共和国信托法释义[M].北京:法律出版社,2002.

[19]李成.金融监管学[M].北京:高等教育出版社,2016.

[20]程婵娟.银行会计学[M].北京:科学出版社,2017.

[21]闵绥艳.信托与租赁[M].北京:科学出版社,2017.

[22]赫尔.期权与期货市场,期权与期货市场基本原理[M].王勇,袁俊,译.北京:机械工业出版社,2013.

[23]庞海峰.期货市场理论与实务[M].北京:科学出版社,2012.

[24]申艳玲.国际贸易理论与实务[M].北京:清华大学出版社,2008.

[25]杨胜刚,姚小义.国际金融[M].北京:高等教育出版社,2016.